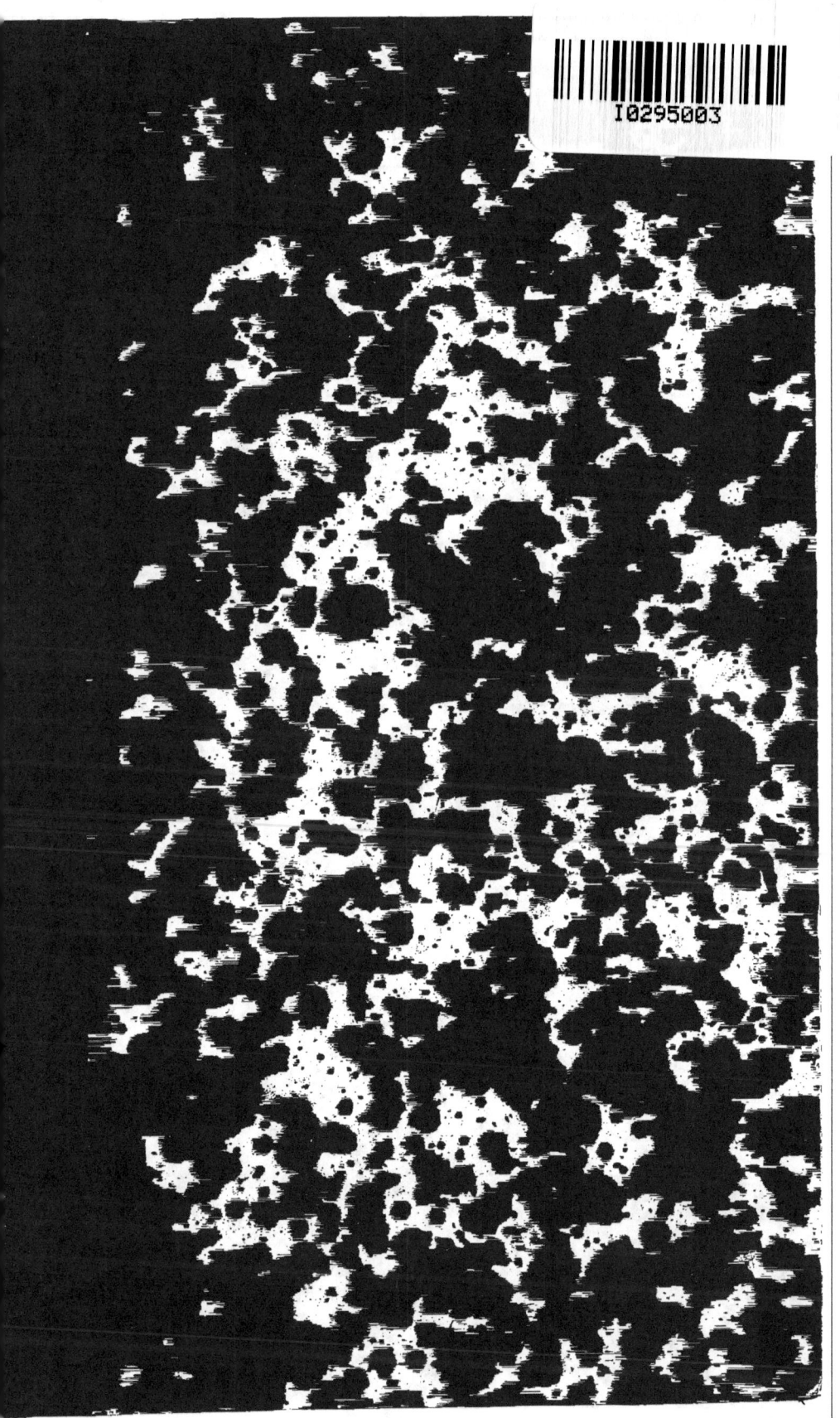

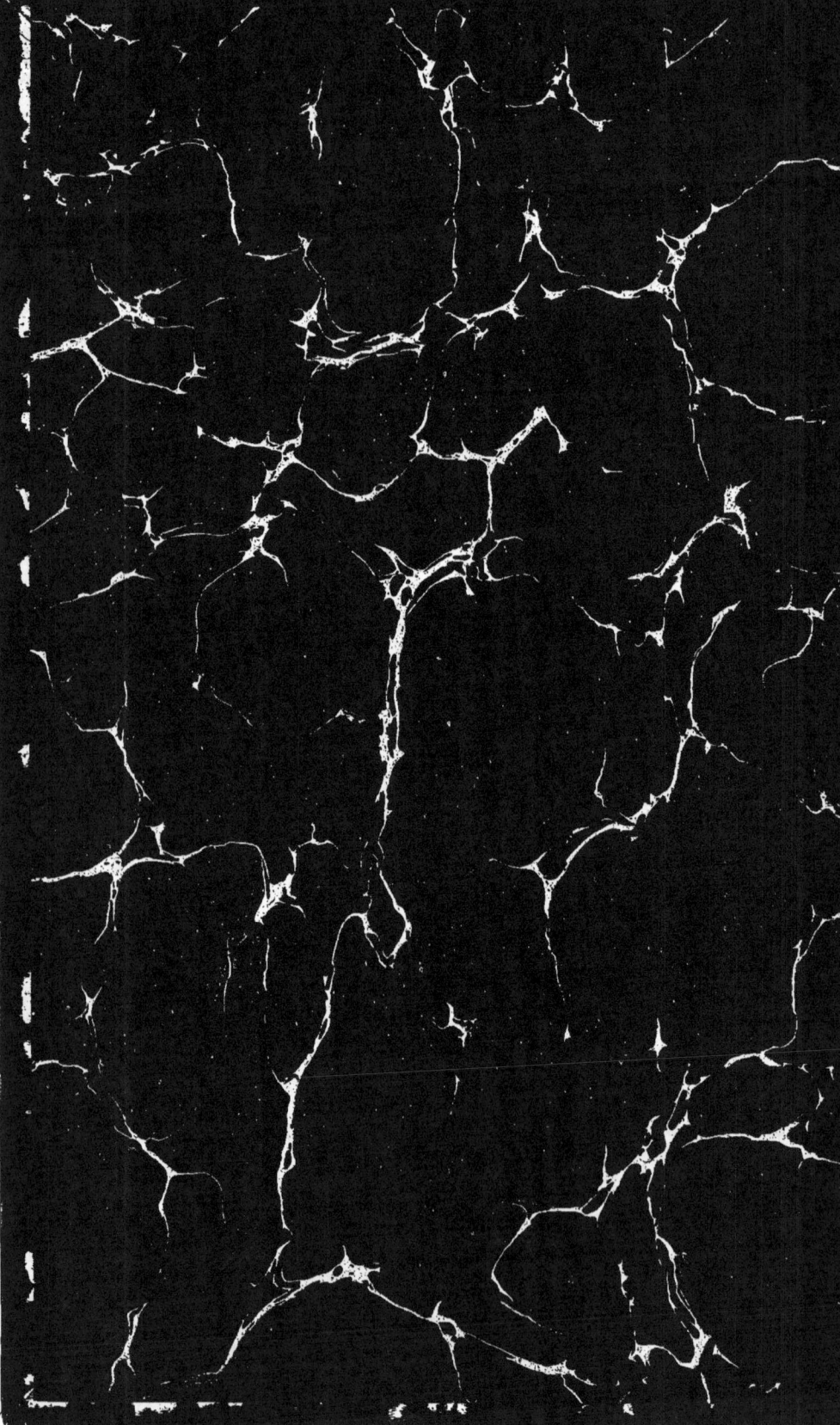

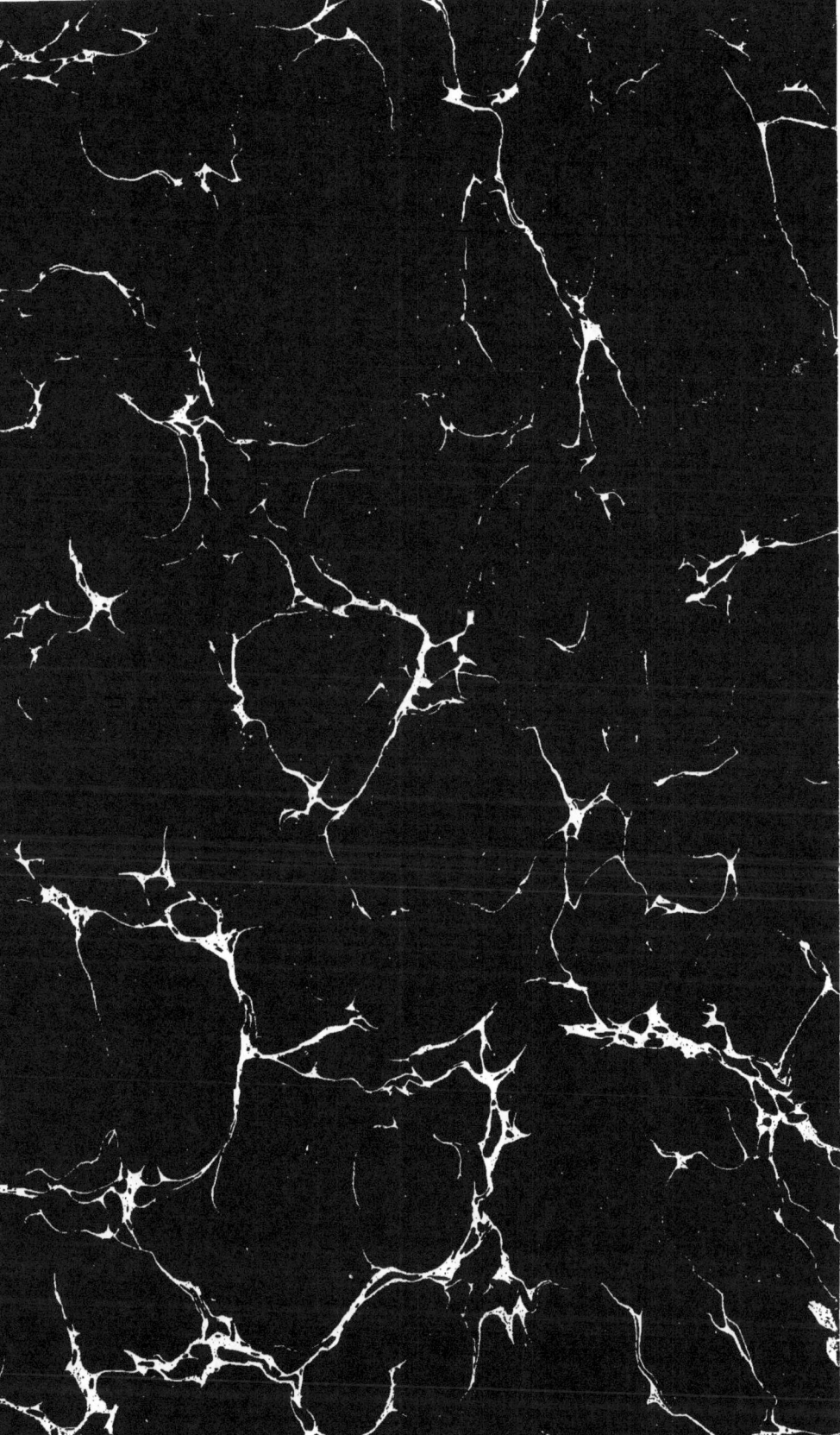

5507

R. PRIN, ÉDITEUR, RUE DU CHAUME, 9.

80 livraisons — HISTOIRE DRAMATIQUE ET PITTORESQUE DES — à 25 centimes.

JÉSUITES

DEPUIS LA FONDATION DE L'ORDRE JUSQU'A NOS JOURS,

PAR ADOLPHE BOUCHER,

ILLUSTRÉE DE 80 MAGNIFIQUES DESSINS REHAUSSÉS EN COULEUR.

PROSPECTUS.

Il y a une année à peine, à l'éditeur annonçant une nouvelle histoire de la Société de Jésus, le public eût répondu avec nonchalance : « Eh! mon Dieu! que nous font les Jésuites? Il n'y a plus de Jésuites! Qu'est-ce même qu'un Jésuite? Qu'il ait été faible ou puissant, utile ou dangereux, c'est désormais un être *fossile* que les Cuvier de l'histoire générale auront seuls le droit de nous décrire, lorsqu'ils le retrouveront dans les débris d'une société disparue, parmi les cendres du bûcher de Jean Châtel, sur les ossements d'un peuple, ou sous les débris d'un trône. »

Oui, certes le public nous eût crié ceci, hier peut-être. Aujourd'hui il n'en sera pas de même. C'est qu'aujourd'hui les Jésuites sortent de leurs retraites inconnues et réclament de nouveau leur place au soleil, c'est-à-dire la plus belle, la plus large place; en attendant que leurs disciples arrivent, leurs colléges se bâtissent; la lutte se prépare; elle est commencée... Et, du haut de la colline qui vit Ignace de Loyola prononcer son vœu célèbre, il semble qu'une ombre noire, immense et terrible se dresse au-dessus de Paris étonné, sur lequel elle étend son bras par un geste de menaçant triomphe!...

C'est donc avec confiance que nous annonçons une histoire de la fameuse Compagnie. A l'heure d'une bataille, le spectateur même indifférent aime à connaître la position des deux armées, les noms des généraux, les motifs de la querelle.....

Mais qu'on se rassure : l'auteur, s'il prouve quelque science, n'en fera jamais parade; s'il pense à ses convictions, il n'oubliera pas non plus les plaisirs du lecteur; instructive comme l'histoire, son œuvre sera émouvante et variée comme le drame. Et d'ailleurs les plus lourdes épées ne sont pas toujours celles qui portent les coups les plus terribles. La nôtre — disons-le ici — sera tirée pour la sainte cause du peuple.....

CONDITIONS DE LA SOUSCRIPTION.

L'HISTOIRE DRAMATIQUE ET PITTORESQUE DES JÉSUITES, ornée de 30 magnifiques dessins rehaussés en couleur, sera publiée en 80 livraisons à 25 centimes.

L'ouvrage formera deux forts volumes grand in-8°; il sera complet le 1er décembre 1845.

La première livraison paraîtra le 15 mars; les autres se succéderont régulièrement tous les samedis.

On souscrit à Paris :

CHEZ R. PRIN, ÉDITEUR, RUE DU CHAUME, 9,

ET CHEZ TOUS LES LIBRAIRES.

Imprimerie Doudey-Dupré, rue Saint Louis, 46, au Marais.

HISTOIRE

DRAMATIQUE ET PITTORESQUE

DES JÉSUITES.

TYPOGRAPHIE DONDEY-DUPRÉ,

Rue St-Louis, 46, au Marais.

Le Vœu de Montmartre.

HISTOIRE

DRAMATIQUE ET PITTORESQUE

DES

JÉSUITES,

DEPUIS LA FONDATION DE L'ORDRE JUSQU'A NOS JOURS,

PAR

ADOLPHE BOUCHER,

Illustrée de 30 magnifiques dessins par Théophile Fragonard.

 TOME PREMIER.

PARIS.
R. PRIN, ÉDITEUR, RUE DU CHAUME,
ET CHEZ TOUS LES LIBRAIRES.

1845

INTRODUCTION.

LE VŒU DE MONTMARTRE.

Le quinze août de l'an mil cinq cent trente-quatre, au jour naissant, six hommes, qui d'abord avaient été heurter au monastère de Notre-Dame des Champs, appelé depuis couvent des Carmélites du faubourg Saint-Jacques, descendirent vers la Seine, et, traversant silencieusement Paris encore endormi, s'en allèrent gravir la colline nue et déserte alors de Montmartre.

Ces six hommes étaient uniformément vêtus d'une longue robe noire, par-dessus laquelle ils portaient un manteau également en drap noir : pour coiffure, ils avaient le chapeau espagnol aux larges bords, qu'on nomme *sombrero*. Ce chapeau était noir aussi. Les individus revêtus de ce lugubre costume semblaient tous, à l'exception d'un seul, avoir vu le jour sous un ciel plus ardent que celui de la France ; la figure de cinq d'entre eux avait la teinte d'un blanc mat et légèrement olivâtre, que l'on remarque généralement chez les hommes nés au delà des Pyrénées ; et sous les larges bords de leur chapeau l'on voyait briller l'étincelle du feu méridional. Ceux-ci avaient en général des manières distinguées, ou tout au moins une tournure remarquable. Un d'entre eux même, beau jeune homme de vingt-deux ans au plus, à la taille vigoureuse, mais élégante et souple, aux regards étincelants, semblait ne pouvoir, qu'au prix d'une continuelle lutte intérieure, mettre à l'unisson de son humble extérieur les élans de sa vive et fière nature.

Le sixième, tête blonde et carrée, figure large, blanche et colorée, front couvert, lèvres charnues et sensuelles, paraissait appartenir à la race robuste des chevriers des Alpes. Le plus vieux de tous était encore un jeune homme; le plus jeune était presque un enfant: c'était pourtant vers une mission de géants que marchaient ces six hommes vêtus de noir.....

Cependant le jour arrivait avec son cortége de splendeurs et de bruits. Au-dessus de la colline de Sainte-Geneviève, et sous un arc de nuages rouges et enflammés, le soleil apparut. Comme si c'eût été un signal attendu et compris, les cinq cents cloches de Paris se mirent à sonner à toutes volées, laissant parfois, dans les intervalles de leurs trilles précipités, s'élever la note grave et lente du bourdon de Notre-Dame. Les cinq cents bouches d'airain criaient de leurs voix haletantes une des plus grandes fêtes de l'année, celle de l'Assomption. A cet appel éclatant, la grande cité tressaillit tout à coup; son réveil s'annonça par une longue clameur qui, s'élevant au sein de la ville, courut jusqu'à ses faubourgs avec la rapidité du reflux, revint sur elle-même en se condensant; puis bientôt couvrit Paris entier d'une immense et confuse rumeur, dont les vagues sonores, montant, montant toujours, vinrent se briser en expirant sur le flanc de la colline de Montmartre.

Les six hommes noirs, déjà parvenus non loin du couvent qui couronnait la hauteur, s'arrêtèrent à ce moment comme par un même et seul mouvement, et se retournant, jetèrent un long regard vers la ville qui s'étendait presque sous leurs pieds. Trois d'entre eux reprirent aussitôt leur marche; deux autres suivirent bientôt; mais l'un, le plus jeune de tous, essuyait furtivement une larme sur sa joue pâle et déjà creusée; l'autre, figure intelligente, pleine de finesse et de ruse, sembla décider son compagnon par quelques paroles prononcées à voix basse. Le sixième, comme s'il eût été brisé à ce moment par la lutte intérieure que trahit un mouvement presque convulsif, chancela et se laissa tomber sur une touffe de bruyères. Il resta ainsi quelques minutes, la tête tournée vers la ville qu'il venait de quitter, et dont il écoutait les joyeux échos, les bras serrés sur sa poitrine, dans laquelle il semblait vouloir refouler de tumultueuses sensations. Tout à coup, une main vint s'appuyer sur son épaule ; quelque légère qu'eût été la pression, elle le fit tressaillir. Il se releva vivement, et, jetant autour de lui des regards presque égarés, aperçut un de ses compagnons qui, revenu près de lui, attirait son attention vers un objet qu'il lui désignait silencieusement de la main. Il regarda :

Devant eux, presque sur leurs têtes, un septième personnage, portant également le manteau noir, la robe noire, le chapeau noir, se tenait debout sur un bloc de pierre qui jadis avait été la base d'une croix alors renversée et gisant informe au pied de la colline. Frappée en plein par les premiers rayons du soleil qui, se brisant en arrière sur les blanches murailles du monastère, l'entouraient comme d'une sanglante auréole; démesurément grandie par l'isolement, cette figure semblait surnaturelle. Elle restait immobile et silencieuse sur son piédestal granitique, les bras levés vers le ciel, le regard fixe, et semblant suivre dans l'espace infini quelque vision sublime..... Peu à peu ses regards descendant sur la vallée pleine de grandes rumeurs semblèrent s'envoler au delà des derniers horizons ; soudain alors les bras levés s'abaissèrent et s'étendirent comme par un geste de suprême possession, et l'on entendit murmurer ces quatre mots devenus depuis si fameux :

« *Ad majorem Dei gloriam!* (pour la plus grande gloire de Dieu!) »

— Pour la plus grande gloire de Dieu! répétèrent les six autres hommes noirs, qui s'étaient tous également arrêtés, et qui tous aussi désormais se remirent en marche vers le couvent de Montmartre, d'un pas ferme et assuré, à la suite du nouvel arrivé, qui semblait être leur chef, et qui se plaça à leur tête après leur avoir souhaité la bien-venue par un signe de tête silencieux.

Ce dernier, qui paraissait avoir au moins cinquante ans, quoique en réalité il en eût alors quarante-trois à peine, portait, comme nous l'avons dit, le même costume que ses compagnons; mais, tandis que les vêtements de ceux-ci ne manquaient ni de propreté chez tous, ni même de recherche et d'élégance chez quelques-uns, les siens étaient usés jusqu'à la corde, déchirés, souillés, sordides. Sur la robe, à la hauteur des genoux, et sur le manteau presque entier, on apercevait une couche de poussière blanchâtre qui semblait annoncer que cet homme avait dû prier et dormir, toute sa nuit, dans une des carrières qui déjà trouaient la colline de Montmartre. Il avait une de ces figures qui, au premier abord, repoussent ou attirent, mais frappent ou imposent toujours. Il était grand, et eût paru fort et bien fait s'il n'eût été maigre, presque décharné; sa démarche avait quelque chose de solennel, quoiqu'il fût légèrement boiteux; sa voix était douce et entraînante, son geste passionné et dominateur. Sous son front presque chauve déjà et légèrement fuyant, à demi voilé par un sombre sourcil, l'œil profondément enfoui illuminait d'éclairs rapides et rougeâtres, comme ceux qu'envoie la prunelle des grands animaux de proie, un visage d'un blanc mat dont la teinte livide était encore augmentée par le contraste d'une barbe noire comme l'ébène. La bouche, petite et bien faite, était encadrée d'une moustache ayant la même couleur que la barbe; les cheveux, rares et mal en ordre, frisaient naturellement. La partie supérieure de la figure annonçait l'enthousiasme, l'inférieure dénotait l'opiniâtreté. On devinait que cet homme devait être jaloux de toute gloire, de tout grand martyre, de toute exaltation, et que, dans la route qu'il suivait, il se verrait avec joie attaché sur une croix sanglante, pourvu que cette croix fût assez haute et plaçât ses pieds sur la tête d'un peuple.....

Il entra dans le couvent de Montmartre, et ses compagnons le suivirent, toujours graves et silencieux. En ce moment, deux ou trois moines mendiants sortaient de l'abbaye, se disposant à descendre la colline, attirés qu'ils étaient vers Paris joyeux et disposé sans doute à retrancher de son repas de fête de quoi remplir leurs besaces.

— Eh bien, don Alphonse, dit, en les voyant passer, au plus jeune de ses compagnons, celui qui avait semblé hésiter pour entrer au monastère, eh bien, nous allons donc nous faire les frères de ces paresseux et sales frelons?

L'homme qui paraissait le chef de tous entendit ces mots, ou plutôt sut les deviner au coup d'œil qui les accompagna.

— Enfant, dit-il à demi-voix à celui qui venait de parler ainsi, enfant, l'utile et noble abeille n'est-elle pas, elle aussi, la sœur du frelon sale et paresseux? Et c'est le dernier qui a le plus dangereux aiguillon.

— Cela est vrai, mon père, répondit le premier, après un instant de silence, oui, cela est vrai!.....

Et tirant de dessous sa robe une chaîne d'or comme en portaient alors les chevaliers et gentilshommes, il la jeta à un des moines mendiants fort étonnés.

Quelques minutes après, ces sept hommes entrèrent dans une chapelle souterraine consacrée à saint Denis, et dans laquelle, suivant la croyance populaire, le martyr avait été décapité. Qu'on se figure une sorte de crypte funèbre, à l'architecture grossière, lourde et écrasée, aux murailles humides et noircies, où l'air n'arrive qu'avec peine, où quelques cierges ne répandent qu'une lumière douteuse et jaunâtre. Au dehors, la religion appelle à son aide l'or et les bijoux, les fleurs et les parfums, les chants et la lumière, toutes les splendeurs, toutes les harmonies. Ici, tout est nu, triste, sombre et muet. C'est que sans doute ici on va sacrifier à un autre Dieu que celui qui est adoré au dehors; c'est que les mythes sacrés de la cathédrale étincelante n'auront rien de commun avec ceux de la chapelle souterraine.....

Devant cet autel de pierre au dessus duquel une grossière statue étend son bras qui tient par les cheveux une tête tranchée, six hommes noirs sont agenouillés et prient; un septième, revêtu d'ornements sacerdotaux, murmure à voix basse une messe dont les *répons* sont faits par des voix sourdes. Les lueurs tremblotantes des cierges éclairent à demi de pâles figures sur quelques-unes desquelles se trahit une effrayante anxiété. Parfois, lorsque le silence règne complétement sous la voûte sombre, on entend tout à coup le bruit d'une respiration haletante.....

C'est qu'en effet la réunion de ces sept hommes dans cette chapelle qui ressemble à une tombe, a pour but quelque chose de terrible et de fatal! C'est que les paroles qui vont être prononcées tout à l'heure sont destinées à avoir par toute la terre, et pendant des siècles, de formidables échos!

Cependant le prêtre est arrivé aux paroles mystiques et solennelles qui font descendre un Dieu sur l'autel ; tenant dans ses mains le calice qui contient pour le croyant le corps et le sang de l'auguste victime, il se tourne vers ceux qui prient toujours, saisit une hostie consacrée, et attend.....

Un silence de mort règne pendant une minute ; puis un des six hommes agenouillés se lève lentement. Celui-là, c'est l'homme à l'extérieur sordide, au visage livide et décharné, à l'œil qui brille d'un feu presque sauvage ; celui-là, c'est évidemment le guide et le chef des autres. Il s'avance vers l'autel, et étendant la main vers le livre ouvert des Evangiles, il dit d'une voix forte, lente et solennelle :

« Pour obéir aux ordres de Dieu tout-puissant, sous l'étendard de la croix et en la compagnie de Jésus, je fais vœu perpétuel de chasteté, pauvreté et obéissance ! Je promets en outre, en la présence de la Vierge Marie, de toute la cour céleste et de ceux qui m'entendent, de combattre désormais, perpétuellement et en quelque lieu que ce soit, pour la cause de Dieu et par l'ordre de notre saint-père le pape, son vicaire et représentant sur la terre, auquel je promets de plus d'obéir comme à Dieu même.

« Que mon vœu soit donc enregistré dans le ciel ! Et si je dois y manquer, que ce pain de vie que je réclame devienne pour moi un pain de mort ! »

Il dit, s'agenouille devant le prêtre et communie. Chacun de ses compagnons l'imite et prononce le même vœu, que le prêtre répète également et le dernier de tous.

De ces sept hommes, deux devaient être un jour honorés comme saints par l'Eglise catholique, apostolique et romaine ; l'un même était déjà regardé comme tel par ceux qui le suivaient, l'autre allait bientôt recevoir le titre d'apôtre des Indes. Tous, actuellement membres obscurs de l'Université de Paris, minces professeurs de philosophie, pauvres étudiants de théologie, mendiant leur pain et leur abri, allaient bientôt avoir d'importantes missions auprès des conciles et des sénats, auprès des peuples et des rois. Ils étaient sept ; et dans quelques années à peine ils compteraient leurs compagnons et leurs disciples par milliers. Ils étaient pauvres; et l'on construit déjà les vaisseaux qui charrieront dans leurs caisses les richesses de deux mondes. Ils étaient obscurs et ignorés; et, depuis lors, leur vœu a eu un retentissement qui s'est à peine affaibli au bout de trois siècles. Une chapelle souterraine réunit alors ces sept hommes devant lesquels du Niger à l'Hudson et au Rio de la Plata, de Rome au Japon, les palais des rois ouvriront humblement tout à l'heure leurs portes à deux battants.

Ces sept hommes se nommaient : Alphonse Salmeron, de la ville de Tolède; Jacques Laynez, de celle d'Almazan, dans le diocèse de Siguenza; Nicolas Alphonse, surnommé Bobadilla, du lieu de sa naissance, petite ville du royaume de Léon; Simon Rodriguez d'Azevedo, gentilhomme portugais; Pierre Lefèvre, de Villaret, dans le diocèse de Genève; don François Xavier, noble navarrais; enfin, don Ignace de Loyola, né dans le vieux château de ce nom, au Guipuscoa ou Biscaye espagnole ! — C'étaient les sept premiers Pères de la fameuse Compagnie de Jésus. Il y avait donc parmi eux cinq Espagnols, un Portugais et un Savoyard. Ainsi, chose remarquable, cet ordre qui eut pour berceau Montmartre, un faubourg de Paris, ne compte pas un Français parmi ses fondateurs, et jamais général de l'ordre ne put se dire Français !.....[1]

Toute cette journée, Ignace de Loyola et ses six compagnons restèrent enfermés dans la chapelle souterraine. Que se passa-t-il sous cette voûte ténébreuse ? Nul ne le sait. On a dit pourtant qu'un autre vœu que celui dont nous avons rapporté les termes fut encore prêté par ces sept hommes, devant l'autel de pierre; et que les clauses de ce nouvel engagement pourraient expliquer pourquoi l'apparition des Jésuites au milieu d'une nation a toujours été suivie de catastrophes...

Quoi qu'il en soit, et nous reviendrons sur cette question, à l'heure où les derniers rayons du soleil couronnaient d'une aigrette de feu la croix d'or placée sur l'église de Montmartre, Loyola et ses compagnons redescendirent enfin la colline. Tous marchaient d'un pas lent et grave; mais tous aussi avaient une expression d'énergie et d'exaltation. Ils parlaient peu; et quand ils s'adressaient quelques mots, c'était d'une voix basse mais vibrante. — Mon père, dit à Loyola, vers le milieu de la descente, Alphonse Salmeron, le plus jeune d'entre eux, il va nous falloir hâter le pas pour retourner, vous, à Notre-Dame des Champs ; notre frère Lefèvre, dans sa retraite de la rue Saint-Jacques ; nous autres, à nos colléges de Sainte-Barbe et de Beauvais : voici qu'un furieux orage se forme sur Paris !

Ignace leva les yeux vers la tempête qui s'avançait en effet ; et, s'arrêtant, se prit à considérer attentivement la nue orageuse qui, semblable à un gigantesque vautour aux ailes rougeâtres, au ventre noir, montait de l'horizon méridional en roulant lourdement, sinistre et menaçante déjà, quoique muette encore. Alphonse Salmeron voyant enfin luire un éclair et tomber quelques grosses gouttes de pluie, allait renouveler ses instances, mais Laynez l'arrêta et lui fit signe de se taire. En cet instant, Ignace de Loyola, comme s'il fût revenu à lui, inclina la tête en souriant ; puis, se disposant à reprendre sa marche, tendit le bras droit vers l'orage qui déployait alors ses ailes, et, du doigt, sur son flanc obscur où la foudre commençait à darder ses langues de feu, il dessina lentement la forme de ces trois lettres :

I H S

— Que signifient ces initiales, mon père? demanda Jacques Laynez, après un instant de silence.

— *Jesus hominum salvator* (Jésus sauveur des hommes) ! Frères, telle sera la devise de notre institut ; n'est-elle pas belle et bien choisie ?

Tous comprirent sans doute ces paroles, dites d'une voix qui voulait rester grave et où l'on sentait vibrer l'exaltation ; ils comprirent ; car ils échangèrent un regard rapide et étincelant. Ils étaient les compagnons de Jésus, de Jésus sauveur !....

Au bas de la colline, et comme ils allaient se diviser en deux bandes, François Xavier rompit de nouveau le silence pour dire à son chef :

— Mon père, quel sera le couvent où nous nous retirerons d'abord ?....

Ignace de Loyola sourit :

INTRODUCTION.

— Celui-là seul, dit-il à demi-voix, celui-là seul, enfant, qui peut convenir à ta nature impatiente, à ton cœur trop plein d'immenses aspirations.

— Et ce sera ?....

— Le monde ! !

Nous venons de dépeindre au lecteur ce qu'on peut appeler la pose de la première pierre de l'édifice jésuitique. Nous allons maintenant le faire assister à chacun des développements de ce temple étrange et formidable, dont la clef de voûte est à Rome, les fondements partout ; monument qui a couvert le monde de son ombre immense avant presque qu'on sût le nom de ses architectes, et qui, chose remarquable et donnant à penser, toujours aussitôt rebâti qu'abattu, n'a jamais pu cependant montrer un seul pan de sa vaste muraille ayant un demi-siècle de date, quel que soit le sol sur lequel il ait reposé.

A partir de la seconde moitié du seizième siècle, l'histoire de la compagnie de Jésus se lie à celle du monde entier. Pendant trois siècles entiers, en Chine et au Japon, dans l'Inde, en Nubie, sur les bords inconnus du Niger, au Canada, au Brésil et au Paraguay, en Allemagne, au Portugal, en Angleterre, en France, par toute la terre enfin, nulle grande lueur historique ne s'élève sans faire apparaître la sombre silhouette des fils de Loyola. Nous avons donc été naturellement amenés aux cinq grandes divisions adoptées pour cet ouvrage. Nous allons suivre les Jésuites en Asie, en Amérique, en Afrique et en Europe. Auparavant, nous essayerons de raconter avec la création de l'ordre et ses premiers développements, la vie de son fondateur Ignace de Loyola, vie si accidentée, si étrange et si romanesque, vie si pleine de contrastes, où le burlesque et le grandiose se mêlent si singulièrement, qu'on dirait une esquisse du vieux titan Buonarotti, exécutée par le fantastique Callot ! A cette vie, d'ailleurs, se rattachent intimement les premières phases de l'histoire des Jésuites.

Nous connaissons toutes les difficultés de notre tâche ; nous savons combien est délicate la mission dont nous nous sommes chargés ; mais nous espérons nous en montrer dignes, sinon par le talent, du moins par l'intention.

PREMIÈRE PARTIE.

IGNACE DE LOYOLA.

CHAPITRE PREMIER.

La Veillée des Armes.

Au milieu de la grande lutte entre François Ier de France et Charles-Quint, empereur d'Allemagne, roi des Espagnes et des Indes, qui remplit, avec les tempêtes de la réforme, les premières pages de l'histoire du seizième siècle, une armée française commandée par André de Foix, seigneur de l'Esparre et frère du fameux Lautrec, vint mettre le siége devant Pampelune, que Charles-Quint retenait au mépris du traité de Noyon. On était dans l'année mil cinq cent vingt et un. La ville se rendit bientôt; la citadelle, privée de la plus grande partie de sa garnison, que le vice-roi et amirante de Castille, pressé par une révolte, avait appelée à son secours, ayant voulu tenir, fut emportée d'assaut.

André de Foix ordonna qu'on prît grand soin des blessés ennemis, et entre autres d'un jeune cavalier de bonne mine qui, l'épée à la main, seul et déjà blessé, était cependant resté opiniâtrément sur la brèche jusqu'à ce qu'un boulet l'eût renversé en lui fracassant la jambe droite. Le lendemain de la prise de la citadelle, le général français allant visiter les fortifications, qu'il voulait faire réparer, vit une litière portée par quatre vigoureux montagnards sortir de la ville. Lorsque cette litière passa devant le seigneur de l'Esparre, un homme qui y était étendu se souleva, et saluant fièrement le groupe d'officiers, dit d'une voix faible :

— Je vous remercie, messieurs, des soins que vous m'avez fait donner ; et j'espère que Dieu me mettra bientôt à même de vous rendre de pareils bons offices!

André de Foix salua le blessé avec politesse en lui souhaitant une prompte guérison ; après quoi, riant de la boutade espagnole, il demanda quel était ce cavalier dont le ton était si fier. On lui répondit que c'était le jeune brave qui avait tenu si longtemps sur la brèche de la citadelle. On ajouta que c'était un cadet d'une vieille famille basque qui faisait remonter son origine bien au delà de l'occupation des Goths et même de la conquête romaine. Le nom du blessé était don Ignacio de Loyola. Son père don Bertram, seigneur d'Ognez et de Loyola, était mort depuis quelque temps, laissant à l'aîné de ses onze enfants, tous issus de sa noble et légitime épouse, dona Marina Saez de Balde, sa mince seigneurie et son vieux château des Pyrénées. Don Ignace, grâce à la protection d'Antonio Manrique, duc de Najare et grand d'Espagne, son parent, avait été élevé à la cour de Ferdinand et d'Isabelle, dont il avait été page. C'était, assura-t-on encore, un brave soldat, non moins qu'un galant cavalier; peu instruit, mais faisant bien les vers, il maniait également l'épée, un jour de bataille ou de duel, et la mandoline, une nuit de doux rendez-vous. Fort pointilleux sur l'article du rang et de la noblesse, surtout très-délicat sur le point d'honneur, il passait pour violent et hautain, quoique du reste il fût fort doux et très-honnête lorsqu'on lui cédait (1).

Tel était en effet Ignace de Loyola à trente ans, et, sans nul doute, personne alors n'aurait pu deviner dans ce cavalier galant et faisant des vers, le sombre père de la Compagnie de Jésus.

Ignace, blessé, comme nous l'avons dit, sur la brèche de la citadelle, se faisait transporter au château de Loyola, peu éloigné de Pampelune,

(1) C'est par ce dernier et singulier trait que les biographes les plus partiaux d'Ignace de Loyola, les Pères Bouhours, Maffei, Ribadeneira, terminent le portrait de leur fondateur, à cette époque de sa vie ; portrait que nous copions, du reste, sur leurs tableaux.

et dont était maître et seigneur, à cette époque, don Martin Garcie, l'aîné de ses sept frères. Ignace avait aussi trois sœurs, dont nous n'avons absolument rien à dire. Il arriva au manoir de sa famille dans un état pitoyable ; soit que l'opération eût été mal pratiquée par les chirurgiens français, soit que les bandages se fussent relâchés pendant la route, les os se trouvèrent si mal remis à leur place, qu'il fallut, dit-on, lui casser de nouveau la jambe. Ignace, affaibli par la souffrance et la perte de son sang, se trouve à l'agonie ; on lui administre les derniers sacrements; sa famille l'entoure en pleurs et attendant son dernier soupir.

Heureusement la fête de saint Pierre arrive; l'apôtre invoqué guérit le malade de sa céleste main. Il ne pouvait faire moins pour celui qui a tant fait pour les successeurs de saint Pierre!...

Il semble que la conversion de Loyola aurait dû naturellement être amenée par cette guérison miraculeuse, que racontent fort sérieusement et avec un ton de croyance plus ou moins naïve la plupart de ses biographes. Il n'en fut pas ainsi néanmoins. Quoique reconnaissant envers le ciel, dit le P. Bouhours, Ignace ne put encore se détacher de la terre.

Ajoutons qu'à cette époque il aimait passionnément une des plus jolies femmes de la cour de Madrid, dona Isabelle Rosella ; et lorsqu'il sortit du sommeil pendant lequel le prince des Apôtres avait versé sur ses blessures le baume merveilleux, s'il fut reconnaissant envers le céleste médecin, c'est que la guérison allait lui permettre de penser à ses amours. Que devint-il donc lorsqu'en se levant pour la première fois de son lit de souffrance et essayant de marcher, il s'aperçut que ses blessures cicatrisées le laisseraient cependant difforme et boiteux! Les muscles du membre fracturé s'étaient retirés, à ce qu'il paraît ; un des os de la jambe, mal réduit par le praticien, ou s'étant dérangé dans le voyage, formait une saillie un peu au-dessous du genou, et condamnait Ignace à ne plus porter désormais sa botte bien tirée...

Le parti de Loyola est pris. Et ici se révèle l'indomptable énergie de cet homme ; énergie qui, mise au service d'une bonne cause, eût, sans nul doute, non pas seulement illustré, mais encore fait bénir un  nom que poursuit une malédiction suprême !

Bravant les craintes de la science, méprisant d'atroces douleurs, il fait scier la portion d'os saillante; et pour allonger les muscles de sa cuisse, il les soumet à une forte traction opérée par une machine de fer!... L'opération réussit; mais Ignace doit néanmoins rester boiteux. En outre, les souffrances atroces qu'il s'est imposées ont creusé ses traits, sillonné son front de rides naissantes, que ses cheveux, devenus plus rares aussi par la même cause, ne vont plus pouvoir cacher sous leurs boucles soyeuses...

C'est alors que, pour chasser les ennuis de sa convalescence et les tourments de son esprit, il veut avoir recours à la bibliothèque du vieux château. Ses livres favoris étaient, assure-t-on, les romans de chevalerie; il admirait vivement, comprenait, enviait même les exploits surnaturels d'Amadis des Gaules et de tout son cortége étincelant et fabuleux de chevaliers errants. Du reste, le goût d'Ignace était celui de tout son siècle : la chevalerie expirante jetait alors un dernier mais brillant éclat dans la personne de Bayard, le chevalier sans peur et sans reproches; et puis l'Arioste, par son poëme de *Roland furieux*, venait encore de remettre en honneur ces gloires extravagantes sur lesquelles l'auteur de don Quichotte, l'immortel Cervantes, allait bientôt imprimer l'indélébile cachet du ridicule.

Par hasard, dit le père Bouhours, aucun livre de ce genre ne se trouvait au château de Loyola; d'autres prétendent qu'une des sœurs d'Ignace, à dessein ou par erreur, au lieu d'un roman de *la Table Ronde*, apporta à son frère une *Fleur des Saints*.

Une incroyable révolution se fait immédiatement dans l'esprit de Loyola. Tous les écrivains de la Compagnie racontent et affirment cette révolution, à laquelle nous croyons pour notre part; nous allons dire comment et pourquoi :

Qu'on se souvienne qu'à l'époque où il fut blessé Loyola était à peine âgé de trente ans (1); que, jeune et vigoureux, noble et beau, brave et bien protégé, il pouvait donc aspirer à une place large et grande dans la brillante société, qui avait applaudi à ses débuts guer-

(1) Il était né en 1491, sous le règne d'Isabelle et de Ferdinand, au château de Loyola. Il fut baptisé à l'église de Saint-Sébastien d'Aspezia.

riers et souriait à ses succès d'amour. Eh! pourquoi celui que les braves appelaient brave, celui pour lequel les femmes les plus distinguées par le rang et la beauté entr'ouvraient le soir les jalousies de leurs fenêtres, pourquoi cet homme n'aurait-il pas rêvé pour son front la couronne brillante qui ornait le front chevaleresque des Bayard, des Gonzalve de Cordoue, des Christophe Colomb et des Fernand Cortez, tous moins bons gentilshommes que lui?

Maintenant qu'on se représente cet homme, qui s'est endormi bercé par un rêve si doux, se réveillant à la plus affreuse des réalités que le sort ait pu faire sortir pour lui de la coupe renversée des jeunes illusions. Quels durent être son désespoir, ses angoisses, ses irrésolutions! Ira-t-il, soleil éteint, graviter honteux et inaperçu dans la sphère brillante de la cour, à la suite des astres dominateurs, jadis ses nobles rivaux ou ses humbles satellites? Non! Celui qui inspirait naguère l'admiration ou l'envie, ne peut s'abaisser jusqu'à exciter la pitié! Là où doit marcher Loyola, il faut qu'il marche le premier!... Mais quelle voie lui reste?

Ignace de Loyola s'est relevé de toute sa hauteur, et jette un long regard autour de lui :

Vasco de Gama, Christophe Colomb, Americo Vespucci ont découvert de nouveaux continents; mais déjà Albuquerque, Fernand Cortez et Pizarre les ont conquis ou partent pour les conquérir. C'est donc sur l'ancien monde qu'il lui faut fixer ses regards. Voyons!...

Un souffle immense, et qui fait osciller les sociétés sur leurs bases minées, les royautés sur leurs trônes vermoulus, vient de passer sur la face de la vieille Europe. Du nord au midi, de l'orient au couchant, des voix mystérieuses, et qui font tressaillir les peuples, s'élèvent et se répondent, chantant comme l'hymne d'un avenir inconnu. Le monde semble dans l'attente. Et, au milieu d'un silence d'anxiété solennelle, Luther élève sa voix puissante, et convie les peuples et les chefs du peuple à la grande curée de l'Église romaine. A son appel, l'Allemagne se lève en poussant un grand cri, auquel va bientôt répondre le cri de l'Angleterre. La Suisse s'ébranle; la France applaudit; les Pays-Bas s'apprêtent; l'Italie même écoute et tressaille; les glaces polaires de la Suède ont trouvé des échos qui répondent au terrible hallali!...

Rome, aux abois, se débat dans les convulsions de l'agonie.

Les princes allemands se déclarent contre elle, parce qu'ils pourront, grâce à la Réforme, lutter contre Charles-Quint, leur ambitieux empereur; Henri VIII d'Angleterre, parce qu'il veut être le seul maître chez lui; les nobles, parce qu'ils désirent s'enrichir des magnifiques dépouilles des moines; les peuples, parce qu'ils espèrent que cette porte qui vient de s'ouvrir mène au chemin des libertés...

Et pour se défendre contre tous ces ennemis, que reste-t-il au successeur de saint Pierre? L'innombrable armée, que les Benoît, les Jérôme, les François, les Dominique ont levée pour Rome, a perdu son prestige sur les nations, qui s'éveillent honteuses de leur long sommeil, et secouent enfin leurs robes trop longtemps souillées par ces parasites effrontés: Jacobins, Cordeliers, Mineurs et Prêcheurs, chaussés ou non chaussés, moines gris, blancs, noirs, de toutes couleurs, l'épaule basse et chargée d'une besace vide, qui ne doit plus s'emplir comme par le passé, se replient en désordre sur la ville éternelle (1). Les vices et l'ignorance du clergé; l'insolence monacale; le népotisme, la tyrannie papale; le honteux trafic des indulgences, des reliques, des bénéfices, de tout ce qui est culte et religion, tout enfin annonce la chute du trône

---

(1) On peut regarder saint Benoît comme l'introducteur des moines réguliers en Occident. Ils étaient déjà innombrables en Orient, où on les voyait se mêler à tous les troubles, comme ils le firent en Occident sous les faibles successeurs de Charlemagne, le grand empereur.

Saint François et saint Dominique créèrent les ordres mendiants qui pullulèrent bientôt partout. Les papes, trouvant là sous leur main une excellente pépinière de rudes gourdins, osèrent dès lors braver le glaive des princes. C'est aux moines qu'on doit reprocher l'usage bientôt suivi par tout le clergé de faire payer les messes, les prédications, l'administration des sacrements, etc. Dès 1243, Matthieu Pâris disait, parlant des moines :

« Ces frères ont mis la main à la *moisson d'autrui*. Ils s'attribuent les baptêmes, pénitences, l'extrême onction, les enterrements, mariages. Ils nous privent des dîmes et oblations. Ce qui fait que nous ne pouvons vivre si nous ne nous appliquons à quelque travail ou à quelque *gain illicite*..... c'est pourquoi nous nous jetons aux pieds de votre majesté, etc., etc. »

Les papes avaient soustrait les moines à la dépendance du clergé régulier, et déclaré qu'ils ne relevaient que d'eux seuls, par cette même raison qui faisait que les rois affranchissaient alors les serfs de leurs grands vassaux. De nos jours nous voyons le czar de Russie tenir la même conduite entre ses boïards et leurs serfs.

orgueilleux, du haut duquel les Boniface et les Grégoire remuaient jadis le monde d'un signe de leur dextre puissante et divine. Pour la seconde fois, le Capitole voit s'éteindre la foudre de son Jupiter!...

Mais cette foudre, on peut la rallumer dans la main du Dieu humilié, non encore abattu. Ce trône qui craque et qui chancèle, on peut le reconstruire, ou du moins l'étayer! La lutte est commencée ; mais la victoire peut se disputer encore! Le lion populaire s'est éveillé et rugit ; eh bien, qu'il se taise et se rendorme! Des ressources? mais elles sont prêtes ; mais on en trouvera partout : dans les peuples auxquels on apprendra que c'est en eux seuls que réside la souveraineté ; dans les rois auxquels on enseignera l'art de se servir de leur droit divin comme d'une muselière! A la tourbe monacale, discréditée, honnie, dépouillée, chassée partout, on substituera une milice plus forte, parce qu'elle sera moins saisissable ; plus respectée, parce qu'elle sera moins visible ; puissance terrible et mystérieuse, comme celle des tribunaux véhmiques, dont les arrêts ne seront connus aussi que par leur exécution, et dont les bannières consacrées pourront guider tour à tour les princes contre les peuples, les peuples contre les princes, en profitant également de leurs défaites et de leurs victoires à tous...

Et l'homme qui fera ceci, l'homme qui placera près du trône pontifical ce levier terrible, vainement rêvé par Archimède, celui-là n'aura plus rien à envier aux saint François et aux saint Bernard, aux Christophe Colomb et aux Fernand Cortez, aux Amadis et aux Arthur... Que sont les grands coups d'épée de ceux-ci auprès d'immenses ébranlements imprimés à la terre entière? Que les premiers reposent en paix dans leurs robes de bure ; elles n'ont pu protéger que pour un temps le trône pontifical, dont elles laissent maintenant à découvert les moisissures! Que les seconds découvrent et conquièrent d'autres mondes ; ils ne feront qu'ajouter de nouvelles provinces à un empire dont Rome sera toujours la capitale et le pape le souverain visible, mais dont le sceptre dominateur sera véritablement tenu par la main mystérieuse et cachée dans l'ombre de celui qui aura conçu et réalisé ce nouvel et puissant ordre de choses...

Nous n'osons pas dire que cet immense tableau se trouva dès l'abord dessiné fermement dans le cerveau fiévreux et bouillonnant d'Ignace. Si Loyola put deviner la réalisation de son rêve de géant, ce fut comme Napoléon dut entrevoir le diadème impérial dans le nuage enflammé qui s'étendait après la victoire sur le champ de bataille des Pyramides. L'auteur d'une histoire moderne de la Compagnie de Jésus, ouvrage créé pour la plus grande gloire des bons Pères, dit, d'après un manuscrit du P. Jouvency, qu'Ignace, lorsqu'il écrivit son livre des *Exercices spirituels*, « se proposant le Christ tel qu'un général combattant ses ennemis, sentit naître en lui le désir de former une armée dont Jésus serait le chef et l'empereur. » Nous croyons, nous aussi, que, dès le début, Loyola pressentit sa mission. Voyez-le s'y préparer !

Il sait qu'il lui faut, avant tout, comme tous les grands novateurs, frapper les esprits par l'imprévu, par l'étrangeté : aussitôt le hardi gentilhomme, le galant cavalier, se transforme brusquement en un sombre et austère imitateur des Antoine et des Pacôme. Il ne porte plus que des habits sales et grossiers ; il laisse croître ses ongles d'une manière effrayante ; ses cheveux, jadis parfumés, tombent en désordre sur un visage pâle, maigre et crasseux (1). Sa bouche, accoutumée aux vers galants et aux plaisanteries, ne s'ouvre plus que pour livrer passage à de sinistres sentences. En outre, et à l'exemple de Mahomet, qui sut faire servir habilement à sa réputation de prophète de Dieu ses attaques d'épilepsie, Ignace transforme les faiblesses amenées par sa convalescence et par les jeûnes, auxquels il se condamna désormais, en extases surnaturelles, pendant lesquelles il entre en rapport avec les saints, la Vierge et Jésus. Dans une de ces extases qui dure huit jours, il annonce avoir vu à découvert le mystère de l'adorable Trinité, et les autres mystères de la religion. Dans une autre, mais plus tard, il s'est vu placé par Dieu le père à côté de son fils (2) !

(1) Nous n'osons pousser plus loin cette description, dans laquelle semblent se complaire les écrivains de la Compagnie et même le Père Bouhours, regardé comme le plus élégant des biographes de Loyola.
(2) Toutes ces extravagances impies ont été accréditées par les enfants de Loyola, afin sans doute de ne pas rester en arrière des Franciscains, qui avaient publié un livre **Des Conformités de saint François avec Jésus-Christ**, dans lequel Dieu le fils n'a pas toujours l'avantage sur le paysan des Abruzzes.

Il se déclarait en même temps, sans doute par une singulière réminiscence de ses lectures de romans de la Table Ronde, chevalier de la Vierge et de Jésus ; et, pour effacer les gloires vénérées, plus qu'enviées, des anachorètes de la Thébaïde, il annonçait le projet de faire le voyage de la Terre Sainte en mendiant et les pieds nus.

Enfin, les actes de sa conversion furent poussés si loin qu'ils soulevèrent l'orgueil de famille du représentant actuel des Loyola, don Martin Garcie, frère aîné d'Ignace, lequel, bon catholique, comme il convenait à un hidalgo, à un descendant des vieux chrétiens, pour nous servir d'une phrase espagnole, crut devoir pourtant ordonner à son frère de modérer sa conduite, qui pouvait déconsidérer leur maison.

Si l'on en croit le P. Orlandin, le diable regarda la conduite d'Ignace d'un plus mauvais œil encore, mais par des motifs tout différents, comme on peut l'imaginer. Furieux de voir échapper à ses griffes une âme sur laquelle il avait déjà bravement jeté son dévolu, il se mit dans une telle rage, qu'après avoir essayé de jeter le château de Loyola en bas de son roc, il se mit à en briser toutes les vitres ; après quoi il fit une fente effroyable dans le mur de la chambre habitée par l'homme qui renonçait ainsi à ses pompes et à ses œuvres (1).

Quoi qu'il en soit, se voyant, sinon sifflé, du moins peu goûté dans sa famille, Ignace résolut d'aller chercher un autre théâtre : ce fut Mont-Serrat qu'il choisit.

A quelques lieues de Barcelone, sur une montagne aride, piton détaché du grand plateau de la Sierra de Llena, s'élevait un riche couvent de bénédictins, dont l'église possédait une image célèbre et miraculeuse de la Vierge Marie. La sainte image amenait sur la montagne une immense affluence de dévots pèlerins, qui accouraient au couvent pour guérir leurs corps souffrants, ou pour calmer leurs âmes en peine et tourmentées ; mais qui bien certainement augmentaient fort par leurs

(1) Ni Ribadeneira, ni Maffei ne parlent de cette vengeance diabolique, qui donne au reste une assez triste opinion du diable et de son pouvoir. C'est Orlandin (livre 1ᵉʳ) qui voit là les adieux de Satan furieux ; le Père Bouhours y trouve, lui, un signe de la joie de Dieu ; le lecteur peut donc ici choisir entre le ciel et l'enfer.

dons, aumônes, oblations et *ex-voto*, les revenus des bons moines de Mont-Serrat. C'était naturellement aux fêtes de la Vierge que l'affluence des dévots visiteurs était la plus grande ; surtout si quelque fléau, sévissant ou menaçant de sévir, redoublait ainsi la piété des fidèles éperdus.

Aussi, jamais foule plus nombreuse n'avait gravi les rocs du mont vénéré que celle que vit accourir l'Annonciation de cette année mil cinq cent vingt-deux. A cette époque, et sans parler de guerres et par conséquent d'impôts, de dîmes, d'orages, et par conséquent de misère, une peste effroyable désolait Barcelone et menaçait le reste de l'Espagne. Or, à travers leurs rangs pressés, les pèlerins virent s'avancer, le 24 mars, veille de la fête, un cavalier de haute mine, bien monté, couvert de riches vêtements, et paraissant d'un rang élevé, quoiqu'on ne vît à sa suite ni valets ni estafiers. Cet homme, qui se dirigeait vers Mont-Serrat, semblait vouloir marcher isolé, et évitait de se joindre à aucun des groupes de pèlerins cheminant en chantant des hymnes, et que l'expression de physionomie du cavalier n'engageait pas à faire ce qui semblait devoir contrarier ce dernier. Cependant, à une lieue environ de la base de la montagne sainte, on le vit avec étonnement continuer sa route vers le couvent en compagnie d'un autre cavalier, venu d'une direction opposée.

Les plus curieux parmi les pèlerins s'aperçurent qu'une bonne intelligence ne semblait pas régner entre ces deux hommes ; bientôt même ils comprirent qu'une violente altercation s'était élevée entre eux. Les deux individus, objets de l'attention, disparaissaient alors, masqués par un bois de citronniers qui bordait la route, laquelle faisait un coude en cet endroit, où aboutissaient plusieurs chemins. On prêta l'oreille pour écouter le cliquetis des épées ; mais nul bruit de combat ne se fit entendre. Bientôt on vit reparaître le premier cavalier ; il était seul, et continuait de s'avancer vers le mont Serrat. Tout à coup il arrêta sa bonne mule andalouse, leva les yeux au ciel ; puis, faisant un signe de croix, tira son épée, et, piquant des deux, partit au galop de sa monture, qui semblait désormais maîtresse de se diriger à son gré du moins, car le cavalier laissait flotter les rênes. La mule se dirigea naturellement vers Mont-Serrat, qui était l'endroit le plus voisin, et où elle sentait peut-être de loin la provende plantureuse que les bons moines avaient eu soin d'amasser pour les montures de leurs hôtes de qualité. Ce ne fut qu'auprès du couvent que le cavalier remit son épée nue au fourreau, ce qu'il fit avec un nouveau signe de croix, et après avoir jeté un nouveau regard vers le ciel, qu'il parut ainsi prendre à témoin de l'accomplissement d'une promesse.

Cet homme était Ignace de Loyola. Et voici l'explication de ce qui venait de se passer :

D'après les ordres de son frère aîné, il avait quitté le château pour se rendre auprès de son parent et protecteur le duc de Najare; mais, à moitié route, il avait congédié ses valets, et s'était immédiatement dirigé vers Mont-Serrat, où il avait résolu de se consacrer solennellement au service la Vierge et de son fils. Chemin faisant, ainsi que nous venons de le rapporter, il fut accosté par un cavalier de bonne mine, qui lui demanda de faire route en sa compagnie; ce qu'Ignace accorda. Suivant Ribadeneira, qui a pu recueillir la plupart des faits cités dans son histoire de la bouche des premiers compagnons de Loyola ou de celle de Loyola lui-même, le nouveau venu était un Maure d'Espagne qui, pour se soustraire aux décrets rendus contre sa nation vaincue, avait consenti à recevoir le baptême et s'était fait chrétien; mais à l'extérieur seulement, ainsi qu'on va en juger. Le long du chemin, Ignace ayant mis la conversation sur les mystères de la religion catholique, le Maure déguisé eut l'imprudence de s'en moquer, et, trompé par l'apparente douceur de son compagnon de route, osant nier la virginité de la mère de Jésus, lui posa cet embarrassant dilemme : L'enfantement est la destruction de la virginité, comme la mort est la destruction de la vie; or Marie a enfanté, donc elle n'est plus vierge!

Étourdi par cette argumentation de philosophie purement humaine, Loyola ne put y répondre qu'en s'éloignant avec précipitation du Maure, qui s'en alla de son côté en riant. Au bout de quelques minutes, Ignace, se rappelant qu'il s'est consacré au service de la Vierge Marie, se dit qu'il vient d'agir en chevalier déloyal, et que, tant qu'il porte une épée, il doit la tirer contre les ennemis de celle qu'il a choisie pour sa dame. Si, dans ce moment, le Maure eût encore été à portée, il paraît certain que le malencontreux discoureur eût vu son argumentation réfutée par un bon coup de sabre. Cependant, après un moment de réflexion sur ce qu'il doit faire, Ignace se résout à s'en remettre à Dieu de la conduite de cette affaire :

— Je vais, se dit-il, laisser ma mule se diriger à son gré : si elle me guide du côté du blasphémateur, c'est que Dieu veut qu'il meure, et il mourra ; si elle me mène d'un autre côté, c'est que cette vengeance n'est pas réservée à mon bras !...

Heureusement pour le pauvre Maure, la mule d'Ignace se dirigea vers la montagne sainte, de laquelle s'éloignait alors le Maure imprudent et malavisé, qui ne soupçonna jamais le danger qu'il avait couru (1). Ignace arriva peu après au couvent, où il fut reçu, dit-on, par un certain don Juan, ancien grand-vicaire de Mirepoix, moine fanatique, qui l'encouragea dans ses idées.

La vigile de l'Annonciation rassembla vers le soir les nombreux pèlerins dans la chapelle de Notre-Dame de Mont-Serrat ; mais ce fut vainement qu'ils cherchèrent parmi eux le cavalier aux riches vêtements qu'ils avaient vu s'acheminer, au matin, vers le couvent. Il avait disparu ; seulement quelques-uns crurent le reconnaître dans un individu mal accoutré, à la figure pâle et hagarde, qui resta tout le soir prosterné devant la statue richement parée de la Vierge Marie. Cet individu avait, pour tout vêtement, un sac de grosse toile serré à la ceinture par une corde, à laquelle était attachée une calebasse, et tenait à la main le bourdon de pèlerin. L'un de ses pieds était nu, l'autre, qui semblait blessé, était chaussé d'une sorte de sandale faite avec des cordelettes et de l'osier.

C'était bien en effet Ignace de Loyola. A l'entrée de la nuit, il était sorti du monastère, et, rencontrant un individu de pauvre et piteuse apparence, il lui avait proposé de changer son misérable habit de

(1) Les écrivains jésuites ne font suivre cette particularité de la vie de leur fondateur d'aucune réflexion. Tous semblent trouver fort simple que Loyola eût pourfendu le Maure s'il l'eût rencontré. La fin justifie les moyens, vous diront-ils : magnifique réponse dont le bandit qui vous pille et vous assassine doit faire son profit, et avec laquelle il vous fermera la bouche. Ne peut-il pas avoir une famille à nourrir, l'honnête brigand ?

La Veillée des Armes.

pèlerin contre un riche costume de gentilhomme, en y comprenant les bottes, le chapeau et même la chemise (1). Le pèlerin n'avait eu garde de refuser un troc si avantageux pour lui et qui manqua pourtant de lui être funeste; car on l'accusa, quelques jours après, d'avoir dévalisé et assassiné le cavalier dont il portait les habits et qu'on ne pouvait retrouver; peu s'en fallut qu'on ne pendît le malheureux. Par une sorte de fatalité, que nous aurons plus d'une occasion de signaler, tout ce qui vient des Jésuites, même le bienfait, a, dans tous les temps, été dangereux pour celui qui reçoit !...

Cependant, au lieu de sortir de l'église de Mont-Serrat avec les autres dévots, Ignace était resté dans la chapelle de la Vierge, où il avait résolu de passer la nuit. Une idée bizarre, grotesque même, lui était venue. Associant toujours dans sa pensée les exercices militaires avec les cérémonies religieuses, les mystères du christianisme avec les rites de la chevalerie; voulant à la fois imiter Pierre l'Ermite et Amadis des Gaules, les anachorètes de la Thébaïde et les chevaliers de la Table Ronde; vrai modèle religieux, en ce moment, du héros célèbre dont Cervantes allait se faire l'historien, il avait formé le dessein de se créer solennellement de sa propre main chevalier de la Vierge et de son divin fils. Ce projet, il l'exécuta réellement, complètement, sérieusement; et tout ce que nous allons dire de son exécution, nous le puisons dans les biographies les plus partiales de Loyola :

On sait que, selon les us et coutumes de la chevalerie, l'aspirant à l'honneur du baudrier et des éperons d'or devait, après avoir suspendu ses armes au pilier d'une église, y passer toute la nuit qui précédait sa réception, vêtu d'une robe blanche, et priant Dieu, Notre-Dame et les saints, ou méditant sur les hauts faits et les belles actions des preux ; c'était là ce qu'on appelait la *Veillée des armes*. Ignace fit donc aussi sa veillée des armes. La seule chose dans laquelle il s'écarta de ses modèles, c'est qu'au lieu d'une robe blanche, il s'était affublé d'un sac en grosse toile, sale et déchiré. Il ne crut pas sans doute que cette diffé-

---

(1) Saint-Martin s'était contenté de donner la moitié de son manteau ; mais Loyola voulait éclipser toutes les gloires chrétiennes.

rence pût lui être imputée à préjudice, et dès lors il se désigna sous le titre de chevalier de la Vierge et de compagnon de Jésus.

Afin de bien établir ses droits à ce titre, et pour faire rayonner bien visiblement autour de sa tête l'auréole de sainteté dont il a besoin pour agir, il annonce qu'il va partir pour la Terre Sainte; et, en attendant, il court étonner Manresa, ville située à trois lieues de Mont-Serrat, du spectacle de sa pénitence. Là, dans l'hôpital de Sainte-Luce, qui dépend d'un couvent de dominicains situé en dehors de la ville, il couche sur la terre, prie longuement et se donne publiquement la discipline. Le morceau de pain qu'il mange pour tout aliment, il le mendie le long des rues, en laissant voir, par les trous du sac qui lui sert de robe, la ceinture de fer qui serre sur sa chair ensanglantée un effroyable cilice formé d'épines et d'herbes piquantes.

On se figure l'impression que dut produire un tel spectacle lorsqu'on apprit que celui qui le donnait était un homme que sa naissance et ses qualités pouvaient placer parmi les grands et les heureux du monde.

Enfin, pour mettre le comble à sa gloire ascétique, Ignace court se renfermer dans une affreuse caverne, située à six cents pas de Manresa. On le ramena demi-mort à l'hôpital de Sainte-Luce. Là, en sortant des défaillances amenées par sa manière de vivre et aussi, d'après ce qu'il assure, par les furieuses attaques que l'enfer lui livre pour le reprendre au ciel, il raconte les visions célestes qui viennent le fortifier et l'encourager : la Trinité se dévoile à ses yeux, et il en décrit la splendeur dans un petit livre de quatre-vingts feuillets, qui se sont perdus malheureusement, disent les écrivains de la Compagnie. Nous croyons plutôt qu'Ignace, devenu plus prudent, les déchira, ou que ses disciples les firent disparaître, après sa mort, dans la crainte fondée que leurs adversaires n'y puisassent trop facilement des accusations terribles contre l'ordre entier. Une de ces extases, comme Loyola les nommait, dura huit jours, et on allait l'enterrer, lorsqu'on l'entendit murmurer ses mots : « Ah ! Jésus ! » Mais des oreilles mortelles n'étaient, sans doute, pas dignes d'entendre le récit de ce qu'avaient pu voir ses yeux. Ignace ne parla jamais de ce qui lui avait été révélé en cette occasion…

Et tout ceci se passait au seizième siècle, à une époque qui vit naître ou mourir, écrire ou parler, créer ou détruire, penser ou agir, Michel-Ange et Cellini, Arioste et Cervantes, Montaigne et Rabelais, Thomas Morus et Galilée, Luther et Calvin ; cent ans après la découverte de l'imprimerie, cet agent puissant et comme électrique, venu au secours de la raison; neuf cents ans après que Mahomet (et ce nom vient de lui-même se placer ici sous notre plume) eut, afin de rendre sa mission sacrée, changé ses attaques d'épilepsie en extases divines, pendant lesquelles l'ange du Seigneur lui apportait le Coran, feuillet par feuillet, de la part de Dieu !...

Ce fut à Manresa qu'Ignace écrivit son livre des *Exercices spirituels*. Que dirons-nous de cet ouvrage ? Des docteurs l'ont recommandé (1) ; un saint l'a loué hautement (2) ; un pape l'a approuvé (3) ; il a, dit-on, consolé des chrétiens, converti des hérétiques : et tout ce que nous pouvons en dire de mieux, cependant, c'est que ce fut le rêve d'un cerveau malade. Dans ce livre, qui prêche l'indifférence pour tout ce qui est de la terre, on voit Jésus et Satan, chacun à la tête d'une armée, haranguer leurs soldats de leur mieux, le diable surtout, et les exciter au combat dont le genre humain est le prix. Entre autres choses curieuses, on y enseigne, quoi qu'en disent les bons Pères, la manière de se procurer des visions et des extases. Ainsi, pour obtenir une complète et terrible image de l'enfer, il faut, suivant ce livre, qu'après s'être préparé par le jeûne, la prière, la solitude et les ténèbres, on concentre toutes ses forces intellectuelles sur un seul point, l'idée de l'enfer, jusqu'à ce qu'on voie, comme avec les yeux, la fournaise immense où les damnés se tordent au milieu d'épouvantables, d'éternelles douleurs ; jusqu'à ce qu'on entende leurs cris effroyables, auxquels répondent les railleries atroces des démons !— Jusqu'à ce qu'on devienne fou, tout simplement ; et il y a de quoi !

Les mêmes procédés sont indiqués pour faire résonner les harmonies célestes, et resplendir les gloires des élus ; pour donner enfin un avant-goût des délices du paradis...

(1) Surtout des docteurs de la Compagnie, bien entendu.
(2) Saint François de Sale.
(3) Paul III, par une bulle du 31 juillet 1548.

Deux siècles auparavant, l'Église romaine s'était pourtant fort égayée aux dépens de certains moines du mont Athos, qui prétendaient qu'en se retirant dans l'angle obscur d'une chambre fermée, et en concentrant avec opiniâtreté ses regards vers la région ombilicale (1), on finissait par en voir jaillir une lumière brillante, incréée, la même que celle qui parut jadis sur le Thabor. Entre les visions des moines du mont Athos et celles des disciples de Loyola, nous ne croyons pas qu'il y ait une grande différence, au tribunal de la raison, si ce n'est que les premiers aimaient et recherchaient une lumière, et que ce sont les ténèbres qu'ont toujours affectionnées les seconds; mais autres temps autres mœurs : Rome, si puissante du temps des Hésychastes de l'Athos, en était venue, à l'époque de la conversion de Loyola, à accepter avec empressement tout secours qu'on voulait bien lui offrir, toute main qu'on voulait bien lui tendre. Ceci explique, ce nous semble, les rapides succès d'Ignace, et la faveur qui accueillit son œuvre ascétique.

Au reste, pour couper court à toute discussion à ce sujet, les écrivains de la Compagnie attestent que le livre des *Exercices spirituels* est parfait, doit l'être, et cela par l'excellente raison que son véritable auteur est la Vierge Marie elle-même, qui, voyant l'embarras et l'ignorance littéraire d'Ignace, lui dicta la plus grande partie de l'ouvrage (2). Ils ajoutent que, lorsque Loyola, privé de cette collaboration céleste, s'arrêtait découragé, Dieu parfois lui envoyait l'archange Gabriel (3), pour l'exciter à continuer.

Voici donc Ignace placé, — objet de son ambition première, mais seulement comme moyen, — à côté des Antoine et des Pacôme, que le diable honora si souvent de ses attaques; du chef des Cordeliers, qui reçut les *Stigmates* de la main d'un ange; de saint Norbert, parlant français et se faisant comprendre d'un Allemand qui n'entend que l'allemand; de saint Benoît, qui trouve l'Esprit du mal sous le froc d'un

(1) Ces moines, sortes de quiétistes-visionnaires, furent surnommés *Omphalotuchiens*, d'un mot grec signifiant nombril.
(2) Louis du Pont rapporte le fait comme transmis par une tradition fidèle.
(3) On sait que cet archange joue un rôle presque semblable auprès de Mahomet dans les docteurs musulmans. Il n'y a rien de nouveau sous le soleil !

de ses moines, et le fait déguerpir (1) ; de saint Dominique, enfin, son rival de gloire plus particulièrement (2). Il sent qu'il va posséder désormais l'influence que donnent sur les populations agitées, crédules, ignorantes, l'étrangeté, le merveilleux ! Mais avant d'appeler à lui des disciples, il veut que le nimbe des saints apparaisse bien éclatant sur sa tête. Pour cela, il part de Manrèse, après un séjour de dix mois bien mis à profit, et s'embarque, à Barcelone, pour son pèlerinage de la Terre Sainte, au commencement de 1523.

Le voici, en Italie, à Rome, où il arrive le dimanche des Rameaux, pieds nus, jeûnant et priant par les chemins, et étonnant par ses austérités les populations italiennes, qui se demandent, en le voyant passer, sous quel nom sera honoré ce nouveau saint. Huit jours après Pâques, il quitte la ville éternelle avec la bénédiction du pape Adrien VI, arrive à Venise, où il s'embarque pour la Palestine. Quarante-huit jours après il était à Jaffa, et le 4 septembre 1523 à Jérusalem. Il n'y resta pas longtemps, les moines franciscains, gardiens du Saint-Sépulcre, devinant sans doute les ambitieuses visées d'Ignace, et aussi par jalousie de métier, car l'auteur des *Exercices spirituels*, voulant appliquer les théories de son livre, s'était mis à apprendre aux autres pèlerins le moyen de se représenter dans toute son énergie le mystère de la rédemption sur les lieux qui en avaient été témoins, lui suscitèrent des embarras, le renvoyèrent non pas d'Hérode à Pilate, mais bien du Père Gardien au Père Provincial, qui finit par le renvoyer en Europe, où il était de retour vers la fin de janvier 1524, après une navigation de deux mois. Les Jésuites assurent que pendant ce dernier trajet Dieu manifesta clairement la protection dont il entourait leur fondateur en faisant passer tranquillement la nef

(1) Ce miracle était représenté dans l'église d'un riche couvent de Bénédictins à Liége.
(2) Dans une des ses visions, Dominique aperçut trois lances de feu que Dieu lui dit être dirigées contre les superbes, les avares et les voluptueux. La mère de ce dernier saint avait elle-même eu une vision dans laquelle elle se voyait accouchant d'un chien qui tenait dans sa gueule une torche ardente, témoignage de la lumière que l'enfant qu'elle portait alors dans son sein répandrait un jour parmi les nations, au dire des Dominicains. On pourrait tout aussi bien y voir l'annonce des terribles bûchers que les moines créés par Dominique devaient élever, au nom de l'Inquisition, et pour la plus grande gloire du Dieu de clémence !

fragile qui le portait à travers une tempête qui mit en pièces ou fit échouer un galion turc et un gros navire vénitien, sur lesquels Ignace n'avait pu obtenir son passage gratis.

Ignace, débarqué à Venise, part bientôt de cette ville, traverse le Milanais, champ de bataille où se heurtent François 1er et Charles-Quint, tombe entre les mains des Espagnols, qui veulent le faire pendre comme espion, et des Français, dont il est bien traité, arrive à Gênes après mille vicissitudes; et, grâce à la protection du général des galères d'Espagne, Rodrigue Portundo, qui l'a connu, s'embarque pour Barcelone, échappe heureusement aux galères de Doria et aux caravelles du fameux Barberousse, alors ligué avec le roi très-chrétien contre sa majesté catholique, et se voit enfin de retour en Espagne.

A cette époque, une transformation importante, et que nous ne devons pas oublier, va s'opérer chez Loyola. Il a senti que, pour mieux réussir dans la croisade qu'il veut entreprendre, ce n'est plus assez du bras et de l'enthousiasme sauvage d'un Pierre l'Ermite, mais qu'il faut encore le savoir et l'éloquence d'un saint Bernard; or, nous le répétons, l'instruction d'Ignace était nulle ou à peu près. Il se décide donc à recommencer ses études, et sur-le-champ il se met à la tâche. Voyez-vous cet homme de trente-trois ans, et qui semble bien plus vieux encore, assis au milieu d'une troupe d'enfants mutins, décliner avec eux le substantif *rosa* la rose, ou le verbe *amo* j'aime!...

Ce dernier mot, disent les PP. Bouhours et Maffei, lui causa d'étranges troubles intérieurs qu'il ne put apaiser qu'en ayant recours à l'exercice suivant : Après chacune des formes du verbe fatal, il ajoutait mentalement le mot « Dieu. » De cette manière : *Amo*, j'aime, disait-il à voix haute — mon Dieu, ajoutait-il en lui-même ; *amare*, aimer — son Dieu; *amari*, en être aimé, rien davantage !...

Si cette particularité de la vie de Loyola, racontée par ses disciples seuls, était vraie, elle contrarierait fort la chasteté, non-seulement de corps, mais encore de pensées, dont ils prétendent que leur chef était doué (1). Au reste, ceci est fort peu important.

(1) Nous rendrons avec Bayle cette justice aux Jésuites : leurs mœurs ont généralement moins prêté au scandale que celles des membres des diverses autres religions. Le

Au bout de deux années, Ignace échange les rudiments de la grammaire latine contre la logique de Soto, la physique d'Albert-le-Grand et la théologie du maître de Sentences. Il ne paraît pas qu'il ait jamais fait de bien grands progrès dans les sciences. Ignace, avant tout, était un homme d'action. Aussi le voyons-nous toujours dérober à ses études une bonne part de son temps qu'il consacre à ses austérités publiques et à ses extases, qui imposent plus à la multitude ignorante que les plus beaux discours. Du reste, Loyola avait été doué par la nature d'une parole vive, imagée, entraînante. Il prêchait donc souvent, sur les places, dans les rues, le seuil d'une église ou l'escalier d'un palais lui servant de chaire. On raconte qu'il convertit ainsi les religieuses du monastère des Anges, qui avaient transformé leur sainte demeure en un temple consacré au plaisir. Malheureusement, les amants des nonnes, gens riches et de haut rang, n'ayant pas été convertis avec leurs béates maîtresses, se vengèrent cruellement de l'homme qui était ainsi venu à la traverse de leurs amours. Ignace et son confesseur Puygalte se virent un soir assaillis par des estafiers armés de gourdins, qui les laissèrent pour morts sur la place. Puygalte en mourut effectivement; Loyola en fut quitte pour une maladie, dont le guérit nous ne savons quel saint. Aussitôt qu'il fut debout, il reprit le cours de ses prédications; il était Basque et avait été soldat. On le vit donc reparaître dans les rues d'Alcala, vêtu d'une robe de toile grise, tête et pieds nus, et suivi de quelques disciples, accoutrés comme leur maître. Ribadeneira nous apprend qu'on les désignait par le nom de *gens au sac*.

Dès cette époque, Ignace, sérieusement préoccupé de son institut, dont le plan commençait à se dessiner nettement dans son esprit, cherchait à se faire des prosélytes dévoués, enthousiastes. Aussi, comme on le remarquera, tous ses premiers disciples furent de très-jeunes gens. Et ce principe, légué par leur fondateur, d'agir sur la jeunesse et de recruter ses membres parmi elle, les bons Pères, successeurs de Loyola, l'ont toujours soigneusement suivi.

---

second général des Cordeliers apostasia, ainsi que le premier et le troisième des capucins: la Compagnie de Jésus, plus heureuse ou plus habile, n'a rien offert de semblable.

1. 5

Mais Loyola s'était fait des ennemis plus redoutables que les amants des nonnes du couvent des Anges : les moines dominicains, jaloux des succès d'Ignace et de la vogue qu'obtenaient ses prédications, le dénoncèrent au redoutable tribunal de la Sainte-Inquisition. Loyola, arrêté et emprisonné avec ses principaux disciples, comparut devant don Juan Rodriguez Figueroa, vicaire-général de l'archevêque de Tolède, Inquisiteur général en Espagne, qui l'acquitta, lui et ses compagnons, mais en leur défendant sévèrement toute prédication, et en leur ordonnant de quitter leur robe grise, qui les faisait paraître appartenir à un ordre nouveau alors qu'ils n'étaient d'aucun.

Depuis lors, Ignace a toujours porté le large chapeau noir, la robe noire et longue et l'étroit manteau noir, sans lesquels on ne peut se représenter un Père de la Société de Jésus.

Forcé de renoncer à la prédication, Loyola se rabattit sur ses visions et ses autérités publiques. Peu à peu ses disciples répandirent le bruit que Dieu lui avait accordé le don des miracles. Ils citaient entre autres exemples celui d'un certain Lisans qui, s'étant pendu par désespoir de ce qu'il avait perdu un procès contre son frère, avait été décroché et rappelé à la vie par Loyola, dont il s'était fait disciple depuis lors. Une aventure singulière, fort dramatique, vint donner une sorte de consistance à la nouvelle prétention d'Ignace. Voici les faits tels que nous les trouvons relatés dans le P. Bouhours.

Devant un des plus beaux palais d'Alcala, à l'ombre d'un groupe de magnifiques platanes, une foule assez nombreuse d'oisifs regardait quelques jeunes seigneurs jouant à la longue paume. La partie, vivement disputée, se termina par un coup décisif qui fit applaudir bruyamment un des joueurs. Un des adversaires vaincus de celui-ci, auquel appartenait la riche demeure devant laquelle s'était livrée la partie, invita ses nobles compagnons à le suivre chez lui pour prendre quelques rafraîchissements.

— Merci, don Lope, répondit un des joueurs en reprenant des mains de son valet un manteau de velours qu'il avait déposé pour être plus libre dans les mouvements violents qu'exige le jeu de la longue paume. Vous m'excuserez si je ne vous suis pas au palais Mendoza, mais il faut que je me rende au couvent de Saint-Étienne, chez le digne prieur, un ami de mon oncle le vicaire-général. Or, il ne s'agit de rien moins que de me faire obtenir, grâce à la recommandation de l'archevêque-primat, une petite part de la pluie de faveurs et de places que ne manquera pas de faire tomber l'heureux événement qui va donner un héritier à notre roi don Carlos.

— Je vous souhaite mille bonnes chances, seigneur Figueroa, répondit don Lope de Mendoza, et vous prie d'user du crédit de ma famille, si vous en faites quelque état. Présentez mes compliments au digne prieur ; et sur ce propos, demandez-lui s'il ne compte pas nous débarrasser enfin de ces drôles *au sac*, et surtout de leur chef impudent. Notre ville d'Alcala ne sera plus tenable jusqu'à ce qu'on l'ait purgée de cette peste !

— Savez-vous, don Lope, dit un autre jeune seigneur, que, ce matin, j'ai encore été obligé de donner ma bourse à ces mendiants effrontés? Leur chef s'adressait à moi par nom et prénom ; il y avait foule autour de nous ; enfin, je n'ai pas osé refuser, et j'enrage !...

— Cet Ignace tourne aussi la tête à toutes nos dames, avec ses *Exercices* et ses visions. La duchesse de Maqueda, ma mère, à force de chercher des extases, est maintenant toute bouleversée et malade, je le crains.

— Elle ne doit rien, je vous assure, à ma bonne tante dona Léonor Mascarenha, qui ne se soucie plus d'autres choses que d'écouter, honorer et imiter ce nouveau saint.

Par saint Jacques, j'ai peur pour mon héritage!

— Mais qu'est cela, je vous prie, auprès de ce que vient de faire dona Maria de Vado, ma mère? Afin d'imiter la piété et les austérités de *l'homme au sac*, n'a-t-elle pas été en pèlerinage au couvent de Sainte-Véronique de Jaën, seule, mal vêtue et les pieds nus? Ma pauvre petite sœur Luisa, qui l'avait suivie, en mourra peut-être de fatigue(1) !

(1) Nous avons puisé tous ces détails dans Ribadeneira, Maffei, Bouhours et autres écrivains de la Société de Jésus. Il nous a semblé d'une bonne tactique d'aller prendre des armes dans les arsenaux de l'ennemi.

N'est-ce pas une chose épouvantable, don François de Borgia (1)?

— Mais, répondit timidement un jeune homme magnifiquement vêtu et qui semblait avoir dix-huit ans au plus, on dit que cet homme est un saint, et qu'il fait des miracles.

— Lui, un saint! s'écria don Lope de Mendoza; c'est un misérable hérétique que réclament les bûchers de la Sainte-Inquisition. Je veux être moi-même brûlé vif si cet homme ne mérite de l'être.

— Amen, mon frère! que Dieu nous juge!... dit une voix lugubre, derrière le jeune seigneur. Celui-ci, se retournant vivement, aperçut Ignace qui, les yeux baissés, les mains jointes, passa devant lui suivi de ses disciples; ces derniers entonnèrent le psaume de la pénitence : *Miserere mei, Deus!* La foule assemblée autour des jeunes seigneurs, et qui avait semblé partager les sentiments de ces derniers envers l'individu objet de leurs sarcasmes et de leur indignation, par un de ces reflux soudains, si communs malheureusement dans l'opinion populaire, ce mobile océan, s'éloigna vivement du palais de Mendoza comme d'un lieu maudit et suivit l'homme qu'elle raillait tout à l'heure, unissant ses cent voix à celles de ses disciples qui murmuraient le terrible chant de pénitence et de mort.

Mendoza et ses jeunes amis se regardèrent un instant en silence et déconcertés; mais, en ce moment, un cavalier, courant bride abattue, passa devant eux en leur criant : « Noël! Noël!... notre reine vient d'accoucher heureusement d'un beau garçon, qui, s'il plaît à Dieu, régnera un jour sur les Espagnes (2); Noël! »

— Noël! répondirent avec allégresse tous les jeunes seigneurs en se dispersant pour aller propager l'heureuse nouvelle ou pour rêver à tirer parti de l'événement.

Don Lope de Mendoza, voulant, pour une cause ou pour une autre, donner un témoignage public de sa joie, s'avisa, à l'entrée de la nuit, d'offrir à la population d'Alcala le spectacle d'un feu d'artifice, tiré

---

(1) Don François de Borgia, duc de Gandia, petit-fils du pape Alexandre VI, de hideuse mémoire, fut le troisième général des Jésuites.

(2) Cet enfant fut Philippe II, roi des Espagnes et des Indes, etc., etc.; à tous ses titres, l'exécration des peuples ajouta celui de *démon du midi*.

sur la terrasse de son palais. Par une inexplicable fatalité, où les Jésuites voient clairement le doigt de Dieu, tandis que Lope de Mendoza s'occupait de ce soin, le feu prit aux pièces d'artifice, qui, s'enflammant avec une effroyable rapidité, dardèrent aussitôt leurs mille langues de feu sur le malheureux don Lope, et l'enlacèrent de leurs serpenteaux incendiaires. L'infortuné essaya d'abord d'appeler à son secours ses valets éperdus ; la fumée étouffa sa voix. Il voulut se débarrasser de ses vêtements qui brûlaient ; il ne put le faire qu'en arrachant des lambeaux de sa chair. Fou de douleur, on le vit se débattre encore quelques instants, avec d'horribles hurlements, sur la terrasse d'où jaillissaient en sifflant des gerbes de feu de toutes couleurs. Puis les cris s'éteignirent peu à peu avec les cascades enflammées et pétillantes ; et, lorsque le vent vint soulever le nuage de fumée sulfureuse qui s'étendait comme un épais linceul sur la terrasse, la foule, qui croyait être accourue à un amusement et qui restait immobile et muette devant ce spectacle affreux, n'aperçut plus qu'une masse informe, fumante et n'ayant rien d'humain.

Tout à coup, au milieu d'un silence d'horreur, on entendit retentir de nouveau le dernier verset du lugubre psaume : *Miserere mei* ; puis, on vit Ignace, revenant vers le palais Mendoza, monter sur la terrasse et se mettre à genoux auprès du cadavre. La foule émue s'agenouilla en bas et écouta :

— Je veux être brûlé moi-même, disait Ignace, rappelant les récentes paroles de Mendoza, si cet homme ne mérite d'être brûlé !..... Infortuné, j'avais déjà oublié tes paroles ; Dieu, lui, s'en est souvenu... Mes frères, prions pour que l'âme ne soit pas condamnée là-haut comme le corps l'a été ici-bas !... Prions, oh ! prions !...

On comprend quelle impression durent produire sur la foule ces paroles et ce tableau : il semblait à tous que Dieu venait de faire retomber sur Mendoza la malédiction que ce dernier avait jetée sur Ignace. Ce jour-là, les Dominicains humiliés virent leur rival élevé sur le pavois de la faveur universelle. Mais ils savaient que le lendemain vient vite pour toute exaltation populaire. Ils attendirent ; et bientôt, grâce à quelques imprudences de Loyola, ils le firent de nouveau saisir par le bras du

Saint-Office. Ignace fut encore acquitté cette fois ; mais, en recouvrant sa liberté, il vit qu'il aurait bien du mal à ressaisir son influence déjà amoindrie. Il quitta donc Alcala avec ses disciples, et s'en fut à Salamanque. Comme il vit qu'il obtenait là moins de succès encore, il n'y resta que fort peu de temps. Dans les premiers jours de février 1528, il arrivait à Paris, mais seul ; il laissait à Salamanque ses premiers disciples.

Tous les écrivains qui se sont occupés de Loyola s'accordent à dire qu'il vint en France attiré par la réputation dont jouissait l'Université de Paris, où brillaient alors les Buchanan, les Guillaume Budé, les Ramus et autres célèbres professeurs. Nous avons cru voir autre chose dans cette détermination d'Ignace :

La France était peut-être alors le seul pays où Loyola pût lever au grand jour la bannière de son institut non encore approuvé, sans craindre de la voir saisie, déchirée, jetée au feu d'un bûcher par le bras séculier ou par le bras religieux. François Ier, oubliant à cette heure son titre de Majesté très-chrétienne et de fils aîné de l'Église, se liguait avec Khaïr-Eddin, le fameux pirate musulman, laissait les Sacramentaires afficher leurs opinions jusque sur les murs du Louvre, et permettait à sa sœur, la reine de Navarre, d'accorder une protection publique aux idées et aux partisans de la Réforme. L'Université de Paris était un champ clos ouvert à tous les combattants, et Dieu sait quelle était la mêlée! Seulement le vaincu, tombé sous le poids d'un lourd argument ou sous la pointe d'un dilemme acéré, ne pensait pas encore à demander au mousquet ou à la pique une victoire qu'il n'avait pu conquérir par sa plume ou par sa parole. Malheureusement il n'en devait pas être ainsi bien longtemps !

D'un autre côté, Ignace dut se dire qu'en France il n'aurait plus à craindre le tribunal de l'Inquisition, qui n'a jamais pu s'y établir, et qu'à Paris, il serait moins gêné par la puissance jalouse des ordres rivaux : les moines ayant perdu là presque tout crédit. Puis sans doute encore, il pensa qu'au milieu de cette grande tourmente sociale, de ce remous immense des idées, il trouverait là des esprits impatients, lassés des vaines luttes philosophiques et prêts à s'élancer vers un but quel qu'il fût, pourvu qu'on le leur montrât bien nettement et sur un horizon rapproché. Telle est, à notre avis, la cause secrète et non encore signalée qui amena le futur chef de la société de Jésus en France, à Paris. Les prévisions d'Ignace se réalisèrent complétement. A part quelques petites tracasseries que lui suscita Matthieu Ori, prieur du couvent de Saint-Jacques, qui, en sa qualité de Dominicain, devait voir d'un œil jaloux les succès de Loyola, il put rassembler en paix les premiers éléments de son institut. Ses anciens disciples de Barcelone et d'Alcala, loin de leur chef et privés de ses conseils, le renièrent, dit-on, et rentrèrent dans le monde, où ils firent, suivant les Jésuites, une fort mauvaise fin. Un d'eux mourut pauvre et misérable, loin de sa patrie ; un autre s'empoisonna ; un troisième fut pendu comme espion. Celui qui fut le mieux traité par le sort se fit moine, et c'est encore à notre avis une assez triste fin.

Instruit de l'abandon de ses disciples d'Espagne, Ignace choisit avec soin les nouveaux qu'il allait recruter en France. Le premier qui se donna à lui fut Pierre Lefèvre, son répétiteur au collége de Sainte-Barbe, esprit lourd et tourmenté par des images de volupté qu'Ignace sut adroitement faire tourner à son profit. Il eut plus de mal à gagner François Xavier, qui était alors professeur de philosophie au collége de Beauvais. Xavier, appartenant à une famille noble et assez puissante, espérait arriver aux grandes dignités ecclésiastiques. Fort instruit, spirituel et railleur, il repoussa longtemps les efforts que faisait Loyola pour l'attirer à lui. Il refusait même d'écouter Ignace lorsque ce dernier, déroulant l'avenir brillant réservé à ceux qui s'allieraient avec lui, voulait lui démontrer qu'en s'engageant à son institut, il ne renoncerait pas, tant s'en faudrait, à l'influence, au pouvoir. On ne devinerait jamais quel moyen Ignace employa pour réduire cet esprit rebelle : ce fut une partie de billard. Eh ! qu'on ne se récrie pas ; qu'on attende avant de nous taxer d'invention burlesque ; le fait est raconté, affirmé par les Jésuites eux-mêmes (1).

Un jour, Ignace ayant été chez Xavier, celui-ci lui proposa de jouer

---

(1) Voyez, entre autres, le P. Bouhours, *Vie de saint Ignace de Loyola*, livre 2.

au billard. Loyola refusa d'abord; ensuite, sur de nouvelles instances, il accepta, à cette condition que celui des joueurs qui perdrait la partie serait condamné à faire, pendant un mois, ce que l'autre lui commanderait. Les enjeux ainsi fixés, et paroles données de les payer loyalement, la partie s'engage ; Ignace la gagne et impose au perdant d'écouter attentivement pendant un mois tout ce qu'il lui dira. Son temps de servage expiré, François Xavier, par conviction ou de guerre lasse, se fit enfin disciple de Loyola. Deux autres adeptes coûtèrent moins de peine à Ignace : ce furent Jacques Laynez et Salmeron ; tous deux vinrent s'offrir d'eux-mêmes. Le premier, ambitieux, mais pauvre et sans appui, caractère opiniâtre et despotique, quoique rusé, sut deviner l'avenir réservé à l'institut dont il se faisait membre, et dont il fut le second général. Salmeron se laissait entraîner par Laynez, qui avait une grande influence sur ce jeune homme de dix-huit ans. Simon Rodriguez et Bobadilla complétèrent le nombre de ces six premiers disciples, que nous avons montrés, dans notre introduction, prononçant après le maître, devant l'autel de la chapelle souterraine de Montmartre, le vœu qui les liait à jamais, corps et âme, à la réalisation du rêve gigantesque de Loyola. Rodriguez était un sombre enthousiaste ; Bobadilla, un vrai soldat religieux, maniant la plume ou la parole comme si c'eût été une hallebarde. Nous le verrons bientôt guider une armée sur un des champs de bataille des guerres religieuses.

Ignace, sûr de ces disciples qu'il avait longuement observés, soigneusement éprouvés, résolut de faire donner enfin à son institut la consécration solennelle dont le pape est le seul dispensateur. Dans ce dessein, et après leur avoir donné rendez-vous à Venise, rendez-vous fixé au mois de janvier 1537, il quitta Paris dans les premiers jours de 1535, après un séjour de sept ans environ dans cette dernière ville. La grande mais insouciante cité ne s'occupa pas plus du départ que de l'arrivée de cet homme dont le nom seul, après trois siècles accomplis, la remue encore aujourd'hui pourtant avec force.

Jusqu'à présent nous n'avons encore montré en Loyola que le novateur se préparant à sa mission : désormais nous aurons à décrire les actes de cette mission elle-même. L'espace va s'agrandir autour de nous et devenir bientôt immense à donner le vertige. Pour Ignace, la *veillée des armes* vient seulement de finir (1).

(1) Nous avons rapidement passé sur le séjour d'Ignace à Paris. Il nous a semblé que le lecteur ne serait que médiocrement intéressé si nous lui décrivions en détail comment Loyola recommença ses études au collége de Montaigu; comment il reçut le fouet à Sainte-Barbe, ainsi que ses jeunes condisciples, suivant Pasquier; comment il ne le reçut pas, suivant Bayle et les écrivains jésuites. D'après ces derniers mêmes, il ne paraît pas que Loyola ait emporté de l'Université de Paris un bien gros bagage scientifique. Ce qui, nous dit-on, fut près d'attirer sur lui les verges de son professeur Pegna, c'est qu'Ignace non-seulement ne suivait pas le cours de philosophie, mais encore empêchait les autres de le suivre, soit en les prêchant, soit en leur faisant faire ses *Exercices spirituels*, dont il semble s'être servi comme d'une pierre de touche pour reconnaître ceux qu'il devait appeler à son institut, ou pour préparer les esprits qu'il jugeait dignes de recevoir la confidence de ses projets.

On a écrit qu'Ignace et ses premiers disciples étaient des hommes remarquables par leur savoir. Cependant Pasquier, dans son *Catéchisme des Jésuites*, réfutant Maffei et Ribadeneira, affirme qu'Ignace et ses compagnons ne dépassèrent pas le degré de maître-ès-arts et n'obtinrent jamais le titre de docteur en théologie, que ces Pères leur donnent.

Pasquier ajoute qu'il a feuilleté les registres de l'Université de Paris, de 1520 à 1536, et qu'il y a trouvé les dates diverses des maîtrises conférées au fondateur de la Compagnie de Jésus et à ses premiers compagnons ; mais pas autre chose. Pierre Lefèvre et François Xavier furent reçus en 1529; Ignace, en 1532; Simon Rodriguez, en 1534; Alphonse Salmeron, en 1535; Laynez et Bobadilla, gradués en Espagne, ne le furent jamais en France.

Ce qui nous paraît plus digne d'être remarqué, c'est que les premiers Jésuites furent enfants d'une Université qui s'est constamment montrée l'ennemie inébranlable de leur ordre et de leurs doctrines ; c'est que l'œuf du jésuitisme ait pour ainsi dire été couvé en France, cette noble terre; qu'il soit éclos enfin à Paris, à Paris, la grande tribune d'où tombent pour les peuples et depuis des siècles les fructueuses semences de la philosophie et de la liberté.

CHAPITRE II.

Les Courtisanes romaines.

Nous voici à Rome, la capitale du monde chrétien, le sanctuaire choisi pour le chef des Jésuites; et c'est sur la petite place de Pasquin que se passe la scène étrange que nous allons décrire:

Le soleil brûlant d'Italie fait ruisseler les flots de sa lumière étincelante sur les sept collines de la ville éternelle. Quoiqu'on ne soit encore qu'aux premières heures du jour, déjà cependant une foule innombrable accourt et se presse, ondule et bruit sur la piazza d'*il Pasquino*. On sait que cette petite place de Rome est appelée ainsi d'un torse antique placé sur un piédestal à l'angle du palais *Braschi*, et baptisé par le peuple romain du nom d'un tailleur jadis fameux par les bons mots, les reparties piquantes, les railleries parfois sanglantes par lesquels il avait coutume de saluer ceux qui passaient devant sa boutique et, plus particulièrement, les personnes riches et de haut rang qui donnaient à mordre sur elles de quelque façon que ce fût. A la mort du satirique tailleur, le peuple romain qu'il avait tant de fois consolé de sa dégradante misère, de son étouffante oppression, en le faisant rire aux dépens de ses riches impitoyables et de ses saints oppresseurs, laissa éclater une douleur comme on n'en vit jamais peut-être dans la ville des Césars. Heureusement, cette désolation eut une prompte fin. Peu de temps après la mort du malin tailleur, sur le piédestal d'une statue mutilée et difforme, on vit une pancarte contenant une satire contre le sacré Collége tout entier, et plus mordante que toutes les épigrammes ensemble qu'avait décochées la langue de Pasquin. Cette satire était signée : « *Il magnifico Pasquino*, » le magnifique Pasquin ; et ce nom fut donné depuis lors à la statue dont le piédestal servit de pupitre au satirique tailleur ainsi ressuscité, et qui ne devait plus mourir.

Dans cette Rome qui, elle aussi, ne demande que du pain et des spectacles ; qui mord parfois ses chaînes et laisse pourtant gorger ou égorge elle-même ceux qui veulent la rendre libre ; qui rugit parfois contre la Gérontocratie qui l'étouffe, et, au milieu de sa révolte la plus terrible, s'agenouille soudain devant une procession, se calme sous une bénédiction de son pontife souverain ; dans la Rome d'alors, comme dans la Rome de nos jours, les bons mots du magnifique Pasquin sont la seule protestation possible et applaudie. Bien des fois les gouvernants ont voulu fermer cette bouche indiscrète et mordante ; ils n'ont pu y réussir ; le peuple romain veut bien qu'on l'opprime, mais à condition qu'on le laissera railler ses oppresseurs ; il consent à ce qu'on l'enchaîne, pourvu qu'il entende parfois la voix qui maudit ses fers. Pasquin est à Rome, enfin, ce que serait à Paris le Charivari si ce journal était le seul qu'il fût possible de publier.

Or donc, c'était sur la place et vers la statue de Pasquin que, ce jour-là, se précipitait le turbulent peuple romain mis en gaieté, dès la veille, par une plaisanterie de *Marforio*, le compère de Pasquin. Ce dernier ayant demandé au *seigneur Marforio* ce qu'il pensait d'un certain *Tedesco* ayant nom Martin Luther, » le seigneur Marforio avait répondu « que c'était un gaillard plus rusé que son patron, attendu que le bon saint Martin n'avait donné que la moitié de son manteau au diable, tandis que Martin Luther avait bien la mine de vouloir dépouiller Dieu en entier dans la personne du saint-père. » A son tour, Marforio avait demandé à son magnifique compère « ce qu'il pensait de certains *hommes noirs* venus depuis peu avec les sauterelles (1), pour achever de dé-

(1) Des historiens de la Compagnie de Jésus racontent que peu après la bulle d'érection accordée aux bons Pères, plusieurs pays furent dévastés par des nues de sau-

vorer ce qui restait de verdure dans la grande prairie de l'Église romaine ? »

Rome entière avait attendu avec impatience la réponse de Pasquin sur ces certains *hommes noirs*, dans lesquels on avait parfaitement reconnu les Jésuites. Cette impatience fut enfin satisfaite : le magnifique Pasquin répondit ainsi, un beau matin, à son noble compère :

— Seigneur Marforio, à un questionneur aussi malin que vous, un pauvre tailleur comme moi ne pouvait répondre convenablement. Je me suis donc mis en quête d'un secrétaire habile, et c'est une sainte qui a bien voulu remplir cet office. C'est elle que je laisse parler :

« Il s'élèvera des gens qui s'engraisseront des péchés des peuples ; ils seront d'un ordre mendiant, vagabonds, sans pudeur, s'ingéniant à trouver le mal ; ce qui les fera maudire des sages et des fidèles. Le diable enracinera dans l'âme de ces gens quatre vices principaux, à savoir : l'adulation, dont ils se serviront pour obtenir leurs demandes, l'envie, qui les mordra au cœur lorsqu'on donnera à d'autres qu'à eux ; l'hypocrisie, par laquelle ils plairont et s'insinueront ; la calomnie, qui leur fera attribuer aux autres ce qui est mal, tandis qu'ils sauront s'approprier tout ce qui est bien…

» Dans un but de vaine gloire, et pour séduire les simples, ils s'érigeront en docteurs et prêcheront aux princes de l'Église… Familiers avec les femmes, ils leur apprendront à tromper doucereusement leurs maris et leurs amants, et à tirer de ceux-ci tout ce qu'ils possèdent pour leur en faire don à eux-mêmes… Ils recruteront leurs adeptes parmi les marchands ruinés, les voleurs, les débauchés, les princes ennemis de Dieu… Mais un jour enfin le peuple ouvrira les yeux, et alors on verra ces hommes errer autour des habitations comme des chiens enragés, et rentrant le cou comme des vautours affamés, tandis que le peuple les poursuivra d'une grande clameur, disant : « Malheur à vous, fils de la désolation !… »

— Ceci, seigneur Marforio, continuait Pasquin en s'adressant tou-

---

terelles, fléau annonçant les malheurs que causerait la Société naissante. Les Jésuites, eux, disent que ces sauterelles sont sorties, au dix-huitième siècle, de la cervelle du janséniste Quesnel.

jours à son compère, est extrait d'une prophétie de sainte Hildegarde, abbesse de Mont-Saint-Rupert, dans le douzième siècle. Mais, craignant que vous ne traitiez la bonne sainte de radoteuse, attendu qu'elle n'a jamais été canonisée régulièrement, je me suis adressé à un savant docteur de mes amis, qui meurt de faim, lequel m'a transcrit ces versets du troisième chapitre de la deuxième épître de saint Paul à Timothée.

Je ne sais si vous y trouverez une réponse à ce que vous me demandez sur vos *hommes noirs*; en tous cas, voici ce que dit l'apôtre des nations :

« 1° Il y aura des hommes amoureux d'eux-mêmes, avares, superbes, médisants, désobéissants à leurs pères et à leurs mères, ingrats, impies ;

» 2° Dénaturés, sans foi et sans parole, calomniateurs, intempérants, inhumains, sans affection pour les gens de bien ;

» 3° Traîtres, insolents, enflés d'orgueil... qui auront une apparence de piété...

» 4° De ce nombre sont ceux qui s'introduisent dans les maisons, et qui traînent après eux *comme captives* des femmes chargées de péchés...

» 5° Ce sont des hommes corrompus dans l'esprit et pervertis dans la foi...

» Fuyez donc ces pervers !..... (1) »

(1) Tout ce qu'on vient de lire se trouve littéralement dans une prophétie de sainte Hildegarde et dans une épître de saint Paul à Timothée. Et si on y découvre par hasard quelque chose de fatidique et de sibyllin, nous n'y pouvons rien, pas plus qu'aux centuries de Nostradamus, qui présentent, elles aussi, de si curieux rapprochements.

Les Jésuites ont essayé bien des fois de détruire l'effet de la prédiction de sainte Hildegarde, qu'on leur a dès l'abord appliquée. Ils ont voulu en rejeter le fardeau sur les moines mendiants, en disant que c'était pour eux qu'elle avait été faite. Ceux-ci ont décliné l'honneur, bien entendu ; alors les bons Pères ont nié l'authenticité de la prédiction elle-même ; puis ils ont voulu la faire passer pour le rêve d'un cerveau malade, d'une pauvre vieille radoteuse...

La canonisation de sainte Hildegarde, commencée quelques années après sa mort, reprise au quatorzième siècle, n'a jamais été terminée ; et si elle n'a pu voir son nom régulièrement inscrit sur les registres de la milice céleste, c'est probablement grâce à

— Ainsi pense aussi Pasquin. —

« Bravo, Pasquino, cria la foule, bravissimo, Pasquino, il magnifico!! E viva!!... »

Et des tonnerres de rires et d'applaudissements éclatant de toutes parts s'en furent réveiller l'écho endormi du Capitole. Un gigantesque Transteverin, dont une joie homérique épanouissait la large face hâlée, profitant d'un instant de silence, étendit un de ses bras robustes vers la statue, en disant : « Seigneurs illustrissimes, ceci est, à mon avis, un portrait peint d'après nature ; mais, *per Bacco!* voici les modèles qui viennent s'y reconnaître!... » Et il désignait alors une des entrées de la place.

Les regards suivirent la direction indiquée par la main du Transteverin, et on vit s'avancer une singulière procession, devant laquelle la foule s'ouvrit d'elle-même en étouffant peu à peu les éclats de sa joie bruyante, et en formant comme une voie bordée de deux murailles humaines sans interstices, laquelle devait amener nécessairement la procession en face de la statue de Pasquin.

C'était quelque chose de vraiment étrange que la procession qui débouchait alors sur la *piazza d'il Pasquino*. En tête, on voyait une troupe de beaux enfants, vêtus de blanches aubes de mousseline des Indes, agitant des encensoirs où brûlaient d'exquis parfums, ou puisant de temps à autre dans des corbeilles élégantes les fraîches pétales des plus belles fleurs qu'ils jetaient aux vents. Ensuite s'avançaient trois grandes bannières portées par des hommes dans toute la force de l'âge et bien faits.

Sur la première, on voyait richement brodées en rubis les lettres I H S, monogramme déjà devenu fameux, et rien de plus ; sur la deuxième brillait l'image de la mère du Christ, tenant son divin enfant dans ses bras, avec ces mots : *Communauté de la Grâce de la Sainte-Vierge* ; la troisième offrait l'image séduisante d'une belle jeune fille, que trois anges couronnaient à l'envi ; au centre de chaque couronne on

---

sa prophétie. Le ciel lui-même ne mettrait-il pas à couvert de la colère de ces *gens pervers*, qui ont le talent de *se grandir en abaissant les autres* (ut seipsos commendent et alios vituperent, a dit sainte Hildegarde)?...

lisait un de ces mots : *Virginité*, *Doctrine*, *Martyre*. Diverses allégories entouraient la jeune fille et en disaient le symbole : c'était d'abord un phénix, sous lequel on lisait la devise nouvelle : *Il n'est plus l'unique !* puis un croissant d'argent avec ce simple mot latin : *Crescet* (il croîtra) ; puis enfin un soleil d'or, sous lequel cette inscription était brodée : *Il brillera sur l'univers*(1) !

Après les bannières, et entouré d'un groupe d'hommes portant tous le bonnet carré des Pères profès de la Société de Jésus, un autre homme s'avançait d'un air à la fois humble et triomphant, simple et solennel. C'était le premier général de l'Ordre enfin constitué des Jésuites, c'était Ignace de Loyola !

Derrière lui venait une longue file de femmes presque toutes fort jeunes, toutes d'une beauté remarquable, et, pour la plupart, richement vêtues de cet élégant costume romain que les grands peintres de cette époque nous ont conservé ; cependant on remarquait en général dans leur toilette quelque chose de clinquant ou de délabré. Les unes semblaient honteuses, les autres paraissaient effrayées de se voir ainsi placées sous les regards curieux, ardents, de la foule ; la rougeur montait à plus d'un de ces fronts couronnés de perles vraies ou fausses ; plus d'un de ces visages fardés par l'art ou par la jeunesse se sillonnait de larmes silencieuses. Quelques-unes semblaient se soustraire à l'émotion générale : celles-ci par l'exaltation, celles-là par l'effronterie ; les premières ne regardaient que le ciel, les secondes croisaient résolument leurs regards avec les regards de feu qui jaillissaient des deux murailles humaines entre lesquelles défilait la procession.

La foule, reconnaissant peu à peu chacune de ces femmes, les saluait tour à tour du nom de Giulia-la-Bella, d'Ortensia-la-Diva !... ajoutant au nom, dit à voix haute, le titre, prononcé à voix basse, de maîtresse de tel ou tel prince de l'Église romaine. Et puis c'étaient alors à ce sujet des plaisanteries, partant comme des fusées et acérées comme des stylets, à faire bondir de joie la statue du magnifique Pasquin dominant immobile le théâtre de cette scène curieuse.

(1) Nous avons copié la plupart de ces inscriptions et symboles dans un livre ayant pour titre : *Admirable conformité de la Société de Jésus avec l'Église.*

Les Courtisannes Romaines.

La procession était terminée par les rangs serrés des nouveaux adeptes de la Compagnie, en costumes de novices.

Cependant les bannières, arrivées devant la statue, avaient été obligées de s'arrêter. Là, une masse compacte, impénétrable, immobile, formant un demi-cercle, barrait le chemin de la procession. Un homme se détacha du groupe des Profès et vint s'enquérir de ce qui arrêtait ainsi la marche. Lorsqu'il fut entré dans le demi-cercle ménagé devant la statue de Pasquin, il se trouva face à face avec un vigoureux Transteverin, que la foule semblait avoir délégué pour fournir au général des Jésuites l'explication qu'il demandait.

— Illustrissime Père, dit le Transteverin au Jésuite étonné, avant de quitter cette place, ne voulez-vous pas prendre connaissance d'un petit message de notre magnifique Pasquin, lequel est à votre adresse? Tenez, ajouta-t-il en présentant la satire, regardez, s'il vous plaît, et vous verrez...

Loyola, après un rapide coup d'œil qui interrogea à la fois le contenu de la satire et la physionomie de la foule, interrompit le Transteverin qui resta devant lui d'un air de nonchalance railleuse.

— Antonio, répondit-il, Antonio, regarde aussi, toi; regarde par ici; — et il désignait les rangs de la procession féminine; — n'y vois-tu pas une pauvre créature que ton insouciance, ta cupidité peut-être, ont livrée à la débauche, à la prostitution, et que mes conseils, mes prières, ma main que Jésus et la Vierge ont bien voulu bénir, ont arrachée, enfin, au gouffre dévorant?... Oui! regarde, Antonio!...

A mesure que le Jésuite prononçait ces paroles, dites d'une voix imposante et qui laissait habilement sentir l'émotion de l'honnête homme sous la censure publique du réformateur, la contenance du Transteverin s'était graduellement transformée : de nonchalante et railleuse, elle était devenue d'abord attentive et inquiète; ensuite sombre et même menaçante. Cessant de barrer le passage à Loyola, Antonio fit quelques pas, et plongea son regard, devenu sinistre, dans les rangs de la procession féminine. Là, un cri étouffé venait de se faire entendre, et l'on vit alors une jeune fille tomber évanouie dans les bras de quelques-unes de ses compagnes. Ignace, débarrassé du Transteverin, et croyant pouvoir profiter de la diversion qu'il avait adroitement fait naître, donna à la procession le signal d'avancer; mais la foule, qui flairait la piste de quelque drame populaire, refusa encore de livrer passage, et resserra au contraire le cercle formé autour d'Antonio le Transteverin, de la jeune fille évanouie et des femmes qui soutenaient cette dernière et essayaient de la ranimer. Ce groupe, ainsi entouré, formait un point central vers lequel rayonnaient mille regards ardents et curieux.

Cependant, Antonio, pêcheur de la rive gauche du Tibre, bien connu dans Rome par sa force et son courage, pâle, les dents serrées, et appuyant ses poings crispés sur sa large poitrine hâlée que couvrait à demi une chemise de laine rouge et bleue, restait immobile devant la jeune fille évanouie, sur laquelle il tenait son regard implacablement arrêté. C'était une admirable créature que cette jeune fille! Sa robe, élégamment coupée, dessinait hardiment les contours divins d'une taille souple et fine et d'une poitrine virginale. Cette robe, en satin blanc, était brodée de bouquets de roses, dont les fleurs et le feuillage avaient la teinte de la nature; et, soit malice du hasard, soit calcul de volupté, deux de ces bouquets s'épanouissaient sur le haut du corsage. Les magnifiques cheveux de la jeune fille, roulés en soyeuses torsades semées de perles, étaient d'un noir brillant; cependant, ainsi qu'on put en juger lorsqu'elle souleva enfin sa paupière finement nuancée d'un bleu pâle, ses yeux avaient la couleur et l'éclat d'un saphir humide de rosée. A l'instant où elle les rouvrit, elle put entendre son nom murmuré par une voix dans la foule, puis par une autre, vingt autres, cent autres : « Onorina, disait-on, Onorina, la belle Transteverine!... »

Onorina était la fille d'Antonio le pêcheur; jusqu'à l'âge de seize ans, Onorina avait été la joie et l'orgueil de son père; c'était vainement que les patriciens de Rome, jeunes ou vieux, beaux ou riches, s'en venaient passer et repasser devant la petite maison qu'Antonio et sa fille habitaient près de la porte *di San Pancrazio* : aux déclarations passionnées des uns, aux propositions plus infâmes des autres, Onorina ne répondit longtemps, et cela dès les premiers mots, que par un éclat de rire bien franc, ou par un gai refrain lancé à plein gosier comme celui de l'alouette. Puis, un soir, la belle Transteverine sortit de la maison de son père pour n'y plus revenir.

Antonio, qui eût douté presqu'aussi vite de la puissance des saints que de la vertu d'Onorina, sûr d'ailleurs de l'amour de son enfant, ne put croire pendant bien longtemps à une fuite volontaire ; et lorsqu'après des recherches inutiles, après de longs jours, de longues nuits d'attente et de douleur, il dut enfin renoncer à l'espoir de voir sa fille revenir auprès de lui, il aima mieux croire à la mort qu'à la chute de son doux ange envolé. Vainement de complaisants voisins, voulant dissiper l'erreur d'Antonio, — dont ils avaient pitié, disaient-ils, — lui apprirent que, vers l'époque de la disparition d'Onorina, on avait vu souvent un homme jeune et beau, vêtu du costume noir des membres d'un nouvel ordre religieux dont on commençait à s'occuper à Rome, entrer dans la maisonnette du pêcheur, mais toujours lorsque la jeune fille était seule. Vainement encore on ajouta que cet homme, — cause nouvelle de soupçons ! — n'avait plus reparu depuis qu'Antonio était resté seul dans la pauvre cabane désormais privée de sa splendeur de jeunesse et de gaieté. Le pêcheur imposa silence à ceux qui parlaient ainsi, et, pour mettre fin à tout propos de ce genre, il déclara qu'il était si bien persuadé de la mort de sa fille, qu'à celui de ses amis et voisins qui en douterait encore tout haut, il proposerait tout simplement un duel au couteau et à outrance ; la mort de l'un des combattants devant produire au moins ce résultat, que le vaincu connaîtrait s'il avait eu tort ou raison dans sa croyance.

Il fallut donc se taire ; chacun connaissait la force et le courage du pêcheur ; on évita même depuis lors de prononcer le nom d'Onorina la belle Transteverine. Son père ne parlait jamais de sa fille ; il semblait même oublier qu'il eût jamais eu d'enfant ; seulement on le surprit parfois, la nuit, arrêté devant la façade brillamment illuminée de quelque riche villa ou de quelque noble palais en fête, plongeant son regard ardent et inquisiteur au fond de ce sanctuaire des folles joies, et suivant avec une attention anxieuse et sombre le passage, devant les fenêtres en feu ou sur les terrasses embaumées, de chaque couple em-

porté dans le tourbillon de la danse ou sur les ailes de la volupté.....
Pauvre père! Les soupçons flétrissants, il avait pu les faire taire dans la bouche des autres, mais il les entendait toujours crier dans son cœur désolé!... Sa fille, son Onorina, il n'en parlait jamais, mais il y pensait toujours; et il voulait la revoir: pour la tuer peut-être; mais il voulait la revoir!.....

Il l'a revue, enfin! mais, ô malheur! c'est au milieu de femmes dont le repentir actuel dévoile les fautes passées qu'il la retrouve. Celle qui fit jadis son orgueil fait maintenant sa honte. Et désormais il ne peut plus faire taire toutes ces voix qui se sont ouvertes pour crier le nom d'Onorina la belle Transteverine.

— Onorina, Onorina la belle Transteverine!.. —Et, en prononçant à son tour ces mots d'une voix étrange qui fait tressaillir et réveille la jeune fille, Antonio porte lentement sa main au couteau, fidèle compagnon du Transteverin.

— Père, ô père!... murmure d'une voix étouffée la jeune fille, qui s'agenouille devant le pêcheur.

— Onorina! Onorina la belle Transteverine! répète Antonio avec un rire étrange, convulsif, effroyable; puis il penche lentement son visage vers celui de son enfant, qu'il semble ne pas reconnaître.

Un grand silence règne dans la foule émue; on n'entend plus que la voix saccadée du pêcheur, qui crie toujours avec l'accent de la folie: « Onorina! Onorina la belle Transteverine!... » Puis, comme un immense soupir s'échappe, haletant, de mille poitrines oppressées. Au-dessus de la tête courbée d'Onorina, on a vu luire un éclair sinistre; mais, entre la poitrine de la victime résignée et le couteau du Transteverin une main s'est étendue et a désarmé le terrible pêcheur. L'homme qui vient de s'interposer ainsi entre Antonio et sa fille a relevé et soutient celle-ci de son bras gauche passé autour de la taille flexible d'Onorina, tandis que sa main droite se porte à la poignée de son épée. Cet homme est jeune et beau, et semble étranger et d'un haut rang.

Une voix qui s'élève alors murmure le nom de cet homme; c'est celui d'un jeune baron allemand qui habite Rome depuis quelques années, et qui, après s'être affilié à la Compagnie de Jésus, a jeté ensuite le lugubre costume du jésuite pour reprendre le brillant costume du gentilhomme. Depuis cette nouvelle métamorphose, on ne parle dans Rome que des folies du jeune et noble Allemand, des fêtes qu'il donne, des maîtresses qu'il abandonne ou qu'il prend (1).

Un éclair de haine et de vengeance est venu illuminer la folie du Transteverin ; le pêcheur se dit, — il le sent, — que l'homme qui est devant lui est le suborneur de sa fille, que c'est à lui qu'il doit demander compte de sa joie perdue. Ces deux hommes se regardent et se devinent. Antonio, sans autre arme que ses bras robustes, marche vers le jeune homme, qui tire son épée en criant au Transteverin de s'arrêter. Le pêcheur s'arrête en effet d'abord, lorsque la pointe de l'arme pénètre déjà dans sa chair ; puis, par un mouvement lent mais continu, il se rapproche de son adversaire qui veut reculer alors, mais en vain : la foule forme derrière lui une muraille impénétrable. Le jeune Allemand crie de nouveau au pêcheur de ne pas faire un pas de plus ; mais Antonio, l'œil étincelant d'une joie sauvage, avance toujours, quoique l'épée tendue vers sa poitrine s'y enfonce peu à peu. Il avance, il avance toujours ; ses deux fortes mains peuvent enfin saisir à la gorge son ennemi éperdu...

Tout à coup l'étreinte terrible s'affaiblit : Antonio, levant les bras en l'air et les agitant d'un air insensé, pousse un éclat de rire effrayant en disant encore d'une voix étouffée : « Onorina ! Onorina la belle Transteverine ! » puis il se renverse et tombe en arrière de toute sa hauteur, emportant dans sa large poitrine l'épée qui y est entrée jusqu'à la garde.

Tout ceci s'est passé avec la rapidité de l'éclair.

(1) Un jeune Allemand, qui avait de beaux talents naturels, fut tenté de quitter la religion. Le Père Ignace, qui l'avait reçu et qui le jugeait propre au ministère de l'Evangile, fit ce qu'il put pour le conserver ; mais l'Allemand n'écoutait rien, tant la tentation était forte. Le Père, faisant semblant de se rendre, pria le novice de demeurer quelques jours encore dans la maison, et d'y vivre *comme il lui plairait, sans s'assujettir à aucune règle.* Il accepta le parti et vécut d'abord avec toute la licence d'un homme qui a secoué le joug de la discipline. Il eut honte après de la vie qu'il menait, et se repentit, etc. »

(Le Père Bouhours, *Vie de saint Ignace*, liv. IV, p. 287.)

En voyant tomber le Transteverin, la foule a poussé une de ces sourdes clameurs qui présagent la destruction; mais l'homme qui dirige la procession, voyant le passage libre enfin, donne le signal de la marche en entonnant l'hymne *Veni Creator Spiritus!* que répètent ceux qui le suivent, hommes et femmes. La foule elle-même, après un instant d'hésitation, unit sa voix à celles qui chantent l'hymne d'invocation.

En ce moment, un officier de la police papale s'avança vers le meurtrier, qui restait immobile devant sa victime sanglante, et, lui frappant sur l'épaule, dit qu'il l'arrêtait.

— Je réclame cet homme comme appartenant à l'Ordre dont je suis général, répondit Ignace intervenant à son tour.

— Cet homme n'a-t-il pas abandonné la Société de Jésus, mon Père?

— Oui; mais la Société n'abandonne pas cet homme! J'en répondrai devant la justice du souverain Pontife. Allez!...

L'officier de police s'inclina en signe d'acquiescement et se retira. Cependant, comme l'attitude de la foule avait encore quelque chose de menaçant, le général des Jésuites fit un signe à l'homme qui portait la bannière de la Vierge, et ce dernier remit aux mains du meurtrier l'étendart, dont l'ombre sainte protégea sa tête.

La procession quitta la place *di Pasquino*, sur laquelle il ne resta bientôt plus que le cadavre d'Antonio, et, aux deux côtés du cadavre, une pauvre folle et un vieillard en habit d'ecclésiastique. La folle, c'était Onorina, Onorina la belle Transteverine.

Quant au vieillard, il s'appelait le père Postel. Nous dirons tout à l'heure quel était cet homme et quel rôle étrange il joua dans le drame du jésuitisme naissant. Auparavant, nous devons raconter comment Ignace de Loyola parvint à obtenir du Saint-Siége la consécration solennelle de la Compagnie de Jésus; récit qui amènera l'explication de la procession étrange que nous venons de faire défiler devant le lecteur.

Fidèles au rendez-vous qu'Ignace leur avait donné, les six premiers compagnons qu'il avait laissés à Paris vinrent le rejoindre à Venise, dans les premiers jours de l'année 1537 (1). Ils avaient amené avec eux trois nouveaux adeptes, qui étaient : Claude Lejay du diocèse de Genève, Jean Codure de la ville d'Embrun, et Pasquier-Brouet du diocèse d'Amiens. De son côté, Loyola était accompagné d'un nouveau disciple, Espagnol de naissance, nommé Jacques Hozez ; ce dernier mourut peu de temps après qu'il se fut attaché à Loyola, et avant que la Compagnie de Jésus eût été régulièrement établie. Jusqu'à ce moment, dit-on, Loyola n'avait donné publiquement pour motif de la création de l'Ordre futur que la conversion des infidèles. Lui et ses disciples disaient, à Venise, qu'ils allaient s'embarquer pour la Palestine; bien entendu qu'ils n'en firent rien, quoiqu'ils eussent reçu du pape une certaine somme destinée aux dépenses du pèlerinage. Ce qui dut être plus agréable à Loyola que les soixante écus d'or du pape fut la faveur que Paul III accorda à lui et à ceux de ses compagnons qui n'étaient pas dans les ordres sacrés de pouvoir les recevoir quand ils voudraient et de quelque évêque que ce fût.

Dans la lutte qu'il allait soutenir pour planter sa bannière au milieu et au-dessus des nombreuses bannières rivales, Ignace comprit que la robe du prêtre lui serait une excellente et indispensable armure. Cette lutte prévue fut longue en effet, et ce ne fut qu'à force d'adresse, d'énergie, de ruse et de persévérance que Loyola put en sortir vainqueur. Soit que Paul III, qui occupait alors le trône de saint Pierre, ne comprît pas ou ne comprît que trop le but de l'Ordre qu'on voulait établir, il refusa longtemps de lui accorder une bulle d'érection. Trois cardinaux, auxquels il avait confié le soin de cette affaire, se prononcèrent d'ailleurs, et nettement, contre la pensée d'un nouvel Ordre religieux;

---

(1) Nous passons sur le séjour d'une année environ que Loyola fit en Espagne, après avoir quitté la France; séjour qui, suivant les Jésuites, fut signalé par de nombreux miracles faits par leur fondateur, et d'excellents résultats obtenus par son zèle et sa piété. Le Père Bouhours prétend, entre autres choses, qu'Ignace établit la prière qu'on nomme communément l'*Angelus*; mais en cela, comme en plusieurs autres choses, le bon Père se trompe très-probablement quant à l'Espagne et très-certainement quant au reste de l'Eglise chrétienne : la prière de l'Angelus est en effet d'un usage fort ancien. Ce fut Louis XI qui l'introduisit en France.

Nous dirons plus tard quelques mots des prétendus miracles d'Ignace de Loyola.

les Ordres anciens n'étant déjà que trop nombreux, comme le dit bravement un des trois délégués, le cardinal Guidiccioni, homme d'un grand mérite et d'un vaste savoir, qui fit même pour soutenir son opinion un livre dont les arguments s'appuyaient sur les décisions de deux conciles (ceux de Latran et de Lyon).

D'un autre côté, les Augustins, les Dominicains intriguaient de toutes leurs forces pour repousser ces dangereux intrus loin de la table déjà moins splendidement servie, grâce à la Réforme, où ils avaient eu jusqu'alors les meilleures places. On alla plus loin, on accusa Ignace et ses compagnons de débauches secrètes et de divers crimes; on essaya même, accusation plus terrible, de les faire passer pour des partisans secrets et des émissaires déguisés de Luther. Codure et Hozez furent mis en prison, à Padoue, par l'ordre du suffragant de l'évêque; Loyola lui-même fut sur le point d'éprouver le même sort à Rome.

Mais le fondateur de la Compagnie de Jésus était de ces hommes qu'il faut comparer aux torrents impétueux : les obstacles peuvent les arrêter quelque temps, mais pour les élever, pour les rendre ensuite plus puissants, plus terribles. La lutte d'ailleurs était comme l'élément naturel d'Ignace; il accepta avec joie peut-être celle qu'on lui offrait. Ce que le pape et les cardinaux ne veulent pas lui accorder comme une faveur, il saura le leur imposer comme une nécessité; la place que les Ordres rivaux refusent à son Ordre naissant, il la prendra de vive force; bien heureux ces derniers si, bientôt peut-être, il leur permet de ramasser les miettes du grand banquet auquel ils ne veulent pas l'admettre en ce moment; bien heureux tous, moines, cardinaux et pape, s'ils peuvent un jour aussi s'abriter, humiliés et tremblants, sous la bannière qu'ils empêchent en ce moment de se déployer sur l'horizon du monde chrétien !!... Mais malheur à quiconque, religieux ou laïque, osera attaquer de front et à découvert les Compagnons de Jésus! celui-là, il faudra qu'il tombe, il tombera; celui-là se verra banni comme Michel Navarre, ou mourra subitement comme Barrera (1);

---

(1) Le Père Bouhours dit naïvement que Barrera mourut *d'un mal subit et très-violent* (Vie de saint Ignace, livre III); bien entendu qu'il voit là un châtiment céleste, un

il pourrira dans une prison comme Mudarra, ou sera brûlé vif comme Castilla et l'Augustin piémontais! Quels étaient donc les crimes énormes de ces gens pour qu'on leur infligeât des châtiments si terribles? Ils avaient osé médire de Loyola, suspecter sa doctrine, dévoiler ses ambitions, railler ses miracles. Oh! les châtiments de la justice humaine étaient trop peu de chose pour de si grands coupables; Ignace les fit condamner comme hérétiques, afin qu'ils fussent bannis au ciel comme sur la terre, brûlés dans l'autre vie comme dans celle-ci.

Cependant, sur un ordre du maître, les disciples d'Ignace parcourent l'Italie, prêchant, convertissant, dogmatisant, enlevant aux autres prédicateurs, aux professeurs des universités leurs auditoires accoutumés. De son côté, Loyola ne reste point oisif. Il fait des prosélytes parmi les riches Romains; quelques-uns lui abandonnent tous leurs biens, entre autres Pierre Codace, officier du pape, et un certain Quirino Garzonio. Ce fut chez ce dernier que logèrent Ignace et ses disciples, jusqu'à ce que le premier leur eût fait donner l'église de Sainte-Marie della Strada. Ensuite, il se met à convertir les juifs, alors fort nombreux à Rome et généralement très-riches. Il s'adresse, bien entendu, à de fort jeunes gens, pour lesquels il forme un établissement qu'il dirigera. Afin d'assurer l'avenir de cet établissement, il obtient du Saint-Père, par le moyen du cardinal Caraffa, gouverneur de Rome, que les nouveaux convertis conserveraient les biens qu'ils possédaient à l'instant de leur conversion; que leurs parents ne pourraient les priver de leur patrimoine, même lorsqu'ils auraient quitté malgré ceux-ci la religion hébraïque; et qu'on leur donnerait les biens acquis par usure, dernier privilége qui ouvrait la source à bien des injustices. Dans la suite, Jules III et Paul IV, ajoutant encore à tous ces priviléges, établirent sur les synagogues une taxe perçue au profit de la maison des juifs convertis; c'est-à-dire qu'ils firent contribuer les malheureux circoncis pour une institution qui blessait leurs convictions religieuses et enlevait leurs enfants à leur autorité, à leur amour. Sans doute on peut justifier cette création de ces hasards providentiels qui se représenteront tant de fois dans le cours de cette histoire.

d'Ignace au point de vue religieux, beaucoup plus peut-être qu'à celui de la morale; mais voici qui ne peut, à notre avis, se justifier d'aucune façon. Sur les instances, sur les prières de Loyola, le pape Paul III renouvelant une décrétale d'Innocent III, depuis longtemps tombée en désuétude, ordonna que désormais les malades ne pourraient appeler le médecin près de leur lit de souffrance que lorsqu'ils se seraient confessés. Et ne croyez pas que cette infamie, nous ayons été la ramasser dans un pamphlet écrit contre les bons Pères! Non pas! c'est un éloge, un éloge complet, sans réserve, que nous avons copié dans les écrivains jésuites les plus dévoués à leur ordre. Un d'eux ajoute néanmoins que, pour faire mieux exécuter ce décret, Ignace jugea plus tard qu'il fallait en modérer les termes, et que, sur ses conseils, le saint-père permit à la souffrance de recevoir les secours de la science deux fois avant la confession, mais en promulguant des peines sévères contre une troisième visite de médecin qu'on se permettrait avant l'arrivée du confesseur!...

A cette époque, un prêtre de Sienne, sorte de Rabelais de l'Italie, menait de front l'Église et le théâtre. Le matin il disait la messe, et le soir il jouait des comédies qu'il faisait lui-même, pièces écrites dans ce genre toujours aimé des Italiens qu'on appelle *comédie de l'art*. Un soir, à l'instant où les spectateurs accourus au théâtre s'apprêtaient à rire des *lazzi* de l'improvisateur, on le voit apparaître, en costume de pénitent, la corde au cou et versant des larmes amères. Il fait une confession publique, demande pardon au peuple du scandale qu'il a donné, et finit par déclarer que c'est aux Compagnons de Jésus qu'il doit sa conversion. Nous ne savons pas si le public trouva cette comédie inattendue aussi bonne que celle qu'il espérait voir représenter (1).

Mais ce qui attira le plus l'attention sur Ignace, fut sa congrégation *de la grâce de la sainte Vierge*.

(1) Voyez le Père Bouhours, etc., etc.
Nous affaiblissons beaucoup les couleurs du tableau que les écrivains jésuites tracent des mœurs du clergé régulier de cette époque, sans doute pour augmenter la gloire de leur fondateur, qui, disent-ils, parvint à le réformer. De tout temps, les bons Pères ont peu ménagé les curés et simples prêtres, qui, de nos jours, ont pourtant la simplicité de se compromettre pour eux!...

On sait qu'à cette époque une incroyable débauche régnait en Italie, et surtout à Rome. Dans un de ses contes les plus malins, l'auteur du Décameron nous a tracé un tableau aussi vrai qu'original du relâchement des mœurs du clergé romain, et cela du Vatican à la dernière des sacristies. Dans ce conte, un juif qu'un ami catholique veut convertir, s'en va à Rome afin de déterminer sa vocation vacillante. Le convertisseur, qui sait ce que son ami doit voir à la cour du saint-père, est atterré et croit la conversion à tous les diables ; cependant le juif de retour apprend à son ami qu'il veut se faire chrétien. — Oh! dit l'ami, çà, procédons au baptême! Ainsi donc, vous avez vu à Rome?... — Les sept péchés capitaux sous chaque robe de cardinal! — Et cependant? — Et cependant je veux être de la religion catholique apostolique et romaine : il faut qu'elle soit vraiment divine cette religion qui peut subsister avec de pareils ministres!...

Afin d'extirper ou du moins de voiler au monde cette débauche effrénée qui règne effrontément à Rome sur la place publique ainsi que dans le temple saint, dans le peuple comme parmi les prêtres, et surtout parmi les prêtres, le pape Paul III avait formé une commission de cardinaux qui devaient essayer de lutter contre ce scandale donnant si beau jeu à Luther, et d'y trouver un remède. La commission, se jugeant bientôt impuissante, se sépara sans avoir produit aucun fruit.

Alors, Ignace se présente et se charge du fardeau qui a paru trop lourd aux épaules de ceux qui se nomment pourtant les colonnes de l'Église. Grâce à sa parole, grâce surtout à cette *religion facile*, à cette *dévotion aisée*, dont ses successeurs devaient ensuite tirer un si bon parti dans l'intérêt de leur ordre, et qui a fait dire à Pascal « qu'il y avait, d'après la morale jésuitique, plus de plaisir à expier ses fautes qu'à les commettre, » Loyola parvient à imposer au vice et à la débauche au moins un simulacre de repentir. Bientôt Rome étonnée voit ses nombreuses courtisanes, dociles à la voix d'Ignace, former une congrégation sous le nom de *Communauté de la grâce de la sainte Vierge*. Loyola établit cette singulière congrégation dans un monastère élégant, bâti avec l'argent des dames romaines qu'il sut intéresser à cette œuvre pieuse. Les membres de la nouvelle congrégation ne faisaient aucun vœu, n'étaient astreints à aucune règle, et sortaient à volonté du monastère de Sainte-Marthe ou y rentraient de même; seulement, de temps à autre, Ignace parcourait les rues de la ville éternelle à la tête du singulier régiment dont il s'était fait colonel et qu'il conduisait, chantant des hymnes, soit à quelque sainte station, soit chez les pieuses patronesses qui, comme la femme de Jean de Véga, ambassadeur de Charles-Quint, se chargèrent de catéchiser les séduisantes pécheresses.

C'est une de ces processions que nous avons essayé de décrire en commençant ce chapitre. Ce spectacle étrange, en dépit des railleries du magnifique Pasquin, devait avoir une certaine action sur les imaginations italiennes si impressionnables. On devait se dire enfin qu'un homme seul, chef non reconnu d'un Ordre qui n'avait pas encore obtenu la sanction pontificale, avait fait ce que des cardinaux investis de l'autorité suprême s'étaient reconnus inhabiles à faire.

D'un autre côté, en s'emparant de l'esprit des courtisanes les plus belles, les plus renommées, Loyola avait senti probablement qu'il plaçait ainsi dans sa main un fil puissant, auquel resteraient attachés les cœurs et les volontés de leurs amants, cardinaux ou barons romains. Ces derniers dûrent en effet y regarder à deux fois désormais avant de contrecarrer ouvertement un homme qui, en sa qualité de directeur de leurs maîtresses, possédait quelques-uns de ces secrets honteux que l'on voudrait se cacher à soi-même et dont Loyola pouvait se faire une arme terrible. Ignace, et nous le prouverions facilement, s'est toujours attaché à gagner la femme pour agir sur la famille, exemple soigneusement suivi de tout temps par ses disciples et successeurs (1). L'idée des *jésuitesses* peut remonter jusqu'au fondateur de la société de Jésus. L'histoire du P. Postel et de sa religieuse vénitienne vient encore servir de preuve à ce que nous avançons :

Ainsi que nous l'avons dit, lorsque la procession conduite par Ignace

---

(1) En écrivant ces mots *la femme, la famille*, après ce nom d'Ignace qui lui aussi fut *prêtre*, nous avons involontairement pensé à ce beau et puissant esprit que poursuit une attaque absurde autant qu'impuissante, nous l'espérons. Que M. Michelet nous permette de lui offrir ici un faible tribut de notre reconnaissance pour les conseils qu'il a bien voulu nous donner, pour l'appui qu'il veut bien nous offrir!

sortit de la petite place de Pasquin où venait de se passer un drame, il ne resta auprès du cadavre d'Antonio, le pêcheur transteverin, que la pauvre Onorina sa fille, devenue folle, et un homme vêtu du costume ecclésiastique de l'époque. Cet homme, grand, maigre, osseux, au front ridé, aux cheveux blancs, avait à peine quarante ans quoiqu'il en parût soixante. On l'a dépeint comme un des savants les plus célèbres de l'époque : esprit vif et perçant auquel rien n'échappait, vaste génie embrassant toutes choses, il savait le latin, le grec, l'hébreu, le syriaque, le chaldéen, toutes les langues mortes ; quant aux langues vivantes, il était, disait-on, en état de faire le tour de la terre sans être obligé de prendre un interprète. Grand canoniste, grand théologien, métaphysicien profond, la *science hermétique* avait ouvert sous son doigt puissant ses arcanes les plus impénétrables. Il savait aussi lire couramment dans ce livre splendide que Dieu déroule au-dessus de la terre, et dont chaque lettre est un astre étincelant.

Cet homme se nommait Guillaume Postel. Né dans une bourgade de la province de Normandie, son mérite seul l'avait fait nommer professeur royal à l'Université de Paris. François 1er et sa sœur la reine de Navarre le tenaient en grande estime, et le faisaient venir souvent à la cour pour le consulter. Ignace désira s'attacher un tel homme. Guillaume Postel se fit son disciple, et vint le trouver à Rome. Puis, un jour, la capitale du monde chrétien entendit parler d'une religion nouvelle, ou du moins d'une forme nouvelle de la vieille religion du Christ, laquelle ne s'adressait qu'aux femmes et annonçait à celles-ci un Messie de leur sexe, dont le P. Postel se faisait le précurseur. Mêlant habilement à un jargon mystique plein d'élancements passionnés et de saintes ardeurs, des idées d'émancipation et de liberté, telles à peu près que celles émises dans ces derniers temps par les saint-simoniens à l'égard de la femme, le P. Postel eut bientôt une foule de prosélytes. Le saint Jean-Baptiste des femmes disait que la venue de Jésus-Christ n'avait eu en vue que les hommes, mais que bientôt on verrait paraître une Rédemptrice des femmes (1).

Cette Rédemptrice était attendue avec impatience. Le pape, occupé

(1) On voit que le *père Enfantin* a copié tant soit peu le père Postel.

de Luther et du concile, de la querelle de François 1ᵉʳ et de Charles-Quint, de mille embarras, avait autre chose à faire qu'à penser à cette croyance nouvelle, qui menaçait pourtant de lui prendre la moitié de son trône pontifical.

Nous devons dire ici que le P. Postel prêchait l'avénement du Messie féminin, non pas au désert, mais dans un ancien temple de Vesta attenant à l'église de Saint-Théodore, et situé sur l'emplacement du vieux Forum romain.

Ce fut là qu'il conduisit Onorina, folle, mais d'une folie douce et paisible. En s'éloignant du cadavre de son père, la pauvre enfant fut déposer un baiser sur son front déjà froid en disant : « A bientôt, père !... » Puis elle suivit sans résistance le père Postel, qui l'emmena. A la nuit seulement des amis du pêcheur vinrent enfin enlever son cadavre et le portèrent au cimetière de sa paroisse, Santa-Maria-in-Trastevere.

Cependant le père Postel introduisait Onorina dans le temple de Vesta. Ce monument n'était déjà plus qu'une ruine, mais on en avait déblayé l'intérieur, et, à cette heure, une foule nombreuse de femmes de tout rang, de tout âge, s'y trouvait rassemblée dans l'obscurité, car aucune lumière n'y pénétrait du dehors ; seulement, vers une des extrémités de la vaste salle ronde aux colonnes de marbre plus ou moins ébréchées par la faux du Temps, on apercevait une sorte de niche creusée dans l'épaisseur de la muraille, et d'où s'élançaient d'éclatantes lueurs à peine adoucies par un grand rideau de satin richement brodé. C'était, disait-on, dans cette niche que jadis les prêtresses de Vesta entretenaient le feu sacré qui ne pouvait s'éteindre qu'avec le flambeau de leur vie. C'était aussi vers cette niche illuminée que tous les regards se tournaient. Le père Postel, après avoir reçu les saluts silencieux de l'assemblée, qui paraissait impatiente, monta sur un piédestal sans colonne et prononça un discours en style mystique, qui sembla violemment agiter son nerveux auditoire.

— Mes sœurs, dit-il en terminant, la Rédemptrice que vous attendez, la femme prédite qui doit sauver les femmes, elle va se révéler enfin. A genoux, sœurs croyantes !... à genoux, la voici !... »

En ce moment une musique solennelle se fit entendre comme dans l'éloignement ; les vapeurs d'un encens exquis et pénétrant montèrent vers la voûte obscure, et le grand voile de satin tendu devant la niche en feu, tombant tout à coup, laissa voir une femme vêtue à l'antique d'une longue robe blanche.

Cette femme ressemblait à ces puissantes vierges que le Titien a trouvées sous son admirable pinceau : son magnifique buste soutenait une tête expressive qu'ornaient seuls de longs et beaux cheveux noirs, non pas nattés, mais seulement tordus et retombant sur de rondes, blanches et superbes épaules. Cette femme paraissait âgée de trente ans ; ses bras étaient nus, ses pieds, nus également, étaient chaussés de sandales antiques ; une de ses mains tenait un lis avec lequel elle salua l'assemblée ; puis elle parla. Sa voix forte, mais harmonieuse et pénétrante, fit tressaillir, dès l'abord, toutes ces enthousiastes qui l'écoutaient. Elle leur annonçait une ère nouvelle pour la femme, une ère d'affranchissement et de bonheur...

L'auditoire étonné, persuadé, ravi, arrivait aux dernières limites de l'exaltation : tout à coup des alguazils envahirent le temple de Vesta, firent descendre assez brutalement de sa niche la Rédemptrice, qu'ils arrêtèrent, ainsi que le père Postel et quelques-unes des plus enthousiastes parmi leurs prosélytes... C'était un arrêt du tribunal de l'Inquisition qu'on exécutait ainsi. Ignace se garda bien de réclamer pour le père Postel ; loin de là ! il déclara à grand bruit qu'il n'était plus des siens ; et en effet il le chassa de son ordre, du moins en apparence ; car Pasquier assure avoir vu Postel, à Paris, quelques années après ceci, dans la maison professe des Jésuites, où il mourut centenaire. Quant à la Rédemptrice des femmes, qui était une religieuse vénitienne nommée donna Giovanna, on n'en entendit plus parler.

Quelques-uns ont cru que l'expulsion de Postel de la Compagnie de Jésus eut lieu parce que ce Père avait manifesté la prétention de s'en faire nommer le chef ; d'autres, et nous partageons leur opinion, ont vu dans Guillaume Postel un instrument dont Ignace se servit pour sonder l'opinion, attirer les regards sur lui et sur son ordre, capter l'imagination des femmes, et qu'il laissa briser lorsqu'il le vit devenir inutile ou dangereux.

Onorina, la belle Transteverine, mourut folle dans le monastère de Sainte-Marthe; son séducteur vécut honoré à l'ombre protectrice de la bannière que Loyola put lever enfin avec l'approbation du Saint-Père.

La bulle du *serviteur des serviteurs de Dieu*, sa sainteté Paul III, portant, en vertu de la *science certaine* et du *pouvoir infaillible* que s'attribuait le successeur de saint Pierre, érection d'un nouvel ordre religieux sous le nom de Compagnie de Jésus, porte la date du cinquième des calendes d'octobre (27 septembre) de l'année de l'incarnation du Seigneur 1540. Le 17 avril suivant, Ignace de Loyola fut solennellement reconnu comme général de la société fondée par lui. L'élection du premier général des jésuites fut faite par cinq membres: Lejay, Pasquier-Brouët, Laynez, Codure et Salmeron, seuls présents à Rome en ce moment. Les écrivains jésuites ont sérieusement avancé que Loyola refusa d'abord le fardeau du commandement, et que plus tard il voulut le déposer; tous les ambitieux, avant et après César, ont joué le même rôle. Ignace resta général de la compagnie de Jésus tant qu'il vécut. Déjà même, avant la bulle du pape, avant les suffrages de ses adeptes, il avait fait acte de chef d'Ordre. Ainsi, plus de six mois avant le premier titre émané de la chancellerie romaine en faveur des jésuites, près d'un an avant la nomination d'Ignace au généralat, celui-ci avait envoyé des missionnaires à Jean III, roi de Portugal, qui voulait implanter la religion du Christ dans ses possessions de l'Inde. Il paraît même que Jean III, croyant, d'après les assurances répétées de Loyola, que les jésuites étaient institués dans le but spécial d'aller convertir les infidèles, pensait que tous, maître et disciples, allaient se charger avec joie de ce saint ministère, et qu'il en fit même la demande expresse. Mais Loyola se contenta de lui envoyer François Xavier et Salmeron; le premier seul partit pour les Indes. La conversion des infidèles n'a jamais été pour les jésuites qu'un prétexte pour étendre leur sphère d'action.

La pensée d'Ignace vient enfin de prendre corps, son rêve gigantesque est devenu une réalité, réalité terrible, devant laquelle l'humanité va désormais se débattre comme sous les serres d'un vautour immense, insatiable! Au pied du château Saint-Ange, où trônera toujours dans sa fastueuse et sainte oisiveté le pape à la triple couronne, Rome a vu s'élever la Maison Professe, d'où le *pape noir*, comme on a pu nommer le général des jésuites, va désormais remuer l'univers.

Et comme si le monde invisible était lui-même ému de ce qui arrive sur la terre, des lueurs étranges passent sur le ciel; de grandes et formidables images se meuvent silencieusement dans les airs!... (1)

A peine reconnue, à peine installée, la puissance nouvelle se révèle et fait sentir son action sur presque toute la surface du monde connu. Impatient de mettre en pratique ce qui est encore chez lui à l'état de théorie, Ignace lance dans toutes les directions l'armée dont il est le seul chef réel et dont les bataillons vont s'augmenter d'heure en heure. Partout où une lutte éclate, soit de peuple à peuple, soit de peuple à roi, on voit accourir sur le champ de bataille quelque membre de la noire milice, qui sait admirablement se faire de chaque guerre une victoire, de tout pied-à-terre un poste fixe, de tout consentement tacite un titre formel, de chaque événement un profit.

Sur un signe de Loyola, le Père Araoz court lutter en Espagne contre les dominicains, ces éternels rivaux! L'Espagne s'ouvre aux Jésuites, grâce à Laynez, qui, se faisant entremetteur de mariage, négocie et conclut l'union du fils de l'empereur Charles-Quint avec la fille de Jean III, roi de Portugal. Jean III, de son côté, choisit les Jésuites pour missionnaires dans l'Inde portugaise, et leur permet d'ouvrir des colléges dans son royaume. Les Jésuites, sans doute pour reconnaître ces faveurs, aidèrent plus tard Philippe II à s'emparer du Portugal.

Les Pères Lefèvre et Lejay assistent triomphalement aux diètes de Worms, de Spire et de Ratisbonne. Ignace fait représenter son Ordre au concile de Trente par Laynez. Ce fougueux jésuite élève au milieu des discussions du saint aréopage sa parole tranchante, qu'il va bientôt lever comme un glaive sur Théodore de Bèze et les calvinistes de France. François Xavier part pour sa mission des Indes. D'autres missionnaires

---

(1) De 1514 à 1571, les populations ignorantes furent fréquemment épouvantées par des aurores boréales, phénomène alors inexpliqué, et qui, disait-on, présageait toujours quelque grande catastrophe. Ces *terreurs venues du ciel* ont été regardées alors, suivant celui qui les a décrites, comme annonçant les guerres de la Réforme ou les maux causés par les Jésuites, etc., etc.

s'apprêtent à porter la bannière de leur Ordre plutôt que la croix de leur Dieu dans la Chine et le Congo, au Brésil et au Paraguay, en Égypte, en Abyssinie, au Canada, partout !... Déjà la Pologne et le Brabant, la Sicile et la Corse voient s'élever sur leur sol des colléges de Jésuites.

L'Irlande, toujours catholique, surtout par haine des Anglais, ses conquérants et ses oppresseurs, semble-t-elle disposée à se révolter contre le terrible roi d'Angleterre, Henri VIII, qui vient d'élever autel contre autel, et se déclare chef d'une Église indépendante de l'Église de Rome ; sur-le-champ, Pasquier-Brouet et Salmeron accourent, soufflent et allument au cœur de la *verte Érin* un incendie terrible, et qui ne s'éteindra pas même sous une pluie de sang.

Les protestants d'Allemagne paraissent-ils sur le point de conclure la paix avec l'empereur, les deux partis, prêts à signer la paix, voient se dressser entre eux le sombre Bobadilla, qui donne de sa main armée d'un Christ le signal des terribles guerres religieuses (1) ! A la bataille de Muhlberg, où les troupes impériales et papales se rencontrèrent avec l'armée des princes luthériens sur les bords de l'Elbe, le 24 avril 1554, Bobadilla, brandissant dans sa main impie l'emblème d'un Dieu de paix et d'amour, conduisit au combat les bataillons catholiques exaltés par ses discours, par son exemple, par ses prophéties, et ne cessa de les pousser au carnage que lorsqu'il fut tombé lui-même épuisé, blessé, presque mourant dans la plaine où le hideux fanatisme venait de faire une de ses plus grandes moissons (2).

(1) Nous ne voulons pas dire qu'on doit faire retomber sur les Jésuites tout le sang versé dans cette grande et déplorable querelle ; mais certainement nous pensons que bien des flots coulèrent grâce à eux ; Bobadilla, dirigé par son chef, craignait tant de voir les partis déposer les armés qu'il prêcha contre l'*Intérim*, loi promulguée par l'empereur, et qui pouvait amener la paix. Charles-Quint chassa Bobadilla de l'Allemagne. A Rome, ce soldat en robe noire fut approuvé par le pape et désavoué par Ignace ; du moins en apparence : le général des Jésuites ne pouvait pas se brouiller avec Charles-Quint.

(2) De nos jours les bons Pères ne conduisent plus les bataillons guerriers en marchant à leur tête, mais ils savent toujours les pousser au carnage, de loin, par derrière, et célébrer dignement le triomphe, quelque abominable, quelque souillé qu'il soit, de ceux qui ont combattu pour eux : le *Te Deum* ou le *Salve Regina* de M. le curé de Notre-Dame-des-Victoires n'est-il pas le digne écho des cris de mort poussés par les fanatiques et sauvages vainqueurs de Lucerne ?

Bobadilla à la Bataille de Muhlberg.

Certes, de tels services méritaient déjà récompense. Ignace en promettait de nouveaux ; la cour pontificale les espérait et en avait grand besoin ; d'ailleurs, elle était séduite et rassurée par ce quatrième vœu d'obéissance spéciale au saint-siége qu'on lui avait habilement offert comme une amorce. Loyola vit donc confirmer et augmenter les priviléges de son Ordre ; la Compagnie de Jésus prendre pied partout ; ses colléges et ses Maisons se bâtir de toutes parts ; le nombre de ses membres aussi s'augmenter d'heure en heure ; son influence enfin s'étendre et grandir incessamment.

Dans ces premières années, un seul pape voulut s'opposer aux envahissements de la société jésuitique, soit par crainte de cette puissance nouvelle et dans la prévision des excès, des crimes, qui allaient en jaillir bientôt même à l'encontre de la puissance papale, soit seulement par jalousie contre le *pape noir*, devenu peu à peu un rival. Ignace alors à l'agonie ne put lutter comme il l'eût voulu contre le mauvais vouloir de Paul IV, mais il légua sa vengeance à son successeur, Laynez. Celui-ci se montra le digne héritier de Loyola. Paul IV mourut peu après le fondateur de la compagnie de Jésus ; et à peine reposait-il dans la tombe, que Rome vit les neveux du pontife défunt, dont l'un pourtant était cardinal, arrêtés, jetés en prison par ordre de Pie IV, dévoué aux Jésuites, qui avaient intrigué pour sa nomination. Les accusés ne parurent devant leurs juges gagnés que pour aller trouver le bourreau qui leur trancha la tête à tous.

Les crimes qu'on leur imputait furent ceux de tous ou presque tous les fils, neveux ou parents d'un pape ; ils avaient mis la main jusqu'au coude dans le coffre pontifical, que l'argent des Indulgences ne remplissait plus qu'à demi ; ils avaient profité de l'empire qu'ils avaient sur leur oncle, vieillard octogénaire, pour humilier leurs rivaux, se faire accabler d'honneurs, de richesses, etc. Nous accordons tous ceci ; mais le plus grand de leurs crimes, celui qu'on ne leur reprocha pas pourtant, fut de s'être montrés hostiles à la compagnie de Jésus. Sous le pontificat du successeur de Pie IV, la révision du procès des Caraffe ayant été accordée aux instances de leur famille, un nouveau tribunal rendit un nouveau jugement qui proclamait l'innocence des justiciés, et rendait à leurs parents les biens, titres et honneurs dont ils avaient été dépouillés ; mais on ne pouvait rendre la vie à ceux qui étaient morts ; l'ombre de Loyola dut être satisfaite.

Ignace avait donc rempli sa mission ; l'Ordre qu'il avait créé était reconnu, il le voyait déjà puissant et redouté, et il savait qu'il en laisserait l'avenir à des mains fidèles et dévouées : Loyola pouvait mourir en paix. Le vendredi, 31 juillet 1556, une heure après que le glorieux soleil d'été eut couronné de ses premiers rayons l'altière coupole de Saint-Pierre, la gigantesque basilique, une foule immense et diversement composée assiégeait l'entrée de la Maison Professe des Jésuites. On était loin déjà de l'époque où Quirino Garzonio prêtait son humble demeure aux premiers Pères de la Compagnie. C'est à cette heure un vaste et beau monument que celui qui est le Vatican du *pape noir* et de ses cardinaux en bonnet carré. Toute vaste pourtant qu'elle est, la Maison Professe n'a pu contenir la foule qui s'y est portée, et dans laquelle on aperçoit à la fois des Novices de la Compagnie et de hauts prélats, des barons romains et des ambassadeurs étrangers, des juifs convertis et des moines de toutes couleurs, la congrégation de la grâce de la sainte Vierge et l'élite des dames romaines, de la douleur qui s'étale ou de la haine qui se voile, de l'intérêt ou de la curiosité. Ignace de Loyola venait d'expirer dans la Maison Professe, à l'âge de soixante-cinq ans. Trente-cinq années s'étaient écoulées depuis la veillée des armes à Manresa ; vingt-deux depuis le vœu de Montmartre ; il y avait enfin bientôt seize ans que Loyola dirigeait avec le titre de général l'Ordre fondé par lui.

Les divers récits que nous avons des derniers moments du premier général des Jésuites nous le montrent mourant théâtralement comme il avait vécu. Sentant la mort venir, il se met à prophétiser son trépas prochain. Il écrit à Dona Leonora Mascarenhas, l'ancienne gouvernante de Philippe II, qui s'est toujours montrée fidèle et dévouée aux Jésuites, que la lettre qu'il lui adresse est la dernière qu'elle recevra de lui, et qu'il se prépare à la recommander efficacement auprès de Dieu. La veille de sa mort, il envoya le Père Giovanni Polanco, son coadjuteur, depuis neuf ans, auprès de Paul IV, avec mission de baiser en son nom les pieds de sa Sainteté, et de demander les commissions de sa Béatitude pour la montagne de gloire qu'il se prépare à gravir. Chef suprême d'un ordre puissant, il ordonne qu'après sa mort on jette son cadavre à la voirie, « comme n'étant qu'un peu de boue et un fumier abominable; » ce sont les expressions que lui prête un de ses admirateurs. Il soulève pour ses disciples le voile qui couvre l'avenir de l'Ordre, et le leur montre radieux et glorifié.

Les compagnons de Jésus entourent en silence leur chef à l'agonie, qui promène lentement son regard encore brillant, quoique si près de s'éteindre. Sur les six premiers disciples de Loyola, quatre seulement se trouvent près de lui à sa dernière heure. Lefèvre est mort à Rome, Xavier sur les côtes de la Chine ; mais chacun de ceux-ci a été remplacé par mille autres, et ce ne sont plus cette fois de pauvres théologiens, de minces et ignorés professeurs qu'Ignace a enrôlés sous sa bannière ; ce sont des hommes éminents, tous à quelque titre ; ceux-ci par la naissance, ceux-là par le talent. Les uns ont mis leurs richesses à la disposition de l'Ordre, les autres leur énergie et leur dévouement. Pressentant les grandes batailles que devra livrer incessamment, jusqu'à l'heure du triomphe suprême, la Société fondée par lui, Ignace a consacré ses derniers jours à organiser sa noire milice et à compléter son armement.

Aussi, c'est un regard d'orgueil qu'il promène autour de lui. Ignace a voulu mourir sous la robe du jésuite ; ainsi vêtu, il se tient assis sur son lit, soutenu par Rodriguez et Salmeron ; à sa droite, Laynez, quoique presque mourant lui-même, est à genoux tout près de son chef ; à gauche, Bobadilla, l'air morne, tient déployée devant Ignace une carte du monde, sur laquelle les douze provinces de la Compagnie de Jésus apparaissent entourées d'une large ligne rouge (1). Le reste du planisphère présentait de distance en distance des espèces de jalons également peints en rouge, qui, plus ou moins apparents, indiquaient sans doute

---

(1) Ces douze provinces jésuitiques, gouvernées par des Profès ayant le titre de Provinciaux, étaient, lors de la mort de Loyola, l'Italie, le Portugal, la Sicile, la Germanie supérieure, la France, la Germanie inférieure, l'Aragon, la Castille, l'Andalousie, les Indes, l'Ethiopie et enfin le Brésil.

de nouveaux états à conquérir ou prêts à se soumettre. Des cierges éclairent cette scène ; mais en ce moment, sur un signe d'Ignace, un jeune novice de la Compagnie, qui devait être le premier biographe de Loyola, Pierre Ribadeneira se lève, et va pousser les volets d'une fenêtre qui s'ouvre vers l'Orient. Aussitôt les étincelants rayons du soleil levant viennent illuminer la pièce.

— Le soleil de Montmartre! murmure Loyola à l'oreille de Salmeron. Puis, appelant les regards de Laynez sur la carte que tient Bobadilla, il étend une de ses mains sur les parties enluminées de rouge, et promène lentement l'autre sur les pays où le jésuite n'a pu planter encore que des jalons d'attente et d'indication. Alors il regarde en souriant Laynez, son héritier présomptif, celui qu'il désire avoir pour successeur. Laynez, le Provincial d'Italie, répondant au sourire qu'il a bien compris, incline gravement la tête par un signe de promesse silencieuse. Soudain, par un mouvement rapide, souriant toujours et regardant toujours Laynez, Ignace couvre le double hémisphère sous ses deux mains étendues.

— Oui, mon père, je le jure, moi, pour tous!... — dit d'une voix vibrante Jacques Laynez, qui répond ainsi tout haut, peut-être sans qu'il le sache. Tout à coup Loyola, repoussant les bras qui le soutiennent, se dresse sur son lit, et, arrachant la carte des mains de Bobadilla étonné, l'élève d'un air d'ineffable triomphe au-dessus de sa tête, sur le crâne livide et nu de laquelle les rayons du soleil forment comme une auréole sanguinolente.

— Compagnons de Jésus, dit-il en ce moment d'une voix forte et qui fait tressaillir tous ceux qui l'entendent, le monde est grand, mais la route est tracée ; compagnons de Jésus, en avant!... — Puis, il retombe sur son lit ; et Jacques Laynez, après avoir posé sa main sur la poitrine de Loyola, dit au milieu d'un silence solennel : Frères et Compagnons, notre Père Ignace n'est plus !

Ainsi mourut Ignace de Loyola. Cet homme vraiment extraordinaire à quelque point de vue qu'on se place, a tour à tour été exalté comme un saint, condamné comme un criminel, loué comme un grand génie, ba oué comme un pauvre fou. A notre avis, il y a exagération dans l'éloge comme dans la critique, dans le panégyrique comme dans l'accusation. Celui qui a eu l'idée d'une puissance telle que le Jésuitisme, celui-là n'a pu être un homme ordinaire. Nous savons bien que c'est aux deux disciples de Loyola, Laynez et Salmeron, qu'il faut attribuer la puissante organisation de l'ordre, et peut-être, du moins en partie, son complet et rapide établissement ; nous savons bien encore que c'est aux deux successeurs d'Ignace, Laynez et Aquaviva, qu'il faut rapporter une bonne part de l'influence terrible que le fondateur de la Compagnie de Jésus a peut être seulement rêvée pour le levier créé par lui, et dont les deux derniers surent habilement se servir en appliquant et en étendant son action. Ce n'en est pas moins, suivant nous, à Loyola que revient l'honneur de la création, si honneur il y a!

Lorsqu'il mourut, la Compagnie, déjà riche et puissante, avait pu lutter avec succès contre des rois et contre le pape lui-même. Elle comptait dès lors douze provinces, plus de cent Maisons ou colléges, et des milliers de membres répandus sur presque toute la surface de la terre. Certes, un tel résultat, obtenu en moins de seize années, réfute victorieusement l'idée de ceux qui ne voient en Loyola qu'un homme plus que médiocre, ayant dû sa célébrité, ses succès, à son étrangeté ; un pauvre fou, peut-être un saint, comme les Antoine et les Siméon Stylite, ces simples et naïfs enthousiastes ; mais non comme les Bernard, les Dominique, encore plus grands politiques que grands saints. Lorsque l'on veut juger Ignace de Loyola, il faut toujours se souvenir qu'il appartenait à cette race des Basques espagnols, aux imaginations ardentes, aux cerveaux toujours un peu fêlés, et qui semblent unir au froid entêtement des Bretons l'excentricité ignée des têtes méridionales. Et d'ailleurs, la mascarade de Manresa, ainsi que les autres étrangetés d'Ignace, quand même elles n'auraient pas été, ainsi que nous le croyons fermement, un moyen d'appeler l'attention sur lui, étaient bien moins rares, bien plus de mise à son époque que dans notre siècle, qui rit de tout, même de lui, et ce n'est certainement pas sans quelque bonne raison.

Il serait à désirer pour la mémoire de Loyola que l'accusation, tant de fois répétée contre son institut, de machiavélisme infernal et de criminels desseins envers les peuples et les rois, envers les hommes et les sociétés, envers tout ce qui s'oppose enfin à ses projets de domination, accusation que nous nous proposons de soutenir pour notre part, fût aussi aisée à détruire, ou que du moins elle ne remontât pas jusqu'au fondateur et premier général de la Compagnie de Jésus. Loyola a-t-il eu, en établissant son Ordre, la conscience des maux qu'il préparait ainsi à l'humanité? Est-ce lui qui a légué à ses successeurs ces maximes perverses qui mettent en danger tout ce qui existe; ces poisons si subtils qu'ils atteignent toute une nation avant même qu'elle s'en aperçoive; cette épée levée sur toutes les têtes, têtes populaires, têtes royales, arme si dangereuse qu'elle blesse même la main qui la manie et qui la dirige?....

C'est une question à laquelle il est fort difficile de donner une complète réponse. Sans doute, Ignace fut ambitieux, et, comme tous les ambitieux, il dut passer assez facilement par-dessus ces petits obstacles que présente la commune morale; sans doute aussi, comme tous ceux qui s'inféodent une idée ou qui s'incarnent dans une création, il dut sans remords armer lui-même ou laisser s'armer d'armes terribles l'Ordre qu'il avait fondé. Mais il nous répugne d'admettre que cet homme, qui après tout se rapproche davantage du Don Quichotte que du Caligula, soit rendu responsable de tous les attentats que l'on peut reprocher justement à la Société de Jésus. Oh! si les Constitutions des Jésuites telles que nous les avons étaient en entier l'ouvrage d'Ignace de Loyola, certes à cette question : « Ignace de Loyola a-t-il commandé, seulement prévu et non empêché, ou même pressenti et non déploré les crimes dont s'est souillée la noire et dangereuse milice dont il fut le créateur? » nous répondrions : Oui! oui! cent fois oui!... C'est que dans les Constitutions, ainsi que nous le démontrerons tout à l'heure, et cela facilement et cela clair comme le jour, se trouve la source plus ou moins cachée de ce torrent tortueux, mais toujours terrible, qui a déposé sur presque tous les points de la terre son étouffant et mortel limon; c'est que tous les poisons dont le Jésuitisme infecte le monde depuis trois siècles sortirent de cette coupe infernale, plus terrible que celle de Pandore, où resta du moins l'espérance, coupe qui ne restera vide que lorsqu'on l'aura brisée enfin. Dieu veuille que ce soit bientôt !...

Mais il est certain que c'est à Laynez et à Salmeron que l'on doit attribuer, dans les Constitutions, tout ou presque tout ce qui sort des règles ordinaires d'un ordre religieux, créé, il est vrai, avec d'évidentes intentions de suprématie et de tyrannie; toutes ces notes équivocantes qui, sous prétexte de compléter le sens, le torturent, le dénaturent, le contredisent même parfois tout à fait; enfin tout cet infernal machiavélisme de rédaction qui, augmenté encore par Aquaviva, commenté par le Père Suarez, justifie les hommes et les actes, quelque coupables que soient les premiers, quelque odieux que soient les seconds, si les uns et les autres ont eu pour but *la plus grande gloire de Dieu*... La plus grande gloire du diable plutôt; c'est-à-dire toujours le triomphe de la Compagnie!

Quoi qu'il en soit, le nom de Loyola est resté et devait rester maudit, par cela seul qu'il fut le fondateur des Jésuites. Il est, sans doute, assez inutile maintenant de traiter la question de la sainteté et des miracles d'Ignace; cependant nous devons en dire quelques mots pour compléter cette rapide biographie du fondateur et premier général des Jésuites.

Si pour être un saint il ne faut que croire tout ce qu'enseigne l'Église de Rome, admettre tout ce qu'elle admet, obéir à tout ce qu'elle commande, du moins en apparence, aimer ce qu'elle aime, haïr ce qu'elle hait, détruire par la ruse ou la force tout ce qui lui fait obstacle, sans scrupules, sans remords; s'il ne faut avec cela que prier, jeûner, se flageller, peut-être Ignace de Loyola a-t-il, en effet, des droits à la canonisation; et encore, nous le répéterons toujours, Loyola ne se donna à l'Église que parce que le monde se fermait devant lui, parce que ses ambitions devaient trouver dans le giron de celle-ci une pâture qu'il n'espérait plus trouver dans le sein de celui-là; et encore, répétons-le toujours aussi, suivant nous, ses macérations, ses extases, ses extravagances ascétiques ne furent très-probablement qu'un moyen pour arriver à son but.

Dans les premières années qui suivirent la reconnaissance de la Compagnie de Jésus, Laynez ayant déterminé un riche vieillard à laisser à son Ordre par testament sa maison et ses biens, pour qu'on y bâtît un collége de

Jésuites, l'héritier légitime revendiqua son héritage, et il fallut plaider par-devant les tribunaux vénitiens. L'adversaire des bons Pères étant d'une famille patricienne, la balance judiciaire sembla d'abord, après avoir vacillé d'un air indécis, se pencher peu à peu de son côté. Laynez désespéré écrivit même à son chef que tout était perdu. Ici les caractères du maître et du disciple, du premier et du second général des Jésuites, nous apparaissent clairement, et semblent nous indiquer la part que chacun d'eux doit supporter dans la réprobation universelle qui pèse sur l'institution entière. A la nouvelle du danger que courent les intérêts de son Ordre, Ignace commence par promettre à Dieu trois mille messes, pour qu'il lui soit favorable. Cependant, s'il a ainsi recours au ciel, il n'oublie pas tout à fait la terre ; et il sait obtenir l'appui d'un cardinal influent dans le sénat de la sérénissime république. Quant à Laynez, il a franchement recours aux seuls moyens humains. Le doge avait une maîtresse qui jouissait d'une grande influence sur son esprit. Laynez va la trouver, sait se la rendre favorable, et obtient un jugement qui maintient la validité du testament, et dépouille en faveur des bons Pères le légitime héritier.

Nous comprenons très-bien que Rome aux abois ait glorifié l'arme qui s'offrait à sa main énervée, quoique plus tard, voyant que cette arme n'avait pas été forgée pour son seul profit, elle ait essayé de la briser ou du moins de la faire rentrer dans le fourreau et de l'obliger à n'en sortir que par son ordre et contre les ennemis qu'elle lui désignerait. De même, il est naturel aujourd'hui que le pape et le haut clergé, en désespoir de cause, aient de nouveau et malgré l'expérience du passé recours à cette arme toujours affilée, toujours dangereuse, toujours prête. Mais des rois et des peuples, des parlements et des universités, de saints prélats et des papes même, ainsi qu'on le verra, ayant condamné, chassé, détruit la Compagnie de Jésus, nous croyons devoir en suspecter tant soit peu le fondateur. Après cela, qu'il soit saint, nous le voulons bien, et qu'on ne nous en parle plus!

Quant aux miracles d'Ignace, ils sont assez nombreux si nous nous en rapportons aux Pères Bouhours et Maffei, ainsi qu'à la *Relation faite en consistoire secret, devant notre saint Père le pape Gré-*

goire XV, sur la vie, la sainteté, les actes de canonisation et les miracles du bienheureux fondateur de la Société de Jésus, imprimée en 1622, et que nous possédons. Outre les miracles faits par Ignace durant sa vie et relatés dans la bulle de canonisation, Bartoli en rapporte cent autres plus ou moins étonnants. D'un autre côté, Ribadeneira, qui a vu et connu Loyola, ne dit rien des miracles opérés par le fondateur de son Ordre ; et le chapitre XIII de sa biographie d'Ignace est même rempli par une discussion sur cette thèse : « Pourquoi Loyola n'a pas fait de miracles? » discussion que Ribadeneira termine en disant que les miracles ne sont pas nécessaires pour prouver la sainteté. Lorsque les Jésuites voulurent faire mettre leur fondateur au nombre des saints, il paraît que Ribadeneira se repentit à cet égard ; car dans un abrégé de son premier ouvrage, il parle des miracles de Loyola et en raconte plusieurs, contradiction que Bayle et les Jansénistes surtout ont vertement relevée. Mais c'est principalement après sa mort qu'Ignace aurait opéré des choses vraiment merveilleuses. Une courtisane, devenue membre de la communauté de la Grâce de la sainte Vierge fondée par Ignace, fut guérie d'une perte de sang, le jour même de la mort d'Ignace, rien qu'en touchant la robe du défunt. Plusieurs dames romaines furent également guéries après avoir prié sur sa tombe, etc. Sotwel raconte que vers l'année 1668 l'image du nouveau saint, imprimée sur papier, ayant été lacérée par mégarde ou avec intention, on en vit sortir un sang frais et vermeil. Nous ne pousserons pas plus loin le détail de ces absurdités que les Jésuites ont répandues dans l'intérêt de leur ordre. Contentons-nous de dire qu'ils parvinrent à les faire accepter comme argent comptant par les Papes Paul V, Grégoire XV, Innocent X et Clément IX. Le premier béatifia Ignace en 1609 (1) ; le second le mit au nombre des saints en 1622 ; les deux derniers ont augmenté les honneurs du nouveau bienheureux. Innocent ordonna, en 1644, qu'il fût honoré par toute la terre suivant le rit semi-double,

---

(1) Sotwel, redressé par Bayle, donne la date de 1605, dans sa *Bibliothèque de la Société de Jésus*. Nous avouons avoir regardé la chose comme trop peu importante pour la vérifier par nous-même. Un autre point sur lequel il y a eu désaccord, c'est l'épitaphe placée sur la tombe d'Ignace. Les Jésuites disent que cette épitaphe, écrite en latin, était

que Clément changea en rit double trois ans après. Sotwel assure que de son temps plus de cinquante églises étaient consacrées à Ignace en diverses régions. Celle que le cardinal Louis Ludovisi lui fit bâtir en 1626, et à laquelle est annexé le collège Romain, fondation d'Ignace, est une des plus riches de Rome. On y conserve le corps du saint dans une urne revêtue de lapis-lazzuli. Les fonts de baptême d'Aspezia, où Loyola fut lavé du péché originel, devinrent un objet de dévotion ; les femmes enceintes y accouraient de toutes parts. Nous avons dit qu'Ignace eut toujours un empire fort grand sur les imaginations féminines. Le vieux château de Loyola, acheté par la reine d'Espagne Marie-Anne d'Autriche, fut donné par elle, en 1695, aux Jésuites, qui changèrent son nom en celui de Santa-Casa.

Ce qui nous paraît fort curieux, c'est la querelle qui s'éleva à propos du jour où l'on fêterait saint Ignace. Paul V avait fixé cette fête au 31 juillet : or, la place était déjà occupée par saint Germain, qui semblait peu disposé à la céder à l'intrus. Nonobstant, les Jésuites, peu scrupuleux en toute matière, rayèrent tout simplement le nom du saint rival de leur fondateur ; il fallut une décision du pape et un arrêt du parlement de Paris pour que saint Germain se vît réintégré. N'est-ce pas admirable? La fête de saint Ignace tombe maintenant le 1ᵉʳ février. En 1609, les Jésuites fêtèrent partout sa béatification, et nous apprenons à cette occasion que la Compagnie de Jésus, cinquante-trois années après la mort de son fondateur, comptait trente-trois belles et grandes provinces, au lieu de douze ; trois cent cinquante-six Maisons ou colléges, au lieu de cent ; enfin, près de onze mille membres de l'Ordre, au lieu de douze à quinze cents. « Et tous ces membres, s'écriait orgueilleusement un des prédicateurs Jésuites faisant en chaire le panégyrique du fondateur, si capables, si prudents au gouvernement que parmi leurs frères-lais (c'est-à-dire parmi les portiers, cuisiniers, etc.) se trouvent des personnes en état de faire la leçon aux

---

ainsi conçue : *A Ignace, fondateur de la Société de Jésus;* tandis que d'autres écrivains nous la rapportent en ces termes : *Qui que tu sois, qui te représentes dans ton esprit l'image du grand Pompée, de César ou d'Alexandre, ouvre les yeux à la vérité, et tu verras sur ce marbre qu'Ignace a été plus grand que tous ces conquérants.*

chanceliers de Grenade, voire même à tout le conseil de Castille (1). »
Du reste, chanceliers de Grenade et conseil de Castille auraient eu bien mauvaise grâce à se fâcher; si le Jésuite les plaçait au-dessous des frères-lais de la Compagnie, un de ses confrères, le Père Valderame, mettait bien Ignace à côté des apôtres et au-dessus de Moïse, et soumettait la colère de l'Éternel au commandement de Loyola. Un autre, non moins impie, disait que, « lorsque vivait Ignace, il n'y avait dans le ciel à pouvoir jouir du bien de le regarder que les papes comme saint Pierre, les impératrices comme la sainte Vierge, quelques souverains monarques comme Dieu le père et son divin fils. » On a plaisamment observé à ce propos que le prédicateur Jésuite semblait ne pas trouver le Saint-Esprit d'assez haut rang pour partager l'honneur dont jouissaient les deux premières personnes de la Trinité!... La Sorbonne censura et condamna ces trois prédicateurs. Mais arrêtons-nous ici; tout cela est en vérité par trop absurde. Nous voudrions pourtant n'avoir que des absurdités à reprocher aux Jésuites!

Avant de clore ce chapitre, nous dirons quelques mots des attaques réitérées et des violents reproches que les Jésuites ont encourus à propos de leur orgueilleuse dénomination. On a dit que les Jésuites furent ainsi nommés de leur église à Rome, nommée le Jésus; mais c'est évidemment une erreur, puisque ce temple somptueux ne fut commencé qu'en 1575 par le célèbre Pierre Vignole. Ignace prit tout d'abord pour lui et ses disciples le titre de *Compagnons de Jésus*. Et c'était déjà une désignation assez peu modeste; les apôtres ne s'étaient nommés que les *Serviteurs* de Jésus. Peu à peu les Compagnons de Jésus s'appelèrent tout simplement Jésuites. On sait que Jésus est le nom propre de Dieu le fils; Christ n'est, pour ainsi dire, que son nom

(1) C'était en Espagne que le prédicateur prononçait ces paroles si modestes; si c'eût été en France, il eût tout simplement remplacé les mots : « Chanceliers de Grenade, » par ceux-ci : « Parlement de France, » et substitué au conseil de Grenade les ministres du Roi. Rien de plus naturel.

De nos jours les bons Pères se croient encore fort en état, quoiqu'ils ne le crient pas si haut, de supplanter les professeurs de nos colléges, *voire ceux du Collége de France*, même le grand-maître de notre Université; qui sait? peut-être notre ministre de l'instruction publique. (Eheu, Salvandy!)

commun, une qualification, et signifie oint du Seigneur, choisi, consacré par le Seigneur. Aussi les sectateurs de Jésus, n'osant toucher à ce premier nom, s'appelaient seulement *Chrétiens*, du second ; Jésus, nom divin et réservé, ne fut jamais donné à aucun homme parmi eux. Les Jésuites, en s'arrogeant ce titre sans scrupule et sans façon, ont donc voulu se créer une suprématie sur les autres enfants du Père commun des fidèles, et faire croire qu'ils étaient plus étroitement unis à la seconde personne de la Trinité. Ainsi disent Pasquier, Arnaud et tous les rudes adversaires de la Société.

Les Jésuites de leur côté, pour repousser cette accusation fort bien établie, ont prétendu qu'ils n'avaient pas demandé eux-mêmes pour leur Ordre le titre de Compagnie de Jésus, mais que c'était le pape Paul III qui le leur avait donné dans sa bulle d'institution (1). Et en disant cela,

(1) Ce même mensonge est répété en tête, non pas des *Constitutions*, comme le dit Pasquier, mais bien de l'*Examen général*. « Cette très-humble Congrégation, y lit-on, qui a reçu du Saint-Siége Apostolique, par la première institution, le nom de Société de Jésus, etc. » Il est constant qu'Ignace de Loyola voulut que lui et ses disciples s'appelassent Compagnons de Jésus. Les Jésuites d'ailleurs se sont contredits souvent là-dessus, car plusieurs fois ils se sont fait une gloire pour eux et un attrait pour les autres du beau nom qu'ils avaient su prendre : le titre de Jésuite, disaient-ils, était égal au moins à celui d'évêque ; les Apôtres furent les premiers Jésuites ; le Jésuitisme a pris naissance dans le sein de la Vierge immaculée avec son divin Fils. » Les autres ordres religieux, ajoutaient-ils, se sont appelés Augustins, Bernardins, Franciscains, Dominicains, du nom de leurs fondateurs. Notre fondateur, à nous, se nommait Ignace de Loyola ; et nous ne sommes ni des *Ignaciens* ni des *Loyolistes* ; ou plutôt notre véritable fondateur et patron, c'est Jésus, fils de Dieu, et nous nous appelons Jésuites. » Pour confirmer la suprématie qu'ils s'attribuaient sur les Ordres rivaux, il n'y a pas de fables qu'ils n'aient inventées. Ainsi, ils racontent qu'un certain moine, qu'on ne qualifie pas autrement, étant à l'article de la mort, révéla au P. Mahez, confesseur du vice-roi de Barcelone, que tous les Jésuites seraient sauvés. — Et ceux de votre Ordre? demande le confesseur. — Le pénitent ne répondit que par un profond gémissement... Quelques Jésuites plus modestes ont seulement écrit que les membres de la Compagnie seraient sauvés pendant trois cents ans. Les trois siècles sont écoulés. Pensez-y donc un peu, bons Pères !

Une autre fois, c'est à Paris que la chose se passe : Un jeune garçon voit saint Jean lui apparaître et lui demander s'il veut être Capucin ou Chartreux ? Ce que Dieu voudra, répond l'enfant. Alors le saint lui laisse trois bandes de papier sur lesquelles étaient écrits les noms des Capucins et des Chartreux en lettres d'argent, et celui des Jésuites *en lettres d'or!*...

C'est sans doute parce qu'ils sont si certains du ciel que les Jésuites se sont toujours tant occupés de la terre.

les bons Pères ont menti audacieusement, comme ils ont toujours fait et feront lorsque la vérité leur est nuisible. On lit, en effet, dans la bulle d'institution de Paul III, répétée dans la bulle de confirmation de Jules III, cette phrase de la requête présentée au premier de ces papes par Ignace et ses disciples : « Quiconque voudra sous l'étendard de la croix et dans notre Société que nous désirons être décorée du nom de Jésus, etc., etc. » D'après Pasquier, on les appela d'abord en France *Jésuistes*, et ce nom que l'on retrouve dans un mémoire de Charles Dumoulin, fameux avocat de l'époque, leur aurait été donné par les Parisiens, qui soupçonnaient que ces hommes noirs n'avaient de Jésus, leur glorieux patron, qu'une hypocrite apparence. Nous donnons ceci comme nous l'avons trouvé dans le *Catéchisme des Jésuites* du malin Pasquier; mais si ce n'est pas vrai, c'est toujours fort bien trouvé !

Il paraît aussi que les Jésuites ont pris d'eux-mêmes pour leurs simples Profès les qualifications de Pères et de Révérends, accordées seulement jusqu'alors aux Abbés, chefs d'une maison religieuse, et aux Évêques.

Le mot de Jésuite est maintenant consacré par l'usage, et l'on sait quelle énergique et infamante qualification le langage populaire y a trouvée. Tel individu pourra se fâcher si on l'appelle hypocrite et fripon ; il deviendra furieux si on l'appelle simplement « Jésuite ! » De tous les jugements portés sur et contre les bons Pères, celui-là n'est-il pas le plus terrible ?

Nous avons raconté la création et décrit les premiers pas de la Compagnie de Jésus ; désormais nous aurons à en présenter les développements. Auparavant, il nous semble nécessaire, indispensable d'en faire connaître la forme, les bases, la morale. Tout ceci se trouve dans les Constitutions, livre qui arracha des cris d'admiration au cardinal de Richelieu, ce grand politique, cet homme qui sut transformer son chapeau de cardinal en couronne vraiment royale. Les Constitutions sont, en effet, l'arsenal effroyablement admirable où la sombre armée levée par Ignace, commandée ou dirigée après lui par les Laynez, les Aquaviva, les Sanchez, les Molina, les Escobar, a trouvé toutes ses armes. Il est donc de toute nécessité d'y introduire le lecteur. Nous allons essayer de lui en ouvrir les portes les plus secrètes, et de tirer pour lui le voile qui couvre toujours, en partie du moins, l'entrée de ce sanctuaire terrible, de ce sombre laboratoire d'iniquités.

CHAPITRE III.

Charte et Code jésuitiques (1).

Le présent chapitre doit être regardé comme capital.

Il est destiné à faire connaître, dans la forme que nous avons adoptée, les lois monstrueuses qui régissent la Société de Jésus, et qui en font, aujourd'hui comme jadis, comme elles en feront toujours, un danger terrible, incessant, un danger de mort, pour toute nation qui

---

(1) Les lois connues de la Société de Jésus furent publiées, à Prague, en 1757, par ordre de la dernière assemblée générale, en deux gros volumes in-folio, sous le titre d'*Institutum Societatis Jesu*. Cette sorte de Code jésuitique comprend les quatre-vingt-douze Bulles données à la Société par le Saint-Siége ; un Recueil de tous les priviléges de la Compagnie, sous le titre de *Compendium privilegiorum* ; les *Constitutions* avec leurs *Déclarations*, précédées de l'*Examen général*, les décrets des *Assemblées générales* de l'Ordre ; les *Règles* générales et particulières, les *Canons, Institutions, Ordonnances* des Généraux, etc.; enfin, les *Exercices spirituels* et le *Directorium* ou manière d'employer l'œuvre ascétique de Loyola.

Nous ferons remarquer ici que tout ce que nous connaissons du Code Jésuitique nous est parvenu malgré les efforts des bons Pères pour cacher leur organisation. Dans les Règles et dans les Ordonnances des Généraux on lit, en effet, « qu'aucun membre de la Société ne doit rien dire à des étrangers de ce qui s'y fait ou de ce qui s'y doit faire ; et surtout que personne ne communique aux profanes les *Constitutions* ou tout autre livre de ce genre. » Bien plus, on ne montrait partie de ces Constitutions aux novices que lorsqu'ils avaient prêté leurs vœux. Il fallait le consentement du *Provincial* pour qu'un membre autre que les supérieurs pût les lire. (Voyez l'*Institutum*, tome II.)

laisse établir et jouer dans son sein, à ciel ouvert ou souterrainement, les rouages multiples de cette machine vraiment infernale.

Avant la narration des actes doit se placer l'explication des principes. On a dit, il y a longtemps, que l'histoire de la trop fameuse Compagnie se retrouve en germe dans ses lois et dans ses constitutions. Nous avons voulu, nous devions donc offrir ici un aperçu rapide de ces lois ; du moins, de celles que nous connaissons. Il est hors de doute pour nous, comme pour bien d'autres, que nous n'avons pu, jusqu'à présent, porter nos regards que sur une partie des ressorts intérieurs, qui, d'Ignace, le fondateur, au P. Roothan, le Général actuel des Jésuites, ont fait mouvoir le vaste corps, par la même impulsion, vers le même but, avec la même énergie.

Un mot encore :

Tout ce qui va suivre est un extrait fidèle des lois de la Société de Jésus ; seulement, pour rester fidèle à notre titre, et aussi dans l'impossibilité de tout rapporter, nous avons donné à cet extrait la forme que nous avons jugé devoir être la moins rebutante pour le lecteur. *Ingenuo* est donc un symbole qui sera compris ; son histoire est un apologue, dont la moralité sera facile à trouver. *Ingenuo*, enfin, c'est l'appareil de miroirs concentriques, recueillant et condensant en un seul faisceau lumineux les rayons solaires existant, mais éparpillés dans l'atmosphère. Ce fut, dit-on, avec un appareil de ce genre qu'Archimède protégea longtemps les murs de Syracuse en incendiant les vaisseaux des assiégeants. Quoique nous n'ayons, certes, aucun goût pour les *auto-da-fé*, de quelque genre qu'ils soient, nous avouons néanmoins désirer sincèrement, ardemment, que notre œuvre, comme celle du grand géomètre, et avec un plus heureux succès, contribue à foudroyer ces *noirs* ennemis que nous voyons encore une fois sur la noble terre de France, marchant à l'assaut de nos libertés, de notre repos !... Qu'on nous pardonne cette digression.

Ingenuo était fort jeune encore lorsqu'il fut placé dans un collége de Jésuites. Ces colléges, véritables pépinières de la Société, qui élève là ses sujets, les y forme et les y choisit, sont une idée d'Ignace de Loyola, qui fonda le premier à Rome en 1550. Nous avons dit comment ces colléges se multiplièrent rapidement. Pour attirer la jeunesse chez eux, les Jésuites ont toujours pris soin d'avoir des professeurs éminents. Le chapitre XIII de leurs Constitutions leur permet même, au besoin, et en les surveillant attentivement, bien entendu, de se servir pour leurs colléges d'hommes étrangers à la Société, dont la réputation promettrait la vogue désirée. Pour donner une idée de la liberté accordée aux professeurs, il suffit de citer les prescriptions suivantes de l'*Institutum*, qui ont rapport à l'enseignement de la philosophie. « Dans les questions de métaphysique, on ne traitera ni de Dieu et des Intelligences, ni de la prescience de Dieu, ni même de l'éternité de Dieu, etc., etc. (1). » Malgré ces singulières restrictions sévèrement maintenues, les colléges de Jésuites purent attirer de nombreux élèves, tant de ceux qui se destinaient à la Compagnie que de ceux qui voulaient simplement entrer dans le monde après avoir fait de fortes études. Les prédicateurs Jésuites concouraient singulièrement à ce résultat en recommandant dans leurs sermons aux pères de famille de donner une bonne éducation à leurs enfants, recommandation prescrite à ces prédicateurs par une règle de l'*Institutum* (2). Bien entendu que la bonne éducation ne devait se trouver que dans les colléges des Jésuites! L'*Institutum* se tait sur ce dernier point, mais les prédicateurs savaient le dire plus ou moins ouvertement, plus ou moins adroitement; et les confesseurs savaient en faire un cas de conscience; ce fut ainsi que le père d'Ingenuo, homme de haute naissance et de grande fortune, homme fort honorable d'ailleurs, mais d'une intelligence assez bornée, fut amené à confier son fils aux Jésuites, quoiqu'il fût du reste fort éloigné de vouloir en faire un membre de leur Société. Ingenuo entra en tremblant chez les bons Pères; mais ceux-ci, apprenant que leur nouvel élève était l'unique enfant d'un riche vieillard, surent apprivoiser la sauvagerie de l'enfant; on le cajola, on eut grand soin de lui; lorsqu'on le réprimandait, c'était toujours avec un ton de paternelle affection; quand on le récompensait, c'était avec effusion,

(1) On peut s'assurer de la vérité de cette assertion, qui doit sans doute paraître étrange, exagérée, en recourant à l'*Institutum*, tome II, pages 194 et 227. *Ratio Studiorum*.
(2) *Institutum*, t. II, p. 203.

avec éclat ; on lui fournissait souvent l'occasion de faire briller ses talents dans ces thèses publiques que les bons Pères faisaient soutenir dans leurs colléges pour montrer ainsi la force des études ; on lui donnait les plus beaux rôles dans ces représentations théâtrales que les Jésuites, on devine dans quel but, ont toujours autorisées dans leurs colléges. Il paraît, disons-le ici, que les Révérends Pères se servaient parfois de ces représentations théâtrales pour glorifier leur Ordre et les amis de leur Ordre, et pour bafouer et rendre odieux ses ennemis. Ainsi, en 1631, dans leur collége de Clermont, qu'ils avaient obtenu la permission d'ouvrir du roi Henri II, permission dont ils ne purent profiter que sous le successeur de ce monarque, ils firent jouer par leurs élèves une pièce faite contre l'université de Paris tout entière et contre chacun de ses plus illustres membres. Le jeu des acteurs, assure-t-on, leurs costumes, leurs gestes, leurs lazzis, étaient de la dernière indécence. La même chose arriva à Caen en 1720.

On accordait encore à Ingenuo, plus souvent qu'aux autres élèves, le seul divertissement que permettent les lois de la Société, et qui consistait dans le spectacle hideux du supplice des hérétiques (1). En outre, on ne le soumettait jamais aux punitions corporelles, punitions vivement recommandées par le Code jésuitique (2). On le nomma *préteur* ou *décurion*, honneur qui lui donnait le privilége de faire infliger des punitions légères ou de les faire lever ; enfin on lui accordait, attendu sa qualité d'élève noble, un siége plus élevé que ceux de ses condisciples roturiers (3).

Grâce à cet adroit manége des bons Pères, Ingenuo se prit si bien d'affection pour ceux-ci, que sa seule crainte bientôt fut que son père voulût le retirer du collége des Jésuites. Mais celui-ci, satisfait des succès de son fils, des éloges que lui en faisaient le Recteur et le

---

(1) *Ratio Studiorum*, t. II, de l'*Institutum*, p. 200.

(2) « Ceux qui veulent résister à la correction manuelle, qu'ils y soient forcés, si on peut le faire en sûreté ! » (*Ratio Stud.*, t. II, p. 200.) Voyez aussi, dans les Mémoires de Saint-Simon, l'histoire du jeune Boufflers, qui mourut par suite d'une correction de ce genre.

(3) Singulier privilége accordé à l'orgueil humain par ceux qui font vœu d'humilité. Qu'on lise pour s'en convaincre l'*Institutum*, par 199.

Préfet des études, les professeurs et les Coadjuteurs temporels et spirituels, se félicitait chaque jour de la bonne idée qu'il avait eue en le confiant à ces dignes Pères..... Peu à peu, cependant, sa confiance et son contentement firent place à l'inquiétude et à la crainte. Il remarqua que son fils perdait insensiblement les couleurs de la santé et la gaieté insouciante de son âge, qu'il devenait sombre et morose, et que les témoignages de son amour, par lesquels il accueillait autrefois son père avec tant de franchise et d'effusion joyeuse, devenaient moins expansifs et plus contraints. Il fit part de ses craintes aux Jésuites, qui se hâtèrent de le rassurer. Cependant les mêmes symptômes, loin de disparaître, augmentèrent tellement, que le père d'Ingenuo, enfin sérieusement alarmé, prit la résolution de retirer son fils du collége des Jésuites. Mais lorsqu'il vint apprendre cette détermination au Recteur, celui-ci lui annonça qu'Ingenuo, touché de la grâce divine, avait quitté le collége pour entrer dans une Maison de Noviciat de la Compagnie de Jésus, dont il voulait devenir membre (1).

Le père d'Ingenuo, surpris, alarmé, demanda à voir du moins son fils. Les Jésuites, leurs constitutions à la main, lui prouvèrent que cette faveur ne pouvait lui être accordée, attendu qu'aussitôt admis dans la Maison de Noviciat, Ingenuo ne devait plus communiquer avec le dehors, et que déjà il ne devait plus dire même « j'ai un père » mais bien « j'avais un père (2). »

Voici comment on avait amené peu à peu Ingenuo, et comme par son propre penchant, à cette résolution extrême.

D'abord, nous devons dire que tous les ans les Recteurs des colléges de Jésuites envoient à Rome, à leur Général, un catalogue dressé sur les notes des régents, et contenant les qualités et les défauts de chaque élève, son tempérament, ses progrès, son aptitude, l'emploi auquel il

---

(1) « S'ils voient (les Jésuites) quelques-uns de leurs élèves qui leur duisent, ils les attirent à leur cordelle, puis estans pris, les font esvanouir de la présence de leurs parents afin qu'on ne les puisse recourre. Belle piperie vraiment!... » (Pasquier, *Catéchisme des Jésuites*.)

(2) Voyez l'*Institutum* sur les Règlements du Noviciat. Les apprentis jésuites ne peuvent en outre converser qu'avec ceux des membres reçus qui ont été désignés par le Supérieur.

semble appelé dans la Société et l'utilité que celle-ci peut en tirer (1). Les notes concernant Ingenuo, et parmi lesquelles il est plus que probable qu'on fit figurer la qualité de fils et unique héritier d'un riche vieillard, déterminèrent le chef de l'Ordre à ordonner qu'on tendît le filet autour de cette jeune proie. Dès lors, les professeurs, dans des entretiens particuliers, inculquèrent à Ingenuo des dispositions à la piété, et surtout à la piété comme l'entendent les Jésuites (2). Peu à peu on lui lut et on lui fit admirer la vie d'Ignace; on lui demandait, avec un riant visage, s'il ne voulait pas partager la gloire que ce saint avait obtenue sur la terre et le bonheur qu'il goûtait dans le ciel. On ne négligea pas non plus de parler des priviléges extraordinaires accordés à la Compagnie de Jésus, et que nous ferons connaître plus loin; des grandes choses qu'elle avait faites dans le passé, des choses plus grandes qu'elle pouvait faire dans l'avenir. En même temps, on lui disait combien était douce la discipline de l'Ordre, combien légères ses obligations, faciles ses devoirs religieux; puis encore on imprégnait des vapeurs du mysticisme ce cœur si jeune, et qui s'ouvrait déjà pourtant à des aspirations étranges, inconnues. On avait fait entrer Ingenuo dans une congrégation établie dans tous les colléges des Jésuites sous le nom de congrégation de la Vierge; c'était déjà comme une première consécration religieuse. Ainsi qu'on le recommande dans l'*Institutum*, les professeurs n'admettaient pas à l'académie de leur collége, c'est-à-dire parmi les élèves les plus distingués, qu'on honorait particulièrement et qu'on offrait à l'admiration publique, ceux qui refusaient de s'enrôler sous la bannière de la Vierge; tandis que les congréganistes en étaient de droit membres. On sait d'ailleurs combien est douce et attrayante la

(1) Voici un de ces catalogues que Pasquier a eu entre les mains :

CATALOGUS PRIMUS COLLEGII PARISIENSIS. ANN. 1590.						
Ingenium.	Judicium.	Prudentia.	Experientia.	Prosectus inlitteris.	Naturalis complexio.	Ad quæ Societatis ministeria talentum habeat.

(2) Voici les termes de l'*Intitution* : « En des entretiens particuliers on les excitera à la piété, de telle sorte qu'on ne semble pas les attirer vers notre religion; mais, si on reconnaît une disposition favorable, on remettra l'affaire entre les mains du confesseur. »

religion de la Vierge-mère, comme elle parle vivement aux imaginations des femmes et des enfants !

Mais comme l'âme d'Ingenuo laissait parfois échapper, en dehors de la direction qu'on lui désignait vers le ciel, des étincelles d'aspirations terrestres, des mains habiles, mais toujours prudentes, surent de temps à autre, et comme par hasard, soulever un peu pour lui le voile immense derrière lequel, à l'abri des profanes regards, la Société de Jésus remue le monde et lui commande.

Et tout cela se mélangeait adroitement de sages conseils et d'affectueuses remontrances, de promesses mystiques, de menaces vaguement formulées, de sévérités paternelles et de mignonnes cajoleries. La voix de la religion vint se joindre à celle de la raison humaine : dans l'ombre du confessionnal les derniers soupirs du jeune homme furent étouffés ; Ingenuo fut subjugué complètement.

Il entra donc, comme nous l'avons dit, dans une Maison de Noviciat, d'où il écrivit à son père pour lui apprendre sa ferme et volontaire résolution, sa détermination inébranlable d'entrer dans la Compagnie de Jésus. Cette lettre, suivant les règlements de la maison, fut remise par lui au Maître des Novices, qui la fit ensuite parvenir à son adresse, après qu'Ingenuo y eut fait les corrections, retranchements et additions qu'on lui suggéra. Le père d'Ingenuo répondit sur-le-champ à son fils, en le conjurant de revenir auprès de lui, ne fût-ce que pour recevoir son dernier soupir et sa bénédiction ; « car, disait la lettre, ton abandon, mon fils, m'a si cruellement, si profondément blessé au cœur, que je crois que j'en mourrai bientôt. Voudras-tu donc laisser le pauvre vieillard s'éteindre ainsi seul et désespéré ? »

Ingenuo ne reçut pas cette lettre, les lois de la Société donnent au chef de chaque Maison de Jésuites le droit de décacheter et de lire toute lettre écrite à un de ses habitants, le droit même plus exorbitant de la supprimer s'il le juge à propos (1) !

Le père d'Ingenuo mourut bientôt seul et désespéré, comme il l'avait écrit, en maudissant un fils ingrat. Lorsqu'il apprit cette mort,

(1) Tout cela est d'une vérité qui ne peut être contestée même par les Jésuites, puisque tout cela se retrouve dans leurs lois. (Voyez l'*Institutum*, etc.)

Ingenuo s'était déjà engagé dans l'Institut, quoiqu'il n'eût pas encore l'âge prescrit. Voici comment la Compagnie de Jésus sait éluder les décisions des Conciles et ses propres règlements.

Lorsque Ingenuo entra dans la Maison de Noviciat, il venait d'avoir quatorze ans ; c'est l'âge rigoureusement fixé par les canons ecclésiastiques pour l'admission d'un Novice dans tout Ordre religieux ; les Jésuites ont bien souvent enfreint cette règle, que les Déclarations autorisent, du reste, leurs Généraux à violer en dépit même des Constitutions. Là les moyens déjà employés pour agir sur l'imagination du jeune homme furent mis en usage de nouveau et avec une énergie croissante. Un nouveau moyen, le plus puissant de tous, vint achever ce qu'on appela la vocation du pauvre enfant : on lui mit entre les mains les *Exercices spirituels*, cette œuvre ascétique écrite par Ignace de Loyola sous la dictée de la Vierge et de Dieu mêmes ; le *Directorium* lui prescrivit la manière dont il fallait suivre ces *Exercices* pour en retirer tout le fruit possible. Bientôt la prière, l'isolement, la réclusion, l'obscurité, la méditation des *deux étendards et des trois classes*, toutes ces formules prescrites par le fondateur pour amener le néophyte à l'exaltation religieuse vinrent agir si puissamment sur l'esprit d'Ingenuo, qu'une nuit à demi passée à se représenter les profondes horreurs du gouffre infernal, les tourments inouïs, éternels des damnés, l'enfant éperdu, presque insensé se leva, et, poursuivi par les spectres terribles qu'avait évoqués sa jeune imagination surexcitée, fut se jeter aux pieds du Supérieur en le conjurant avec des torrents de larmes de l'admettre sur-le-champ dans le sein de l'Ordre, qui offrait à son âme la paix sur la terre et le bonheur dans le ciel.

Le Supérieur releva l'enfant éperdu, le consola, tout en l'affermissant dans sa résolution ; puis, sur ses nouvelles instances pour entrer de suite dans la Compagnie de Jésus, il lui apprit que les Canons et surtout le concile de Trente défendaient à tout Ordre religieux de recevoir comme Profès, c'est-à-dire comme membre irrévocablement engagé, tout individu âgé de moins de seize ans, et que d'ailleurs il faut laisser s'écouler deux années entre l'admission dans une maison de Noviciat et la Profession. Mais, en même temps et comme par un mouvement de tendre compassion pour l'enfant, le Supérieur lui fit entendre qu'il était en son pouvoir de lui ouvrir la porte ainsi fermée à laquelle il frappait, et lui apprit successivement que les lois de la Compagnie permettaient d'offrir à Dieu, avant l'âge fixé, des vœux qui n'engageaient que la conscience ; que ces vœux se renouvelaient de six mois en six mois, jusqu'à ce que le Novice eût enfin seize ans, et qu'on avait même coutume de les écrire et de les signer sur un registre qui servait à ce seul usage, et cela *pour des motifs honnêtes* (1) ! Sous l'ébranlement complet de toutes les facultés de son être, en lui produit par ces *Exercices spirituels* qui rendent, d'après une sombre et effrayante expression du *Directorium* lui-même, le néophyte « comme opprimé et suffoqué par l'agonie, » Ingenuo s'élança avidement dans la voie qu'on lui indiquait ; il signa sur-le-champ avec une joie fiévreuse une promesse formelle par laquelle il s'engageait devant Dieu et sur sa conscience dans la Compagnie de Jésus, dans laquelle, disait-il, il désirait ardemment entrer et pour toujours. Pauvre jeune imprudent !...

Au bout de sa première année de noviciat, année qu'on sut lui faire pleine de calme et de joies mystiques, on apprit à Ingenuo que les lois de la Société exigeaient qu'il renonçât à ses biens, chaque membre de la Compagnie de Jésus faisant vœu de pauvreté. Ingenuo déclara qu'il était prêt à se dépouiller avec joie de toute la fortune qu'il possédait, annonçant en même temps l'intention de faire passer cette fortune à un frère de son père chargé d'une nombreuse famille, et qu'une suite d'infortunes non méritées avait réduit à un état voisin de l'indigence. Mais alors on lut au Novice ces lois étranges de la Société, qui veulent que celui qui y est admis *se dépouille de toute affection de la chair envers ses parents, d'une affection*

---

(1) *Ob honestas causas.* Ce serait vraiment à faire pouffer de rire si ce n'était à faire suffoquer d'indignation. Nous garantissons, du reste, l'exactitude de tous ces détails, qu'on peut retrouver dans les lois jésuitiques, ou dans leur commentaire et dans leurs commentateurs. Suarez, entre autres, a soutenu que la Société pouvait recevoir ces vœux et les regarder comme obligatoires en dépit des canons et des conciles. Nous croyons pourtant, nous, que l'âge de quatorze ans pour le Noviciat, et de seize pour la Profession, âge formellement exigé par le concile de Trente dans sa vingt-cinquième session, est infiniment trop tendre encore pour qu'on puisse s'y lier par des vœux éternels.

désordonnée envers ses proches, et bannisse jusqu'à leur souvenir, devenu désormais inutile (1). On lui objecta gravement ensuite que Jésus-Christ n'a pas dit : « Donnez à vos parents ; » mais bien : « Donnez aux pauvres ! » Et qu'y a-t-il de plus pauvre qu'une Société dont tous les membres font vœu de pauvreté ? Du reste, s'il éprouvait des doutes à cet égard, les lois de la Société lui permettaient de laisser la décision de cette affaire à trois personnes recommandables, qu'il choisirait, avec l'agrément du supérieur, parmi les membres de la Société (2).

Bien entendu que les *trois personnes recommandables* prouvèrent victorieusement au Novice qu'il devait faire l'abandon complet de ses biens à l'Ordre dont il se regardait déjà comme membre. Le Recteur et le Provincial, appelés, conseillèrent à Ingenuo, comme un mode plus parfait, et recommandé d'ailleurs par les Constitutions et par les décisions de la seconde assemblée générale, de faire l'abandon pur et simple au Général de la Compagnie (3). Ingenuo fit donc cet abandon. Du reste, plus tard il apprit que le supérieur de la maison du Noviciat aurait pu lui ordonner ce qu'on lui avait seulement conseillé.

Au bout de ses deux années de noviciat, l'instant arriva où Ingenuo devait s'engager solennellement et irrévocablement dans l'Institut ; mais déjà le voile des illusions, que l'astuce de ceux qui voulaient l'attirer à eux et son inexpérience avaient étendu devant ses yeux troublés, s'était peu à peu déchiré pour Ingenuo. Malgré les précautions infinies prises pour dissimuler ou du moins pour dorer les fers qu'il allait s'imposer, il en avait aperçu ou deviné l'effroyable oppression. On lui avait lu la lettre de saint Ignace aux Jésuites de Portugal sur l'obéissance, dans laquelle le fondateur veut que chaque mem-

---

(1) Toutes ces étranges et odieuses choses se trouvent dans l'*Examen général* qui précède les *Constitutions*.

(2) Voyez encore l'*Examen général*.

(3) « Le supérieur peut ordonner l'abandon pur et simple des biens du Novice, non-seulement quand il le juge convenable, mais seulement par cela seul qu'il veut que cela se fasse ; c'est ce qui est le mieux en telle matière ; les liens du vœu enchaînent déjà le néophyte. (Suarez, *De Relig. Societ. Jesu*, lib. IV, cap. vi, p. 800.)

bre de la Société soit réduit à l'*état de cadavre* (1). Et ce qui surtout avait alarmé l'âme candide d'Ingenuo, c'est qu'il avait appris que cette obéissance, qui fait du Jésuite *un bâton* dans la main du Général, n'était pas seulement exigée en vue de l'existence dans les Maisons de l'ordre, mais encore en vue des relations avec le monde, et qu'elle s'appliquait aux actes de la vie religieuse comme à ceux de toute nature. Il avait d'abord soumis avec joie sa volonté, ses sentiments, sa pensée, à l'autorité de ses supérieurs ; ne lui avait-on pas appris que cette soumission servile, cette addication complète de son être, était de règle, quand même le supérieur manquerait de prudence et de sagesse, *quand même il manquerait de probité* (2) ? Afin de justifier ceci, les Jésuites ont dit que, dans leur Ordre, le vœu d'obéissance était le vœu principal, et que l'obéissance a remplacé dans la Société de Jésus les pénitences et les macérations imposées aux autres Ordres par leurs règles, et dont ils sont exempts.

Mais peu à peu Ingenuo avait senti sa raison se soulever contre cette dégradation à laquelle on voulait la soumettre ; puis, une fois amené à une rébellion involontaire, mais instinctive, il avait, pour la première fois, ouvert les yeux et regardé autour de lui ; et ce qu'il avait vu alors l'avait ému, choqué, puis indigné, dégoûté. La délation, imposée comme un devoir envers le Supérieur, comme un cas de conscience par le confesseur, la délation, ce point fondamental de la doctrine jésuitique, lui sembla surtout une chose hideuse (3). Peut-être aussi le re-

(1) « *Similiter atque senis baculus, perinde ac si cadaver.* » Ce sont les expressions de la lettre si souvent citée de Loyola.
(2) *Etiam si superior probitate careat*, dit l'*Institutum*, page 410. Tout cela n'est-il pas monstrueux ?
Tous les commandements du supérieur sont justes d'après les *Constitutions ;* celui-ci doit être regardé comme le représentant de Dieu, et comme investi des priviléges de la Divinité. Quoi, mes Pères ! même s'il manque de probité ? *Etiam si probitate careat ?* .....
(3) La cinquième Assemblée générale fait une règle de la délation.
L'*Institutum* (t. II, p. 331, *XIVe Instruction pour les confesseurs*) prescrit aux frères coadjuteurs de dénoncer chaque soir les fautes venues à leur connaissance, et aux confesseurs de prescrire la délation comme un cas de conscience. Des peines sévères sont prononcées contre les compagnons qui ne se conforment pas à cette règle odieuse. La

gard d'Ingenuo avait-il pu, grâce à un de ces hasards qui déjouent la plus subtile défiance, plonger dans les profondeurs de l'antre terrible où il n'était pas encore entré comme initié, et où il devait bientôt se consacrer corps et âme devant les autels ténébreux d'un autre Moloch dévorant.

D'ailleurs, Ingenuo venait d'avoir seize ans : pauvre oiseau qu'une main habile avait su jusqu'alors accoutumer à sa cage, son âme venait de s'apercevoir qu'elle avait des ailes, et brûlait de prendre son essor vers ces espaces infinis que le voile tombé de l'enfance laisse apparaître tout à coup aux yeux éblouis de la jeunesse.

Dans la prison glacée où l'on avait voulu enfermer cette âme aimante, Ingenuo entendait résonner puissamment la voix de la nature; alors ce fut une lutte affreuse, déchirante, dont les intervalles étaient remplis par la morne stupeur, le lourd épuisement, ou le sinistre désespoir. Retenu par la promesse solennelle et signée qu'il avait faite d'entrer dans la Société de Jésus aussitôt qu'il aurait seize ans, par la honte de manquer ainsi à sa parole, de démentir sa conduite passée, son enthousiasme désormais éteint, peut-être aussi par de vagues craintes, Ingenuo hésita longtemps. Enfin, lorsqu'il eut épuisé le dernier délai, il se rendit, pâle et avec un horrible battement de cœur, auprès du Supérieur de la Maison, auquel il demanda, comme une faveur, de vouloir bien différer encore sa Profession et de le laisser rentrer dans le monde, du moins pour quelque temps. Le Supérieur, sans doute déjà prévenu par un rapport du système d'espionnage commun, ou par un écho du confessionnal, des combats qui se livraient dans l'âme déchirée du néophyte, et de la tiédeur qu'il témoignait depuis quelque temps, reçut sans s'émouvoir la demande d'Ingenuo, et lui promit avec un ton plein de paternelle tendresse de la lui accorder s'il venait la lui répéter au bout d'un mois, délai qu'il exigeait de son cher fils pour qu'il pût bien réfléchir sur ce qu'il voulait faire, et pour que l'Esprit Saint éclairât de ses divines lueurs la route qu'il devait prendre. Ingenuo se retira le cœur rempli d'une joie qui débordait, et presque attristé de se

délation est imposée, non-seulement quant aux actes de l'intérieur d'une Maison, mais encore quant à tous ceux de l'extérieur.

montrer si indigne de l'amour que lui témoignaient ceux qu'il était toujours décidé à quitter.

Mais, pendant le mois au bout duquel il espérait sortir de la Maison de Noviciat, les bons Pères mirent tout en usage pour retenir la proie qui se débattait ainsi dans le filet. On fit résonner habilement toutes les cordes de l'âme vibrante d'Ingenuo : on offrit les triomphes de la chaire, l'espoir du commandement à sa jeune ambition; les travaux apostoliques, les dangers glorieux des missions lointaines à son besoin d'activité; une pâture à chacun de ses appétits. Puis les reproches vinrent après les regrets, les railleries après les conseils, de menaçantes prophéties après de touchantes prières! Dans l'ombre du confessionnal, la voix de Dieu même fit entendre des paroles de réprobation à l'oreille du néophyte récalcitrant. Tout cela dut puissamment agir sur cette âme de seize ans. Ingenuo sentit que la coupe où il voulait porter ses lèvres brûlantes serait désormais pour lui mélangée d'amertume; mais il persistait à vouloir s'y désaltérer.

A l'expiration du délai que lui avait imposé son Supérieur, il fit donc connaître à ce dernier que son intention était toujours de rentrer dans le monde.

— Eh bien, mon fils répondit le Supérieur, quoique d'après nos lois le vœu que vous avez prononcé, la promesse que vous avez signée, soient obligatoires, je veux bien cependant vous en délier. Vous ne croyez pas devoir rester davantage parmi nous; la porte de cette sainte Maison vous est ouverte. Cependant, mon fils, réfléchissez-y bien pendant qu'il en est temps encore ! Pensez à ce que vous offre notre Société, et à ce que vous réserve le monde! En sortant de notre Société, dont chaque membre serait pour vous un frère, vous allez entrer dans le monde, où chaque homme sera pour vous un ennemi. Comment pourrez-vous y lutter, seul, sans appui, sans fortune?...

— Mais, mon Père, interrompit Ingenuo, vous oubliez que je suis riche, très-riche même, dit-on, et que la richesse...

— De quelle richesse parlez-vous, mon fils?

— Mais de celle que m'a laissée mon pauvre père.

— C'est vous, mon fils, qui oubliez que ces biens ne vous appartiennent plus. N'en avez-vous pas fait l'abandon à notre Ordre en entrant ici comme Novice? Suivant nos constitutions, et d'après votre prière, le Général de notre Société en a disposé à son gré.

— Mais, mon Père, d'après l'*Examen général*, le Novice qui ne prononce pas ses vœux doit recouvrer ses biens.

— Mais, mon fils, d'après les Déclarations, il ne s'agit que de l'argent déposé entre les mains du Supérieur.

— Si bien donc, mon Père? demanda Ingenuo interdit.

— Si bien, mon fils, que nos casuistes regardent même comme un péché de dépouiller ainsi la Société de Jésus (1). Mais j'espère encore, mon cher fils, continua le Supérieur avec une feinte bonté, et profitant du silence de stupeur et d'indignation que gardait Ingenuo, j'espère que, mieux éclairé sur vos propres intérêts, vous resterez dans notre Société, dont vous semblez devoir faire l'honneur, et qui mieux que le monde saura faire paraître dans tout leur lustre les talents que Dieu vous a donnés pour glorifier son saint nom!... Allez en paix, mon fils!»

Après quelques instants d'un vertige pareil à celui d'un homme qui se serait endormi sur une couche molle et parfumée, et qui se réveillerait sur l'extrême bord d'un précipice sans fond, Ingenuo revint à lui, et voulut sonder la profondeur de l'abîme où son inexpérience l'avait précipité : il se dit avec découragement qu'il n'avait aucun moyen d'en sortir. Il courba la tête et se résigna. Sa jeune âme ne pensa même pas à la possibilité d'une lutte; lutte que, du reste, des hommes faits, des natures énergiques et nées pour le combat, ont vainement tentée, et dans laquelle ils ont presque constamment succombé.

Bientôt Ingenuo, soigneusement et incessamment surveillé, catéchisé, prononçait les vœux solennels qui le liaient à jamais à la Compa-

---

(1) C'est l'opinion professée par Suarez, ce grand commentateur des lois de la Compagnie. La septième Assemblée générale avoue ingénument que cette règle doit être sévèrement maintenue, attendu, dit-elle, que beaucoup sont retenus dans l'Ordre parce qu'ils savent qu'ils n'en peuvent sortir que dénués de tout, tandis qu'ils le quitteraient s'ils avaient l'espoir d'en emporter quelque chose! (Voyez l'*Institutum*, t. I, p. 588.) Plusieurs papes ont même inutilement essayé d'obliger la Société à faire une pension alimentaire aux malheureux expulsés de son sein ou qui en sortiraient volontairement. Ceci a-t-il besoin de commentaire?

gnie, et dont la formule est à peu près la même que celle des vœux que nous avons vu prêter, dans l'Introduction, par Ignace et ses premiers disciples. Les Profès seuls promettent obéissance spéciale au pape : c'est ce qu'on appelle les vœux solennels. Après qu'il fut entré dans la Maison Professe, Ingenuo prêta encore ce qu'on appelle les vœux simples. Voici la formule de ces derniers, tels que les prononça Ingenuo :

« 1° Moi, Profès de la Société de Jésus, je promets à Dieu tout-puissant, devant la Vierge-Mère et toute la cour céleste, et devant le Père Provincial, de ne travailler ni consentir jamais, par aucun raison, à changer les règles établies dans les Constitutions de la Société en ce qui concerne la pauvreté, si ce n'est quand de justes et impérieux motifs feront juger nécessaire de resserrer encore cette obligation de pauvreté.

2° En outre, je promets de ne travailler jamais ni prétendre, même indirectement, à être élu ou promu à quelque prélature, ou même à quelque dignité au sein de la Société.

3° Je promets de plus de ne travailler ni prétendre à être élu à quelque prélature ou dignité en dehors de la Société, et de ne consentir à y être élevé que comme forcé par l'obéissance à celui qui peut me commander sous peine de péché.

4° Donc, si j'apprends que quelqu'un recherche ou convoite l'une de ces deux choses, je promets de faire connaître celui-ci et toute l'affaire à la Société ou à son Général.

5° Je promets encore que s'il arrive que, par la raison précitée, je sois mis à la tête d'une église, pour le salut de mon âme ainsi que dans l'intérêt de l'administration qui m'aura été confiée, j'aurai une telle déférence et soumission pour le Général de mon Ordre, que jamais je ne refuserai ses conseils, soit ceux qu'il me donnera lui-même, soit ceux qu'il m'adressera par un autre membre de la Société, délégué en son lieu et place. Je promets d'obéir toujours à ses conseils, si je juge, à cause de leur sagesse, devoir y faire céder mes propres résolutions. Le tout étant entendu suivant les Constitutions et déclarations de la Société de Jésus.... »

La douzième Assemblée générale a décidé qu'après le nom du supérieur, entre les mains de qui on prononcerait les vœux simples ou solennels, on ajouterait ces mots : « tenant la place de Dieu. » La formule que nous venons de transcrire, et qui fut adoptée par la première Assemblée générale et par la troisième, ne contient pas ces mots. On n'eût pas osé, dans les premiers temps de l'Ordre, dire qu'un Général, un Provincial ou même un simple membre de la Compagnie, délégué, peut tenir la place de Dieu : honneur accordé aux papes seuls, mais non sans difficulté. Bien des fois on a vu condamner, en France, cette proposition, que le successeur de saint Pierre tient la place de Dieu sur la terre. Ce que les Gallicans refusent au chef de la chrétienté, ils ne peuvent l'accorder au Général d'un Ordre. Mais les Jésuites se moquent bien des Gallicans, ma foi!...

Voici donc Ingenuo irrévocablement engagé dans la Compagnie de Jésus; complétement en son pouvoir; car les Constitutions permettent au Général de chasser de l'Ordre tel membre qu'il voudra, Novice ou Profès; tandis que celui-ci ne peut jamais briser les liens qui pèsent sur lui ; car le Général, véritable despote, peut à son gré disposer des talents, des actions, de la vie même de chacun de ses subordonnés. Suivant qu'il l'ordonne, celui-ci sera prédicateur, celui-là écrivain ; l'un se chargera de la conscience d'un roi et vivra dans la splendeur d'une cour, l'autre ira mourir misérablement en de lointaines contrées sous les coups de sauvages qui ont appris à se défier du zèle des Missionnaires.

Sans doute cette dernière destinée aurait été celle d'Ingenuo, s'il eût été un pauvre hère, sans nom, sans importance dans le monde; mais la famille d'Ingenuo était une des premières du pays, et des plus influentes. D'ailleurs on attendait beaucoup des talents qu'il possédait réellement, s'il était possible de les lui faire employer dans l'intérêt de l'Ordre. On feignit d'oublier les hésitations, les répugnances qu'Ingenuo avait montrées pour entrer dans la Compagnie de Jésus, et que, sans cela, on eût sévèrement punies plus tard. On essaya de le réconcilier avec sa position désormais fixée dans les limites de l'Ordre. La tâche fut rendue facile par l'état de prostration dans lequel le malheureux jeune homme était tombé après sa courte lutte ; puis la vie est douce dans les maisons de Jésuites : on n'y est astreint presqu'à aucune des règles des autres Ordres, pas même à la célébration des offices en commun. Lorsqu'un membre de la Compagnie se livre à des macérations, jeûnes et pénitences excessives, c'est que ses Supérieurs ont reconnu qu'il ne pouvait servir l'Ordre en rien, si ce n'est peut-être en faisant refléter sur lui l'éclat de ses saintes austérités.

Insensiblement, pour se distraire d'abord, ensuite pour satisfaire à ce besoin d'activité qui se réveillait en lui, Ingenuo reprit ses études, et les poursuivit avec une sorte d'acharnement. Ses Supérieurs le destinaient à la prédication, à laquelle semblaient l'appeler sa vive imagination, sa parole entraînante, sa voix harmonieuse, sa figure pâle et triste, mais toujours belle, et jusqu'aux grondements passagers de la tempête qu'on avait pu renfermer, mais non apaiser, dans le sein du jeune homme.

Pourquoi continuer plus longtemps ce triste tableau? Ingenuo devint un prédicateur célèbre; il fut successivement honoré des principales charges de la Compagnie; il fut nommé confesseur d'un souverain; il obtint le chapeau de cardinal; il vit souvent entre ses mains les destinées des nations et des rois; l'incendie des guerres politiques ou religieuses s'alluma et s'éteignit plus d'une fois à son commandement suprême; il put satisfaire enfin largement toutes ses ambitions. Certes, il dut être heureux! Heureux?...

Voyez-vous, dans ce cimetière, près d'une tombe cachée par les grandes herbes, cet homme à genoux, dont la tête nue est penchée sur le mausolée en ruines? Cet homme dont le front large semble offrir aux regards comme la trace de la foudre que Milton nous montre sur le front de l'ange déchu; cet homme jeune encore, bien qu'il offre déjà en lui les signes de la décrépitude, cet homme, c'est Ingenuo; Ingenuo, qui a voulu venir mourir sur la tombe de son père...

Longtemps il resta ainsi agenouillé, sans pouvoir répandre une larme, sans pouvoir même prier. Enfin, quand le soir eut étendu sur le cimetière son voile léger de floconneuses vapeurs, Ingenuo fit un mouvement; et un fossoyeur qui passait alors l'entendit murmurer ces mots : « Comme toi, mon père, je meurs seul et désespéré! » Telles furent les dernières paroles d'Ingenuo.

Essayerons-nous de décrire les luttes atroces, les souffrances épouvantables que révèle ce cri suprême? Ce serait raconter l'histoire de tous ceux qui, poussés par leur mauvais destin ou entraînés par les manœuvres des Révérends Pères, sont entrés dans la trop fameuse Compagnie avec une âme sensible et un esprit droit. Tant que l'une ne sera pas ossifiée, tant que l'autre n'aura pas été faussé, d'effroyables déchirements doivent avoir lieu dans le cœur du malheureux qui se voit avec horreur réduire à l'état de cadavre, suivant la terrible expression d'Ignace; véritable cadavre en effet, qui, sous une impulsion étrangère, doit au moment donné se dresser et marcher au milieu des vivants devenus tous des étrangers pour lui, et qu'il doit, s'il le faut pour qu'il touche au but vers lequel il est poussé, fouler aux pieds, froidement écraser, quand même retentiraient parmi les cris des victimes le cri d'une personne qui lui fut chère, la voix de ceux qu'il appelait jadis des doux noms de frère et de père!... Et maintenant, dans ce mort galvanisé, qui doit fatalement parcourir la route qu'on lui a tracée, représentez-vous la flamme de la vie non éteinte, mais ne pouvant annoncer sa présence par aucune étincelle s'échappant au dehors! Voyez-vous cette pauvre âme se débattant dans sa prison, se heurtant avec désespoir contre ses parois glacées, et essayant parfois, mais en vain, d'arrêter ce corps insensible, dont les nerfs refusent de transmettre les émissions de sa volonté; et ne pouvant pas même retenir ce pied qui va broyer une poitrine d'ami, ce bras qui va frapper un innocent?... Cesse tes douloureux combats, pauvre âme; n'essaye plus une lutte désespérée, mais inutile. En vain tu cries à ce cadavre que tu habites : « Arrête, arrête! » Une voix plus puissante lui dit : « Marche, marche! » Et le cadavre poursuit sa route, silencieux, solitaire et terrible, jusqu'à ce qu'il ait accompli sa mission!

Tel fut pendant longtemps le supplice d'Ingenuo. Longtemps il s'indigna en silence des ordres qu'on lui donnait, il fut révolté des actes qu'on lui imposait; longtemps, à chaque injustice, à chaque perfidie, à toute chose honteuse ou criminelle que son Ordre commettait par ses mains, il versa des pleurs amers, des larmes de sang. Puis, peu à peu, son cœur se dessécha et resta vide de toutes les saintes affections de la nature que les Constitutions flétrissent du nom de *désordonnées!* Et alors, à la place du cœur, Ingenuo n'eut plus qu'un morceau de bronze qui ne vibrait que sous les doigts des chefs de l'Ordre.

La sombre livrée qu'il avait revêtue avec tant de craintes et d'angoisses, il devint fier de la porter. N'a-t-on pas vu des assassins se draper orgueilleusement dans leur célébrité infâme comme dans un manteau royal? Désormais Ingenuo n'eut plus d'autres intérêts que ceux de sa Compagnie, — et l'on verra combien ils sont opposés à ceux du reste de la terre; d'autre morale que la sienne, — et nous allons montrer combien elle est dangereuse; d'autres principes que ceux qu'elle a posés : — on sait depuis longtemps que la trop fameuse Société fait consister ses principes à n'en point avoir. Ingenuo ne vit plus enfin dans les hommes que des obstacles ou des instruments; dans les lois, que des choses favorables ou défavorables; dans la religion même, qu'un prétexte ou un moyen; dans le monde entier, qu'un champ de bataille, une vaste proie..... Ingenuo était enfin devenu un Jésuite parfait.

Un Jésuite!...

Le moment est venu de dire ce que c'est qu'un Jésuite. Nous allons le faire sans réticences et sans hésitation ; sans colère, mais aussi sans crainte. Les Jésuites ne nous ont jamais fait ni bien ni mal; nous sommes ainsi placés dans les conditions nécessaires pour un jugement impartial.

Qu'est-ce donc enfin qu'un Jésuite?

Sur les plages lointaines de la Nouvelle-Zélande, de temps à autre on voit une plante parasite naître, on ne sait comment, sur le tronc d'un arbre vigoureux. Cette plante, d'abord petite et modeste de port, croît insensiblement et devient une sorte de vigne flexible qui décore l'arbre nourricier de ses pampres verts et de ses fleurs brillantes. Bientôt, à force de pomper les sucs de l'arbre qui le porte, le parasite, grossit, s'élève et s'étend, jetant de toutes parts ses vrilles innombrables, qui s'acrochent à tout ce qu'elles rencontrent, s'y implantent comme les griffes d'un chat-tigre dans la chair d'une gazelle.

Chacune de ces vrilles puissantes est elle-même un suçoir énergique et dévorant. Aussi, un jour, sous l'insolente végétation du parasite, l'arbre meurt étouffé, à moins qu'une main amie ou une tempête propice ne le délivre de la gigantesque sangsue végétale. Bienheureux encore si par ses plaies béantes il n'a pas perdu les dernières gouttes de sa séve (1).

Le parasite dévorant, d'abord petit et modeste, ensuite oppresseur insolent, c'est la Compagnie de Jésus; l'arbre, son support et sa victime, c'est toute nation au sein de laquelle elle s'implante. Chaque griffe-suçoir, si tenace, si dévorante, c'est un Jésuite.

Il existe six états, ou manières d'être, dans la Compagnie de Jésus avoués par les Constitutions. Nous dirons tout à l'heure qu'il y en a un septième non avoué.

Ces six états sont ainsi classés :

Les NOVICES ; ils se partagent en trois classes : *Novices* destinés au sacerdoce, *Novices* destinés aux emplois temporels, et *Novices indifférents* ou dont la destination n'est pas précisée ;

Les COADJUTEURS TEMPORELS FORMÉS ;

Les SCOLASTIQUES APPROUVÉS ;

Les COADJUTEURS SPIRITUELS FORMÉS ;

Les PROFÈS DES TROIS VOEUX ;

Enfin, les PROFÈS DES QUATRE VOEUX.

Les Novices sont des apprentis-Jésuites ; les Coadjuteurs temporels sont les frères-lais, les domestiques de l'Ordre ; les Scolastiques sont des Novices qui ont prononcé les vœux simples, c'est-à-dire ceux de pauvreté, chasteté et obéissance, mais qui n'ont pas encore prêté le quatrième vœu d'obéissance spéciale au pape. Ceux-là sont destinés à fournir les professeurs nécessaires à la Société. Les Coadjuteurs spirituels, qui ne prononcent aussi que les vœux simples, forment la classe des Prédicateurs et Missionnaires ; c'est aussi parmi eux qu'on prend les Recteurs de colléges, les Procureurs, Administrateurs et Directeurs des Résidences et des Maisons de Probation.

(1) Cette plante parasite n'ayant pas encore été baptisée d'un nom scientifique, nous proposons à nos botanistes de changer son nom vulgaire « *le Rata*, » qui ne signifie rien, en celui de « *le Jésuite*, » qui aurait une signification aussi juste que facile à saisir.

Les Profès des trois vœux ont à peu près le même rang et la même destination que les Coadjuteurs spirituels. Les Profès des quatre vœux ont seuls le droit de s'immiscer dans les affaires secrètes, de faire partie du conclave où l'on nomme le Général de l'Ordre. Les Profès des quatre vœux sont les véritables Jésuites. Les Constitutions leur accordent comme distinction apparente une robe plus longue et le bonnet carré. C'est parmi eux que la Congrégation générale choisit le chef suprême de l'Ordre. Celui-ci est nommé à vie et investi d'un pouvoir absolu, que doivent tempérer et modifier des Assistants, sortes de Ministres qui ne modifient et ne tempèrent rien du tout.

Le Général peut être déposé, disent les Constitutions. Par qui? Par les Assistants, ou par une Congrégation générale. Mais les Assistants sont nommés ou à peu près par le Général, qui d'ailleurs peut les suspendre quand il le veut, et même les chasser de l'Ordre. Ce pouvoir, qu'il tient des Constitutions, ne peut jamais lui être enlevé; car la Société ne doit changer ni modifier les articles essentiels de ses Constitutions; et, par une bulle papale ainsi que par un décret de la septième Congrégation générale, au chef seul de la Société appartient le droit de déterminer quels sont les articles essentiels. Le despotisme du Général des Jésuites est donc aussi grand qu'il est assuré. Des papes ont voulu le limiter et l'amoindrir; ils ont échoué. Des hommes qui en étaient revêtus en ont abusé, entre autres Aquaviva, sans que les opprimés osassent se révolter contre l'oppresseur. L'obéissance aveugle n'est-elle pas la première chose qu'on apprend à celui qui veut être Jésuite? l'obéissance envers son chef, bien entendu!

Au-dessous du Général il y a dans chaque Province de Jésuites un chef qui porte le titre de Provincial : son pouvoir, qui paraît grand, est pourtant fort limité, grâce à un moyen toujours employé par la Société et toujours recommandé et préconisé par ses Lois. Nous voulons parler de la délation. Chaque Provincial, comme du reste chaque Supérieur, a auprès de lui un frère Consulteur, qui n'est autre chose qu'un espion. « Les Consulteurs des Recteurs et des Supérieurs locaux, dit l'*Institutum*, enverront au Provincial, deux fois par an, et au Général une fois, des lettres cachetées. Les Consulteurs des Provinciaux enverront aussi au

Général, deux fois par an, des lettres où, laissant de côté tout respect humain, toute considération particulière, ils détailleront toutes choses, etc. »

Ces lettres sont envoyées en janvier au Général, et en janvier et juillet aux Provinciaux.

En outre, ainsi que nous l'avons déjà dit, chaque Jésuite doit se faire l'espion des autres. Ceux qui se refusent à la délation sont plus sévèrement punis que les coupables ; et les confesseurs la prescrivent comme un cas de conscience. Nul doute que le confessionnal ne soit aussi un des moyens qu'emploie l'inquisition jésuitique. Le Général, suivant les Constitutions, ne peut chasser de l'Ordre un Profès qu'avec l'assentiment du Pape. Mais rien n'est plus facile au Général que d'obtenir cette permission en motivant son arrêt ; d'ailleurs, ces mêmes Constitutions lui donnent le droit d'envoyer chacun de ses subordonnés, même un Profès, dans tel lieu qu'il lui plaira et pour un temps déterminé *ou indéterminé*. Ceci ressemble fort à un exil, et peut-être à quelque chose de pis ; il y a des pays si lointains, où l'air est si malsain, le sol si peuplé de périls, qu'on n'en revient jamais ! Pourtant, il paraît que quelquefois les Pachas de la Société se sont soustraits, du moins pour un certain espace de temps, à la puissance du Sultan de Rome. Cette idée nous est venue en lisant ce passage d'un ouvrage curieux du Père J. Mariana. Ce passage est si édifiant à l'endroit de la Compagnie, justement parce qu'il est écrit par un de ses membres, que nous n'avons su résister au plaisir de le citer en entier.

« Quelque faute, dit Mariana, qu'un des membres de la Société ait commise, pourvu qu'il ait beaucoup d'audace et de ruse, et sache voiler sa conduite, l'affaire en demeure là. Je ne parle pas *des crimes les plus grossiers* dont on pourrait faire un *dénombrement assez grand*, et qu'on *dissimule*, sous prétexte qu'il n'y a pas de preuves suffisantes, *ou de peur que cela ne fasse du bruit et ne nuise à l'Ordre*. Car il semble que tout notre gouvernement n'ait d'autre but que de cacher les fautes, comme si, malgré ces cendres vaines, la présence du feu ne devait pas tôt ou tard se trahir au moins par de la fumée. Si l'on sévit, c'est sur de pauvres hères qui n'ont ni force en eux-mêmes *ni appui extérieur; nous en avons assez d'exemples. Les autres* feront de très-grands maux sans qu'on touche seulement à leur robe. Un Provincial ou même un Recteur renversera tout, violera les règles et les Constitutions; tout le châtiment qu'il peut s'attirer après quelques années, c'est qu'on lui ôte sa charge; et encore, *le plus souvent on rendra sa condition meilleure.* Connaît-on quelque supérieur qui ait été puni pour ces sortes d'excès? Pour moi, je n'en ai aucune connaissance.... *Parmi nous les bons sont affligés et même* MIS A MORT, *sans cause ou pour des causes très-légères, parce qu'on est assuré qu'ils ne résisteront pas. On en pourrait rapporter plusieurs exemples fort tristes. Quant aux méchants, on les supporte parce qu'on les craint!* (1) »

Ne voilà-t-il pas un précieux tableau de cette Société que l'on nous a représentée comme si unie, comme si bien gouvernée? et ce tableau c'est un de ses membres qui l'a tracé.

Au reste, peu nous importe que la Société de Jésus se déchire de ses propres mains; ou plutôt béni soit Dieu si elle se déchire elle-même! Quand les loups se dévorent les uns les autres, les forêts sont moins dangereuses. Quelques mots à présent sur les principes et la morale des Jésuites, quoiqu'à vrai dire les faits que nous allons raconter suffiraient à eux seuls pour faire juger de ces principes et de cette morale.

Les Jésuites, dans ce qu'on peut appeler leur charte et leur code, laissent déjà deviner, soit par le texte principal lui-même, soit par les notes du texte surtout, qu'ils ne doivent guère tenir compte ni de la loi civile, ni même de la loi religieuse; qu'ils attachent à l'idée du juste ou de l'injuste une signification, ou plutôt des significations toutes différentes de celles qu'en ont les autres hommes. L'*Institutum* ordonne aux membres divers de la Société de Jésus de se consacrer entièrement aux intérêts de cette Société; mais c'est encore avec une certaine pudeur que ces règles étranges sont établies. Les *Monita secreta*, ou instructions secrètes des Jésuites, disent franchement qu'il ne faut reculer devant aucun moyen pour obtenir ce qui est utile à la Compagnie, ou pour détourner ce qui lui serait nuisible (2).

(1) *Des maladies de la Société de Jésus*, par le Père Jean Mariana.
(2) Voyez les *Monita secreta* ou Instructions secrètes de la Compagnie de Jésus.

Nous citerons au hasard quelques-unes des prescriptions renfermées dans les *Monita secreta* :

« Il ne faudra pas que les nôtres, lorsqu'ils viennent de s'établir, achètent quelques biens, ou s'ils le font, que ce soit par des prête-noms fidèles, afin que notre pauvreté paraisse au grand jour. Ces biens, s'ils sont voisins de l'établissement, devront être assignés par le Provincial à des établissements éloignés ; cela devant aussi empêcher les princes et les magistrats de s'assurer des revenus de la Société. »

« Il faut tirer toujours des veuves le plus d'argent que faire se pourra. On leur parlera incessamment de nos besoins. »

« Le Provincial seul saura ce que chaque province possède. Le Général seul ce que contient le trésor de Rome : pour tous les autres que ce soit un mystère sacré ! »

« On gagnera surtout les princesses et grandes dames par les femmes de leur service, dont on recherchera l'amitié de toutes manières ; car par elles on aura entrée dans la famille, même pour les choses les plus cachées. »

« Il faut gagner surtout les favoris des princes et leurs domestiques, par des présents, etc. »

« Il sera à propos de prendre de l'argent de quelques personnes à intérêt annuel, et de le placer ensuite à plus gros intérêts... La Compagnie pourra négocier aussi avec utilité sous le nom des marchands riches qui nous seront liés. »

« Que les nôtres aient dans chaque lieu où ils s'établiront un médecin fidèle à la Compagnie, qu'ils recommanderont auprès des malades et exalteront par-dessus les autres. Ce médecin, à son tour, recommandera les nôtres par-dessus les autres religieux, et nous fera appeler de préférence au lit du malade. »

« Que l'on apprenne aux femmes qui se plaindront des vices de leurs maris qu'elles peuvent leur soutirer en secret de l'argent, qu'elles offriront à Dieu pour l'expiation des péchés de leurs époux. »

Après avoir dit qu'il faut chasser de la Compagnie ceux qui ne voudront pas faire tout ce qui peut lui être utile, quand même ce serait une action honteuse ou criminelle, les *Monita secreta* ajoutent :

« Comme ceux que l'on aura chassés de la Société sont instruits de quelques secrets, et qu'ils peuvent nuire, il faudra s'opposer à leurs efforts de cette façon : on leur fera jurer, avant leur sortie, qu'ils ne diront ni n'écriront rien de désavantageux pour la Société. On leur en fera écrire et signer la promesse. Cependant leurs anciens Supérieurs auront gardé par écrit leurs inclinations mauvaises, leurs défauts et vices, qu'ils auront découverts et confessés, suivant la coutume de la Compagnie. On se servira de tout ceci auprès des princes et des prélats pour leur nuire. »

« Il faut attirer les jeunes gens à la Compagnie par des présents, des flatteries, par des exhortations, par des menaces de l'enfer et de la damnation éternelle, etc. »

« Si quelqu'un de nos confesseurs reçoit d'une personne étrangère l'aveu d'une faute honteuse commise avec une personne de la Société, il n'accordera l'absolution que lorsqu'on aura nommé le complice. »

« Si deux membres de la Société pèchent charnellement entre eux, celui qui avouera le péché restera dans notre Société, dont l'autre sera renvoyé, etc. »

« Si quelqu'un des nôtres a une espérance certaine d'obtenir un évêché ou toute autre dignité ecclésiastique, outre les vœux ordinaires de la Société, *on le forcera* d'en prêter un autre, à savoir qu'il pensera et parlera toujours bien de l'Ordre, qu'il n'aura pour confesseur qu'un membre de la Société de Jésus; en un mot qu'il ne prendra aucune résolution importante en quoi que ce soit sans avoir pris conseil de la Compagnie. »

« Les confesseurs et prédicateurs prendront garde de se mettre mal avec les religieuses... Ils tâcheront, au contraire, de gagner l'amitié des abbesses et supérieures, qui leur procureront le moyen de recevoir au moins les confessions des sœurs... Ces abbesses, riches et nobles ordinairement, peuvent, tant par elles-mêmes que par leurs parents et amis, être très-utiles à la Société. Ainsi, par cet intermédiaire, on ferait peu à peu connaissance et amitié avec les principaux des villes. »

« Il ne sera pas peu avantageux pour nous d'entretenir secrètement et prudemment les divisions et querelles qui peuvent exister entre les princes et les grands, même si cette manœuvre devait causer la ruine des deux partis. »

« Il faudra aspirer aux prélatures, abbayes, canonicats et simples cures ; même au siége apostolique, surtout si le pape devenait prince temporel de tous les biens. C'est pourquoi, il faut par tous les moyens étendre, mais prudemment et secrètement, le pouvoir temporel de la Société. »

« Que s'il n'y a pas d'espoir d'arriver à ce but, et lorsqu'il est impossible d'empêcher le scandale, il faudra changer de politique suivant l'époque, et exciter les princes, par le moyen des nôtres qui se sont insinués près d'eux, à se faire la guerre. Par là on en appellera à notre Compagnie, comme au pouvoir qui peut balancer les autres, les modérer, les réconcilier et faire jouir du bienfait de la paix ; par là aussi la Société se verra du moins récompensée en riches bénéfices et grandes dignités.... »

La conclusion des *Monita secreta* nous a surtout paru sublime.

« Enfin... la Société fera tous ses efforts pour inspirer la terreur à ceux qui n'auront pas voulu lui accorder leur affection. »

Nous savons bien que les Jésuites s'inscrivent en faux contre les *Monita secreta* ; mais nous allons maintenant donner quelques autres citations de livres sur lesquels ils ne peuvent élever aucune chicane, ces livres ayant été écrits par leurs plus célèbres Pères.

Et d'abord qu'on fasse bien attention à cet article des lois de la Société :

« Nul membre de la Compagnie de Jésus ne peut publier un ouvrage qu'après l'avoir préalablement soumis à trois examinateurs au moins, délégués par le Général. »

Donc tout ouvrage publié par un membre de la Compagnie est avoué et adopté par elle si l'auteur n'en est pas renvoyé, punition qu'il aurait encourue en ne se soumettant pas à la censure établie par le code jésuitique. Donc les Jésuites ne peuvent pas se débarrasser, comme ils l'ont souvent essayé, d'un importun ou dangereux fardeau, en le jetant sur les épaules d'un seul membre de l'Ordre. Il est important de bien se pénétrer de ceci.

Les échantillons que nous allons donner de la morale des bons Pères, nous les avons recueillis dans les ouvrages de leurs plus célèbres casuistes. On a dit des casuistes en général, que c'étaient des avocats spirituels qui apprenaient à leurs clients la science de chicaner avec Dieu ; le lecteur verra que les casuistes Jésuites enseignent, eux, le moyen de se moquer de Dieu comme des hommes. Grâce à leur morale en effet, on peut violer la loi religieuse, comme la loi civile, les commandements divins, comme les principes naturels, et cela, sans remords. Nous pourrions en donner une foule d'exemples. En voici quelques-uns.

LES JÉSUITES EXCUSENT LE VOL.

Cela résulte évidemment de la doctrine professée par les PP. Lessius, Bauny, Amicus, Escobar, etc. « Les serviteurs ne font pas un péché mortel en dérobant à leurs maîtres ce qui se boit et ce qui se mange, pourvu qu'ils consomment eux-mêmes ce qu'ils ont dérobé. Un religieux ne pèche pas en prenant *ce qu'il croit* que son Supérieur lui aurait donné (1). » Quelle latitude accordée aux mauvaises natures !

« Un fils employé par son père peut prendre ce que le père lui refuse (2). »

« Un cabaretier peut mêler de l'eau à son vin, pourvu qu'alors le prix soit celui qui est juste. »

« Un tailleur en achetant du drap pour quelqu'un peut retenir à son profit l'argent du bon marché. »

« Un boucher peut vendre à faux poids, si le prix de la viande est mal fixé (3). »

« Un courtisan qui est en faveur auprès du chef de l'état peut acheter une dette à bas prix, alors qu'il sait qu'il se la fera payer en entier (4). »

Tout cela est-il concluant ? Il est vrai qu'un des casuistes cités termine en disant « que ces choses ne doivent pas être dites à tous à cause du danger. » Aveu tardif ! ou plutôt aveu précieux, en ce sens qu'il démontre

---

(1) Lessius, *De just. et jur. lib.* livre 2, pag. 118.
(2) Escobar, T. 1. Examen 10, pag. 138. Le Père Bauny est du même avis.
(3) Amicus, *De just. et jure disp.*
(4) Filliutius, T. 2, traité 35, pag. 457.

jusqu'à la dernière évidence que les Jésuites eux-mêmes, honteux de leur morale, ne la regardent que comme un moyen qu'ils doivent seuls employer, eux ou leurs créatures!

LES JÉSUITES EXCUSENT LES VICES ET LA DÉBAUCHE.

« Il n'y a pas péché à dire en soi : Si l'adultère n'était pas un péché, je le commettrais (1). » Filliutius ajoute même que ceci s'étend jusqu'aux religieux.

« Il n'y a pas péché grave à boire et manger jusqu'à vomir, même avec l'intention de commettre le péché (2). » D'autres casuistes professent que l'on peut s'enivrer journellement si cela est nécessaire à la santé ; mais, ce qui est plus grave et ce qui se trouve en complet désaccord avec nos lois, c'est que les Jésuites prétendent *que les suites de l'ivrognerie ne sont pas péché !...* Quoi ! votre absolution est acquise à l'assassin parce qu'il était ivre en commettant son crime ? Mais nous verrons tout à l'heure cette absolution accordée à des meurtriers qui n'auront même pas l'excuse de l'ivresse.

« Dire ou écouter des *saletés*, en conversation ou par curiosité ; montrer son corps nu ou regarder une autre personne à l'état de nature; aller gorge et cuisses découvertes, tout cela est péché véniel, même lorsqu'il y a différence de sexe, pourvu qu'on soit éloigné, et qu'on ne regarde que peu de temps (3). »

« Les fiancés, suivant Escobar, peuvent s'attoucher lubriquement pourvu qu'il n'y ait point fornication complète. « Sanchez ajoute même que cette restriction n'est pas de règle, pourvu que l'action ait quelque excuse, comme, par exemple, de la part du fiancé, le désir de prouver *qu'il n'est pas d'une humeur maussade !* »

Suivant le Père Bauny, « il n'est indispensable de séparer les maîtres et les servantes, les cousins et cousines qui habitent ensemble et qui pèchent charnellement, que lorsque le péché se commet journelle-

(1) Emm. Sa. *Verum peccatum*, pag. 560.
(2) Escobar dans son *Traité*. 2ᵐᵉ Examen, pag. 298.
(3) Filliutius, *Traité des mœurs*. T. 11, c. 10, pag. 325. Ce casuiste ayant dit qu'on pécherait si on regardait ou si on se découvrait les parties sexuelles, Escobar le redresse et dit que cette exception n'est pas *absolument nécessaire*.

ment ; mais s'il n'a lieu que par intervalles comme une ou deux fois par mois, et que d'ailleurs les pécheurs ne puissent se séparer sans grande incommodité, on doit les absoudre. »

« Il est permis, dit Molina (dans son livre *Des choses qu'on peut faire justement*), de louer une maison à des femmes publiques, même lorsqu'on sait l'usage qu'on doit faire de la chose louée. » C'est aussi l'opinion soutenue par Escobar. Sanchez et Emmanuel Sa (ce dernier dans ses *Aphorismes de la confession*) soutiennent, d'après Ledesma, qu'on peut sans péché servir une concubine ou lui aider, comme à préparer le lit, etc. Tout ceci est ridicule ou dégoûtant. Mais voici qui devient infâme :

« Un fils peut, sans péché, rendre des services à la concubine de son père ; une fille peut préparer la couche de la maîtresse de son père (1) ! » Sans doute la même chose existe pour l'amant de sa mère?... N'est-ce pas hideux? Et quelle vergogne reste à ceux qui professent une pareille morale et qui osent en écrire les abominables préceptes?

LES JÉSUITES PRÊCHENT LE MÉPRIS DES LOIS.

« Un juge peut recevoir de l'argent d'un individu qui comparaît ou doit comparaître devant son tribunal ; et s'il court quelque danger en faisant ce qu'on lui a demandé, il n'est même pas tenu à restitution (2). » Est-ce clair? Escobar va pourtant plus loin, comme toujours, et dit franchement qu'un juge qui a reçu de l'argent pour qu'il soit favorable à une des parties ne pèche pas contre la justice. Comment, après cela, un magistrat ose-t-il se montrer favorable aux Jésuites? Nous aimons à croire que le membre du parquet qui portait la parole dans un procès récent (l'affaire Affnaër) n'a jamais lu Escobar.

Emm. Sa professe « qu'un Religieux ne peut pas être puni pour avoir fait un faux témoignage devant un juge séculier. »

Le Père Bauny (chapitre 15, page 201, de son livre) pose cette question :

(1) Hurtado, *apud Diana*, partie 5, pag. 435.
(2) Layman, Traité 4. livre 8.

« A mon instigation, un soldat brûle la grange de mon voisin, tue mon ennemi, ou commet toute autre action préjudiciable à quelqu'un. Le soldat doit une réparation (1) ; mais il ne peut la donner. Suis-je tenu de réparer le mal qu'il a causé ? Je réponds : « Non ! » car ce qu'il a fait, il l'a fait pour m'obliger ; mais rien ne l'y forçait que sa bonne volonté, sa douceur (la douceur d'un meurtrier et d'un incendiaire !) et sa facilité d'esprit ! Moi je l'ai prié de faire cela, comme on demande une faveur, etc. »

Sanchez dit tout simplement dans le chapitre xvi de son premier livre « que celui qui sait qu'une action est un crime, mais qui ignore qu'en la commandant on commette un péché, celui-là est excusable et doit être excusé ! »

LES JÉSUITES NE RESPECTENT PAS PLUS LA LOI RELIGIEUSE.

Voici un merveilleux raisonnement de Filliutius :

« Les ecclésiastiques ne pèchent pas en allant aux spectacles, lorsque leur présence n'y cause pas de scandale. Or, et d'après Sanchez, ajoute le casuiste, le scandale n'arrive jamais de notre temps, parce qu'on est accoutumé à les y voir aller très-souvent. Donc les ecclésiastiques ne pèchent pas en allant aux spectacles. »

C'est aussi notre opinion ; mais est-ce celle de monseigneur l'archevêque de Paris ? Nous en doutons vraiment, et pourtant monseigneur est, dit-on, l'ami des Révérends Pères. Escobar dit « qu'il n'y a pas grand mal à ce que les femmes et même les religieuses donnent beaucoup d'attention à leur toilette. » Nous sommes assez disposés à penser comme lui ; mais lorsqu'il prétend avec Sanchez « qu'il n'y a que péché véniel à prêcher, célébrer la messe, administrer les sacrements, par vaine gloire, » lorsque quelque autre de ses confrères ajoute encore « qu'un prêtre peut célébrer la messe en sortant des bras d'une courtisane, » nous nous demandons ce que c'est que la religion suivant les Jésuites, et ce qu'ils y voient de saint et de sacré ?

---

(1) Nous avons vu pourtant tout à l'heure qu'un juge qui a reçu de l'argent pour rendre un arrêt injuste n'est pas même soumis à la restitution. C'est que, peut-être, les *hommes noirs* sentaient qu'il leur fallait ménager un juge plus qu'un soldat.

Suivant Escobar, on satisfait à l'obligation d'ouïr la messe même lorsqu'on ne va à l'église que pour regarder les femmes avec un désir impur !

Le Jésuite Mascarenhas, dans un livre approuvé par son Général et adopté par tout son Ordre, dit « que tout le monde peut communier le jour où l'on s'est souillé, et que, bien loin d'y mettre obstacle, il faut exhorter à le faire, quoique l'Église le défende. » Et il étend cette règle jusqu'aux prêtres.

Bauny, d'après Sancius, est d'avis qu'un prêtre peut célébrer la messe le jour même où il s'est souillé d'un crime et des plus grands !

Filliutius déclare que celui qui s'est fatigué à quelque chose comme *à poursuivre une fille* n'est nullement tenu de jeûner.

Le P. Annat proclame que celui qui n'a aucune pensée de Dieu ni de ses péchés n'est pas coupable en péchant.

D'après le P. Bauny, le confesseur doit absoudre, quand même il serait à présumer que le repentir n'est qu'au bout des lèvres, et qu'on ne doit pas même refuser l'absolution à ceux qui sont dans des péchés d'habitude contre la loi de Dieu, de nature et de l'Église, quoiqu'on n'y voie aucune espèce d'amendement, et lors même que le pénitent avouerait que c'est l'espoir de l'absolution qui a fait commettre le péché. Le P. Caussin, amplifiant là-dessus, dit que « sans cela le confessionnal resterait désert et que le pécheur n'aurait plus d'autre ressource qu'une branche d'arbre et une corde. »

On sait quel parti les Jésuites ont toujours tiré de la confession, et on voit dans quel dessein leurs confesseurs sont de si facile composition avec le pénitent !

Voici encore un exemple éclatant de la manière dont les Révérends Pères savent dénouer les liens de la discipline religieuse, que nous trouvons dans la *Pratique selon l'école de la Société de Jésus.*

Les canons ecclésiastiques prononcent la peine d'excommunication contre tout religieux qui, sans permission expresse, quitte les habits de son Ordre. Cependant les Jésuites lèvent la défense en disant qu'un religieux peut le faire lorsqu'il a pour motif une chose honteuse ; comme *s'il va filouter*, ou *s'il se rend incognito dans un lieu de débauches*, avec l'intention de reprendre bientôt sa robe !...

N'y a-t-il pas là de quoi souiller l'âme la plus pure?

La religion du Christ est surtout une religion d'amour :

« Aimez Dieu de tout votre cœur, de toute votre âme, de toutes vos forces, et votre prochain comme vous-même; voilà toute ma loi ! »

A ces paroles sublimes voici ce qu'opposent ceux qui s'appellent pourtant les Compagnons de Jésus :

« Je crois qu'il n'y a que péché véniel à ne pas aimer le prochain (1). »

Escobar, toujours plus tranchant, décide tout bonnement qu'on peut haïr quelqu'un de tout son cœur sans commettre un bien grand péché!

Emmanuel Sa ajoute à ceci qu'on peut désirer la mort d'un ennemi, pourvu que ce soit pour éviter le mal qu'il peut vous faire. Nous voici bien loin de la morale du Christ et de celle de saint Augustin, qui a dit : « Aimez, et puis faites ce que vous voudrez (*Dilige et fac quod vis!*) »

Disons, en passant, que les Jésuites se sont toujours montrés les adversaires du célèbre et saint évêque d'Hippone.

Si les Jésuites prêchent si peu l'amour du prochain, en revanche, ils ne s'occupent guère de l'amour qu'on doit avoir pour Dieu lui-même. A cette question : Quand devons-nous aimer Dieu? — Une fois par an, répond Hurtado de Mendoza. — Tous les trois ou quatre ans, dit le père Coninch. — Tous les cinq ans, dit Henriquez. — Les jours de fête, assurent ceux-ci. — A la mort seulement, reprennent ceux-là, Suarez à leur tête!

Certes, le Dieu des Jésuites est un père bien indulgent ou bien indifférent pour ses enfants!

Nous avons gardé pour dernier trait quelque chose de vraiment effroyable :

Suivant Emm. Sa, Escobar, et leurs lugubres confrères, un frère peut désirer la mort de son frère, un fils la mort de son père, comme ils peuvent se réjouir de leur mort, si l'espoir et la joie ont pour cause

---

(1) Le Père Bauny en sa *Somme*, chap. 7, pag. 81.

non pas la mort elle-même, mais l'héritage qui en est la suite! Que peut-on dire de plus? Ceci encore peut-être : Une mère (une mère!) peut désirer la mort de sa fille, si l'enfant est cause que son mari la maltraite, ou seulement si la mère ne peut espérer de la marier, à cause de ses imperfections de corps ou d'esprit (1)!...

Enfin, — et c'est dignement conclure! — Étienne Fagundez, dans son *Traité sur les commandements de Dieu* (t. I, liv. I, chap. xxxvi), ordonne aux enfants chrétiens d'accuser leurs pères du crime d'hérésie, quand même ils sauraient que pour cela ceux-ci seront mis à mort et brûlés vifs!...

Arrêtons-nous, arrêtons-nous ici!

Les Jésuites autorisent le duel, et permettent même le meurtre.

Cette proposition doit pleinement ressortir de ce qui va suivre :

Le duel est chose permise, dit Filliutius (tome XI), en tant qu'il a lieu pour défendre l'honneur. Suivant Escobar, un gentilhomme peut accepter un duel, si en le refusant il courait risque de perdre l'honneur *ou quelque charge!* Quant au meurtre permis, autorisé, ordonné presque, les autorités jésuitiques abondent; nombreux sont les casuistes de la Compagnie, qui admettent le meurtre comme un simple accident, comme un acte légitime parfois!... Escobar, en les résumant tous, dit qu'on peut tuer *quiconque* va vous nuire, à vous ou aux vôtres, pense à vous nuire, ou seulement semble disposé à vous nuire. Et cette permission de tuer ainsi est accordée même aux religieux!

Vous doutez de ce que nous avançons; eh bien, lisez! Nous copions :

« Une femme de basse condition se vante d'avoir couché avec un religieux; celui-ci (un religieux!) peut la tuer, dit Caramuelfand, cela étant. »

Le *cela étant* nous paraît prodigieux surtout!

« Il est permis à un religieux (toujours un religieux!) de tuer un

---

(1) Le même, dans l'ouvrage déjà cité, chap. vi, pag. 46.

calomniateur qui menace de produire de grands crimes contre lui ou sa religion; cela lui est permis surtout lorsqu'il n'a aucun autre moyen de se défendre, comme en effet il n'y en a pas d'autre, si l'accusateur est prêt à formuler et à soutenir son accusation publiquement et devant les autorités, à moins qu'on ne le tue sans lui en donner le temps. »

Et dans quel ouvrage croyez-vous que nous ayons puisé cette citation? Dans l'ouvrage d'un Jésuite qui fait autorité parmi les bons Pères (1). Le même auteur ajoute plus loin « Que la charité fait un devoir au religieux de ce meurtre, si son infamie doit être suivie de celle de tout son Ordre!... »

Le Jésuite Amicus dépasse Escobar, cette fois :

« Un religieux, dit-il, peut et doit tuer l'homme capable de nuire à lui ou à sa Religion, seulement s'il croit que cet homme en a l'intention ! »

Selon Molina, on peut tuer un homme pour sept écus, encore qu'il s'enfuie. Tannerus, Escobar, Bécan, Réginaldus, étendent ce privilége aux ecclésiastiques.

Le meurtre, enfin, paraît aux moralistes de la Compagnie une chose si simple, que Layman affirme que si on a promis dix écus à un meurtrier pour qu'il tue quelqu'un, il faut les lui payer sans en rabattre un denier; mais seulement après qu'il aura exécuté les conditions du marché qui lui ont été imposées!...

Et pensez à tous ceux que vous pouvez ainsi tuer ou faire tuer : *quiconque*, vous dit Escobar ! QUICONQUE ! !

Quoi donc ! même un frère, même un père? Et à cette question, qu'on ne peut faire qu'en frémissant d'horreur, le Jésuite vous répond avec ses professeurs de morale Busembaum et Discastillus :

« Oui, même un frère, même un père. »

Citons, sans quoi on ne nous croirait pas, peut-être :

« Est-il permis à un fils de tuer son père, lorsque celui-ci est proscrit? — Un grand nombre d'auteurs (de la Compagnie de Jésus, bien entendu !) soutiennent qu'il le peut, si ce père est nuisible à la Société.

---

(1) AMICUS, *De just. et jure disp.* 36, sect. 5.

Et je suis du sentiment de ces auteurs. » Ainsi s'exprime le père Discastillus, dans son livre qui, par une effroyable ironie sans doute, porte pour titre : *De la justice et du droit.*

Et ce monstrueux autel élevé au meurtre, Molina vient le couronner dignement. Il veut qu'on ne soit pas même arrêté par la crainte que l'homme qu'on va frapper soit alors en état de péché mortel, et, partant, doive être damné (1) !

Maintenant est-il besoin de dire comment les Jésuites regardent la vanité, l'hypocrisie, la calomnie, le mépris même de Dieu ? Suivant Escobar, ce n'est qu'un péché véniel *de se vanter d'un crime énorme,* pourvu qu'il n'y ait pas scandale. L'hypocrisie, dit le même, est un péché véniel.

En vérité, mon Père, nous ne pensions pas que vous en diriez autant ; et ne découvrez-vous pas ainsi un des secrets du métier ?

Quant à la calomnie, non-seulement les Jésuites l'excusent, mais encore ils la recommandent, si elle est employée comme défense pour vous et les vôtres, quand vous et les vôtres appartenez à un Ordre religieux ! Pour ce qui est du mépris de Dieu, que nous reprochons aux Révérends Pères de prêcher dans leurs livres, il nous semble que le lecteur sera de notre avis, en lisant dans Escobar, entre autres :

« Qu'on ne méprise Dieu que lorsqu'on croit tenir de soi-même ce qui nous vient seulement de Dieu ; » — qui peut croire cela ? « lorsqu'on veut le faire croire aux autres ; » — mais les autres seraient par trop crédules ! « Quand on souhaite de les devoir non à Dieu, mais à soi-même. » — Voyez donc le beau désir ! « Lorsque enfin on est fâché de l'avoir reçu de Dieu. » — En vérité ?

Ceci excepté, on ne peut mépriser Dieu suivant les Jésuites : et l'on voit que les exceptions sont bien peu de chose, et qu'il reste encore beau champ aux libres allures du mépris de Dieu !...

Devons-nous parler des RESTRICTIONS MENTALES ?

C'est un sujet déjà bien usé ; tout le monde sait quel est le talent des Jésuites pour faire du jour la nuit, pour paraître avoir dit blanc,

---

(1) Voyez l'ouvrage de MOLINA. Tr. 3. D. 13. N. 1, pag. 1762.

lorsqu'ils ont dit noir. D'Emmanuel Sa, qui nous apprend que des serments comme ceux-ci : « Sur ma conscience, sur ma foi d'honnête homme, de chrétien, » ne lient aucunement, au Père Moullet, qui dans notre siècle a osé dire : « Qu'il regarde *comme probable* qu'un homme qui a séduit une vierge n'est tenu à aucune réparation, si le crime est resté absolument secret (1) ; » depuis Sanchez, qui a trouvé moyen d'escamoter la conscience, jusqu'au Père Loriquet, qui a bien tenté d'escamoter l'empereur Napoléon (2), les choses n'ont pas changé dans la trop fameuse Compagnie. On peut donc croire qu'aujourd'hui comme jadis, les Jésuites professent :

Avec Sanchez, « que le serment n'oblige pas, si en le prêtant on n'avait pas l'intention de le tenir ; que d'ailleurs pour qu'il n'oblige pas on n'a qu'à ajouter après les mots : « Je jure que je ferai cela, » ceux-ci : « Si j'y suis obligé dans mon serment (3) ! »

Avec Tambourin, « que l'on n'est pas obligé par le serment, *si on doute* seulement qu'en le prêtant on ait eu l'intention de s'obliger. »

Avec presque tous les écrivains de la Compagnie, « que l'on peut mentir même à son confesseur, en répondant tout haut à sa question : qu'on n'a pas commis le péché dont il parle ! Et en ajoutant tout bas : *aujourd'hui,* » etc., etc.

Les casuistes de la Société donnent même une recette pour que le pénitent n'ait pas trop à rougir devant son confesseur, et sans doute aussi pour que la pénitence soit légère et qu'elle ne le dégoûte pas du

---

(1) Voyez le *Compendium* à l'usage des Séminaires, par l'abbé Moullet. Strasbourg, 1843.

(2) Tout le monde sait que ce brave Jésuite avait fait, sous la restauration, pour Monseigneur le duc de Bordeaux une histoire de France où, entre autres faits singulièrement travestis, on voyait *le lieutenant-général marquis de Buonaparte* commander de 1795 à 1814 les armées de sa majesté Louis XVIII. Les Jésuites nient le fait, et maintenant on ne peut le prouver ; le dernier exemplaire de l'édition où se trouvait cette burlesque parodie de la grande épopée impériale a disparu de la Bibliothèque royale, *on ne sait par quel hasard*. Le Père Loriquet vient de mourir à Saint-Acheul (avril 1845). Que la terre lui soit légère, quoique bien lourde ait été pour notre jeune mémoire son livre de l'histoire de France, qui nous fut imposé jadis au collége.

(3) Sanchez, *Op. morb.* livre III, pag. 49. Un chapitre presque entier de ce livre est consacré à des formules de semblables serments qui n'obligent pas suivant l'auteur.

confessionnal. Cette recette, qui nous semble merveilleuse, consiste à se choisir deux confesseurs, à chacun desquels on ne dira que la moitié de ses péchés!...

Ici se place naturellement une histoire de confession qui nous a paru mériter la peine d'être recueillie. Ce sont les Révérends Pères qui l'ont publiée; et un d'entre eux, celui-là même qui joue dans l'histoire le rôle du confesseur-escamoteur, en fit, dans le temps, l'objet d'une *conférence* aux religieuses de la Visitation de la rue Saint-Antoine, à Paris. Voici l'histoire :

Un homme de haut rang, qui avait fort scandalisé son prochain par le spectacle de ses débauches sardanapalesques, était à l'article de la mort, et déclarait vouloir mourir comme il avait vécu. On avait vainement essayé de l'amener au moins au repentir final. Le moribond, fort honnête homme d'ailleurs, jurait aussi haut qu'il le pouvait à tous ceux qui lui parlaient de pénitence et de confession qu'il voulait trépasser entre les bras de ses maîtresses et le front couronné de roses ; en vain sa famille lui avait-elle dépêché les moines les plus experts dénicheurs de consciences timorées et les plus illustres prélats, les plus galants abbés et les plus saints prêtres ; rien n'y faisait. Un confesseur Jésuite alors se présente : le mourant lui tourne le dos à la première vue.

— Eh! mon fils, dit le bon père, je viens seulement pour vous distraire et non pour vous confesser. Ne voulez-vous pas causer un instant avec moi?

— Causer, mon Révérend? si fait. J'y consens volontiers.

— Causons donc! c'est tout ce que je demande. Quant à votre confession, je m'en soucie bien vraiment!...

Et voilà le Jésuite et le pécheur endurci qui se mettent à parler de la ville et de la cour, du beau temps et de la pluie. Tout en causant, notre Jésuite, d'un ton badin, demande au grand seigneur mourant s'il ne voudrait pas échanger, à cette heure, la masse de ses péchés contre un nombre égal de bonnes œuvres.

— Si parbleu! répond le grand seigneur en riant; j'ai même toujours désiré être un saint; mais je n'ai jamais eu le courage d'essayer de la sainteté.

— Eh bien! mon fils, le troc dont je parle, je vous le propose.

— Comment? vous voulez?...

— Que vous arriviez dans l'autre monde avec ma petite provision de bonnes œuvres!

— Et que je laisse dans celui-ci mon lourd bagage de péchés sur vos épaules? Oh! ce serait admirable!

— Essayez-en, mon fils!

— Essayons-en, mon père!

Sur ce, le mourant frappe en riant aux éclats, et en signe de marché conclu, dans la main du confesseur, qui lui donne l'absolution et bientôt se retire. Quelques minutes après, le moribond, qui rit toujours, voit revenir le bon Père près de son lit.

— A propos, dit ce dernier, j'ai pris vos péchés, c'est une affaire terminée. Mais, comme je ne veux pas les garder, il faut que vous m'en donniez fidèlement le compte, pour que je m'en puisse décharger.

— Ceci est trop juste, mon Révérend, répond le grand seigneur, qui commence à défiler un gigantesque chapelet de péchés, dont le moindre grain était bien capable de faire enfoncer une âme jusqu'au fond de l'éternel abîme. A chaque révélation, le confesseur remuait les épaules d'un air dolent, et le pénitent riait d'un meilleur cœur.

Quand la confession fut enfin terminée, le Jésuite administra le viatique au grand seigneur, qui mourut bientôt fort gaiement, sinon très-saintement; mais qui n'en fut pas moins bien reçu dans le ciel, ainsi qu'il revint l'apprendre au révérend Père, grâce aux mérites de ce dernier, dont il avait été regardé comme légitime porteur; ce fut du moins ce qu'assura le Jésuite dans un sermon qu'il prêcha à l'occasion de cette étonnante conversion, laquelle fit un honneur infini à la Compagnie, et à bon droit! Un de ses membres avait pu faire ce à quoi avaient renoncé moines et prélats; à savoir, escamoter une confession à un pécheur endurci, une âme à Satan, et une entrée du ciel à saint Pierre..... (1)

N'avons-nous pas déjà dit que les Jésuites savaient tirer un excellent

(1) Voyez dans la *Morale pratique* d'Arnaud les détails de cette singulière conversion et les preuves de la vérité de cette burlesque histoire.

Les flagellants de Coimbre.

parti de la confession? Mais ce qui nous paraît le comble de l'habileté, c'est qu'ils ont su tirer parfois un non moins grand profit de leur confession à eux-mêmes, et d'une confession publique encore! En voici un exemple :

Dès l'année 1552, c'est-à-dire dès les premiers temps de l'Ordre, les Jésuites se virent riches et puissants au Portugal. C'était sans doute pour obtenir ce résultat que Rodriguez était resté dans ce royaume, au lieu de suivre François Xavier dans sa mission des Indes. Quoi qu'il en soit, et les Jésuites eux-mêmes l'avouent, la richesse et le pouvoir avaient tellement agi sur les bons Pères, qu'ils avaient, comme dit un de leurs modernes historiens, laissé arracher de leurs cœurs cette fleur de piété qui les avait ornés d'abord; c'est-à-dire en d'autres termes que les Jésuites de Portugal, et notamment ceux du collége de Coïmbre, se livraient avec abandon à toutes les joies mondaines. Le scandale était assez grand pour mettre en danger l'existence de la Société si nouvellement établie. Rodriguez est destitué; un autre Provincial le remplace; le père Godin est nommé Recteur du collége de Coïmbre. Cependant ces changements ne suffisent pas; l'opinion publique s'est tournée contre les bons Pères, il faut, par un grand coup, lui donner une autre direction. Sans doute Emmanuel Godin se rappela le succès qu'avait obtenu le fondateur de son Ordre par ses étrangetés.

Donc, un beau matin, au son des cloches lugubrement ébranlées de l'église des Jésuites, la ville de Coïmbre étonnée vit passer dans ses rues une procession d'hommes de tout âge, nus jusqu'à la ceinture, et armés de disciplines. A chaque carrefour, sur chaque place, le chef de la procession donnait un signal, et aussitôt les disciplines s'élevaient, sifflaient et retombaient sur des épaules ensanglantées. Et, au-dessus des gémissements étouffés, une voix suppliante et lugubre s'élevait, disant à la foule stupéfaite :

« Habitants de Coïmbre, pardonnez-nous le scandale que notre bonheur a pu vous donner (1)! »

Car ces nouveaux *Flagellants* n'étaient autres que les Jésuites de

(1) Nous avons copié dans les écrivains de la Compagnie cette lamentation originale du Père Godin.

Coïmbre. Nous verrons dans l'histoire des bons Pères en Portugal, si la flagellation leur réussit complètement.

Nous n'avons rien dit encore d'une accusation tant de fois renouvelée contre les Jésuites, celle de POUSSER AU RÉGICIDE.

Nous devons en dire quelques mots, avant de clore ce rapide aperçu des lois et des principes de la Compagnie de Jésus :

Aussitôt que les successeurs de saint Pierre voulurent devenir des princes temporels, ils cherchèrent à rabaisser le pouvoir séculier pour rehausser par contre la puissance religieuse. Ils habituèrent donc les peuples à porter leurs regards vers le trône pontifical, par dessus les trônes royaux. Bien des fois ce fut d'une sacristie que partit le premier cri de révolte ; bien des fois ce fut sous une bannière d'église que le peuple marcha à la conquête de ses droits. Les lieux d'asile, presque aussi nombreux au moyen âge que les basiliques, les couvents et les chapelles, et aux portes desquels frappaient en vain les exécuteurs des sentences de la loi, comme ceux des volontés du prince, durent en grande partie leur établissement à cette cause. L'opinion que l'autorité des rois est inférieure à celle du peuple a donc évidemment précédé la naissance de la Compagnie de Jésus. Mais, l'arme déjà forgée, les Jésuites surent l'aiguiser et la rendre terrible, empoisonnée, mortelle. Ils la suspendirent, comme celle de Damoclès, sur la tête des rois; leur histoire nous dira s'ils ne la laissèrent pas tomber parfois.

Un théologien de la Compagnie de Jésus, contemporain d'Ignace de Loyola, le P. Emmanuel Sa fit imprimer, dès 1589, un livre intitulé : *Aphorismes de la confession*, où il soutient que tout membre d'un Ordre religieux rebelle envers son souverain n'est pas pour cela coupable du crime de lèse-majesté, attendu qu'il n'est pas soumis au roi. Un peu plus loin, le même théologien déclare qu'un roi qui abuse de son pouvoir ou qui ne remplit pas ses devoirs, peut être déposé, après qu'on l'aura averti et si cet avertissement ne le fait pas changer de conduite.

Le célèbre cardinal Bellarmin, dans son livre *De la souveraine autorité du Pape* (1), professe « que les ecclésiastiques et religieux n'ont pas le droit de tuer les rois, pas plus que le Pape de leur ordonner

---

(1) Voyez BELLARMIN, *De summa pontificis auctoritate*. T. IV, pag. 180.

pareille action; mais que, lorsque l'Église, après de paternelles remontrances, a retranché un prince de la communion des fidèles, délié, si cela est nécessaire, ses sujets de leur serment de fidélité, déposé enfin le souverain obstiné dans ses erreurs, c'est à d'autres *qu'il appartient d'en venir à l'exécution.* »

Les Jésuites ne récuseront pas sans doute l'autorité et la sainteté de ce cardinal, pour lequel ils ont demandé la béatification.

Suarez est bien plus explicite encore :

« Il est de foi, dit-il, que le Pape a le droit de déposer les rois rebelles ou hérétiques. Or, un roi ainsi déposé n'est plus souverain légitime ; donc, s'il refuse de se conformer à la sentence pontificale, il devient un tyran, et peut, comme tel, *être tué par le premier venu* (1). » Cela est clair, ce nous semble. Et après cela, il doit paraître assez étrange que des rois puissent protéger les Jésuites, ou seulement les souffrir dans leurs états.

« Le Pape, dit encore Emmanuel Sa, peut ôter la vie corporelle par sa parole; car au droit de faire paître les brebis est joint celui *de tuer les loups.* »

Princes et souverains, remerciez le Jésuite! c'est à vous que s'applique la gracieuse expression de *loups!* « Dernièrement, écrivait Mariana au commencement du XVIIme siècle, s'est accompli en France un *exploit insigne et merveilleux*, pour l'instruction des princes impies... »

Sait-on quel est l'exploit insigne et merveilleux que célébrait l'écrivain Jésuite dans son livre *Du Roi?* C'est l'assassinat de Henri III par Jacques Clément, Jacques Clément, l'éternel honneur de la France, comme le nomme sans honte le livre qui devait plus tard enfanter les *exploits insignes et merveilleux* des Jean Châtel et des Ravaillac!...

Enfin, le P. Varade trouvait un simple péché véniel dans l'assassinat d'un roi. Et sachez-le bien, princes et souverains, ce n'est pas seulement un enfant perdu de l'armée de Loyola qui fait ainsi feu sur vos têtes couronnées, de loin, ou à bout portant : soixante-dix-huit Jésuites ont écrit en faveur du régicide. Ce chiffre ne vous paraît-il pas singulièrement

(1) Suarez, *Défense de la foi.* Livre VI, chap. IV, n°s 13 et 14.

significatif?... Nous ne pousserons pas plus loin ces citations que viendront confirmer successivement les enseignements de l'histoire, lorsque nous aurons à parler de la mort plus ou moins naturelle, de l'assassinat plus ou moins odieux de tel et tel souverain ; crimes nombreux inscrits au cahier des charges dressé depuis trois siècles contre la Société de Jésus.

Ici, une pensée nous saisit tout à coup, et cette pensée, que nous essayerons peut-être de développer plus loin, est celle-ci : que les Jésuites ont contribué par leurs écrits à fonder la souveraineté du peuple. Suarez ne dit-il pas « que, si la chose publique ne peut trouver sa défense que dans la mort du tyran, il est permis au premier venu de le tuer (1). » Mariana ne crie-t-il pas (2) « que c'est une pensée salutaire à inspirer aux princes, de leur montrer que, s'ils tyrannisent leurs peuples en se rendant insupportables par l'excès de leurs vices et l'infamie de leur conduite, ils vivent à telles conditions que non-seulement on peut à bon droit les mettre à mort, mais encore qu'il est héroïque et glorieux de le faire. »

Les plus énergiques tribuns de l'ère révolutionnaire en ont-ils jamais dit davantage? Et c'était là sans doute ce qui inspirait à M. de Montlosier, royaliste fervent, une partie de sa haine si vive contre les noirs enfants de Loyola (3). Les peuples seraient-ils donc ingrats envers les Jésuites? Non! car c'est, bien entendu, dans leur intérêt que les Révérends Pères ont toujours travaillé. Car s'ils ont ainsi jadis exalté les peuples et rabaissé les monarques, c'est qu'ils voulaient forcer ainsi les uns et les autres à s'atteler docilement à leur joug, les premiers par l'affection, les seconds par la terreur. Et cela est si vrai que, de nos jours, les Jésuites sont contre les peuples du côté des rois absolus, et que les véritables amis, les plus éclairés, des gouvernements con-

(1) Suarez, *Défense de la foi*.
(2) Dans l'ouvrage qui a pour titre *Du Roi*.
(3) Voyez le *Mémoire à consulter*, par M. le comte de Montlosier. On se rappelle le succès qu'obtint ce livre, publié sous la Restauration par un homme aussi remarquable par son savoir profond que par ses convictions énergiques, M. J. Tastu, actuellement bibliothécaire à Sainte-Geneviève, et dont le nom rappelle celui d'un de nos plus mélodieux poëtes, Mme Amable Tastu.

stitutionnels, des royautés fondées par la volonté des nations, se prononcent désormais hautement contre toute tentative faite pour relever la bannière de saint Ignace de Loyola.

Grâces soient rendues à MM. Thiers, Dupin, Odilon-Barrot et Hébert : le coup que notre chambre des députés vient de frapper (mai 1845) à l'adresse de la noire congrégation aura peut-être pour effet de prévenir la lutte dont nous menace avec un ton de forfanterie peu chrétienne l'*Univers religieux*, organe des Révérends Pères. Espérons aussi que, bien et dûment avertis, les prélats français ne s'obstineront pas plus longtemps à suivre la voie funeste dans laquelle les pousse cette Société que tant d'arrêts condamnent « comme dangereuse pour le maintien de la foi, perturbatrice de la paix de l'Église, et comme faite plus pour détruire que pour édifier ; » ce sont les termes des conclusions données dès 1554, c'est-à-dire dans les premiers temps de l'Ordre, par la faculté de théologie de Paris. Trois cents ans après, le tribunal suprême, adoptant ce jugement, déclarait solennellement, toutes chambres assemblées, « qu'il y a abus dans l'institut de la Société dite de Jésus, dans ses bulles, brefs, lettres apostoliques, constitutions, déclarations, formules de vœux, décrets des généraux et congrégations générales; que cet institut est inadmissible par sa nature dans tout état policé, comme contraire au droit naturel, attentatoire à toute autorité spirituelle et temporelle, et tendant à introduire, sous le voile d'un intérêt religieux, un corps politique, dont l'essence consiste dans une activité continuelle pour parvenir, par toute sorte de voie, directe ou indirecte, sourde ou publique, d'abord à une indépendance absolue et successivement à l'usurpation de toute autorité, etc.... »

Quelle philippique pourrait jamais égaler cet arrêt en précision comme en énergie?... Avant même qu'il ait été rendu, ses termes avaient été déjà consacrés bien des fois; en Europe seulement la Compagnie de Jésus a été chassée trente-sept fois de divers états. Cependant elle existe toujours, et aujourd'hui, en France, elle a l'audace de faire crier par d'impudents coryphées qu'elle est en état de lutter désormais. On a eu raison de dire « que lorsqu'on tire l'épée contre les Jésuites, il faut jeter le fourreau ! » Eh bien, mes Révérends Pères, cette lutte que vous nous offrez, nous l'acceptons; et que Dieu protége le bon droit; mais, prenez-y bien garde, si vous forcez la France à tirer encore une fois l'épée contre vous, elle ne se contentera plus peut-être de vous souffleter avec le fourreau ! Le ciel nous garde pourtant d'égarer la colère de notre pays, même envers les Jésuites, jusqu'à ces hideuses scènes que vous donnez pour l'instruction du monde dans les murs souillés de Lucerne (1) !...

Nous n'avons rien dit du *probabilisme*, cette doctrine particulière à la Société de Jésus, et qui est le fondement de toutes ses doctrines. Nous en parlerons lorsque nous en serons venus à l'époque où le Jansénisme lutta contre le Jésuitisme si vigoureusement avec Arnaud, si spirituellement avec l'auteur des *Provinciales*. Nous compléterons également et peu à peu ce trop rapide aperçu des lois et de la morale des Jésuites, et de l'organisation de leur Société. Disons encore que d'une lettre du Général Aquaviva et d'un article de la trente-huitième de ce que les Révérends Pères nomment leurs *Règles communes*, résulte pour nous la conviction qu'outre les Constitutions, telles que nous les possédons, il en existe d'autres qui sont un mystère même pour la plupart des membres de la Compagnie. Ce que nous savons de l'Institut des Jésuites pourtant suffit pour le faire prendre en suspicion légitime, en grande et salutaire horreur par tout cœur honnête et droit, par tout individu pour qui la vertu, la raison, la liberté, l'honneur, l'amour de la patrie, ne sont pas de vains mots.

Résumons-nous :

La Société de Jésus fut instituée dans le but apparent de venir en aide au pouvoir chancelant de la papauté, et d'aller sous une bannière nouvelle conquérir de nouveaux états au sublime étendard de la croix. Leur bulle d'institution limita leur nombre à soixante; deux ans après, ils obtinrent que leur nombre fût indéterminé. Les chapitres de notre livre qui suivront, démontreront que l'ardeur des Missionnaires Jésuites a toujours eu pour cause unique, non pas la gloire du Christ, mais bien

---

(1) A l'instant où nous écrivons ces lignes arrive à Paris la nouvelle de la condamnation à mort du docteur Steiger, homme de bien, patriote courageux et dévoué, dont le crime est d'avoir voulu soustraire la Suisse aux tempêtes que lui prépare la Compagnie de Jésus.

l'intérêt seul de leur Ordre. Dans tout le cours de cette histoire on verra que les papes ne se sont jamais guère appuyés qu'avec défiance sur ce bâton qu'on disait fait pour leur main seule et qu'ils ont même fini par briser. On a dit, du reste, que le vœu d'obéissance spéciale au pape, prêté par Ignace et ses disciples, n'avait pour objet que la personne de Paul III, entre les mains duquel il fut prononcé. Mais voici qui tranche la question à cet égard : Les déclarations des Constitutions — et ceci n'a peut-être pas été assez signalé — observent « que *toute l'intention de ce quatrième vœu d'obéir au pape a été et est encore de le restreindre aux seules Missions,* et que c'est ainsi qu'il faut entendre les Lettres Apostoliques où il est parlé de cette obéissance à tout ce que le pape ordonnera et quels que soient les lieux où ses ordres prescriront d'aller. » Ainsi qu'on l'a remarqué, il y a donc dans cette partie des déclarations un magnifique exemple des restrictions mentales à l'usage des Jésuites. Par leur vœu, ils promettent d'obéir en tout au Saint-Père, et d'aller partout où il les enverra ; mais, par leurs lois et grâce à leur morale, ils changent ces mots : *obéir en tout et aller partout,* en ceux-ci : obéir en certaines choses et aller en certains endroits. Évidemment cette obéissance spéciale au Saint-Père, jurée par les Jésuites, n'a jamais été qu'un leurre. Nul Ordre religieux n'a montré, ainsi qu'on le verra, moins de respect pour l'autorité pontificale, chaque fois que ses décisions étaient contraires aux intérêts jésuitiques. Un écrivain de la Compagnie, Diana, n'a-t-il pas soutenu, avec l'approbation de ses supérieurs, une opinion contraire aux décisions de trois papes? Un autre, Molina, publie un livre tout rempli d'énormités : le pape qui ose vouloir condamner ce livre est arrêté par les menaces des Révérends Pères.

Chaque fois que le successeur de saint Pierre est dans leurs intérêts, les Jésuites proclament son infaillibilité, et déclarent schismatique, hérétique même, quiconque ne s'y soumet pas ; mais le pape censure-t-il leurs doctrines ou condamne-t-il leurs actes, alors le pape n'est plus infaillible, et s'ils l'osaient, ils diraient qu'il n'est plus pape...

C'est que le Jésuite n'a véritablement pas plus de religion qu'il n'a de patrie ; c'est que son Ordre est sa patrie, et les intérêts de son Ordre sa religion ! c'est que le Jésuite est un être monstrueux !

« Qu'ils soient ce qu'ils sont, ou qu'ils ne soient plus (*sint ut sunt, aut non sint*), » telle est la fière devise que les Jésuites, parlant d'eux-mêmes, ont gravée en lettres de bronze sur les façades de leurs Maisons. Dans notre France, dans le monde entier, nous le croyons fermement, bientôt de cette audacieuse devise, la moitié sera applaudie par tous, la dernière moitié, ces mots : « qu'ils ne soient plus!... » Qu'on nous pardonne cette prophétique boutade.

La Compagnie de Jésus se compose de six classes de membres, ainsi que nous l'avons dit d'après ses écrivains, ou plutôt de quatre, comme le disent l'Examen général et les Constitutions. Ces quatre classes seraient alors : 1° celle des Novices ; 2° celle des Écoliers approuvés ; 3° celle des Coadjuteurs Formés ; 4° enfin, celle des Profès. Qu'on adopte ce chiffre de quatre ou celui de six, il n'en reste pas moins, suivant nous, une dernière classe de Jésuites dont ne parlent ni l'Examen général ni les Constitutions : cette dernière classe de la Société est celle des Jésuites *Affiliés*, qu'on a désignés tour à tour par les noms de Jésuites de *robe courte*, de Jésuites *in-voto*. Nous ne savons rien ou à peu près sur cette dernière classe de Jésuites, si ce n'est qu'elle existe, et qu'elle est peut-être la plus dangereuse de toutes celles qui forment la Compagnie.

Ceux qui en font partie ne prononcent qu'un vœu, celui « d'être toujours fidèles à la Société et de lui rendre tous les services qu'elle pourra leur demander. » Ce sont les Jésuites eux-mêmes qui nous ont révélé l'existence de cette classe de leur Compagnie, en se vantant de compter parmi leurs membres des têtes couronnées,. et entre autres : les empereurs Ferdinand II et Ferdinand III, Sigismond III, roi de Pologne, le cardinal-infant, le duc de Savoie, la mère de l'empereur Rodolphe, la femme de Charles IX de France, etc. (1). Louis XIV, dit-on, mourut Jésuite *in-voto*. Et, sous la Restauration, M. de Puysieux, ci-devant ambassadeur en Suisse, à Naples et en Sardaigne, ministre des affaires étrangères, etc., étant mort subitement, on trouva sur lui les insignes de l'affiliation à la Compagnie de Jésus. Nul ne

---

(1) Voyez l'*Image du premier siècle de la Société de Jésus*, ouvrage écrit par un Jésuite.

s'en était douté, pas même les domestiques particuliers de cet homme d'état. Ces détails se trouvent dans les mémoires de Mme de Genlis, tome II, page 140 de l'édition de 1826. Le comte de Montlosier, qui s'est dit bien informé à cet égard, ajoute que chaque Jésuite affilié prête serment devant un Supérieur de la Société, 1° de contribuer de tout son pouvoir au maintien de la religion; 2° de protéger la Compagnie et tous ses membres, en toute occasion où cette protection serait réclamée ou seulement utile; 3° de dire tous les jours une prière très-courte et particulière (que nous ne connaissons pas); 4° de porter toujours sur la poitrine un *scapulaire*, marque distinctive de l'affiliation; 5° de garder le secret de cette affiliation, etc., etc... En récompense, la Société de Jésus, ainsi qu'on le comprend, assure à l'Affilié sa protection, les services de chacun de ses membres, la participation aux bénéfices des prières faites pour les membres de l'Ordre, et aux Indulgences accordées par les papes à la Compagnie. On devine combien de pareils agents doivent être utiles. La Société de Jésus a six sortes d'établissements, qui sont : 1° les Colléges; 2° les Maisons de Noviciat; 3° les Séminaires; 4° les Résidences; 5° les Missions; 6° les Maisons Professes. Les trois derniers seulement peuvent être regardés comme les véritables couvents de cet Ordre fort peu religieux. Les Missions, ainsi que leur nom l'indique, sont les établissements formés dans les pays où les Jésuites envoient quelques-uns des leurs étendre leur influence plutôt que faire connaître le nom du Christ; les Résidences sont des Maisons Professes en herbe : on peut considérer l'établissement des prêtres de la rue des Postes, à Paris, comme une Résidence. A la tête de la Société il y a un chef qui porte le titre de Général. Son pouvoir est absolu. Ce pouvoir est, ou du moins fut assez grand pour qu'un de ceux qui en ont été revêtus pût dire au duc de Brissac, ambassadeur du roi de France : « De cette chambre, seigneur, de cette chambre, je gouverne, non-seulement Paris, mais la Chine; non-seulement la Chine, mais le monde entier, sans que personne sache seulement comment cela se fait! » Et, qu'on le remarque, l'homme investi d'une telle puissance réside toujours et doit toujours résider à Rome; c'est-à-dire qu'il peut bouleverser les empires, sans avoir rien à craindre de l'autorité temporelle, abrité qu'il est par l'ombre du trône pontifical. Au-dessous du Général il y a des Provinciaux qui gouvernent une certaine agrégation de maisons, colléges, pensionnats, résidences. Le Père Provincial n'a pas autorité sur les chefs ou préposés des Maisons Professes et les Recteurs des Noviciats et Colléges, qui obéissent au Général seul.

Les priviléges de la Société sont immenses : ils sont compris dans quatre-vingt-douze Bulles; en outre, la Société participe à tous les priviléges des autres Ordres. Les Jésuites, nous l'avons dit, ne sont pas astreints à la célébration des Offices en commun : le prêtre ordinaire doit prier à la première heure du jour, à la troisième, à la sixième et à la neuvième ; le soir, il a *vêpres* et *complies;* au lever du soleil, *matines* et *laudes*. Le prêtre jésuite ne prie que lorsqu'il n'a rien de mieux à faire.

Et ici, nous dirons qu'il y aura toujours pour nous une immense différence entre le Jésuite et le prêtre, tant que celui-ci se renferme dans le cercle modeste de ses attributions. Nous respectons, nous aimons le simple et bon curé ; nous n'aurons jamais ni estime ni affection pour le premier, en tant qu'il représente sa Compagnie, cet Ordre qui est, pour nous servir des termes des arrêts précédemment cités et rendus par les divers tribunaux civils ou religieux, « un véritable corps politique, une société ennemie de l'Église dont elle doit causer la ruine, une nouvelle plaie au sein du Christ; un scandale pour la morale publique, la peste du genre humain... »

Nous allons, dans une suite de tableaux variés, rapides, et, nous l'espérons, intéressants, essayer de prouver que les termes de ces arrêts doivent être maintenus aujourd'hui comme toujours.

Donc, qui n'aime pas le Jésuite, nous suive !

FIN DE LA PREMIÈRE PARTIE.

DEUXIÈME PARTIE.

LES JÉSUITES EN ASIE.

PROLOGUE.

———

C'était par une nuit sombre, mystérieuse et terrible ; nuit semblable à celle qui vint s'abattre autrefois sur Ninive éperdue, comme un gigantesque vautour qu'attire l'odeur de la mort ; une de ces nuits, impénétrables linceuls, que les colères divines étendent, à l'heure suprême des grands châtiments, entre la terre et le ciel, afin, sans doute, que la miséricorde du père ne fasse pas trop tôt fléchir la rigueur du juge. Sur la surface entière de l'antique et vaste Asie cette nuit étrange était descendue lentement et bien longtemps avant que le soleil eût plongé son front radieux dans les vagues tièdes et lumineuses de l'océan indien. Et, tandis que les ténèbres effrayantes descendaient ainsi, les populations épouvantées fuyaient comme des bataillons débandés ; et chaque bataillon était un peuple.....

Les animaux eux-mêmes semblaient frappés d'une terreur indicible et vertigineuse. Au milieu des grands éléphants, des lourds hippopotames, des *yaks* au souffle bruyant, des tigres féroces et des lions impétueux, on voyait passer, éperdues et rapides, les troupes des gazelles timides, des cerfs légers, des gibbons sauteurs, des autruches marcheuses ; tandis que sur les têtes de ces troupeaux, si singulièrement formés, et qui passaient comme des tourbillons poussés par la même impulsion, volaient en désordre avec des cris aigus les aigles puissants et tous les oiseaux de proie, sous les grandes ailes desquels venaient se heurter et comme s'abriter parfois les plus petits oiseaux que la nature a doués de plumages éclatants ou de gosiers mélodieux en leur refusant des armes pour attaquer ou pour se défendre...

La nature inanimée paraissait ressentir elle-même ces terreurs universelles : les vastes forêts asiatiques s'échevelaient tout à coup, quoiqu'on ne sentît pas un souffle de vent dans l'air ; les larges fleuves, comme le Gange sacré, remués par de soudaines commotions, laissaient un instant à sec leurs lits, où l'on eût vu alors les monstrueux caïmans, tapis dans la vase, immobiles et côte à côte d'un *gourami* à la chair délicieuse. De temps à autre, du sommet des grands monts, se détachaient soudain avec fracas d'énormes blocs granitiques, dont la chute causait de longs ébranlements qui se faisaient sentir des côtes que baignent les mers d'Europe à celles qui reçoivent les derniers soupirs du vent né dans les profondeurs des forêts américaines... Et, chaque fois qu'un de ces bruits terribles retentissait, une sorte de grand rugissement étouffé semblait y répondre : c'était l'Océan qui grondait ainsi, tout prêt à s'élancer sur la vaste proie...

La nuit étrange et mystérieuse redoubla ses ténèbres. Soudain, de dessous ce lugubre linceul, une formidable clameur s'éleva : c'était l'Asie tout entière qui poussait, en se débattant, comme un râle d'agonie. Puis le silence se rétablit ; et ce silence semblait encore plus effroyable que le bruit même, quelque terrible qu'il fût. Lorsqu'il eut régné bien longtemps, un son doux et harmonieux passa dans les airs : l'Ange conservateur de la terre, couvrant de ses deux ailes, comme de deux vastes boucliers, l'antique mère des nations, demandait à l'Esprit des temps la cause de tous ces prodiges inouïs.

En ce moment les prêtres des mille religions de l'Asie, les Bonzes du Japon, les Brachmanes de l'Indoustan, les ministres du *Tien* chinois, ceux du dieu *Fô*, qu'on adore aux rives du Bourampoutre, réfugiés au fond de leurs sanctuaires les plus saints, virent avec stupeur les gigantesques statues de leurs divinités s'agiter, se lever sur leurs piédestaux étincelants de pierreries, et, penchant leurs têtes monstrueuses, écouter avec attention comme un chant grave et dans une langue inconnue qui passait par-dessus les pagodes ébranlées.

L'Ange de la Terre disait alors à l'Esprit des temps :

— Frère, quelles sont les volontés de CELUI QUI EST, à l'égard du grain de sable confié à ma garde, et que le poids d'une seule plume de mes ailes ferait enfoncer dans l'abîme?

L'ESPRIT DES TEMPS.

Frère, écoute! En ce moment un navire part des côtes de ce point de la terre que cette créature d'argile, appelée *l'homme*, désigne par le nom d'Europe. Au-dessus du vaisseau mon regard aperçoit un nuage qui vogue dans l'air, comme le vaisseau dans l'onde. Sitôt que la nef fragile aura touché les côtes de cette partie du monde, le nuage s'étendra sur toute l'Asie, et l'orage qu'il recèle, éclatant sur la mère des nations, l'ébranlera jusque dans ses entrailles, et cela pendant bien des années.

L'ANGE DE LA TERRE.

Qui donc arrive sur ce navire fatal?

L'ESPRIT DES TEMPS.

Un *homme noir*.

L'ANGE DE LA TERRE.

C'est donc un roi puissant?

L'ESPRIT DES TEMPS.

C'est un prêtre obscur.

L'ANGE DE LA TERRE.

Au nom de qui vient-il?

L'ESPRIT DES TEMPS, *avec respect*.

Au nom de CELUI qui est mort sur une croix sanglante pour sauver, c'est-à-dire pour régénérer le monde.

L'ANGE DE LA TERRE, *s'inclinant*.

A celui-là sont dus les parfums de la terre et les hymnes du ciel!...

(*Il lève le bras d'un air de commandement.*) Tombez donc devant le *signe* que tient son apôtre, antiques divinités de l'Asie!...

On entend des tonnerres qui s'apprêtent à éclater.

L'ESPRIT DES TEMPS.

Frère, arrête!... l'instant n'est pas venu. L'homme qui s'approche n'a pas reçu sa mission du Très-Haut.

L'ANGE DE LA TERRE.

Ne vient-il donc pas au nom du Christ?

L'ESPRIT DES TEMPS.

Il le dit, il le croit peut-être; mais il n'aura en vue que les intérêts et la gloire de ce qu'il appelle son Ordre.

L'ANGE DE LA TERRE.

Et cet Ordre, que veut-il? quel est son but?

L'ESPRIT DES TEMPS.

Régner sur les hommes! et cela par tous les moyens: en se servant de leurs passions, bonnes et mauvaises, de leurs vices comme de leurs vertus; de la foi qu'il professe, et qu'il dit vouloir répandre, comme des convictions religieuses qu'il trouvera parmi les peuples dont il tentera la conquête; en se servant enfin de tout cela comme d'autant de fils que les soldats de cette puissance nouvelle attacheront au cœur des nations comme à celui de chaque homme, et qui seront réunis dans la main du chef de cet Ordre étrange et fatal. CELUI QUI EST permet cela, pour un temps!

L'ANGE DE LA TERRE, *se penchant avec douleur et regardant au-dessous de lui.*

Malheur donc à toi, vaste contrée sur laquelle j'étends vainement mes ailes en ce moment! Déjà sur le voile qui te couvre à cette heure j'aperçois de larges taches de sang. Au travers de ce linceul sinistre, je devine, hélas! le premier des grands et douloureux tressaillements qui vont bientôt déchirer ton sein. (*A l'Esprit des Temps.*) Et les luttes que tu m'annonces et qu'IL permet dureront-elles bien de ces intervalles que tu peux compter à peine dans leur rapide succession, et que les mortels appellent des années, des siècles?

L'ESPRIT DES TEMPS.

Pendant près de trois siècles, les *hommes noirs*, tantôt triomphants, tantôt proscrits, feront ensanglanter le sol de l'Asie. Puis, un jour, ils en sortiront pour n'y plus revenir et en ne laissant, comme partout, que des cendres non fécondes. L'heure n'est pas encore venue où le voile qui cache le ciel à la terre doit être déchiré; où tous les hommes se verront enfin réunis par les liens d'une communion universelle, qui d'ennemis-nés n'en fera plus qu'une grande famille, famille heureuse et bénie, famille unie à jamais, et sur laquelle, comme la rosée sur la terre desséchée, descendra sans cesse le regard caressant de CELUI qui a tout créé par l'amour et pour l'amour!...

L'ANGE DE LA TERRE, *avec ardeur.*

Eh! cette heure, frère, ton doigt ne l'indiquera-t-il pas bientôt?

L'ESPRIT DES TEMPS, *s'envolant.*

Frère, étends toujours tes ailes sur ce grain de sable qu'on nomme la Terre. Mais, pendant des siècles, couvres-en surtout ce point qu'on nomme l'Asie, afin de cacher aux Esprits du Ciel le triste tableau de la tempête qui arrive avec le vaisseau de *l'homme noir*, et qui doit bientôt éclater, et pour longtemps...

L'ANGE DE LA TERRE, *planant sur l'Asie.*

Malheur à toi, pauvre Asie! Malheur à toi, malheur! . . . .
. . . .

Le 6 mai 1542, le premier des Missionnaires Jésuites, François Xavier, descendait sur la côte asiatique (1).

---

(1) Il n'est pas besoin de dire à nos lecteurs que ce qui précède est tout poétique dans sa forme; néanmoins, nous pouvons dire que notre fiction même repose sur des bases réelles : l'époque qui vit naître le Jésuitisme a été féconde, entre toutes, en catastrophes de tout genre. Chacun sait qu'elle a vu le grand désastre de Lisbonne. En outre, et sans parler de tremblements de terre, d'éruptions de volcans, d'apparitions d'astres étranges, etc., en Asie, comme en Europe, et sans doute comme dans le monde entier, en 1530 eut lieu la grande inondation qui engloutit une partie des provinces de

Hollande et de Zélande. L'année suivante, Lisbonne fut presque entièrement détruite dans un premier désastre, bientôt suivi d'un autre plus épouvantable encore. Des esprits un peu superstitieux pourraient trouver, comme on l'a fait, au moins une singulière concordance entre les convulsions de la nature à cette époque et celles qui agitèrent alors le genre humain. Bien entendu que, pour notre part, nous ne rejetons pas sur les Jésuites ces cataclysmes effrayants, mais naturels, pensant qu'ils ont déjà sur leurs épaules, dans les choses de la vie ordinaire, un assez lourd fardeau.

CHAPITRE PREMIER.

Les Brachmanes.
1542-1552.

On croit assez généralement que ce sont les Portugais qui ont introduit le Christianisme dans les Indes, et que c'est à la suite du drapeau triomphant d'Albuquerque, le Mars portugais, comme l'ont surnommé ses compatriotes, que la Croix s'est levée sur le continent asiatique. C'est une erreur, erreur sans doute accréditée par les Jésuites, afin de rehausser, avec la gloire de leur Société en général, les mérites de leurs Missionnaires en particulier. Il est constant que les Portugais trouvèrent à leur arrivée des chrétiens établis sur les côtes méridionales de l'Inde et dans quelques-unes des îles de l'océan les plus rapprochées du continent indien. Suivant Cosmas, surnommé le Voyageur des Indes (*Indicopleustès*), qui écrivait, vers le milieu du sixième siècle, sa *Topographie chrétienne*, en partie d'après ce qu'il avait vu de ses propres yeux, ces chrétiens habitaient dans l'île de Taprobane (Ceylan), dans l'Inde intérieure, dans le pays de Malé, où croît le poivre (la côte de Malabar), dans la Calliane (royaume de Calécut ou Calicut), et peut-être au-delà, ajoute l'écrivain que nous citons.

Cosmas dit formellement que ces chrétiens formaient une Église, dont la métropole était établie à Méliapour, et qui avait ses prêtres, qu'ils nommaient *Caçanaires*, ses clercs et fidèles. L'évêque de Méliapour était envoyé de Perse, où il était ordonné par le *Catholique* ou Patriarche. Après la conquête de la Perse par les Musulmans enfants d'Ali, ce fut à l'évêque de Mossoul que fut transféré le patriarchat des chrétiens de l'Inde, ou chrétiens de Saint-Thomas, comme ils se nommaient. Car, suivant eux, c'est cet apôtre, auquel, dans le partage du monde à christianiser, l'Inde était échue, qui fonda l'Église de Méliapour, ou de Saint-Thomas.

Suivant une légende conservée parmi ce peuple, et que l'on retrouve en partie dans la vie de l'Apôtre, par Abdias Babylonien, voici comment saint Thomas vint prêcher aux Indoustani la parole de son divin maître.

— Un soir, dit la légende, un Bramine révéré, étant entré dans une pagode des plus saintes, vit les trois dieux de la Triade Hindoue, à l'instant où il venait, selon l'usage, les oindre d'une graisse parfumée, se lever de leurs piédestaux où ils reposaient depuis tant de siècles, puis descendre et sortir lentement de la pagode. Le Bramine fut tellement surpris de ce spectacle, que, sans penser à l'inconvenance de sa question, il demanda aux divinités indiennes : pourquoi elles abandonnaient ainsi un temple où elles étaient tellement honorées?

Ce fut Vichnou qui répondit.

Ce dieu était représenté sous la forme de monstre qu'il prit dans sa quatrième incarnation pour délivrer la terre de la tyrannie du géant Hirrenkessep. « Il arrive ! » Telle fut toute la réponse qu'obtint le Bramine. Mais, comme c'était un savant docteur, il comprit, à ce qu'il paraît ; et, sans s'opposer désormais à la sortie de ses dieux fuyards, il fut avec tous ceux de la ville sur le bord de la mer, que la nuit commençait à couvrir. Tout à coup, au milieu du voile ténébreux, on vit étinceler comme une vive étoile ; mais ce n'était pas plus un flambeau du ciel qu'une lumière terrestre ; on s'aperçut en effet que cette lueur était placée sur la ligne où se confondent l'air et l'eau. Peu à peu l'étoile grossit, grossit, et devint comme un soleil éclatant, qui illumina la mer et le rivage. Le peuple s'enfuyait épouvanté à la vue de ce prodige, lorsqu'une voix douce s'éleva et fut entendue disant : « Paix aux

Légende de St Thomas

hommes de bonnes volonté ! » Les Hindous virent alors au milieu d'eux un inconnu, à l'air grave, qui était vêtu d'un costume étranger, et dont la figure imposante était à moitié cachée par une longue barbe argentée : c'était l'apôtre saint Thomas. Il commença sur-le-champ sa mission salvatrice; et, dès le lendemain, il était suivi par de nombreux disciples.

Cranganor, capitale du plus puissant roi de la côte de Malabar, Koulan, la ville célèbre, Méliapour, avec son rajah, et toute la côte de Coromandel se virent bientôt éclairées de la lumière du Christ.

Au bout de quelque temps, l'apôtre, continuant sa mission divine, alla porter la *bonne nouvelle* (l'Évangile) aux vastes contrées de l'empire chinois. A son retour, le peuple de Méliapour, séduit par l'adresse des Bramines, au milieu desquels ne vivait plus le sage vieillard qui avait été témoin de la fuite des dieux Vichnou, Brahmâ et Siva, à l'approche de l'Apôtre du Christ, se jeta sur celui-ci et le lapida ; comme le saint voulait ouvrir la bouche pour demander à Dieu qu'il pardonnât à ses bourreaux, un des Bramines l'acheva d'un coup de lance qui fit couler à flots le sang du bienheureux martyr. De ce sang fécond naquit l'Église de Méliapour.

Lors de la conquête d'Albuquerque, on voyait encore dans l'église principale de Méliapour, élevée sous l'invocation de l'apôtre, un tombeau magnifique, dans lequel étaient renfermés, avec le corps du saint, le fer qui l'avait percé et le sable qui s'était imbibé du sang précieux du martyr. Le Jésuite Tursellin, dans sa *Vie de saint François Xavier*, ajoute que celui-ci fut témoin d'un miracle qui arrivait chaque année, dans cette église, la veille de l'anniversaire de l'invention des saintes reliques, qui se trouvait être aussi l'anniversaire du martyre de l'Apôtre. Ce jour-là donc, pendant la messe, le tombeau révéré, qui était d'un beau marbre blanc, rougissait et suait comme des gouttes de sang ; à l'*Ite missa est*, il reprenait sa couleur ordinaire. En outre, un rocher, qui reçut un flot du sang de Thomas Didyme, conservait ces taches saintes, qui paraissaient toujours aussi vermeilles que si elles n'eussent daté que de la veille.

C'est du moins ce que nous raconte le même Horace Tursellin, qui ne pensait pas à une petite chose en écrivant ces lignes : c'est que si saint Thomas est véritablement l'Apôtre des Indes, ce même titre ne peut et ne doit plus être conservé à saint François Xavier.

Il est vrai que les Jésuites, dans l'intérêt du saint dont leur Ordre est fier, ont la ressource de traiter d'apocryphes les Actes de saint Thomas. Cette opinion a été soutenue et avec une assez grande apparence de raison. On a même prétendu que ces Actes étaient tout bonnement des fables inventées par les Manichéens, et que les Chrétiens de Saint-Thomas n'étaient que de misérables hérétiques (1). Ce fut du moins l'accusation que les Portugais, à l'instigation des Révérends Pères, lancèrent sur ces pauvres chrétiens hindous, qui furent violemment persécutés jusqu'à la défaite et à l'expulsion des Portugais par les Hollandais un instant maîtres de l'Inde.

D'ailleurs, Suédas, au mot *Arménie*, dit formellement que les habitants du Malabar ne furent christianisés que sous le règne de Constantin. Les chrétiens de Saint-Thomas avaient, du reste, conservé une légende tout à fait incompatible avec celle de l'apôtre. Cette légende les faisait descendre d'un certain Mar Thomas (Mar veut dire seigneur), riche commerçant, qui aurait été contemporain de Ceram Peroumal, fondateur de Calicut, empereur de tout le Malabar, qu'il partagea à sa mort entre ses parents et ses amis, lequel vivait au sixième siècle, ou même au dixième, suivant Scaliger. Sans doute on aura confondu ce Mar Thomas avec l'apôtre saint Thomas; ou bien serait-ce en punition de son incrédulité envers le Christ que l'Église refuse généralement au saint les honneurs de l'apostolat des Indes? Pour s'en consoler, l'apôtre a su inspirer, par son martyre à Méliapour, un des plus beaux passages des Lusiades du Camoëns.

Il paraît que les chrétiens de Saint-Thomé ou de Saint-Thomas furent jadis réunis en corps de nation, et vécurent longtemps tranquilles au milieu des peuplades hindoues, qui leur avaient accordé de grands priviléges et respectaient leur croyance.

(1) Théodoret dit, en effet, que l'hérésiarque Manès envoya dans les Indes un de ses disciples nommé Thomas; et les anciens monuments des chrétiens de l'Inde montrent un mage (un Persan, Syrien) du nom de Mannacavasser, dont on a fait manichéen. Le syriaque était aussi leur langue ecclésiastique.

A l'arrivée des Portugais, cette nation, désorganisée par la mort de son dernier roi, qui l'avait fait passer au pouvoir d'un rajah de Cochin, accueillit avec joie ses frères d'Europe, et s'empressa de se reconnaître vassale du roi de Portugal. Les nouveaux venus répondirent on ne peut pas plus mal à la confiance ingénue de ces pauvres gens. Ce furent des moines Cordeliers qui se mirent les premiers à travailler la religion à laquelle tenaient invinciblement les chrétiens malabares. Mais malgré les efforts des convertisseurs, appuyés par les mauvais traitements des vice-rois et gouverneurs de l'Inde, ils échouèrent complètement. Alors les enfants de Loyola se présentèrent pour remplacer les Cordeliers.

Nous avons dit, dans notre première partie, qu'Ignace de Loyola, six mois avant qu'il n'eût obtenu du pape la bulle d'institution de la Compagnie de Jésus, faisant déjà néanmoins acte de Chef d'Ordre, avait mis à la disposition du roi de Portugal, Jean III, François Xavier et Rodriguez. Le roi de Portugal, croyant apparemment être on ne peut plus agréable à Loyola comme à tous les Compagnons de Jésus, voulait d'abord les envoyer tous dans ses possessions de l'Inde; mais Loyola avait bien autres choses à faire en Europe! aussi resta-t-il fort tranquillement à Rome, quoiqu'il eût tant de fois déclaré que lui et ses compagnons saisiraient avec empressement la première occasion favorable pour aller prêcher et convertir les infidèles; premier motif, but presque unique de leur pieuse association.

Et ici nous ne pouvons nous empêcher de faire un rapprochement qui prouvera peut-être, quoi qu'on en ait dit, que les Jésuites d'aujourd'hui sont bien les Jésuites d'autrefois. En avril 1845 — nous parlons d'hier — un journal de la presse parisienne, discutant de bonne foi avec l'organe avoué des Révérends Pères, donnait fort sérieusement à ceux-ci une recette pour qu'ils pussent dépenser utilement cette force d'activité inquiète, comme les partisans de la fameuse Société appellent modestement la turbulence parfois risible et l'ambition toujours dangereuse des noirs enfants de saint Ignace.

— Voyez, disait *le Semeur* aux Jésuites de France, la civilisation reculant en Orient, le Christianisme prêt à disparaître du Liban, avec les Maronites vaincus, l'Église catholique menacée en Syrie par l'envoi des Missionnaires anglais et de leur Évêque de Jérusalem! N'y a-t-il pas là une mission belle et sainte, et que vous pouvez, mes Révérends Pères, faire aussi noble et grande, que vous pouvez rendre pieusement patriotique, en relevant sur les vastes contrées qui croupissent sous le sabre ébréché d'Othman, avec la bannière du Christ tombée dans la poussière, l'influence de la France qui décline et disparaît aux rives du Bosphore comme près du Delta égyptien!

L'Univers, organe des Révérends Pères, se mit dans une grande colère à cette proposition qu'il trouvait saugrenue, et demanda aigrement à l'honnête et candide conseiller « s'il se moquait de la Compagnie de Jésus avec son avis? »

En effet, c'est se moquer des bons Pères que de leur parler de missions où il n'y a que de la gloire, une gloire noble, sainte et pure à gagner.

Ignace de Loyola crut peut-être aussi que le roi de Portugal se moquait de lui en lui proposant d'aller lui-même avec tous ses compagnons faire connaître les lois du Christ aux cent peuples de la grande contrée, sur les rives de laquelle seulement Vasco de Gama et Albuquerque avaient planté le drapeau du Portugal. Néanmoins, devinant bientôt le parti que son Ordre devait retirer des Missions, il s'empressa de promettre des ouvriers évangéliques à Jean III, ce dernier espérant sans doute que les résultats de leurs travaux assurerait sa conquête, le chef des Jésuites espérant de son côté que ces ouvriers fidèles travailleraient surtout dans l'intérêt de leur Compagnie.

Ainsi que nous l'avons dit, Rodriguez, nommé avec Bobadilla pour cette première des Missions Jésuites, resta en Portugal. Bobadilla, qui convenait admirablement aux conquêtes, tomba malade au moment de partir : François Xavier le remplaça.

Un jour du printemps de 1540, au milieu d'une foule nombreuse et qui semblait silencieusement émue, deux hommes, prêts à se séparer devant une des portes septentrionales de la ville de Rome, se jetèrent dans les bras l'un de l'autre. Puis, l'un d'eux, s'agenouillant, demanda à l'autre sa bénédiction.

— Je vous bénis, frère, dit son compagnon d'une voix forte, en étendant sa main, et maintenant allez!... Allez exercer l'emploi dont le Christ vous charge par ma bouche. Allez satisfaire ce désir ardent que nous avions tous de porter la foi au-delà des mers. Et ce n'est pas seulement ici la Palestine qui vous attend, c'est l'Asie; ce n'est plus une province, c'est un monde entier!... Allez, frère, et souvenez-vous que vous êtes un des Compagnons de Jésus!... »

L'homme qui parlait ainsi s'appelait Ignace de Loyola; celui qu'il bénissait était François Xavier, l'Apôtre des Indes. A l'instant où ce dernier se relevait et allait partir, Ignace, courant à lui, se dépouilla d'un gilet de laine qu'il portait sous sa robe, et força le Missionnaire, qui était assez légèrement vêtu, à s'en couvrir la poitrine.

Dans cette particularité, racontée pompeusement par tous les biographes de Xavier et de Loyola, nous n'avons pu voir, si elle est vraie encore, qu'une scène assez habilement amenée pour faire briller d'un éclat surhumain la gloire de cet Ordre nouveau, dont les membres se vouaient ainsi avec une telle ardeur, si entièrement, à ce qu'ils regardaient comme un devoir, qu'ils en oubliaient de s'occuper d'eux-mêmes et de leur fortune. Peut-être sera-t-on de notre avis, en pensant qu'à l'heure du départ du premier Missionnaire Jésuite, la Société, non encore reconnue, possédait déjà pourtant des maisons, des revenus, et que les offrandes des âmes dévotes ne lui manquaient aucunement; enfin, que la plupart des premiers Jésuites étaient pourvus de places ou chargés de fonctions qui devaient être bien rétribuées.

Au reste, Xavier, en ne se couvrant pas, Ignace, en se découvrant, ne faisaient pas un grand acte d'héroïsme, n'en déplaise aux écrivains de la Compagnie, puisque le départ du Missionnaire eut lieu, d'après eux-mêmes, dans la seconde quinzaine du mois de mars, c'est-à-dire à une époque où le soleil d'Italie brûle déjà et fait poudroyer la triste et morne campagne romaine. En définitive, que Loyola se soit découvert pour son campagnon, nous le voulons bien; à condition qu'on nous laissera aussi découvrir et mettre à nu l'Ordre entier, autant du moins que nous le pourrons, et dans l'intérêt de la vérité.

Le 7 avril 1541 seulement, le vaisseau qui portait François Xavier sortit du Tage et cingla vers le Sud. Il faisait partie d'une flotte que commandait don Martin Alphonse de Souza, vice-roi des Indes, pour la couronne de Portugal. Après une relâche forcée de six mois, sur la côte orientale de l'Afrique, au Mozambique, après avoir successivement touché à la ville mahométane de Mélinde, située près de l'équateur, et à l'île païenne de Socotora, la flotte portugaise parut devant Goa, le 6 mai 1542, treize mois après sa sortie du Tage. François Xavier se mit sur-le-champ à l'œuvre.

Il paraît qu'à cette époque, les Portugais, établis dans les Indes, avaient des mœurs extrêmement relâchées: Si l'on en croit les écrivains Jésuites à cet égard, François Xavier aurait pu trouver parmi eux la matière suffisante d'une longue et difficile Mission. La débauche, cette débauche effrénée, qui, sous le ciel des tropiques, s'épanouit largement au grand jour, régnait triomphante, du vice-roi des Indes au dernier marchand portugais. Nous n'osons, plus modeste en cela que le biographe de François Xavier, Horace Tursellin, dire jusqu'où allait l'effronterie de la volupté, dont les conquérants avaient fait leur reine. Pour payer leur tribut quotidien à cette reine éhontée, dévorante, chaque Portugais, âpre au gain, ne dédaignait aucun lucre, ne reculait devant aucun moyen pour se procurer de l'or. Ne s'occupant que des plaisirs, ou des moyens de se plonger dans leurs flots énervants, ils avaient oublié jusqu'à leur nom de chrétiens. La plupart n'allaient à l'église qu'aux grandes solennités ; un bon nombre n'y allait pas du tout. Si le remords, venant à saisir un de ces pécheurs endurcis au milieu d'une telle conduite, le poussait vers une église, il n'y entrait que de nuit, honteux de son repentir et redoutant les railleries des autres.

François Xavier essaya-t-il de changer un tel état de choses? Les Jésuites l'assurent, et nous voulons bien les en croire. Il faut convenir, par exemple, qu'ils donnent un échantillon assez curieux de cette partie de la Mission de l'Apôtre des Indes. Ainsi Tursellin, contemporain de François Xavier, et Jésuite comme lui, nous raconte ainsi fort sérieusement la manière dont le Missionnaire s'y prenait pour faire disparaître le concubinage, qui était devenu un état général et presque normal parmi les Portugais de l'Indoustan.

Lorsque le saint entrait dans une maison dont le maître avait des enfants nés de ces unions illégitimes, il demandait à voir ceux-ci et leur mère; si l'esclave ou la servante, élevée au rang de matrone sans en avoir le titre légal, était spirituelle, bien faite, séduisante, si ses enfants étaient beaux, robustes, bien venants, le Missionnaire caressait ceux-ci, et demandait à son hôte pourquoi il ne donnait pas le nom et le rang d'épouse à une femme qui en était si digne?

Si, au contraire, la maîtresse était laide, difforme et privée de tout agrément, si les enfants lui ressemblaient quelque peu, l'Apôtre Jésuite s'écriait en montrant ces derniers à son hôte : « Comment pouvez-vous garder ces petits monstres dans votre maison? chassez-les donc, avec leur mère, chassez-les au plus vite! »

Ne voilà-t-il pas quelque chose de bien moral! Et qu'on le remarque : cette étrange et odieuse particularité de la vie d'un homme, dont la mémoire est pourtant une de celles qui sont le moins chargées dans la Compagnie de Jésus, ne nous a pas été transmise par un détracteur du Missionnaire, par un ennemi de son Ordre, mais bien par un panégyriste de l'un, par un membre de l'autre (1).

Sans doute, la conduite du Missionnaire peut s'expliquer, humainement, par les ménagements qu'il avait à garder envers ceux dont l'appui, la bonne volonté lui étaient nécessaires, indispensables, pour qu'il arrivât au but vers lequel il marchait, ou du moins vers lequel on l'avait poussé : le chrétien se rappelait qu'il était Jésuite!

Aussi le voyons-nous tout d'abord s'occuper d'établir le plus solidement possible la nouvelle puissance sur cette terre vierge des Indes.

Il y avait à Goa un évêque portugais, qui portait le titre de chef de l'Église des Indes. Ce prélat, riche, puissant, et qui était de la grande maison du conquérant de l'Inde (il se nommait don Juan d'Albuquerque), François Xavier eut grand soin de le ménager et de se le rendre favorable. Dans ce but, par une tactique adroite que les enfants de Loyola ont imitée chaque fois qu'ils ont eu besoin du concours et de l'appui du haut clergé, en présentant à l'évêque de Goa

---

(1) Voyez *Vie de François Xavier*, par Horace Tursellin, de la Compagnie de Jésus, in-4°, Édition latine de 1596, Rome, liv. II, chap. I, page 56.

la cédule royale de Jean III et le bref apostolique, titres de sa Mission, il protesta avec humilité qu'il n'en userait que lorsque le prélat lui aurait accordé son agrément. Cette conduite habile réussit pleinement. L'évêque des Indes, persuadé d'ailleurs que les efforts du Missionnaire ne devaient avoir pour résultat que l'agrandissement de l'Église dont il était chef, heureux peut-être de pouvoir s'endormir placidement sous son dais primatial, pendant qu'un autre travaillerait activement dans la vigne du Seigneur, non-seulement ne mit aucun obstacle à la mission du Jésuite, mais encore lui fraya la voie, autant qu'il était en son pouvoir.

Il y avait déjà dans la capitale des possessions portugaises de l'Inde un Séminaire, dirigé par des moines franciscains, où l'on instruisait dans la religion catholique, apostolique et romaine quelques rares indigènes. Cet établissement, qui ne subsistait que par les dons volontaires assez peu fréquents des âmes pieuses fort peu nombreuses, excita pourtant la convoitise de Xavier, qui craignit sans doute d'en voir sortir des rivaux. Et c'est, en tout temps, ce que les Jésuites n'ont jamais pu souffrir. Le Missionnaire manœuvra donc si adroitement, que bientôt le Supérieur de ce Séminaire, frère Jacques Borbona, en fit abandon à la Compagnie de Jésus, dans laquelle il entra lui-même.

En recevant ce Franciscain infidèle dans leur Ordre, les Jésuites ont violé manifestement leurs propres lois. En effet, le chapitre III des Constitutions, qui traite des cas essentiels d'empêchement à l'admission dans la Compagnie, lesquels sont placés, par le 58° décret de la cinquième Assemblée générale, au nombre des observances et des règles qui sont *la substance même* de la Société, dit formellement, à l'article 5, que l'on doit exclure absolument de la Société « ceux qui ont pris l'habit de quelque Ordre religieux, n'eussent-ils été qu'Ermites. » Et les Déclarations, ajoutant à la rigueur de la règle, disent : « que celui qui aura porté un seul jour le froc d'un moine, quand même il n'aurait pas fait profession, ne pourra être admis dans la Compagnie de Jésus. » Mais les Révérends Pères ont toujours su faire taire leurs propres lois lorsque parlait leur intérêt.

Quelques-uns de leurs écrivains, le Père Bouhours entre autres, qui a fait aussi une *Vie de saint François Xavier*, afin de tourner la difficulté, ne disent rien de l'admission dans leur Ordre de frère Jacques Borbona, et avancent que ce ne fut qu'en 1548, après la mort du Franciscain, que les Jésuites possédèrent en propre et sans dépendances l'établissement qu'il avait formé. Mais Horace Tursellin, premier biographe de Xavier, son contemporain, et Jésuite par-dessus le marché, dit expressément que Jacques Borbona, faisant l'abandon du séminaire créé par lui, mais à la condition qu'il en serait toujours le Recteur, entra dans la Compagnie de Jésus (1). Ceci est fort précis, ce nous semble.

Le Séminaire de Santa-Fé fut aussitôt transformé en Collége de Saint-Paul. La cause de ce baptême nouveau, nous croyons qu'on peut la trouver dans le désir qu'avait le Missionnaire Jésuite d'effacer sur le sol de l'Asie la trace des pas de tout ouvrier évangélique qui n'appartenait pas à la fameuse Compagnie. Quoi qu'il en soit, cette première Maison des Jésuites, dans ces contrées, devint bientôt, entre les mains de ceux-ci, riche et splendide, de pauvre et misérable qu'elle était entre les mains des enfants de saint François. Comment Xavier obtint-il cette heureuse et prompte tranformation, Tursellin, son historiographe, nous l'apprend : Voyant que ses appels à la charité des âmes dévotes ne réussissaient que peu ou point, le Missionnaire, grâce à la loi de « Malheur aux vaincus! » et à celle-ci : « Gloire aux vainqueurs! » dont nul n'a su mieux et plus souvent se servir que les Jésuites, enrichit le Collége naissant au moyen de contributions levées à la fois sur les biens des temples des chrétiens de Saint-Thomas ou de San-Thomé, sur ceux des pagodes hindoues et même des mosquées musulmanes; car les disciples de Mahomet avaient porté jusque sur ces rivages lointains les bannières de l'Islamisme, que la puissante main d'Aureng-Zeyb, ce Grand-Mogol presque fabuleux, devait bientôt faire flotter triomphantes sur la moitié de l'Asie.

Albuquerque, lors de sa conquête, avait eu à lutter contre les Musulmans établis sur les côtes et dans les îles, et qui reconnaissaient alors

---

(1) Horace Tursellin, *Vie de François Xavier*, liv. 1.

la suzeraineté des monarques mahométans de la Perse. On connaît la fière réponse du *Mars portugais* au roi de Perse, qui réclamait du conquérant le tribut que les princes vaincus avaient coutume de lui payer. Montrant aux ambassadeurs un sabre et des balles de mousquet: « Dites à votre maître, s'écria Albuquerque, que c'est avec cette monnaie que je lui payerai mon tribut! »

Mais l'arbre brahmanique étendait toujours sur la plus grande partie des Indes ses innombrables rameaux, quoique son écorce fût entamée en bien des points. Ici l'Islamisme, là le Christianisme, soit le nouveau, celui des Portugais, soit l'ancien, celui des chrétiens de Saint-Thomas, essayaient à l'envi de prendre pied sur cette splendide terre d'Asie. Grâce à la conquête récente, l'Évangile se glissait plus hardie entre le Koran et les *Védas*, ou livres sacrés des Indiens.

Après avoir jeté un regard sur l'état religieux du pays, le Missionnaire Jésuite crut trouver dans les chrétiens malabares tous les éléments d'une facile Mission. Ce fut donc parmi eux qu'il entreprit d'abord d'établir son influence. Nous avons dit que ces chrétiens vivaient depuis longtemps tranquilles aux milieu des nations indiennes, dont les princes ou rajahs leur avaient à diverses reprises accordé le droit d'être regardés tous comme égaux en droit aux castes nobles brahmaniques. Cette tranquillité, ils devaient la voir troubler par une main qu'ils avaient serrée avec joie, baisée avec respect, par la main des Portugais conquérants, de leurs frères en religion!

François Xavier se rendit donc parmi les tribus de cette grande famille chrétienne qui reconnaissait à tort ou à raison saint Thomas pour son Apôtre et pour son chef.

Les descendants de Mar Thomas s'étaient conservés purs de tout mélange au milieu des nations indiennes. On les reconnaissait facilement à leur peau plus blanche, caractère distinctif, fort remarquable surtout dans les tribus chrétiennes du royaume de Cranganor. Celles-ci s'attribuaient une supériorité fondée sur une tradition qui les représentait comme descendants d'une femme blanche et légitime de Mar Thomas; tandis que les autres ne descendaient que d'une esclave. Ces chrétiens étaient généralement d'une haute taille, bien faits, agiles et courageux. Ils étaient aussi adroits, ingénieux, inventifs, spirituels, grands harangueurs et amis des discussions; ils avaient un langage sentencieux et imagé; une politesse native, mais fort cérémonieuse; aimants et fidèles, probes et religieux, leurs mœurs étaient fort pures; la superstition faisait seule ombre à ce tableau brillant (1).

Lorsque François Xavier vint au milieu d'eux, il en fut parfaitement accueilli; mais lorsqu'il essaya de leur faire comprendre qu'il était venu pour changer la religion que leurs pères leur avaient transmise; lorsqu'il voulut leur expliquer que le Verbe éternel avait pris parmi les hommes, et pour les hommes, non pas comme ils le croyaient, la *personne* humaine, mais bien la *nature* humaine, ainsi que l'Église de Rome l'enseignait; lorsque surtout il révoqua en doute les vertus de Mar Thomas et la sainteté de Mar Xabro et de Mar Prod, deux prêtres syriens qui, dans le huitième siècle, arrivèrent sur la côte de Malabar, où ils convertirent une foule d'Indiens, et bâtirent des églises, pour lesquelles ils obtinrent des priviléges nombreux, écrits en langues et caractères malabares, canarins, bisnagas et tamuls, comme on le criait au Missionnaire; lorsqu'enfin les chrétiens de Saint-Thomas comprirent que leurs frères d'Europe voulaient leur imposer des dogmes religieux et des formes de religion dont ils n'avaient jamais entendu parler jusqu'à ce jour, François Xavier vit se former autour de lui un large cercle d'isolement.

Le Missionnaire Jésuite voulut tenter un dernier effort : grâce au caractère officiel dont il avait été revêtu par le roi de Portugal, grâce surtout à la bienveillance naturelle de ces chrétiens naïfs, il parvint à les rassembler encore une fois et à leur faire entendre sa parole. Un jour donc, on vit les principaux des diverses tribus des chrétiens de l'Inde entourer en silence une sorte d'estrade sur laquelle le Missionnaire s'était placé; il y avait là des représentants de toutes les divisions de l'Église

---

(1) Les détails qui précèdent, tous ceux qui vont suivre sur ces chrétiens de l'Inde, nous les avons puisés dans l'ouvrage sur la navigation de la mer Rouge, attribué à Arrien; dans le *Voyage des Indes*, de Cosmas (voyez la traduction par dom Bernard de Montfaucon, pages 178 et suivantes); dans les Voyages du célèbre Bernier; enfin et surtout dans la *Jornada do Arcebispo de Goa*, par le moine Augustin Gouvea.

des Indes ; les envoyés des Églises méridionales et révérées entre toutes de Diamper, Catatte, Tourgouli, Cartulé ; ceux d'Angamale et des Églises plus humbles du Nord. L'assemblée présentait un coup d'œil singulier : tous les hommes avaient à la main une épée ou une lance, dont le bois était garni de petits anneaux d'acier que chaque mouvement faisait résonner ; au bras gauche, ils portaient un bouclier en peau de rhinocéros ou d'hippopotame ; leur vêtement, à peu près unique, consistait en un élégant petit jupon d'étoffe blanche, serré à la ceinture et tombant en plis élégants jusqu'aux genoux. Les Anciens de chaque tribu portaient seuls une sorte de robe ou aube brodée sur les côtés et sur le dos. Ce vêtement n'était porté qu'à l'église ou dans les solennités. En outre, chaque homme avait une ceinture fortement serrée autour des reins, et faite de bandes de toile rouge ou de quelque autre couleur vive, dans laquelle était passé un couteau bien travaillé et orné d'un manche en or ou en argent ciselé. Leurs cheveux longs étaient relevés sur la tête et couverts à demi par un mouchoir de soie roulé avec goût et dont les deux extrémités pendaient sur l'épaule gauche. Les vieillards avaient les cheveux rasés, ainsi que ceux qui avaient renoncé au mariage et les pèlerins qui avaient été prier sur le tombeau de saint Thomas, à Méliapour.

Les hommes dans la force de l'âge étaient admirablement faits ; leurs membres, assouplis par l'usage où ils étaient de se les frotter avec de l'huile de coco, avaient la teinte du bronze doré et rappelaient les formes des statues grecques. Les vieillards avaient l'air majestueux. Tous étaient graves et recueillis.

A quelque distance du cercle formé par les hommes on en apercevait un second formé par leurs femmes ; celles-ci étaient généralement belles et gracieuses avec un air modeste. L'usage fréquent des parfums, luttant contre l'âpre chaleur des tropiques, conservait à leur peau sa blancheur rosée, où l'on voyait courir les arabesques fines et azurées des veines et des artères. Leur vêtement, comme celui de leurs maris, consistait en une jupe blanche, rayée de bleu ou de rose, tombant un peu plus bas et en plis plus amples, mais laissant voir cependant de fines extrémités. En outre, une sorte de camisole en toile fine et blanche serrait leur buste élégant. Les graves matrones mettaient encore par-dessus ces vêtements une grande pièce de drap blanc, qui, posée sur la tête, descendait des deux côtés, et dans laquelle elles s'enveloppaient tout entières, à l'exception du visage. Parmi ces matrones, plus d'une aurait pu rappeler à la pensée Cornélie, mère des Gracques, se drapant simple et fière dans sa robe de laine filée par elle-même!.... Hommes et femmes avaient aux poignets et aux chevilles de gros anneaux d'or ou d'argent creux, et dans lesquels on avait introduit de petits cailloux que chaque mouvement faisait sonner doucement.

En attendant l'arrivée du Missionnaire qui les avait convoqués, les chrétiens de Saint-Thomas s'étaient livrés à un divertissement qui leur était particulier : c'était une sorte de ronde ou danse exécutée par les hommes jeunes, conduite et réglée par les vieillards, qui chantaient, dans un long cantique, les louanges et le martyre de leur Apôtre vénéré. Ensuite, tous s'étaient assis, et de jeunes esclaves avaient servi un repas fort simple, consistant en riz cuit à l'eau, mêlé avec du lait et épicé avec du gingembre, et en une sorte de bouillon nommé *caril*, fortement aromatisé. La condition des esclaves était très-douce, assure-t-on, chez ces chrétiens des Indes; le maître en adoptait un d'ordinaire s'il n'avait pas d'enfant.

Ce qui est remarquable, c'est que tous ces hommes, chasseurs adroits, soldats si intrépides que les rajahs payaient leurs services au poids de l'or, ces hommes qui ne sortaient jamais sans leur bouclier et leur épée, et qui, pendant qu'ils prenaient ainsi sobrement leur frugal repas, avaient encore ces armes à côté d'eux et à portée de leur main, ce qui est remarquable, disons-nous, c'est que ces chrétiens primitifs, bien différents en cela de leurs frères d'Europe, qui avaient pourtant alors l'intention de changer leurs mœurs et leur culte, n'avaient presque jamais de querelle grave entre eux ; le meurtre était ignoré dans leurs tribus; c'est du moins ce que nous assure, dans une relation qu'il a donnée de ces peuplades visitées par lui, un certain frère Vincent-Marie ; et ce témoignage, rendu avec enthousiasme, doit paraître d'autant moins suspect que frère Vincent-Marie était d'Europe, et de plus moine de l'Ordre de Sainte-Catherine de Sienne.

A l'arrivée du Missionnaire, tous se levèrent en silence; les vieillards tendirent les bras, et offrirent la main en s'inclinant. Lorsque le Jésuite parla, les jeunes hommes tinrent leur main gauche devant la bouche ; c'est une marque de respect qu'on rendait, chez cette nation, au père, à la mère, et au frère aîné, aux prêtres, aux supérieurs de la tribu, et aux Anciens de chaque église.

Le lieu choisi pour la réunion était une esplanade, verte et ombragée par d'élégants et hauts palmiers, qui descendait en pente douce vers la mer, cette admirable mer des Indes, aux flots ambrés et brillants, parsemée, le long des côtes, de ces myriades d'émeraudes aux vifs et chatoyants reflets qu'on nomme des îles. Une éminence boisée mettait à l'abri des rayons brûlants du soleil tropical l'assemblée sur laquelle les folles brises de la mer déployaient et agitaient de temps en temps les larges éventails des hauts palmiers. Le Missionnaire se leva au milieu d'un silence si profond, qu'on entendit le bruit monotone et clapotant du ressac sur la côte éloignée, et que, parfois enhardies par le calme, quelques gazelles, passant leurs têtes gracieuses à travers le vert massif de la colline, regardaient curieusement la foule un instant.

François Xavier parla : il parla longtemps, avec toute la science d'un gradué des universités d'Espagne et de France, avec l'astuce d'un Basque, avec l'onction du prêtre et l'autorité du légat, avec l'inflexion suave de la voix d'un ami qui désire persuader, ou le ton de commandement du supérieur qui veut surtout qu'on obéisse ; il exposa le but de sa mission, les motifs qui la lui faisaient commencer parmi des peuplades qui se nommaient pourtant chrétiennes. Il foudroya Nestorius et Manès, leurs hérésies et leurs adhérents ; surtout, il n'oublia pas de faire sentir aux chrétiens de l'Église des Indes que, s'ils voulaient être réellement les frères des chrétiens de l'Église d'Europe et se voir traités comme tels, il fallait qu'ils eussent une mère commune, et que Miliapour s'humiliât devant Rome, saint Thomas devant saint Pierre. Le Missionnaire parla de tout ceci, il parla, il parla longtemps, adroitement, fortement, éloquemment.....

Lorsqu'il eut terminé, un de ceux qui l'avaient écouté, beau et majestueux vieillard presque centenaire et respecté de tous, se leva et dit :

« Mon frère d'Europe a parlé longtemps, il a bien parlé ; son discours était comme le murmure de la cascade du Taddiandamalla, qui ne se tait jamais, comme le chant du petit oiseau de nos forêts, qui sait imiter tous les tons, toutes les notes des autres oiseaux. Ses paroles sont entrées dans mon cœur et dans celui de mes enfants; mais elles y ont trouvé d'autres paroles qui y sont gravées depuis trop longtemps pour en sortir aujourd'hui. Mon frère d'Europe nous a dit de bonnes paroles; mais il y a des siècles, — alors que le grand-père de cette forêt était si petit, si petit, que le poids d'une légère mouche bleue était trop fort pour sa tige, — un homme, un saint, un apôtre, descendit aussi sur ce rivage encore emmailloté dans les langes sordides de l'idolâtrie, et révéla à nos pères les mystères divins et salutaires de la vie et de la mort de Christ. Nos pères écoutèrent l'envoyé de Christ; ils crurent à ses paroles, et ils devinrent bons. Voilà quinze siècles que nous croyons ce qu'ont cru nos pères.

» Et aujourd'hui, vous nous dites que leur croyance est une erreur. Comment cela peut-il être? Comment sauriez-vous nous transmettre, après si longtemps, les paroles de Christ, mieux que l'apôtre qui vint nous les redire alors qu'elles étaient encore toutes chaudes dans son cœur?..... Je ne vois pas comment cela pourrait se faire; mais je suis vieux, bien vieux; mon frère d'Europe est jeune, ses yeux s'ouvrent aux rayons du soleil, les miens se ferment devant la lueur du ver luisant..... Cependant, que mon frère écoute bien ceci :

» Lorsque l'Apôtre et envoyé de Christ arriva dans ces contrées, nos pères l'écoutèrent avec respect, je vous l'ai dit; mais ils ne crurent pas en lui d'abord. Ils doutaient de la mission du saint Apôtre. Alors celui-ci leur dit : Croirez-vous à ma mission si je la scelle de mon sang? Garderez-vous alors mes paroles dans votre cœur, et les transmettrez-vous fidèlement à vos enfants et aux enfants de vos enfants? Et nos pères répondirent : Il en sera ainsi. L'Apôtre donna donc tout son sang pour sceller sa mission..... Nous sommes prêts à verser tout le nôtre pour tenir la promesse que nos pères ont faite en notre nom dans les temps qui ne sont plus. Si nous n'étions pas ainsi, leurs os s'entrechoqueraient dans leurs plus vieilles tombes, et formeraient comme une malédiction suprême qui retomberait un jour sur nous et nous écraserait.

» Cela ne peut être !... Que notre frère d'Europe soit le bien-venu parmi nous. Son Christ est notre Christ ; qu'importe que nous ne nous servions pas des mêmes paroles pour l'adorer ; tous les hommes n'ont pas la même couleur, et cependant Dieu les a tous créés. — J'ai dit. »

Le Missionnaire dut renoncer à l'espoir de faire par la persuasion des prosélytes parmi les chrétiens de l'Église des Indes ; il eut recours à un moyen que son chef Ignace de Loyola avait déjà employé à Rome, à l'endroit des juifs : afin que le Séminaire de Santa-Fé, devenu Collége des Jésuites de Saint-Paul, ne restât pas plus longtemps désert, il trouva nous ne savons quel moyen d'y faire entrer un certain nombre de jeunes chrétiens hindous, qu'il fit instruire des dogmes de l'Église romaine, et qui, après avoir été ordonnés prêtres par l'évêque de Goa, s'en retournèrent dans leurs familles. Mais telle était l'inébranlable foi de ces chrétiens primitifs dans la croyance que leurs pères leur avaient transmise, que non-seulement ils abandonnèrent les églises dont les nouveaux pasteurs, leurs enfants, étaient devenus les ministres par l'ordre des pouvoirs religieux et civil réunis, mais encore que les parents de ces jeunes prêtres indiens leur fermèrent impitoyablement la porte des maisons qui les avaient vus naître, et qui ne se rouvrit qu'à ceux d'entre eux qui, abjurant, non sans périls, les nouvelles doctrines des conquérants, osèrent retourner à la foi de l'Église de Saint-Thomas.

Dès ce moment commença pour ces pauvres gens l'ère d'une persécution qui devint de plus en plus âpre, et que l'affreux tribunal de l'Inquisition, qui s'établit bientôt à Goa, vint rendre sanglante.

L'évêque de Méliapour, chef de l'Église chrétienne des Indes (il se nommait Mar Joseph), n'ayant jamais voulu, en récitant l'Oraison dominicale, donner à la vierge Marie un autre titre que celui de « Mère de Christ, » et non celui de « Mère de Dieu, » fut déporté en Portugal.

Les chrétiens de Saint-Thomas, reculant peu à peu devant la persécution qui les décimait, se dispersèrent insensiblement. Le célèbre voyageur Bernier, qui parcourut les Indes à l'époque où le fameux Aureng-Zeyb, vainqueur de sultan Soodjah, et de ses autres rivaux, donnait un nouvel éclat au trône brillant du Grand-Mogol, fondé par Timor-lang ou Tamerlan au commencement du quinzième siècle, dit

HISTOIRE DES JÉSUITES.

avoir encore rencontré des tribus errantes de la grande famille chrétienne des Indes, qui disparut complétement vers le temps de la prise de Cochin et à l'époque où les Hollandais, exécutant peut-être l'arrêt des vengeances divines, expulsèrent les Portugais du continent asiatique.

Cependant François Xavier, repoussé par les chrétiens hindous qu'il ne pouvait ramener dans le giron de l'Église Catholique romaine, essaya d'illustrer sa mission en convertissant les mahométans qui s'étaient établis, comme nous l'avons dit précédemment, dans plusieurs des îles de la mer des Indes et sur divers points du rivage asiatique, baigné par les golfes du Bengale et d'Oman, entre lesquels s'avance, vers l'océan des Indes, comme une corne gigantesque et menaçante, l'énorme presqu'île de l'Hindoustan. Mais les musulmans établis sur les rivages méridionaux de l'Asie centrale, outre qu'ils étaient disposés à regarder avec haine et colère les Portugais qui étaient venus, après eux, s'abattre, comme un tourbillon incessamment renouvelé d'âpres frelons, sur l'immense et riche gâteau de miel, se rappelaient d'ailleurs avec orgueil qu'en Europe ces mêmes Portugais avaient été longtemps esclaves d'Émirs, enfants de l'Islam, dont un d'eux avait même été sur le point d'ensevelir sous tous les trônes renversés du *Frangistan* la croyance religieuse que le *padri* (1) voulait leur faire adopter. Les efforts du Missionnaire n'eurent donc aucun succès auprès des enfants de Mahomet; alors il résolut de se tourner vers les indigènes, les Indiens véritables, adorateurs de la Triade sacrée qui se compose de Vichnou, Brahmâ et Siva.

Nous n'avons pas la prétention, prétention qui serait en outre fort peu à sa place, de vouloir débrouiller ici les impénétrables mystères de la théogonie hindoue, que le savant et infortuné Victor Jaquemont

---

(1) Ce mot, qui est du portugais estropié, est appliqué par les Hindoustani, Banians, etc., à tous les ministres des religions étrangères à l'Inde, chrétienne ou musulmane. *Frangistan*, c'est pour les Musulmans l'Europe occidentale.

Quant au souvenir rappelé ici de la grande bataille dans laquelle le Français ou Franc, Charles Martel, brisa la colonne envahissante, guidée par Abd-el-Manzour et qui menaçait toute l'Europe occidentale, il a dû vivre évidemment des siècles dans la mémoire des fils de l'Islam, chez quelques-uns desquels on le retrouve encore aujourd'hui mêlé à de poétiques et fabuleux détails.

appelle un inintelligible galimatias, et qui a causé les tourments de tous les critiques et écrivains divers orientalistes. Ces trois grands dieux indiens : Vichnou, Brahmâ et Siva, sont généralement reconnus parmi les Hindous ; cependant des sectaires, et ils sont nombreux et subdivisés à l'infini, nient la divinité de ces trois personnes de la Triade indienne, et, rejetant l'autorité des Védas ou livres sacrés, admettent un seul maître de l'univers, qu'ils nomment encore de différents noms. D'autres ne reconnaissent pour Dieu que Vichnou ; d'autres encore, que Brahmâ. Une secte même, sorte d'Épicuriens, ne reconnaît rien du tout au delà du monde terrestre.

Victor Jacquemont, dont l'autorité est grande en cette matière, et qui a vécu longtemps parmi les Hindous, dit qu'en général ces peuples, et particulièrement les Hindoustani qui sont ceux dont nous devons nous occuper le plus, lui ont paru d'insouciants coquins, qui n'ont guère plus de religion que des chiens. Mais, ajoute l'observateur, s'ils se soucient fort peu de leurs dieux, en revanche ils ont une grande affection, un respect sans bornes pour leurs Brahmènes, *Gourous*, ou prêtres (1). Ces prêtres desservent des temples nommés pagodes ; ils ont une hiérarchie, des sortes de séminaires où les jeunes gens de la tribu sacerdotale sont instruits dans les cérémonies religieuses ; et une Métropole religieuse, qui est Bénarès, comme Delhi est la métropole du culte mahométan dans l'Inde.

La langue ecclésiastique des Hindous est le *sanscrit* ; c'est une langue morte ; les Hindous, qui la nomment sainte et divine, disent qu'elle est aussi ancienne que Brahmâ, c'est-à-dire que le monde, qui fut créé par ce Dieu. On ne peut nier du moins qu'elle ne remonte à une très-haute antiquité. Bernier, dans ses *Voyages au Mogol*, dit avoir vu à Bénarès une grande salle toute remplie de livres de philosophie, médecine et de poésies.

Les Hindous se divisent en quatre grandes castes, dont la première est celle des Brachmanes ou Brahmènes ; la deuxième, celle des Rajhpootes ; la troisième, celle des Veinsjas ou Banians ; la quatrième

---

(1) Voyez la collection des lettres de V. Jaquemont, publiées sous le titre de *Correspondance*. Il écrit toujours *Brahmènes* ; le mot *Brachmanes* a été longtemps employé.

enfin, celle des Soudras. Les Brahmènes ou Brachmanes, dont le nom signifie enfants de Brahmâ par excellence, sont les prêtres, et, comme dans tout l'Orient, les sages et les juges de l'Inde. Les Rajhpootes sont les soldats, et conséquemment les dépositaires du pouvoir, les seigneurs, les despotes. Les Banians sont les marchands et négociants. Ce nom même s'applique indifféremment, de nos jours, dans l'Inde à tout commerçant, qu'il soit ou non Hindoustani. Les Soudras sont les artisans. Bien différents des Égyptiens de l'antiquité, les Hindous ont placé l'agriculture après le négoce, et avec la domesticité, dans la quatrième caste. Les beaux-arts sont encore plus mal placés ; ils sont relégués dans une subdivison de la quatrième classe, où se réfugient pêle-mêle tous ceux qui ne savent à quelle caste et à quelle famille ils appartiennent. Outre ces castes, il y en a une cinquième, quoique les autres ne lui fassent pas l'honneur de la compter comme une division de la grande famille hindoue : c'est celle des Parias. A ce malheureux clan de l'Inde sont départis les états les plus pénibles, les plus dégoûtants, ceux qui rendent impurs ; aussi doivent-ils demeurer à l'écart ; et, comme les lépreux, ces pauvres gens se gardent de heurter un membre d'une des castes plus honorées, un Brahmène surtout, qui pourrait les tuer en ce cas sans crainte et même sans remords.

Les Brahmènes et les Rajhpootes sont les nobles de l'Inde. La quatrième classe, celle des Soudras, forme le peuple. Les Veinsjas ou Banians sont une sorte de division intermédiaire entre la noblesse et la roture ; comme les deux premières castes, les membres de la troisième s'abstiennent de manger de tout ce qui a vie, et surtout de la vache, dont la chair est interdite aux véritables enfants de Brahmâ, comme celle du porc l'est aux enfants de Moïse et de Mahomet, mais par un autre motif. C'est le respect et non l'horreur qui protége la vache dans l'Inde. Il est cependant probable que cette prescription, si on essayait de remonter à sa cause première, s'est établie parmi les Hindous par la même cause qui a fait établir celle que respectent les Juifs et les Mahométans, c'est-à-dire par une raison d'hygiène. La chair des mammifères, sous les tropiques, donne en effet une nourriture trop abondante et qui nuit à la santé. En outre, quant à la défense pour les Hindous de manger de la vache, on peut croire que ce qui a contribué à la faire respecter, c'est la précieuse ressource qu'offre le lait de cet animal. Or, il paraît que, soit par le manque d'herbe fraîche, soit par un effet des brûlantes ardeurs du soleil indien, ces utiles animaux ne donnent qu'une très-petite quantité de lait. Victor Jaquemont, dans une de ses lettres, raconte que, pour prendre son café au lait, il était obligé de recourir aux pis d'une demi-douzaine de vaches.

Nous avons dit que les Hindous, superstitieux, mais fort indifférents à l'égard de leurs divinités, avaient un grand respect pour leurs prêtres. Ceux-ci, les Brachmanes, ont su tirer parti de ce sentiment de vénération qui subsiste toujours : nul ne peut être vertueux et sauvé s'il ne fait d'abondantes aumônes aux Brachmanes ; celui qui tue ou insulte un Brachmane est condamné à mort ; un Brachmane eût-il mérité le dernier supplice, échappe, grâce à la religion dont il est le représentant, au glaive de la justice, tenu d'ailleurs par les membres de sa caste. Les Rajahs ou princes ont pour devoir impérieux de veiller à ce que ces prêtres ne manquent de rien. On pense bien que ces derniers savent user de tous ces priviléges. On comprend combien ils doivent y tenir.

Aussi, lorsque François Xavier voulut faire des prosélytes parmi les indigènes de l'Inde, trouva-t-il dans les efforts contraires des prêtres de ceux-ci ses plus grandes difficultés.

Horace Tursellin, et après lui la plupart des historiographes du nouvel Apôtre des Indes, nous apprennent que Xavier voulut d'abord avoir recours à la persuasion pour christianiser ces pauvres idolâtres. Mais ceci nous paraît un mensonge ou une absurdité ; nous dirons pourquoi tout à l'heure. Nous voulons d'abord suivre François Xavier dans le début de sa Mission.

Au dire des Jésuites donc, après avoir, comme nous l'avons raconté, organisé le Séminaire ou Collége de Saint-Paul à Goa, François Xavier s'en alla commencer ses travaux de Missionnaire à la pointe méridionale de la presqu'île de l'Hindoustan, vers le cap Comorin. Là vivait une nation de pêcheurs, appelés Paravas, et mêlés à bon nombre de mahométans qui étaient venus s'établir sur la côte de la Pêcherie. Les rapports n'étaient pas fort amicaux entre les individus de deux religions qui se sont toujours maudites réciproquement ; les Musulmans étant les plus belliqueux, les Paravas s'étaient courbés en silence sous leur domination. Mais un de leurs chefs ayant été insulté par un fier sectateur du prophète, qui lui arracha l'anneau d'or passé dans son oreille, l'Hindoustani, rendu furieux par cette injure, la plus grande qu'on pût lui faire, poignarda le Musulman. Les Paravas de la contrée prirent parti pour le meurtrier et firent main basse sur les mahométans surpris et dispersés ; mais bientôt ceux-ci, après avoir rassemblé leurs forces, et aussi soutenus par des Rajahs, ennemis des Paravas ou qui voulaient conquérir cette partie des côtes de la presqu'île indienne, reviennent sur les Paravas, qui ont recours, en désespoir de cause, à la protection des Portugais. Le Missionnaire profite de la circonstance. L'envoyé des Paravas, un certain Jean-de-la-Croix, Indien converti avant la venue de Xavier, et qui, nonobstant son titre chevalier que lui avaient conféré les Portugais, faisait le commerce des chevaux dans l'Hindoustan, retourne à la côte de la Pêcherie avec promesse du vice-roi des Indes de secourir les Paravas s'ils veulent recevoir et écouter le Missionnaire, enfin se faire chrétiens. Les Paravas, en cette extrémité, eussent sans doute consenti à bien d'autres conditions. Donc, pendant qu'une flotte se réunissait à Cochin, François Xavier se rendit à l'extrémité de la presqu'île. Le résultat fut tel qu'on l'avait attendu, et tel qu'on devait l'attendre. Les Paravas se firent chrétiens pour n'être pas massacrés ; leur sang, dont il semble qu'ils étaient fort avares, ne coula donc pas ; en revanche, l'eau lustrale coula à grands flots. Pendant que les Portugais battaient, dispersaient, soumettaient les musulmans, le Missionnaire baptisait avec une telle ardeur, que, d'après ses biographes et suivant les propres termes d'une lettre qu'il écrivit à la reine Catherine, depuis régente de Portugal, bien des fois, et longtemps avant que la brusque arrivée de la nuit tropicale fût venue suspendre ses pieux travaux, il dut s'arrêter, ne pouvant plus même lever les bras pour répandre l'eau régénératrice du baptême sur les têtes qui se courbaient pour la recevoir. On voit que le bon Missionnaire n'y allait pas de main morte.

Voici d'après le Père Bouhours et le Jésuite Tursellin, d'après les détails que donne Xavier lui-même dans la lettre dont nous venons de parler, comme le Missionnaire procédait à ces baptêmes :

Sitôt que le premier rayon du soleil jaillissait de l'Orient enflammé, sitôt que le *couroucou* doré, perché sur une des plus hautes branches d'un gigantesque platane, comme un muezzin vigilant qui appelle à la prière du haut d'un minaret, avait jeté son appel, auquel répondaient en chœur tous les hôtes réveillés de la forêt indienne, le Missionnaire, armé d'une clochette, parcourait le pays où il se trouvait. Les catéchumènes, plus ou moins naïfs, plus ou moins politiques, se rendaient au lieu désigné, et c'était parfois tout simplement le bord d'une rivière ; alors Xavier expliquait rapidement à son auditoire le mystère de la Trinité, etc. ; apprenait à chacun de ceux qui le composaient à faire correctement le signe de la croix. Les catéchumènes, pour montrer qu'ils croyaient, plaçaient leurs bras en croix : alors le Missionnaire donnait à chacun son nom de chrétien, écrit en portugais sur un petit morceau de papier ; puis il se mettait à baptiser jusqu'à ce que les forces lui manquassent.

Pendant six années environ, François Xavier parcourut tous les points de l'Indoustan où régnait l'influence des conquérants portugais. Le nombre des Hindous qui reçurent le baptême, soit de sa main, soit de celle de ses vicaires, Mansilla, Paul Camerti, Nicolas Lancelot, Alonzo Cyprien, François Péren, Alonzo de Castro, Melchior Gonzalès, Gaspard Belga, que le Provincial de Portugal avait envoyés à l'aide du Missionnaire, dut être immense, et les écrivains Jésuites l'affirment, le prouvent et s'en glorifient. Ceci est fort bien ; mais voici le revers de la splendide médaille qu'ils ont frappée en l'honneur de l'Apôtre des Indes et de tout leur Ordre :

Les Indiens baptisés, rendus chrétiens par le Missionnaire et ses lieutenants — les Jésuites eux-mêmes l'avouent — sitôt qu'ils n'avaient plus besoin de la protection des Portugais, sitôt même que les *padri*, comme ils nommaient les convertisseurs, étaient éloignés, cédant à l'autorité que les Brahmènes exercent sur eux, revenaient à la religion dans laquelle ils étaient nés, et le limon des fleuves sacrés, la fiente desséchée de la vache, effaçaient bientôt le caractère imprimé par l'onde du baptême chrétien. En effet, quelle sincérité pouvait-il y avoir dans ces conversions faites par milliers dans un seul jour, imposées par la crainte ou amenées par le calcul?

D'ailleurs voici qui termine tout à cet égard, suivant nous :

François Xavier ne connaissait aucune des langues parlées dans l'Inde. Tous ses biographes le disent; lui-même l'avoue dans une de ses lettres à la reine de Portugal.

Voici comment s'explique sur ce point le Jésuite Horace Tursellin : « François Xavier ne connaissait pas la langue de ces peuplades, et tout ce qu'il pouvait leur dire de manière à être entendu se bornait à certaines des choses capitales de la doctrine chrétienne, qu'il s'était appliqué à pouvoir prononcer en langage hindou (1). » Et qu'il prononçait fort mal sans doute. Il est vrai qu'à la page suivante du livre dont nous avons extrait la présente citation, l'auteur ajoute avec une naïveté que l'on serait tenté de prendre pour de l'ironie, si Tursellin n'était pas un Jésuite dévoué à son Ordre, que cependant le Missionnaire, « chaque fois qu'il le pouvait, haranguait et prêchait les Indiens, *complétant* ses paroles par ses gestes et par l'expression de sa figure. » Ne voilà-t-il pas que l'on transforme l'Apôtre des Indes en acteur de pantomime! Il n'en est pas moins vrai que l'aveu est décisif.

Que deviennent, après cela, les miracles opérés par l'éloquence du Missionnaire, et, entre autres, le triomphe qu'obtint Xavier sur les prêtres de Brahmâ, défiés par lui à une grande et solennelle discussion sur les mérites respectifs des deux religions, devant un auditoire immense, accouru de toutes parts pour assister à cette parodie asiatique du fameux Colloque de Poissy? Car, par une coïncidence qui a quelque chose de singulier et de piquant, la lutte de François Xavier avec les prêtres de l'Inde eut lieu presque à la même heure que celle du fougueux Laynez avec Théodore de Bèze et les docteurs Calvinistes. Suivant les écrivains de la Compagnie, le champion Jésuite d'Asie fut plus heureux que celui d'Europe.

(1) *Vie de François Xavier*, par Horace Tursellin, liv. II, chap. X, page 84.

Un beau jour, suivant eux, au milieu d'une multitude émue et attentive, le Missionnaire se trouva face à face avec les plus savants, les plus renommés, les plus révérés Brachmanes : un de ceux-ci, vieillard presque centenaire, se leva, et parla, le premier, au nom de tous.

Il expliqua les mystères de la croyance brahmanique ; il parla de la Triade Hindoue, composée de Brahmâ, principe créateur; de Vichnou, principe conservateur; et de Siva, principe destructeur. Il raconta les dix *Incarnations* du Dieu Vichnou, dont la dixième n'a pas encore eu lieu. Lorsque le temps en sera venu, le monde changera de face ; il n'y aura plus alors qu'une religion, qu'un Dieu!... Bien entendu que l'orateur hindou conclut en disant que, jusqu'à ce temps, il fallait honorer Brahmâ, et les plus nobles enfants de Brahmâ, qui sont les Brahmènes, dont le premier qui parut sur la terre fut tiré par le Dieu de son propre cerveau, ce qui fait que les Brahmènes sont les plus sages des hommes (1).

François Xavier parla à son tour. Il dit la création du monde en six jours ; création terminée par l'homme, et après laquelle Dieu se reposa content de son œuvre. Il expliqua rapidement, d'une voix forte, dit Tursellin, les préceptes du Décalogue et les mystères de la religion chrétienne. Il parla du bonheur des élus et des tourments des damnés...

Tout cela, nous le savons à présent, dit à grand renfort de gestes et d'expressions de figure, mais en espagnol, peut-être en latin, mais non pas en langage hindou, le seul dans lequel il pouvait être compris; de même que les Brachmanes n'avaient pu s'exprimer qu'en langage indoustani, dont le Missionnaire ne comprenait pas un mot. Un auditeur désintéressé, qui se serait trouvé à ce Colloque, aurait dû être singulièrement amusé! Sans doute, néanmoins, au Colloque du Malabar, comme à celui de Poissy, les adversaires se séparèrent en s'attribuant réciproquement la victoire.

(1) Suivant les dogmes brahmaniques, il y a quatorze mondes et aussi quatorze espèces d'hommes, sortis les uns et les autres de quatorze parties du corps de Brahma.

Et suivant qu'ils ont été tirés du cœur ou de la plante des pieds, les mondes et les hommes sont pauvrement ou généreusement doués. Bien entendu que les Brahmènes se prétendent nés du cerveau de Brahma, ainsi que le premier monde qui est au dessus du ciel.

Les Jésuites assurent que le vainqueur unique et réel fut François Xavier ; et pour preuves, ils en donnent la conversion instantanée de tous les Hindous qui avaient assisté à la discussion, et qui adoptèrent au plus vite la religion dont on venait de leur faire comprendre les vérités sublimes, dans une langue inconnue, à l'aide de gestes véhéments et de pathétiques expressions de visage!.....

En vérité, ce n'est pas la faute des Jésuites si la gloire de leur premier Missionnaire n'est pas depuis longtemps étouffée sous le ridicule. Et, vraiment, nous en sommes fâché pour le Missionnaire, dont la mémoire est à peu près à l'abri des accusations terribles et presque toutes prouvées que nous allons voir s'accumuler sur les successeurs de l'Apôtre des Indes. Cependant, il faut bien le dire, François Xavier, dans le cours de sa Mission, doit encourir plus d'une fois un blâme mérité. Ainsi que l'a fort bien aperçu un historien du siècle dernier, le premier Missionnaire Jésuite fut le premier promoteur de l'Inquisition dans les Indes (1). Xavier dut nécessairement être amené à se servir de la terreur pour mettre obstacle aux fréquents retours des nouveaux convertis à la croyance de leurs pères. Comme le Missionnaire, Jésuite avant tout, craignait sans doute d'appeler à son aide les terribles moines du sombre et sanglant Dominique, il se créa lui-même une petite Inquisition, sans appareil effrayant, mais dont les fonctions doivent être condamnées par le moraliste presque à l'égal de celles qui présidèrent tant de fois aux abominables *Actes-de-foi*, dont les bûchers sanglants ont eu du moins ce résultat heureux, mais chèrement payé, de montrer, à leurs sinistres lueurs, tout ce qu'a de hideux, d'infernal, l'idole si longtemps adorée du fanatisme ; idole bien plus terrible à l'égard des hommes, bien plus impie à l'égard de Dieu que toutes celles que le Missionnaire fit briser dans les Indes. François Xavier, disons-nous se forma comme une sorte de petite garde, qu'il composa de jeunes Indiens qu'il avait préalablement baptisés et convertis, et qui, tout fiers d'avoir été choisis pour les compagnons, les *familiers* de leur Saint-Père (c'est le nom que l'Apôtre des Indes se laissait donner), mettaient un tel zèle

(1) Voyez l'*Histoire impartiale des Jésuites*, par Linguet.

à faire exécuter ses ordres, que, s'ils s'apercevaient que leurs parents, christianisés de la façon du Missionnaire, retournaient à leur ancienne croyance, ils en avertissaient aussitôt le convertisseur, qui, à leur tête, envahissait impétueusement la maison des coupables, faisait couvrir d'ordures, culbuter, briser sous les pieds la malheureuse idole, dont les débris étaient ensuite dispersés au loin ou consumés par le feu. Horace Tursellin, qui nous a conservé ces détails, et qui trouve on ne peut plus admirable que ces enfants, endoctrinés par le saint, se soient faits, à l'ordre du Missionnaire, les espions et les dénonciateurs de leurs parents, et peut-être quelque chose de mieux (1) ; car, dans l'emportement de leur zèle, les jeunes *familiers*, après qu'ils s'étaient échauffés sur l'idole, oubliaient peut-être parfois quels étaient les idolâtres ; le Jésuite Tursellin, disons-nous, assure très-sérieusement que son confrère, qui n'était pas rangé parmi les saints, alors qu'il écrivait sa vie, fit même nombre de miracles par le moyen de ces jeunes néophytes.

Nous voici naturellement amené à parler des miracles opérés par le Missionnaire Jésuite : nombreux ils sont ; leur sommaire seul remplirait plusieurs pages. — Sont-ils bien constatés ? demande un incrédule qui suspecte tout faiseur de miracles, ou un croyant qui se méfie de miracles opérés par tout enfant de Loyola. — Ils sont bien constatés, répondent les Jésuites ; les preuves en ont été fournies lors de la canonisation du saint !

Nous voulons qu'il en soit ainsi, quoique assurément il y aurait beaucoup à dire sur cette question. Certainement, Dieu qui donnait au Missionnaire le pouvoir de ressusciter les morts, eût pu lui accorder le don de parler et d'entendre les langues diverses des vivants. Les Jansénistes, adversaires sérieux des Jésuites, autant que partisans sincères de l'Église romaine, ont objecté, avec assez de raison, qu'il semble que François Xavier ne fût pas appelé par Dieu à sa Mission, sans quoi il aurait reçu du ciel le don des langues qu'obtinrent les Apôtres,

---

(1) Le Père Bouhours avoue, en effet, que, sur l'ordre de Xavier, ces enfants allaient mettre le feu à la maison d'un Indien relaps, père d'un d'entre eux, lorsque ce dernier les arrêta en leur remettant ses idoles, qui furent seules brûlées. Ce Jésuite trouve également fort beau et fort édifiant ce fait, qui de nos jours enverrait son auteur aux galères.

Les Brachmanes.

lorsque, après la mort du Christ, ils se dispersèrent par l'univers pour aller faire connaître l'Évangile à toutes les nations. Ceci nous semble fort logique.

Mais ce que nous voulons faire remarquer, le voici : Les miracles de saint Ignace, qui n'eurent pour témoins et certificateurs que ses disciples et compagnons, miracles opérés pendant que le fondateur de la Société roulait çà et là, pauvre, obscur, inaperçu, cherchant les matériaux, les ouvriers et l'emplacement pour son œuvre, ces miracles cessèrent tout à coup et complétement sitôt que Loyola, arrivé à Rome, se fut trouvé à découvert et en pleine lumière. Mais, par contre, François Xavier, qui n'avait pas fait le plus petit miracle tant qu'il était resté en Europe, n'a pas plus tôt mis cinq mille lieues entre l'Europe et lui, qu'il obtient le don des miracles, et en use largement, presque journellement. Et le don qu'il a reçu du ciel, il lui fut même permis de le transmettre à ses néophytes. Les jeunes et ardents *familiers* dont nous avons déjà parlé, pourvu qu'ils eussent soin de se munir du crucifix, du livre ou du chapelet de leur Saint Père, convertissaient aussi bien que lui, guérissaient comme lui. Car c'était surtout en se faisant médecin du corps que le Missionnaire devenait médecin de l'âme.

Une Indienne, en mal d'enfant, avait appelé à son aide les prières des plus saintes Brahmènes, les exorcismes des *Joguis* les plus célèbres, le savoir des plus révérés Brachmanes, rien n'y faisait ; François Xavier arrive, crie à la pauvre patiente qu'elle sera guérie si elle veut être chrétienne (nous pensons que le miracle aurait été que plus beau si le Missionnaire avait converti la patiente après l'avoir guérie!). — Je suis chrétienne! guérissez-moi! répond vite l'Indienne. Aussitôt le prêtre du Christ répand sur elle les ondes régénératrices du baptême, et la nouvelle chrétienne est délivrée. La science moderne pourrait peut-être expliquer ce miracle; mais la foi, et une foi robuste, peut seule accepter la plupart des autres.

Ainsi, le Missionnaire, pour donner de l'autorité à sa parole et pour faire évanouir le prestige qui s'attachait à la science des Brahmènes, aurait à plusieurs reprises rappelé des morts à la vie!... Nous n'avons rien à dire là-dessus. Mais nous nous permettrons de discuter la valeur d'un autre miracle que Dieu fit pour prouver apparemment en quelle grande estime il tenait le Jésuite. Pendant que Xavier évangélisait un endroit nommé Manapar, un Hindou, un Rajhpoote, personnage important, ne répondit que par des injures aux efforts que faisait le Missionnaire pour le rendre chrétien. Le convertisseur fut peut-être importun; l'idolâtre fut certainement peu poli; mais nous ne croirons jamais que Dieu, pour punir celui-ci, pour venger celui-là, ait opéré le miracle suivant, rapporté par les Pères Tursellin, Bouhours, Orlandin, etc., avec force détails, réflexions, éjaculations pieuses et grande admiration : peu de temps après que le Rahjpoote eut ainsi chassé le Jésuite de son logis, il fut attaqué, alors qu'il n'avait aucune arme, par des ennemis nombreux et bien armés, qui le tuèrent (1), à la vue des chrétiens. Ceux-ci, reconnaissant l'homme qui avait insulté le Missionnaire, furent saisis d'admiration et rendirent grâce au Seigneur. Peut-être auraient-ils mieux fait de secourir d'abord le malheureux! Tel est le récit d'Horace Tursellin; le Père Bouhours trouve le moyen de donner quelque chose d'odieux à la manifestation divine : « Le Rajhpoote, suivant lui, se voyant attaqué, aurait pris la fuite, et voyant ouverte l'église des chrétiens, où Xavier célébrait alors l'office divin, aurait essayé d'y entrer; mais les fidèles, à ce spectacle, auraient incontinent fermé les portes, et, continuant vêpres ou complies, laissé massacrer le Rajhpoote. »

Nous demanderons, par exemple, où se trouve le miracle dans ce dernier cas? et, surtout, où se trouvait alors la charité chrétienne? Certes, si, lors du procès de canonisation, l'*Avocat du Diable* accepta ce miracle comme devant profiter à François Xavier, nous ne pouvons dire qu'une chose : c'est que, semblable à quelques-uns de ses confrères des tribunaux séculiers, il s'était laissé influencer ou même gagner par la partie adverse.

Qu'on remarque encore bien ceci :

En Europe, Ignace de Loyola avait pu tirer bon parti de l'étalage, plus ou moins politique, de ses macérations et de ses austérités; mais,

(1) *Divinitùs* (par la volonté de Dieu), dit Tursellin, liv. XI, chap. IX, page 79. Si l'on en croyait certaines gens, Dieu serait nous ne savons quel *Fétiche* altéré de sang!

en Asie, dans l'Inde surtout, son disciple n'aurait pu se servir, avec le même succès, du même moyen ; et cela par l'excellente raison que, se fût-il nourri d'herbes et de racines pendant toute sa vie, comme saint Paul, le premier des Ermites ; fût-il resté au haut d'une colonne de granit, comme saint Siméon ; eût-il réuni enfin en lui seul l'enthousiasme ascétique des anachorètes de la Thébaïde et l'opiniâtre ferveur des premiers Confesseurs du Christ, qu'il se fût vu dépasser de bien loin par le martyre volontaire, quotidien et perpétuel de certains individus de la castes des Brahmènes ou Brachmanes, surtout de ceux que l'on nomme *Joguis*, dont le nom signifie, suivant Bernier : unis à Dieu ; ce sont, au dire du célèbre voyageur et d'après Della Valle (1), des espèces de moines hindous, qui habitent d'ordinaire les pagodes les plus saintes et les plus fréquentées, où ils ne vivent que d'aumônes. Les uns traînent d'énormes chaînes de fer, les autres portent un lourd collier de fer rivé à leur cou ; d'autres encore se font attacher au tronc d'un arbre ou à la muraille d'une pagode. On en voit qui, suspendus par les pieds au moyen d'une corde à une branche d'arbre posée transversalement sur deux autres piquées en terre, se balancent, la tête en bas, au-dessus d'un feu qu'ils entretiennent pendant une heure dans cette intolérable position. D'autres, par dévotion, font vœu de rester toujours assis, couchés, debout, les bras élevés au-dessus de la tête, nuit et jour. Bientôt, le sang et les humeurs cessant de circuler, les membres se dessèchent, s'atrophient et restent inflexibles. Rien de hideux comme de voir ces espèces de fantômes cheminer lentement, nus, couverts en partie par leurs cheveux, ayant au-dessus de leur tête deux espèces d'antennes racornies, qu'on ne peut plus nommer des membres humains, et que terminent des ongles épouvantablement longs.

Il y a des Joguis qui s'enferment dans des cages élevées sur de grosses et grandes poutres. Ces cages sont si petites, que leur fanatique habitant ne peut s'y tenir ni debout ni assis ; cependant il y vit, il y meurt ; la mort même ne délivre son corps de sa torture que parce qu'elle l'y rend insensible. Voilà les *Stilites* chrétiens bien disposés, n'est-ce pas ? Et, ce qui est remarquable, c'est qu'on dirait que les Hésychastes

(1) Voyez, à cet égard, les *Voyages de Pietro della Valle*, en italien, tome IV.

du mont Athos et Loyola lui-même n'ont fait que copier les règles de ces malheureux fanatiques, en ce qui concerne les extases et les visions célestes : ces règles, en effet, prescrivent à l'adepte de se priver de nourriture de toute sorte ; ensuite de se retirer en un lieu obscur et écarté; là on tient longtemps et sans remuer les regards en l'air, puis on les ramène lentement en bas, et on les fixe vers l'extrémité du nez ; alors, assurent les Brahmènes, on voit jaillir de cette partie du visage une lumière douce, blanche, et qui cause une joie inexprimable ; alors aussi on est ravi en extase, et l'on converse avec les dieux...

Les fanatiques de tous les pays ont, comme on le voit, de grands points de ressemblance !

Mais c'est surtout aux grandes fêtes indiennes que ces Joguis donnent d'horribles preuves de leur sauvage exaltation. A celle de Jaggarnath, par exemple, on voit de ces malheureux qui se précipitent sous les roues du char qui porte l'idole, où ils sont broyés. D'autres se contentent de se faire hisser en l'air, au moyen d'un crampon de fer qui est fixé fortement dans les muscles du dos : dans cette affreuse position, on voit ces misérables agiter une épée nue au-dessus de la foule, ou jeter sur elle, en chantant les louanges de ses dieux, des fleurs que les dévots recueillent avec empressement...

On comprend que les Jésuites n'aient jamais essayé de lutter contre de pareils athlètes du fanatisme religieux. François Xavier aurait donc été restreint à la recette des miracles : et, si nous en croyons ses confrères, il en aurait usé si habilement qu'il lui dut bientôt une importance fort grande et un crédit puissant parmi des peuplades généralement très-insouciantes à l'égard de la religion en elle-même, mais aussi fort superstitieuses en même temps, et surtout fort ignorantes.

Si nous révoquons en doute les prodiges attribués à l'éloquence *mimique* de Xavier, si nous suspectons ses miracles certifiés par ses vicaires et confrères seuls, nous croyons en revanche à l'habileté du Missionnaire, à l'intelligence de l'ouvrier apostolique, à l'énergie du soldat de la croix ou plutôt de l'homme d'armes de la Compagnie de Jésus, dont le capitaine, résidant à Rome, ou un de ses lieutenants, le Père Rodriguez, Provincial de Portugal, surveillait de loin les pas de

Xavier, et les faisait converger vers le but qu'ils commençaient à entrevoir plus clairement désormais.

Nous avons dit déjà que, suivant nous, ce but était celui-ci : établir tout d'un coup, au moyen des Missions, l'importance de l'Ordre naissant qui avait tout à redouter des Ordres rivaux depuis longtemps créés ; et, si une occasion favorable se présentait, procurer à la Compagnie de Jésus l'influence, le pouvoir et la richesse, toutes choses qui attiraient vers l'Inde, cette terre si riche, et que les récits des voyageurs faisaient plus riche encore, dont le sol recélait le diamant, dont les mers recélaient la perle, bien plus que la gloire et les intérêts de la croix du Christ.

François Xavier, qui, d'après l'expresse volonté du roi Jean III, disposait ou à peu près de la puissance des Portugais dans l'Inde, sut fort adroitement se servir de ce levier puissant. Tel peuple, tel prince de l'Hindoustan qui accueillit mal le Missionnaire ou qui voulut s'opposer à ses desseins, furent attaqués, subjugués, massacrés par les Portugais, comme les Badagas et le roi de Jaffnapatam ; tels autres, au contraire, comme, par exemple, les Paravas et le Rajah de Travancor, dociles à la voix de l'Apôtre des Indes, virent les conquérants se placer entre eux et les attaques de leurs ennemis. Cette tactique habile, et constamment suivie, donna au Missionnaire une puissante influence dans toute la péninsule indienne, et, ce qui le prouve, c'est que, dès lors, le Jésuite, se départant de sa prudence et de son humilité envers le vice-roi, ne craignit plus d'agir sans son avis et même contre son avis. Les biographes du Missionnaire nous offrent un exemple de cette conduite :

Le vice-roi, don Juan de Castro, successeur de F. de Souza, irrité contre Xavier, lui fit donner l'ordre de comparaître devant lui. Le porteur de cet ordre, un certain Hindou christianisé sous le nom d'André, trouva le Missionnaire, les yeux démesurément ouverts, le visage ardent, et livré à une préoccupation telle, les Jésuites disent ravi en extase si profondément, qu'il eut beau crier, trépigner, frapper sur les meubles, maugréer et secouer même le saint, il ne put le tirer de cet état. Cependant l'heure arrive où Xavier doit comparaître devant le tribunal du vice-roi. Il se met alors en route ; mais bientôt, retombant dans sa préoccupation, il s'égare, et, lorsqu'il revient au Collége de Saint-Paul, l'heure de l'audience est passée.

« Nous nous arrangerons une autre fois avec le vice-roi, dit-il alors fort tranquillement ; le Roi du ciel a voulu s'attribuer à lui seul toute ma journée. »

Il paraît que don Jean de Castro fut obligé de se contenter de cette singulière excuse.

La Mission de François Xavier n'étant pour ainsi dire que la préface de l'Histoire des Jésuites en Asie, nous passerons rapidement désormais sur ses diverses parties. Nous ne parlerons que pour mémoire des prédications de l'Apôtre des Indes à l'île de Ceylan, qui devait bientôt voir couler à flots le sang de ses habitants dans les persécutions qui s'élevèrent contre les nouveaux chrétiens, dans les vengeances qu'en tirèrent les Portugais au nom de leur religion outragée, mais surtout et en réalité pour rétablir leur influence tombée. Nous passerons également sous silence les travaux apostoliques de Xavier dans la grande île de Sumatra et aux Moluques. Ce fut dans une île de ce vaste archipel que le Missionnaire convertit, toujours sans doute grâce à son éloquence muette de gestes et d'expressions de visage, la belle Neachile Pocaraga, fille du roi de Tidor, et femme du souverain mahométan de Ternate, mais reine détrônée, triste veuve, mère plus infortunée ; les Portugais lui ayant à la fois tué son mari et ses enfants et pris son royaume. Nous voulons bien croire que ce fut l'amour divin qui seul engagea François Xavier à donner à cette princesse déchue tous les soins que le Père Bouhours se plaît à nous décrire.

Au reste, dans ces diverses contrées, le Missionnaire tint la même conduite que dans l'Indoustan : il baptisait aussi largement, convertissait aussi prestement ; en outre, il prophétisait et faisait toujours de nombreux miracles. Dans le procès de sa canonisation, on trouve celui-ci entre autres que nous citons comme exemple : un certain Portugais, nommé Fausto Rodriguez, témoin du fait, et qui en déposa, raconte que, près de l'île de Baranura, le Père François Xavier ayant voulu calmer les flots soulevés par une horrible tempête en y plongeant son crucifix, cet ornement, qu'il portait toujours, échappa de sa main et disparut dans la mer; cette perte affligea beaucoup le Missionnaire. Vingt-quatre heures après, le témoin allant sur le rivage de l'île avec le saint, vers un bourg nommé Tamaloo, vit sortir de la mer un gros cancre (probablement un crabe bronzé fort commun en ces parages) qui portait entre ses pinces le crucifix perdu. Le susdit cancre marcha droit au Père, et s'arrêta devant lui en s'inclinant gravement. Ce dernier se mit à genoux, prit la sainte image du Rédempteur et commença une longue prière, tandis que l'obligeant crustacée reprenait tranquillement le chemin de son humide habitation…

Nos lecteurs pensent bien que nous ne les obligeons pas à croire cette merveilleuse histoire, que nous trouvons pourtant relatée dans les Actes de la canonisation de l'Apôtre des Indes comme un des droits les mieux établis à l'honneur de faire partie des saintes phalanges.

Au reste, le Missionnaire sut employer son activité à des choses plus importantes qu'à des relations avec les crabes ou tout autre crustacée.

Lorsqu'il arriva dans la presqu'île de Malacca, il y trouva les Espagnols et les Portugais tout prêts à en venir aux mains : les premiers étant jaloux des seconds, et ayant bonne envie de les chasser de cette partie des Indes qu'Alphonse d'Albuquerque, surnommé le Grand, avait conquise, dans l'année 1511, sur les mahométans, qui l'avaient eux-mêmes enlevée aux rois de Siam. François Xavier, Espagnol de naissance, mais protégé par les Portugais, craignant d'ailleurs de voir sa Mission compromise et les fruits de ses travaux perdus, au milieu de la conflagration que ferait élever une guerre entre les deux puissances rivales, fit tant et si bien qu'il décida les Espagnols à laisser aux Portugais la libre possession de la grande presqu'île.

Bientôt après, il se montra encore plus grand ami des Portugais. Il était allé à Amboine, où ses prédications firent naître de sanglantes persécutions, et de là probablement aux îles Célèbes, où, dit-on, il avait converti à la religion chrétienne le roi de la principale de ces îles, toute sa famille et un grand nombre de ses sujets, tous mahométans, toujours sans savoir un mot de la langue des indigènes (1).

(1) Les écrivains Jésuites assurent, nous devons le dire, que leur saint avait fait traduire

Lorsqu'il revint à Malacca, où il trouva dix enfants d'Ignace qui venaient l'aider dans sa Mission et qu'il envoya aux Moluques, un orage effroyable allait fondre sur la puissance portugaise. Nous avons dit qu'Albuquerque avait conquis cette portion du continent et des îles asiatiques sur des princes mahométans. Le plus puissant de ces princes, le sultan d'Atchem, dans la grande île de Sumatra, laquelle n'est séparée que par un détroit de la presqu'île de Malaye ou de Malacca, avait formé le projet de reprendre aux Portugais toutes leurs conquêtes. Le 9 octobre 1547, une flotte, composée de soixante gros navires, sans compter une flottille nombreuse, et que montaient cinq mille soldats, parmi lesquels on comptait bon nombre de janissaires ou aventuriers rassemblés de toutes parts, parut inopinément devant Malacca, entra dans le port à la faveur des ténèbres, car la nuit n'était pas encore finie, et ouvrit sur-le-champ son feu sur la place surprise et terrifiée, tandis que le commandant de l'expédition prenait terre avec les troupes de débarquement, et essayait d'enlever la ville par escalade.

Le gouverneur de Malacca, don François de Mello, appela la garnison et les habitants aux murailles, et repoussa le premier assaut, toujours désespéré, des musulmans. Le général des assiégeants ne jugea pas à propos de renouveler l'attaque, et se contenta d'incendier tous les vaisseaux portugais qui étaient dans le port. Au lever du soleil, les assiégés virent la flotte du sultan d'Atchem se pavoiser, et ceux qui la montaient les défier au combat; mais le canon de la citadelle ayant répondu sur-le-champ à cette bravade, les musulmans virèrent bientôt de bord et s'éloignèrent.

Le lendemain, sept Portugais, que l'ennemi avait pris dans le détroit où ils pêchaient, revinrent à Malacca avec une lettre que le général musulman leur avait remise pour don François de Mello, après leur avoir fait couper le nez et les oreilles. Voici quel était le contenu de cette lettre :

en malais et en arabe les principaux articles de la foi chrétienne, et que, les ayant appris par cœur, il les transmettait ainsi à ses catéchumènes. Mais, à moins d'un miracle, nous ne voyons pas encore comment, avec de si faibles matériaux, le Missionnaire pouvait édifier une Église réelle et solide. Évidemment, Malais ou musulmans, les convertis n'avaient de chrétien que le nom. — C'était peut-être tout ce que demandait le Jésuite.

« Au nom d'Allah, puissant et miséricordieux!

» Bajaja Soora, qui porte dans des plats d'or le riz de Sultan Al-Arraheddin, grand monarque d'Atchem et des terres que baignent l'une et l'autre mer (que la bénédiction de la promesse soit sur lui!), au chef des Infidèles voleurs de Malacca :

» Je t'avertis d'écrire à ton roi que je suis ici, jetant la terreur dans sa forteresse par mon fier rugissement..... Je prends à témoin de ce que je dis non-seulement la terre et les peuples qui l'habitent, mais tous les éléments, jusqu'au ciel de la lune ; et je dis ceci : Vous êtes une race de chiens affamés que l'on doit châtier; votre roi est un lâche; ses étendards ont été déchirés et abattus par la main des Croyants ; et, grâce à notre victoire, sa tête est sous le pied du glorieux sultan notre maître, dont il doit rester l'esclave. — Je te défie au combat qui doit prouver que tout ce que je dis est la vérité.

» Gloire au Prophète ! »

On se représente l'effet que dut produire ce cartel insultant sur l'esprit orgueilleux des conquérants de l'Inde, qui voyaient fumer dans leur port les derniers débris de leur flotte, tandis qu'à l'horizon on apercevait encore distinctement les vaisseaux des vainqueurs, toujours pavoisés et courant des bordées d'un air de défi. Cependant les Portugais humiliés se seraient déterminés à dévorer en silence leur affront, lorsque François Xavier, attiré par le bruit de la canonnade, revint d'un monastère, bâti en l'honneur de la mère du Christ sur une montagne peu éloignée de la ville de Malacca, et qui fait partie de l'immense rameau que le système des monts Thibétains envoie jusqu'à la pointe méridonale de la presqu'île Malaise.

Oubliant sans doute qu'il est prêtre pour se souvenir seulement qu'il est gentilhomme, que sa mission est une mission de paix, François Xavier, l'Apôtre des Indes, crie aux Portugais qu'il faut venger un pareil affront, que le ciel le veut et que l'honneur du Portugal, celui de tous les chrétiens, de tous les hommes d'honneur qui sont à Malacca, y est engagé; qu'à cette lettre insolente, une seule réponse convient: la bataille; qu'une telle insulte veut une éclatante réparation : la victoire!

Le gouverneur et ses officiers hésitent; le Missionnaire s'adresse alors aux soldats et aux habitants de Malacca ; il leur souffle le feu qui l'anime : bientôt sept caravelles échappées à l'incendie, et que viennent renforcer deux vaisseaux arrivant d'Europe, sont réparées, armées et prennent la mer. Pour enflammer le courage de ceux qui s'élancent sur ces navires à sa voix, le Jésuite leur remet un étendard qui les conduira — il le prophétise — à une grande et sainte victoire ; il les bénit ; il les fait communier de sa main ; il décore la troupe exaltée du nom de bande des soldats du Christ..... Il veut même s'embarquer avec eux : le gouverneur et les habitants de Malacca le retiennent non sans peine...

Fanatisés par tout ceci, les Portugais courent après la flotte musulmane disparue, et qu'ils finissent par rencontrer, au bout de plus d'un mois, dans la rivière de Quéda, en face de l'île Lancavy. Le choc fut terrible ; les Atchemois furent complétement défaits ; tout musulman qui ne se sauva pas fut tué ou noyé. D'immenses richesses devinrent la proie du vainqueur, qui ne cessa de tuer que pour piller.

Cette sanglante victoire, François Xavier la prédisait, assurent ses biographes, à l'instant où elle était remportée, en l'attribuant à Jésus-Christ, le sauveur des hommes, auxquels il n'a jamais dit de s'entre-égorger. Nous n'aurions pas raconté ces événements si les Jésuites n'y avaient trouvé un perpétuel et souverain motif d'emboucher la trompette pieuse en l'honneur de leur saint.

Si François Xavier avait été un soldat, un *conquistador*, comme tant de ses aventureux et avides compatriotes de cette époque, peut-être partagerions-nous l'admiration que les bons Pères professent pour cette particularité de la vie de l'Apôtre des Indes. Mais c'était un prêtre, un représentant de celui qui ne fit couler pour établir sa puissance, l'autorité de sa parole, sa divinité enfin, d'autre sang que le sien ; qu'on ne l'oublie pas ! François Xavier régla-t-il toujours sa conduite sur celle de son divin maître ? Non ! François Xavier peut être un saint pour les âmes dévotes, un grand homme, un grand saint, aux yeux des Jésuites, un homme extraordinaire pour les indifférents ; mais dans la balance de la saine critique, de la froide raison, de la véritable philosophie, aux yeux du moraliste, du simple penseur, aux yeux de l'homme qui veut que la mission de tout semeur de doctrines religieuses ait aussi pour but l'amélioration des conditions sociales, l'affranchissement de toutes les servitudes, enfin les intérêts de la civilisation, ceux de l'humanité tout entière, François Xavier n'a été qu'un esprit inquiet, mais intrépide, un chrétien fervent peut-être, mais pourtant bien naïf ou bien rusé, en un mot une sorte de flibustier pieux, qui, pendant dix années, sillonna les mers, visita les îles, parcourut les côtes asiatiques, tenant la croix d'une main, mais plantant de l'autre le jalon des futures conquêtes de son Ordre, dont il n'oublia jamais qu'il était membre (1).

Achevons cette rapide et nécessaire esquisse de sa Mission. Peu de temps après la victoire remportée sur la flotte du sultan d'Atchem par les Portugais de Malacca, le hasard amena un Japonais vers le Missionnaire, qui allait partir pour retourner à Goa. Il paraît que c'était un assez méchant garnement, qu'un meurtre, de l'aveu même des Jésuites, avait chassé de sa patrie et forcé à se réfugier parmi les Portugais. Ces derniers avaient accueilli avec empressement et fort bien traité cet homme, au moyen duquel ils espéraient pouvoir s'ouvrir complètement la route qui conduisait à ces opulents royaumes du Japon, dont les récits de quelques voyageurs et des marchands qui, depuis deux années, en ramenaient leurs galions chargés richement faisaient de si pompeux tableaux. Éperonné par cet amour des courses aventureuses qui le fit errer, pendant toute sa Mission, de rivage en rivage, au lieu de s'appliquer à faire germer et mûrir la moisson religieuse dont il éparpillait ainsi les semences ; remplissant ainsi, sans doute, la mission que son Ordre lui avait imposée : celle d'éclaireur en ces lointaines contrées, et d'enfant perdu de la phalange jésuitique, François Xavier forma, dès qu'il vit le Japonais, le projet de pénétrer, par le moyen de cet homme, dans ce riche et mystérieux empire qui n'a soulevé un

(1) En 1548, à son retour à Goa, Xavier, écrivant au Général de son Ordre, terminait ainsi sa lettre : « Si jamais je t'oublie, Société de Jésus, que j'en vienne à oublier ma main droite ! » Il écrivit en même temps au roi de Portugal, auquel il recommanda fortement de punir, par la révocation des charges et la perte des biens, ceux de ses gouverneurs des Indes qui ne seconderaient pas les efforts qu'il faisait pour répandre la foi chrétienne. On voit que le saint savait se débarrasser des obstacles en simple mortel.

instant à nos regards le rideau qui le couvrait depuis des siècles, que pour le faire retomber bientôt plus impénétrable.

Le Missionnaire se hâta donc de quitter la presqu'île de Malacca, où il eut soin seulement de laisser des vicaires, ainsi que dans les îles Asiatiques. Le Jésuite revint à Goa pour être témoin de la mort du vice-roi don Juan de Castro. Comme *la mousson* n'était pas favorable, il dut attendre plusieurs mois, qu'il consacra à organiser les paroisses qu'il avait créées. Le P. Paul Camerino fut nommé supérieur général et vice-provincial; Antoine Gomès obtint le rectorat du Collège de Saint-Paul, devenu riche et peuplé; Nicolas Lancelot eut la direction religieuse de Coulan; Alphonse Cyprien, celle de l'île de Socotora, l'ancienne Dioscoride; Gaspard Barzée fut envoyé à Ormuz, dans le golfe Persique, etc. Avant son départ, il laissa à son remplaçant des instructions générales, où nous remarquerons les passages suivants. « Quittez tout, disait-il, à Camerino, pour rendre à vos frères le service spirituel ou *temporel* qu'ils réclameront de vous..... Agissez avec les personnes du monde qui sont en commerce et familiarité avec vous, comme si vous pensiez qu'elles doivent devenir un jour vos ennemis. »

Recommandation véritablement digne des Jésuites, et que le Missionnaire faisait en vue, il le dit, des enfants du siècle qui observent sans cesse les enfants de lumière (c'est-à-dire les Jésuites) avec des yeux malins et défiants : « Prêchez, continuait Xavier, prêchez souvent, et de façon à émouvoir et à faire pleurer vos auditeurs. Offrez à leurs yeux les solennelles terreurs du jugement dernier; les effroyables et éternelles tortures des damnés. Menacez, enfin, de mort, *et de mort subite*, ceux qui négligent leur salut. Dans le confessionnal, quelque énorme que soient les péchés qu'on vous détaille, écoutez le pénitent avec sang-froid, et sans témoigner d'étonnement. Au contraire, vous insinuerez, pour l'encourager, que vous avez reçu l'aveu de choses bien plus atroces... Vous prendrez garde de vous mettre mal avec les dépositaires du pouvoir temporel; lors même que vous verriez qu'ils ne font pas leur devoir *en des choses graves*... Aux endurcis, vous déclarerez, afin de hâter le repentir, que s'ils ne s'amendent, ils auront bientôt à souffrir de pertes considérables, et des traitements fâcheux de la part des gouverneurs ; des maladies, la prison, une ruine complète; enfin, qu'ils deviendront, eux et leurs descendants, des objets de haine et d'exécration publique.....»

C'était pourtant un prêtre qui faisait à ses subordonnés ces recommandations au moins singulières. Voici ce que le Jésuite ajoutait dans l'intérêt de l'Ordre qu'il jurait de ne pas oublier plus que l'usage de sa main droite :

« Vous écrirez, disait-il, de temps à autre au Collége de Goa. Vous marquerez, dans vos lettres, les fonctions que vous exercez pour *la plus grande gloire de Dieu*, les résultats que vous avez obtenus, etc. Vous aurez soin que ces relations soient telles que nos Pères de Goa puissent les faire passer en Europe comme des preuves authentiques de ce que nous faisons dans l'Orient, et du succès dont Dieu favorise notre petite Compagnie. Qu'il ne s'y glisse rien qui puisse offenser autrui ; rien qui ne paraisse vraisemblable (enfant de Loyola, pourquoi ne pas dire : Rien qui ne soit vrai ?).....» Les instructions de Xavier portaient encore qu'il fallait, en arrivant dans une ville, avoir bien soin de s'enquérir des mœurs de ses habitants, des coutumes du pays, de la forme du gouvernement, des opinions communes, de *tout ce qui regarde le commerce*, des vices qui prédominent. « Croyez-moi, terminait le Missionnaire, la connaissance de toutes ces choses nous sera très-utile!...» Mais, nous vous croyons, honnête Jésuite! Et nous savons quel fruit vos confrères ont toujours et si habilement sû tirer en Orient, comme en Occident, comme par toute la terre, de *la connaissance de toutes ces choses!*.....

Nous trouvons encore, dans les instructions laissées par François Xavier à son lieutenant et à ses vicaires, un détail qui nous semble piquant, eu égard au caractère dont le Missionnaire était revêtu, et qui aurait dû, peut-être, compromettre tant soit peu la canonisation de l'Apôtre des Indes, si *l'avocat du diable* avait su son métier.

En indiquant à ses disciples les sources d'éloquence où ils doivent puiser pour leurs prédications, François Xavier leur disait : « Ne remplissez pas vos sermons de *spéculations sublimes*, de questions embarrassées, de controverses scolastiques..... Je ne vous défends pas

néanmoins de recourir, par rencontres, à l'Écriture Sainte, aux Pères de l'église, aux Canons, aux livres de piété et traités de morale!..... »

Remarquez-vous ceci : Le Jésuite *ne défend pas* de recourir à la Bible et aux Pères de l'Église. Il permet qu'on les consulte, mais, *par rencontres?*..... Il convient pourtant « qu'on peut y trouver des preuves solides pour établir les vérités chrétiennes..... » Les preuves de quelle autre chose paraissaient donc plus nécessaires au Jésuite? « D'ailleurs, ajoutait-il, tout cela est bien froid! » LA BIBLE, les ouvrages DES PÈRES DE L'ÉGLISE, *bien froids!* En vérité, nous n'aurions pas osé le dire, nous, et celui qui l'a dit était chrétien, prêtre ; l'église de Rome l'a mis au nombre de ses saints, lui qui trouve—il le dit, bien plus, il ose l'écrire!—lui qui trouve bien froids saint Chrysostome, surnommé Bouche-d'Or, saint Augustin, le savant auteur de la *Cité de Dieu*, l'éloquent et pathétique écrivain des *Confessions*... En vérité, il y a là de quoi troubler une âme dévote ! Et nul moyen de tourner la difficulté ! Ces instructions écrites par Xavier, elles existent encore : on peut y vérifier l'exactitude du fait relevé par nous. Le Père Bouhours, qui les cite en entier (1), qui les admire grandement, atteste les avoir traduites fidèlement sur une copie du manuscrit original des archives de Goa. Il faut donc que les âmes dévotes, que nous sommes désolé de placer dans une pareille alternative, renoncent à l'intercession du saint Jésuite, ou qu'elles admettent que faire fi ! des grands docteurs chrétiens, et de la Bible même, est un moyen de se faire canoniser.

Il y a longtemps qu'on a dit que le Jésuitisme était destiné à être une pierre d'achoppement, une cause de ruine pour la religion chrétienne. Il y a longtemps que de sincères amis de cette religion en avertissent ses simples ministres, ses hauts prélats, et crient vers la chrétienté tout entière : « A vos tentes, Israël ! » Jusqu'à cette heure, le cri d'avertissement, quoique bien des fois répété, n'a pas obtenu de résultat. Celui que nous jetons à notre tour, quoiqu'il soit moins grave, moins imposant, fera-t-il opérer la séparation des brebis avec les loups? Nous l'espérons. Vienne donc le *Jugement dernier !*

---

(1) *Vie de saint François Xavier*, par le Père Bouhours. 1683, tome II, livre IV, pages 455 et suivantes.

Quelle que soit la place dévolue dans l'autre monde à François Xavier, il semble que celle qu'il désira toujours occuper dans ce monde-ci était précisément celle où il n'était pas. Et c'est dans cette activité tant vantée, dans cette humeur inquiète et vagabonde, que nous trouvons la preuve que sa Mission n'eut pas pour but unique, tant s'en faut! la gloire de Dieu et l'intérêt des peuples. Si tel eût été le but, le but unique de cette Mission, Xavier, au lieu de porter la Croix, signe d'affranchissement et de régénération, au pas de course, de Goa au cap Comorin, de Ceylan à Méaco, de l'Hindoustan aux Moluques, en mettant moins de temps à ces courses continuelles et répétées, pendant chacune desquelles il se proposait de faire connaître la religion du Christ à des millions d'hommes, que n'en mettrait le savant voyageur qui, pour étudier la géologie de ces mêmes contrées, prendrait çà et là, sur sa route, quelque pierre, quelque granit ; Xavier, disons-nous, au lieu d'agir comme il le fit toujours, se serait fixé sur un point de l'Asie, l'Hindoustan, par exemple. Cette vaste presqu'île, qui, en grandeur et en population, égale la moitié de l'Europe, pouvait satisfaire, ce nous semble, une ambition raisonnable de Convertisseur. Là le Missionnaire, après qu'il se fût rendu familière la langue des indigènes, aurait dévoilé graduellement les mystères divins du christianisme; il eût fait ressortir peu à peu la supériorité de la croyance qu'il apportait sur toutes les autres ; il l'eût fait comprendre, il l'eût fait aimer. Et sans doute, en suivant ce plan de conduite, il n'eût pas éprouvé les nombreux mécomptes dont il se plaint lui-même ; ces retours au paganisme hindou, qu'il nous dit avoir été si fréquents, et qui se comprennent parfaitement quand on songe à la manière sommaire dont ces pauvres gens étaient catéchisés, éclairés, baptisés, christianisés, en un tour de main, par un homme qui bégayait à peine, sans les comprendre, quelques mots de leur langue, qui était réduit aux ressources de cette éloquence mimique dont on s'est moqué à bon droit, et qui, enfin, après avoir ainsi jeté à la volée les semences religieuses, courait aussitôt chercher de nouveaux terrains à ensemencer.

« N'oublions jamais, disait le Missionnaire à ses vicaires dans les instructions dont nous venons de parler, n'oublions jamais que nous sommes de la Compagnie de Jésus! » Cette recommandation peut donner sans doute l'explication de la conduite de Xavier, conduite qui sans cela semblerait une énigme capable de défier OEdipe lui-même. Apte à cette Mission par ce qu'il avait d'ardeur incessante, d'activité inquiète, d'esprit aventureux, l'Apôtre des Indes fut en Asie le Christophe Colomb des Jésuites. Après lui allaient bientôt arriver les Cortez et les Pizarre, c'est-à-dire les soldats après le voyageur; après la découverte, la conquête.

François Xavier quitta donc de nouveau Goa, au printemps de 1549, pour aller au Japon, puis de là en Chine; puis de là, il ne savait où; mais, ainsi qu'il l'écrivait à ses Compagnons d'Europe, il était décidé à n'accepter pour terme de ses travaux que le défaut d'espace, ou la fin de sa vie. Il avait avec lui un Jésuite, le Père Côme de Torrez, et ce Japonais converti qui devait lui servir d'introducteur et de guide dans le mystérieux empire où il brûlait de porter ses pas. Le Japonais avait, lors de son baptême, échangé son nom d'Anger contre celui de Paul de Sainte-Foi. Deux serviteurs venus avec lui, et qui s'en retournaient avec lui, s'étaient aussi faits chrétiens à l'exemple de leur maître; on les nommait alors Antoine et Jean. Ce fut avec ces quatre compagnons que François Xavier monta sur une balancelle de caboteur qui le conduisit à Cochin; là il trouva un navire portugais qui le conduisit à Malacca, où il resta quelque temps, arrêté par l'absence de vaisseaux disposés à partir pour les îles du Japon. Enfin, un pirate cochinchinois, célèbre dans ces parages, le prit sur sa jonque, et, après une navigation pénible, déposa le Missionnaire et ses compagnons sur la côte occidentale de l'île de Nipon ou Nifon, la plus considérable des îles qui composent l'archipel japonais.

Nous ne savons si on a fait remarquer cette particularité au moins singulière de la vie de François Xavier, que ce fut un meurtrier banni de son pays qui lui servit d'introducteur au Japon, et que ce fut un écumeur de mer qui le transporta vers ces contrées; on conviendra que la venue des Jésuites au Japon eut lieu sous d'assez sombres augures. Et, si les peuples que le Missionnaire venait catéchiser en furent instruits, superstitieux comme on nous les représente, ils durent y attacher une grande importance ; voilà pourquoi nous en avons parlé.

Quoi qu'il en soit, le 15 août de l'année 1549, quinzième anniversaire du vœu fameux de Montmartre, François Xavier prit terre à Canxawa, lieu de la naissance du Japonais converti, Anger ou Paul de Sainte-Foi, comme il se nommait depuis son baptême. Cette ville obéissait au roi ou prince de Hsuma ; car, lorsque le Missionnaire s'en fut au Japon, cet empire qui jadis avait obéi à un seul souverain, en reconnaissait alors une multitude. Environ trois siècles avant l'arrivée de Xavier, l'empereur ou *Daïri* avait laissé tomber de sa main débile le sceptre qu'avait ramassé une sorte de maire du palais, général des troupes sous le nom de *Coubo*, ou *Coubo-Sama*. Ce dernier, répétant à une extrémité du monde le rôle qu'avaient joué en France Charles Martel et ses enfants sous les rois fainéants, s'était bien gardé de porter une main téméraire sur la couronne que les dieux eux-mêmes avaient placée sur la tête du Daïri, leur descendant. Le Daïri, confiné dans un magnifique palais de la grande ville de Méaco, fut environné d'honneurs et dut présider à une multitude de cérémonies dont on exagéra l'importance religieuse : tandis que le Coubo, véritable souverain, faisait la guerre ou la paix, dictait des lois, administrait, enfin gouvernait s'il ne régnait pas. Mais, à l'exemple du Coubo, la plupart des gouverneurs de province, reconnaissant toujours à genoux l'autorité du Daïri sacré, s'étaient taillé dans son vaste manteau impérial une foule de mantelets de princes plus ou moins grands, plus ou moins riches. Néanmoins, tous reconnaissaient la suzeraineté du Daïri, sans lui obéir, et à peu près comme, sous les Abassides et les Ommiades, les émirs indépendants d'Espagne, d'Afrique et d'Égypte, reconnaissaient la suprématie du Kalife de Damas ou de Bagdad.

Et c'était là peut-être ce qui avait souri à Xavier lorsqu'il pensa à se rendre dans le Japon : les Jésuites ont toujours, comme on le sait, montré une habileté singulière à pêcher en eau trouble. Néanmoins, il ne paraît pas que cette dernière Mission de François Xavier ait été fort heureuse, quoi qu'il en ait dit, quoi qu'en aient dit ses confrères : les résultats vont le prouver. Décrivons-les rapidement.

Anger, ce Japonais converti, fut envoyé en avant par Xavier. Il avait pour mission de tâter le roi de Hsuma, et de s'assurer s'il ne mettrait pas d'obstacle aux travaux apostoliques de Xavier et de ses compagnons. Les écrivains Jésuites affirment sérieusement que ce nouveau chrétien, à peine instruit des mystères du christianisme, trouva néanmoins dans ses jeunes convictions la source d'une telle éloquence, que Xavier en arrivant à son tour n'eut presque plus rien à faire pour christianiser la plus grande partie de la cour de ce roitelet japonais. Les Pères Charlevoix et Bouhours ont écrit que Xavier avait donné à Paul de Sainte-Foi, son précurseur, un tableau parfaitement fait et qui représentait la Vierge Marie tenant entre ses bras le petit enfant Jésus, et qu'aussitôt que ce tableau eut été placé devant les yeux du roi et de la reine de Hsuma, ceux-ci avec toutes les dames et seigneurs de la cour se prosternèrent, « par un même instinct, et touchés d'un même sentiment de piété et de révérence.....»

Nous sommes tout aussi disposé à admettre l'effet merveilleux du tableau que ceux obtenus par l'éloquence mimique du Missionnaire. Si nous revenons si souvent sur ce dernier point, c'est que les historiographes de la Compagnie de Jésus ont voulu nous faire croire à de nouveaux miracles obtenus au Japon par la parole de Xavier, lequel avoue pourtant fort ingénument (1) qu'il fut obligé de prendre un interprète, et qu'avant d'avoir mis dans sa mémoire une traduction japonaise des principaux points des dogmes du christianisme, il restait souvent « comme une statue muette. »

Nous allons essayer de donner une explication toute naturelle des succès surnaturels que Xavier et son précurseur obtinrent auprès du roi de Hsuma ; cette explication, la voici :

En présentant le fameux tableau à ce prince, Paul de Sainte-Foi, ce Japonais christianisé, n'oublia pas sans doute de lui expliquer de qui venait ce chef-d'œuvre. Naturellement, cet homme qu'on nous représente comme très-fin, très-rusé, afin d'assurer sa propre sûreté—car il ne faut pas oublier qu'il était banni à cause d'un meurtre—appuya

(1) Voyez les cinq livres d'*Épîtres* de François Xavier, et, particulièrement à la question, la cinquième lettre du livre III.

fortement sur la puissance de la grande nation sous la protection de laquelle il revenait dans sa patrie avec un homme grandement respecté chez les Portugais, et qui avait reçu d'eux la mission de faire connaître leur croyance religieuse aux peuples du Japon.

Nous n'avons pas la preuve matérielle que ce fut ainsi que le Missionnaire obtint la faveur dont il jouit quelque temps auprès du roi de Hsuma ; mais quant à la preuve morale, elle existe évidemment dans ce fait raconté par les écrivains Jésuites eux-mêmes : Les *Bonzes*, ou prêtres du Japon, voyant que le bonze d'Europe, comme ils appelaient Xavier, avait déjà attiré à sa religion quelques Japonais, représentèrent vivement au roi de Hsuma que, dans son propre intérêt, il ne devait pas protéger ces étrangers qui venaient pour détrôner les antiques divinités du pays au profit d'un Dieu inconnu ; et le sommèrent de bannir au plus tôt le Missionnaire et ses compagnons. Or, dit le Père Bouhours, la conjoncture dans laquelle ces bonzes parlèrent au roi leur était favorable. Il venait d'apprendre que les vaisseaux des Portugais qui prenaient terre ordinairement à Cangoxima avaient suivi la route de Firando, dont le roi était son ennemi.

Le souverain de Hsuma ne craignant donc plus rien des Portugais, et aussi n'en espérant plus rien, car, ajoute le Père Bouhours (1), auquel cet aveu échappe malgré lui sans doute, la bienveillance qu'il témoigna d'abord au Père Xavier, n'eut presque pas d'autre principe que l'intérêt, promulgua aussitôt une loi qui défendait, sous peine de mort, à ses sujets de quitter les anciennes croyances du Japon pour embrasser la nouvelle que prêchait le bonze européen.

Les écrivains Jésuites assurent que cette église naissante, à la tête de laquelle fut placé Paul de Sainte-Foi, vit s'augmenter rapidement le nombre de ses fidèles, malgré la persécution qui la menaçait dès sa naissance, persécution, du reste, que nous ne pouvons concilier avec ce qu'ajoutent ces mêmes écrivains. « Le roi de Saxuma, dit entre autres le Père Bouhours, au chapitre de son histoire déjà cité, et quatre pages après celle où il parle de la guerre déclarée à la religion du

---

(1) *Vie de saint François Xavier*, tome II, livre v, page 32.

Christ par le prince japonais, lequel, suivant le Jésuite, ne témoigna de bienveillance au Missionnaire *que par intérêt*, écrivit au vice-roi des Indes pour avoir des Pères de la Compagnie qui publiassent en tout son royaume une loi si pure et si sainte! » Nous avons cité textuellement le Jésuite Bouhours. Nous ne signalerons pas l'évidente contradiction qui règne entre cette citation et la précédente, mais qu'on remarque bien ceci : Le roi de Hsuma ou de Saxuma, écrivant au vice-roi des Indes, ne lui demande pas tout simplement des prêtres, mais bien des *Pères de la Compagnie*. Quoi donc? Avant qu'ils connussent à demi les mystères de la vie et de la mort du Christ, les catéchumènes de Xavier savaient déjà qu'il existait une Compagnie de Jésus, et avaient appris à tenir ses Pères en si grand honneur? N'avions-nous pas raison de dire que François Xavier fut avant tout un Jésuite, et que sa Mission eut avant tout pour but les intérêts de son Ordre?... Nous n'espérions pas, par exemple, que les Révérends Pères en conviendraient si naïvement.

Après un séjour d'une année environ dans le royaume de Hsuma, le Missionnaire quitta la ville de Canxawa pour celle de Firando, où trônait un autre petit despote indépendant du Daïri, ou plutôt du Coubo, qui régnait en réalité à Méaco sous le nom de son empereur. Le Jésuite Charlevoix, ainsi que ses confrères qui ont écrit la vie de leur premier Missionnaire, dit positivement que ce qui décida Xavier à aller à Firando, ce fut la mauvaise intelligence qui existait entre le roi de cette ville et celui de Hsuma (1). Nous ne voyons pas trop en quoi cela pouvait servir à la Mission du Père, à moins que le Jésuite n'eût l'idée fort politique de payer la conversion de Firando et de son souverain par l'appui que lui prêterait contre son ennemi de Hsuma la flotte portugaise alors à l'ancre dans le port de la première de ces deux villes. En effet, sans doute pour rehausser l'importance du Missionnaire, les vaisseaux portugais se pavoisèrent et tirèrent des salves d'artillerie à l'arrivée de François Xavier. On le conduisit au son des trompettes et au bruit du canon à la demeure du monarque japonais,

(1) Le Père Bouhours se sert aussi de ces mêmes expressions : voyez sa *Vie de François Xavier*, tome II, livre v, page 37.

qu'on eut soin de bien édifier sur le crédit dont le nouveau venu jouissait auprès du roi de Portugal.

Il paraît que, grâce à tout ceci, le Missionnaire obtint pour lui et pour ses compagnons la licence de prêcher en public. Les Jésuites affirment que le saint baptisa plus d'idolâtres à Firando en vingt jours seulement qu'il n'en avait baptisé à Canxawa en tout une année, et que ce fut la facilité qu'il trouvait à christianiser cette partie du Japon qui le détermina à en partir bientôt. Laissant donc là un de ses compagnons, Côme de Torrez, il s'acheminait dès la fin du mois d'octobre de la même année avec deux de ses disciples, Matthieu et Bernard, Japonais convertis, et un troisième compagnon, Fernandez, qui lui servait d'interprète, vers la grande ville de Méaco.

Cette ville est située dans la partie méridionale de l'île de Nipon, sur une petite rivière qui prend sa source dans une longue chaîne de montagnes dont l'immense plateau est troué par les cratères nombreux de volcans à demi sommeillants, auxquels répondent, à l'heure du réveil, d'autres volcans noyés dans la mer. Cette chaîne de montagnes demi-circulaire, coupée par le canal de Corée, les détroits de Matsmaï et de La Peyrouse, forme le noyau de l'archipel japonais, qu'un grand cataclysme a probablement séparé jadis du continent de l'Asie, sur le bord duquel court un grand rameau de montagnes presque parallèles et laissant entre elles et leurs sœurs des grandes îles une immense vallée que remplissent les eaux de la mer du Japon. C'est à Méaco que résidaient l'empereur de nom, ou Daïri, et l'empereur de fait, ou Coubo. Lorsque le Daïri jouissait de toute sa puissance, il n'avait pas de demeure fixe; mais le Coubo, qui laissait à son maître fictif une ombre de pouvoir civil joint à l'exercice suprême de la puissance ecclésiastique, avait jugé à propos de lui donner la ville de Méaco pour prison, prison honorable, somptueuse, mais prison bien réelle.

Le Missionnaire arriva dans la capitale du Japon en février 1551, après un voyage pénible d'un mois à travers les montagnes, où il manqua d'être lapidé pour récompense de ses prédications. Il paraît que s'il ne fut pas assommé, c'est qu'on le crut fou; et en Orient la folie est une sauvegarde. Du reste, sans essayer de justifier les assommeurs japonais, nous demanderons aux Révérends Pères quel parti ils auraient fait à un bonze du Japon qui serait venu à Lisbonne, Séville, ou Rome, prêcher que leurs croyances sont folies, leurs cérémonies religieuses des mômeries ou des jongleries, leurs dieux des démons, leur sort futur la damnation. En vérité, nous croyons que le pauvre bonze n'en aurait pas été quitte à si bon marché que le Missionnaire! Mais Dieu nous garde de comparer un bonze à un Jésuite!

François Xavier essaya vainement d'obtenir une audience, soit du Daïri, soit du Coubo. Ce dernier avait autre chose à faire que d'écouter les sermons du bonze d'Europe : il était alors occupé à guerroyer contre les petits rois qui s'étaient déclarés indépendants en diverses parties de l'archipel japonais, et qui étaient alors ligués contre lui ; et sans doute il entrait dans sa politique de ne laisser voir que le plus rarement possible l'empereur en tutelle. Peut-être avec des présents Xavier eût-il été plus heureux. Ce fut probablement ce que pensa le Missionnaire, car lorsqu'il eut quitté Méaco, ce qui eut lieu au bout de quelques semaines, nous le voyons désormais se présenter devant les rois qu'il veut convertir, ou dont il veut seulement obtenir la liberté de prêcher en public, avec des présents consistant en petites horloges sonnantes, en instruments de musique harmonieux, enfin, en objets d'art rares, utiles ou précieux, mais qui devaient toujours être reçus avec transport.

Croyant aussi avoir remarqué qu'à Méaco le costume de son Ordre avait été pour quelque chose dans l'accueil peu gracieux qu'il avait reçu, il porta désormais des vêtements plus riches. C'est à cette époque de sa vie que les Jésuites, voulant répondre à ce reproche de leurs adversaires « que François Xavier n'avait pas eu mission de Dieu, puisqu'il n'avait pas reçu le don des langues, » ont affirmé que leur saint (qui pourtant, lui-même l'avoue, avait besoin d'un interprète afin de ne pas rester *comme une statue*) pouvait, par un prodige étrange, « satisfaire, *d'une seule réponse,* plusieurs personnes qui l'interrogeaient sur des matières différentes et même opposées ! » Le Père Bouhours dit que, dans le royaume d'Amanguchi, le Missionnaire satisfaisait ainsi différentes personnes qui l'interrogeaient à la fois sur l'immortalité de l'âme et les éclipses de lune, sur les couleurs de l'arc-en-ciel et les tourments de l'enfer, sur les vents et sur les dogmes romains (1). « La merveille, dit le P. Bouhours, était qu'après les avoir écoutés tous, il leur répondait à tous en peu de mots, et que ses paroles, multipliées dans leurs oreilles par une vertu toute divine, leur faisaient entendre juste ce que chacun désirait savoir. Ils en demeuraient si étonnés, qu'ils ne savaient plus ni que penser ni que dire. » En vérité, mon Père, la position de ces braves gens serait exactement la nôtre, si nous nous en rapportions à vous et à vos noirs confrères. Mais, au lieu de fatiguer votre cervelle à vouloir prouver comme quoi François Xavier convertit les Hindous, Malais et Japonais, par des miracles d'éloquence (miracles impossibles, nous l'avons prouvé, sauf toutefois ceux de l'éloquence mimique), pourquoi n'avez-vous pas dit dès l'abord que le Missionnaire avait procédé, comme les anciens apôtres, par de bons miracles du genre de celui-ci, par exemple, avec des prodiges du genre de celui par lequel, au dire d'un malin philosophe du siècle passé, un des vôtres convertit quinze mille personnes... dans une île déserte?.....

Malgré tout cela néanmoins, malgré les présents que faisait le Missionnaire à Oxindono, roi du pays, à sa femme et à ses enfants, ses travaux apostoliques ne furent pas couronnés d'un grand succès. Aussi, ayant appris qu'un navire portugais était arrivé dans un port du royaume voisin, il se hâta d'y envoyer Matthieu, l'un des deux anciens serviteurs d'Anger, pour retenir son passage sur ce vaisseau. Vers la mi-septembre, il s'embarqua avec les deux Japonais anciennement convertis, et trois autres nouveaux chrétiens, laissant le père Côme de Torrez, et frère Jean Fernandez, essayer s'ils seraient plus heureux que lui, et s'ils pourraient planter solidement la croix du Christ sur ces rivages lointains.

Xavier rejoignit les Portugais dans une ville maritime du royaume de Bungo. La flotte portugaise était commandée par Édouard de

(1) Pour que le lecteur ne nous accuse pas ici d'exagération ou de parodie, nous indiquerons positivement l'endroit où il pourra s'édifier à cet égard : qu'il ouvre le deuxième volume de la *Vie de saint François Xavier*, par le Père Bouhours, au livre v, page 67, de l'édition de 1683.

Gama, de la maison du célèbre navigateur et *conquistador* portugais. L'amiral, pensant sans doute, comme son souverain Jean III, qu'il était d'une bonne politique de faciliter la Mission de Xavier, fit rendre à celui-ci des honneurs extraordinaires.

Lorsque le Missionnaire se rendit au palais du petit despote de cette partie du Japon, il était entouré de trente gentilshommes portugais richement vêtus et portant des chaînes d'or et des pierres précieuses. Édouard de Gama marchait le premier, tête nue, et la canne à la main, comme s'il n'eût été que le camérier ou majordome du Père. Derrière lui venaient encore cinq des plus notables Portugais, portant des présents destinés au roi de Bungo. Ces présents consistaient en une canne garnie d'or ciselé, un livre (on ne nous dit pas quel livre), des pantoufles de velours noir brodées en perles, un tableau représentant la Vierge Marie, et un magnifique parasol. Le cortége était terminé par des valets et soldats bien équipés. Le Missionnaire, en surplis de mousseline des Indes, constellé de pierreries, par-dessus lequel brillait une étole de brocart dorée et toute diamantée, s'avançait au milieu de ce splendide cortége, qui, pour se rendre de la flotte au palais du petit despote japonais, monta dans la chaloupe capitane, et dans deux autres barques, dont les bords goudronnés et les bancs de bois étaient cachés sous les plus beaux tapis de la Perse et de la Chine, tandis que d'élégantes tentures les recouvraient. Ces barques étaient pleines de musiciens, dont les flûtes, hautbois et trompettes ne cessèrent de faire entendre des symphonies tout le long du chemin, tandis que la flotte portugaise pavoisée y joignait les hurrahs de ses matelots grimpés sur les vergues, et les ronflements de ses pierriers et de ses canons.

Le roi de Bungo reçut fort bien le Missionnaire, qu'il prit sans doute pour un grand personnage, grâce à son cortége, à son costume et aux honneurs que lui rendaient ses compatriotes. Les Jésuites assurent qu'il ne tint qu'à Xavier de baptiser, le jour même de son entrevue, cinq cents Japonais, et plus, de la ville. Ce qu'il y a de certain, c'est que ces mêmes Jésuites avouent que la faveur du Missionnaire fut de très-courte durée, et que bientôt les marchands portugais, craignant pour leur propre vie, non moins que pour celle de l'Apôtre, le pressèrent de quitter au plus tôt cette contrée dont les habitants se soulevaient contre le bonze de Chemachicogin, comme ils nommaient le Portugal. Les bonzes ou prêtres japonais avaient excité cette effervescence populaire contre l'homme qui voulait jeter à terre les antiques autels à l'ombre desquels ils vivaient honorés, riches et puissants. Xavier, disent ses biographes Jésuites, afin de convaincre d'imposture ses rivaux du Japon, les défia à une lutte solennelle. Il est sans doute inutile de dire qu'il obtint un triomphe des plus éclatants. Cependant, chose singulière et qui ressemble à un démenti immédiat, les mêmes écrivains ajoutent que ce triomphe fut sans résultat. Le colloque de Bungo n'occasionna pas la plus petite conversion. Aussi, le Missionnaire quitta définitivement le Japon : son départ fut hâté par les nouvelles qu'il reçut du royaume d'Amanguchi, où il avait laissé le Père Côme de Torrez, et frère Jean Fernandez, comme nous l'avons dit. Ces deux disciples de l'Apôtre des Indes avaient failli être massacrés dans une révolte amenée par leurs prédications, à ce qu'il paraît, et qui occasionna la mort du roi qui les favorisait en dépit de ses sujets.

Xavier quitta l'empire japonais avec Gama, le 20 novembre de l'année 1551. Il avait mis environ deux années à sa dernière Mission. Comme on le voit, et par les raisons que nous avons données, cette Mission fut celle qui eut les résultats les plus malheureux. En revanche, elle fut remplie par une foule de miracles opérés par le saint, et dont nous avons donné quelques échantillons, entre autres le prodige du *cancre*, ou crabe bronzé, qui rendit au Missionnaire la croix qu'il avait laissé tomber dans la mer. Ce prodige est au nombre des dix miracles que le procès de canonisation du saint compte à l'actif du livre de béatitude de Xavier.

Après avoir touché à Malacca, que les Javanais venaient de ruiner, Xavier arriva à Cochin, dans les premiers jours de 1552. C'est à cette époque qu'il convertit à la religion chrétienne le souverain détrôné des îles Maldives. Ce prince était mahométan. Peut-être, si nous ne craignions de passer pour un nouvel *iconoclaste* (briseur des images des saints), ou plutôt si nous n'avions peur de devenir ennuyeux à force de répéter toujours les mêmes choses, quoique ce soit évidemment grâce à cette manœuvre que Rome, souvent, et les Jésuites toujours, ont fini par établir comme des certitudes des choses fausses ou du moins fort douteuses, nous donnerions une excellente et fort humaine raison de la conversion du prince des Maldives. Orlandini et les Jésuites biographes de Xavier avouent que leur saint Apôtre promit au souverain déposé de le remettre sur le trône s'il voulait se faire chrétien, et que, lorsque ce dernier se fut converti, le Missionnaire excita en effet les Portugais à secourir le prince mahométan, et à lui prêter l'appui de leur flotte, sur laquelle des Pères de l'Ordre monteraient avec le sultan christianisé. Mais, ajoutent les mêmes historiens, les Portugais, se souciant fort peu d'îles qui ne fournissaient ni parfums, ni or, ni épices, ne voulurent rien faire pour l'ex-roi des Maldives, que sa conversion avait encore compromis par-devers ses sujets : aussi, ne rentra-t-il jamais dans ses états. Il se maria, dit-on, et fort modestement, à Cochin, où il vécut et mourut dans un état voisin de la misère.

François Xavier, oubliant les Maldives et leur roi, pensait alors à s'ouvrir la Chine, ce pays si obstinément fermé aux Européens, et dont cependant on racontait tant et de si merveilleuses choses. Il se hâta donc de mettre en ordre les affaires du collége de Goa, où le Père Gomez, Recteur nommé par lui, avait apporté le désordre en voulant y mettre le bon ordre. Car, de ce dont les Jésuites eux-mêmes conviennent il est facile de tirer la conséquence que ce Père eut pour unique tort de mener trop sévèrement les élèves, novices et scolastiques du collége de Saint-Paul, dont les mœurs, à ce qu'il paraît, n'étaient pas extrêmement pures, ce qui du reste ne causait aucun scandale à Goa, ville où nous avons dit que régnait la débauche la plus effrénée. Gomez, remplacé par Barzée, fut tout doucement embarqué pour le Portugal, où il n'arriva jamais. On dit qu'il périt au milieu d'une tempête de la longue traversée. N'oublions pas de mentionner ici que les travaux de Xavier avaient été récompensés par le titre de Provincial des Indes et de tous les pays de l'Orient. Les patentes qui formaient cette nouvelle Province, désormais indépendante de celle du Portugal, et qui en donnaient la direction au Père Xavier, sont du 10 octobre et du 23 décembre 1549. Le Missionnaire les trouva à son retour du Japon.

Gaspard Barzée fut nommé vice-provincial et supérieur-général des Missions des Indes-Orientales.

Cependant le nouveau vice-roi des Indes, don Alphonse de Norogna, s'était mis à la disposition de Xavier pour toutes les choses qui dépendaient de lui et pouvaient aider le Père à s'ouvrir la Chine. Il le fit accompagner par Jacques Pereyra, marchand opulent, qui eut le titre d'ambassadeur. Il augmenta la liste des riches présents que le Missionnaire emportait pour s'en servir en Chine, comme la mythologie grecque nous représente ses héros qui descendent aux enfers se munissant d'un gâteau de miel destiné à gagner le terrible Cerbère. Xavier quitta de nouveau Goa, le Jeudi-Saint, 14 avril 1552. Il avait cette fois pour compagnons un certain nombre de membres de la Société de Jésus, sur lesquels il croyait pouvoir compter. Tout semblait donc présager de grands succès au Missionnaire sur cette riche et grande contrée, dont il ne devait pas même toucher le bord.

En vue des îles de Nicobar, un de ces terribles grains des mers équinoxiales ayant assailli le navire qui portait Xavier, les matelots terrifiés se hâtèrent de jeter à l'eau les précieux présents qui devaient faciliter la Mission et dont les Pères eurent beaucoup de peine à sauver une partie. Cependant le vaisseau put arriver à Malacca, où le saint ressuscita un mort, comme jadis Jésus-Christ ressuscita le Lazare.—Les Jésuites n'ont-ils pas réfléchi quelquefois qu'en prêtant au saint de leur Ordre un nombre de miracles centuple de ceux opérés par l'homme-Dieu, ils pouvaient bien avoir l'air de rabaisser le Sauveur du monde au profit de l'Apôtre des Indes? Nous ne savons pas si les bons Pères ont pensé à cela. Et, y eussent-ils pensé, sans doute, ils n'en auraient fait ni plus ni moins; l'Ordre avant tout! c'est la traduction littérale de cette devise menteuse : Pour la plus grande gloire de Dieu!.....

François Xavier, qui sut commander à la tempête, à la peste, aux maladies, ne put vaincre le mauvais vouloir d'un petit gouverneur d'un coin de l'Asie. Lui qui faisait lever et marcher un froid cadavre sitôt qu'il lui avait dit : « Levez-vous et marchez!... » ne put, miracle incomparablement plus petit, faire obéir don Alvarez d'Atayde, qui commandait à Malacca pour le roi de Portugal. Il est vrai que le rebelle ne perdit rien, assurent les Jésuites, pour attendre, et qu'après la mort de Xavier il fut pendu bel et bien en punition des mauvaises chicanes par lesquelles il avait voulu empêcher le saint d'arriver en Chine. Xavier, dont une parole donnait la vie ou la mort, au rapport de ses historiographes, se borna à excommunier le gouverneur, qui ne fit que rire de l'excommunication ; ce que voyant, le Missionnaire, laissant à Malacca la plupart de ses compagnons, s'échappa presque seul et monta comme en fugitif sur un navire qui faisait voile pour Sancian, île des côtes méridionales de la Chine, peu éloignée de Canton. Jean Suarez, grand-vicaire de Malacca, ayant demandé à Xavier « s'il avait pris congé du gouverneur? » le saint répondit « que don Alvarez ne le verrait plus en cette vie, et qu'il l'attendait au jugement de Dieu! »

Il paraît que le saint, en attendant le jugement de Dieu, ne négligea pas de préparer celui des hommes; il écrivit à Jean III, et dès lors prophétisa les châtiments qui devaient fondre sur don Alvarez (1).

Après une traversée de vingt-trois jours, dont nous ne raconterons pas les nombreux miracles, Xavier prit terre au groupe des îles Samceu, dont celle que les Portugais nommaient Sancian était la principale. Le Missionnaire, qui ne savait au plus que quelques mots de la terrible langue des Chinois, dont l'alphabet seul, dit-on, exige une longue étude, convertit cependant, par ses prédications, nous ne savons combien de ces insulaires.

Ces miracles répétés et dont quelques-uns furent opérés au bénéfice des Portugais, n'empêchèrent pas ceux-ci, sans doute par crainte du gouverneur de Malacca, de s'en retourner, une fois leurs marchandises vendues, laissant le Missionnaire seul et dénué de tout dans ce petit coin de terre, d'où il essaya inutilement de passer sur le continent

---

(1) Les Jésuites prétendent que Xavier pardonna à don Alvarez et ne le chargea pas auprès du Roi de Portugal. Cependant ils démentent eux-mêmes cette assertion, puisqu'ils conviennent ensuite que le Missionnaire écrivit de Sancian au Père Barzée pour que l'archevêque de Goa dénonçât solennellement l'excommunication lancée par lui contre le gouverneur de Malacca. Force leur est, nous le savons bien, d'avouer un fait qui se trouve trop clairement résulter d'une lettre de Xavier lui-même (voyez la X⁰ lettre du livre VII des *Épîtres* de François Xavier); mais nous sommes toujours disposé à une surprise reconnaissante chaque fois que les bons Pères veulent bien convenir qu'il fait jour alors que le soleil est en plein midi.

voisin. Comme Moïse mourut à la vue de la Terre promise, François Xavier mourut en vue de la Chine. Nous ne savons pas si dans le Missionnaire jésuite comme dans le législateur des Israélites, Dieu voulut punir ainsi quelque désobéissance à ses ordres suprêmes : quoi qu'il en soit, Xavier, tombé malade le 20 novembre, mal soigné par un ignorant médecin, expira le 2 décembre 1552.

Il était alors âgé de quarante-six ans, dont les dix derniers avaient été employés, comme nous l'avons dit, à la Mission des Indes.

Nous ne reviendrons pas sur ce que nous avons rapporté de cette Mission; nous pensons que nos lecteurs sont pleinement édifiés à cet égard. Nous ne dirons rien non plus des miracles que le saint opéra après sa mort, si ce n'est qu'ils sont plus nombreux encore que ceux qu'on lui attribue durant sa vie. Le corps de l'Apôtre des Indes fut enterré à Sancian sans aucune cérémonie; mais son Ordre sut promptement réparer un pareil affront, qu'il ressentit tout entier, et qu'il fit remonter jusqu'au Christ, patron reconnu de l'Ordre (1). Bientôt le corps du Missionnaire exhumé fut porté en grande pompe à Malacca, puis de là à Cochin, et enfin à Goa, où on le déposa dans l'église du collége de Saint-Paul. Sur les sollicitations des Jésuites, alors puissants, Paul V béatifia François Xavier, que le successeur immédiat de ce pontife, Grégoire XV, fit canoniser le 12 mars 1622 ; mais ce fut seulement Urbain VIII qui publia la bulle de canonisation.

Longtemps, à ce qu'il paraît, avant que l'Église eût rangé François Xavier au nombre des Saints, ses disciples avaient fait élever des églises sous son invocation, ou du moins avaient permis qu'on en élevât. Les Jésuites affirment sérieusement que des Rois hindous et des Rajahs musulmans voulurent eux-mêmes qu'on bâtît dans leurs États des temples dédiés à l'Apôtre des Indes. Le Père Bouhours cite entre autres un prince mahométan du cap Comorin et le roi de Travancor, qui auraient fait bâtir, le premier une mosquée, le second une pagode, *en l'honneur du saint chrétien*, qu'on remarque bien ceci! Il semble que

---

(1) Les Jésuites racontent qu'au château de Xavier en Navarre on vit un crucifix de plâtre annoncer par le sang qui coulait de ses plaies figurées la douleur qu'il ressentait de la mort de son fidèle serviteur.

la Compagnie de Jésus voulut exploiter en Europe les miracles qu'opérait en Asie le cadavre d'un de ses enfants. En 1612, le Général de l'Ordre, Claude Aquaviva, fit exhumer de nouveau et mutiler le corps du saint, dont un bras, séparé du tronc par le couteau d'un chirurgien, fut transporté dans l'église des Jésuites à Rome!

Disons-le : c'est cette violation, dans un but probablement mercantile et certainement intéressé, du repos toujours sacré de la tombe, qui nous a encouragé à y porter nos regards, dans un but de simple critique et d'historien désintéressé. Après tout, nous ne faisons que remuer par la pensée, et avec la pudeur convenable, les ossements d'un cadavre que les Jésuites ont exhumé, manié, mutilé, alors qu'il saignait encore. Aquaviva envoya à Philippe IV, roi d'Espagne, un linge imbibé du sang qui avait coulé lorsqu'on coupa le bras du saint, dont la tâche n'était pas finie dans la tombe même, aux yeux de ses confrères.

Le tombeau de François Xavier se voit actuellement dans l'église de Jésus, à Goa. La chapelle où s'élève le superbe mausolée est remplie d'immenses richesses qu'y a entassées la piété des dévots. Le Saint est revêtu dans ce tombeau d'une magnifique chasuble qu'on change tous les vingt ans. Cette parure est fournie par la reine de Portugal, qui la brode de ses propres mains. (Nous ne savons pas si la reine actuelle, femme d'un prince huguenot, s'est acquittée de cette tâche.)

Voilà bien des honneurs décernés à un homme dont nous ne nions ni l'intrépidité, quoiqu'elle eût mieux convenu à un soldat ou à un marin découvreur de mondes; ni l'intelligence, quoique, suivant nous, il eût pu mieux s'en servir; ni la sainteté même, si on y tient absolument, quoique nous soyons déterminé, par conviction acquise, à douter des saintetés jésuitiques. Après tout, qu'a-t-il donc fait pour les mériter? Nous donnerons à cette question ainsi posée une franche réponse. Voici en résumé ce qu'a fait François Xavier :

Prêtre, il a promené pendant dix ans la croix du Christ sur une partie de l'Asie; mais il ne l'a plantée nulle part solidement. Jésuite, avant tout, et se souvenant toujours qu'il l'était, il a surtout bien servi l'Ordre dont il faisait partie et dont il frayait la marche conquérante. Homme intelligent, intrépide, aventureux, a-t-il mis franchement son esprit, son courage, son activité, au service de l'humanité? A-t-il essayé sincèrement d'améliorer la condition des hommes au milieu desquels il se présentait comme un Apôtre? Ne nous dit-on pas que c'était surtout auprès des rois et des classes nobles que ses efforts étaient ordinairement employés? N'a-t-on pas vu qu'après avoir employé quelques jours à baptiser jusqu'à ce qu'il ne pût lever les bras, il laissait là ces étranges chrétiens, pour aller plus loin remplir le rôle de convertisseur à la douzaine, apprenant à tous ces convertis, quoi? quelques-uns des dogmes de l'Église romaine, mal traduits et probablement mal compris. Quant aux idées de civilisation meilleure, de morale plus pure, de liberté régénératrice, on ne voit pas que Xavier s'en soit jamais inquiété : il n'avait pas le temps d'y songer. Eh! c'était bien pour cela que son Ordre l'avait envoyé là!

Tout ce que nous pouvons et voulons bien admettre, pour tranquilliser les âmes dévotes à l'endroit de la sainteté du Missionnaire, c'est que Xavier ne sut peut-être pas complétement, et c'est beaucoup dire, de quelle pensée il était l'instrument.

Cette pensée, la conduite des successeurs de François Xavier va nous la révéler pleinement.

CHAPITRE II.

Les Jésuites Marchands.

1559-1638.

Pendant une partie de l'époque qu'on a nommée le moyen âge, alors que les nations mouraient, naissaient, se transformaient, au milieu de cette immense et tumultueuse procession des peuples qui se ruaient sur l'Europe, l'Asie se ferma peu à peu aux regards de l'ancien monde, à peu près comme un grand livre écrit dans une langue que personne ne comprend plus, et dont on garde seulement une vague idée, grâce à quelques citations plus ou moins correctes, plus ou moins obscures, qui se trouvent éparses dans d'autres ouvrages. Lorsque cette mystérieuse trépidation eut pris terme, lorsque les vagues de cet étonnant flux humain eurent enfin trouvé leur équilibre et leur niveau, à l'époque surtout où les croisades firent naître comme une sorte de reflux, de l'Europe à l'Asie, celle-ci attira de nouveau l'attention de celle-là. Tout à coup, l'aventureux Marco Polo, déchirant en partie le voile mystérieux, montra à ses contemporains ébahis les splendeurs de cette terre si riche à laquelle l'éloignement ajoutait de nouveaux prestiges. Dès lors, en Europe, toutes les cupidités surexcitées ne virent plus dans leurs rêves qu'un éblouissant et perpétuel mirage, où les grandes forêts asiatiques, toutes remplies d'oiseaux inconnus aux magnifiques plumages, de bêtes fauves étranges aux riches fourrures, s'agitaient en exhalant les pénétrantes senteurs de leurs divins parfums et de leurs précieuses épices ; où les flots des mers de l'Asie, s'entr'ouvraient tout à coup, ainsi que le sol de l'Asie, pour qu'on pût voir un instant les trésors qu'ils recélaient; où, enfin, au sein de populations hospitalières, s'élevaient les trônes merveilleux et constellés de diamants, du grand-Mogol, du grand-Khan... Ce fut Venise qui renoua les relations de l'Europe avec l'Asie. Jusqu'à la fin du quinzième siècle cette puissante république, souveraine de la Méditerranée, et qui, grâce à ses nombreuses galères, était maîtresse du seul passage alors connu qui conduisit à l'Asie méridionale, le passage par l'isthme de Suez et la mer Rouge, vit ses marchands patriciens s'arroger le monopole du commerce asiatique. Puis, un jour, Gênes n'ayant pas voulu lutter ainsi contre sa rivale puissante, le roi d'Espagne chargea Christophe Colomb de lui trouver, en marchant vers l'ouest, une nouvelle route d'Asie On sait que le célèbre Génois trouva l'Amérique en cherchant l'Asie (1).

L'Espagne avait ainsi sa part, et une riche part; le Portugal, rival de l'Espagne, voulut avoir la sienne : Vasco de Gama lui trouva la voie désirée des Indes, en doublant le cap de Bonne-Espérance. Le sabre d'Albuquerque acheva d'établir les droits des Portugais sur l'Asie méridionale, dont l'exploitation leur appartint en effet exclusivement pendant quelque temps, à l'exception de la Chine et du Japon, qui leur restèrent fermés, mais avec lesquels cependant ils purent commercer. Bientôt le commerce lusitanien étala aux regards de l'Europe ébahie les riches cargaisons apportées par ses flottes des Indes : les souples tissus du Cachemire, les riches épices des Moluques, le thé précieux, les magnifiques porcelaines, la soie, les parfums, le corail de la mer des Indes, les perles des golfes Arabique et Persique, le diamant de Golconde, etc.

(1) « La terre est ronde, disait Colomb ; donc, en me dirigeant toujours vers le Couchant je dois revenir par le Levant. » Le célèbre navigateur croyait la circonférence de la terre plus petite qu'elle est. Le premier point qu'il découvrit, il fut persuadé qu'il appartenait au continent Asiatique : de là le nom d'Indes Occidentales donné à l'Amérique, par opposition aux Indes d'Asie ou Orientales.

Ce fut alors un redoublement d'ardeur pour les voyages de découvertes et pour les conquêtes de colonies lointaines. A cette grande curée, chaque puissance bien établie se hâta d'accourir et demanda sa part. Les Jésuites, cette puissance née de la veille, ne demandèrent pas la leur ; ils firent mieux : ils la prirent.

C'est dans les Missions que la Compagnie de Jésus a trouvé les éléments de l'influence occulte ou visible, mais toujours réelle et terrible, dont elle a joui en Europe. Et voici pourquoi nous avons décidé d'écrire l'histoire des Jésuites en Asie, en Amérique, en Afrique, avant de raconter leurs faits et gestes en Europe. Avant de dire comment ils luttèrent, nous voulons dire comment ils ont pu lutter ; pour suivre avec fruit et plaisir le récit d'une bataille, il faut connaître les motifs de la querelle, mais aussi les forces dont disposent les combattants.

Nous continuons l'histoire des Jésuites en Asie, et au Japon, d'abord.

On vient de voir comment François Xavier, pendant sa Mission de dix années, sut leur préparer les voies, partout, excepté en Chine, où la mort seule probablement l'empêcha de pénétrer pour y compléter les *études* de la conquête jésuitique. Le Japon, rebelle, nous l'avons dit, aux efforts du Missionnaire, dut exciter vivement la convoitise des Jésuites.

Les îles qui forment l'empire du Japon sont extrêmement fertiles. Les forêts y sont peuplées d'animaux recherchés pour leurs fourrures ; la soie est une de ses plus riches branches d'exportation. On y trouve des mines abondantes d'or, d'argent et d'autres précieux minéraux. Voici qui donnera une idée plus précise de la richesse de cet empire :

Rien que pour la table et la garderobe, une somme de 16,000,000 de florins de Hollande, somme énorme à cette époque, était allouée au Coubo, suivant la relation de François Caron, président de la Compagnie hollandaise des Indes (1). En outre, les rois ou grands vassaux de l'empereur, au nombre de plus de deux cents, avaient un revenu qui n'était pas au-dessous de 100,000 florins pour le plus mince satrape japonais, et allait à deux et même à trois millions de florins pour

---

(1) Voyez Thevenot, *Voyages curieux*, IIe partie.

le plus puissant. Suivant tous les voyageurs qui ont pu pénétrer dans le pays, la ville d'Iédo, ville immense, résidence du Coubo, qu'entouraient trois larges fossés avec escarpe et contrescarpe en pierres à têtes de diamants, présentait au milieu de sa masse d'édifices superbes une masse plus splendide encore, qui était le château; là, les rois ou princes, chefs de provinces, avaient des palais qu'ils décoraient à l'envi l'un de l'autre, et où la politique de l'empereur voulait qu'on élevât leurs héritiers présomptifs, dont il se faisait ainsi des otages de la fidélité de ses grands vassaux. Après cette enceinte, on en voyait une autre où s'élevaient les demeures magnifiques des princes du sang et des conseillers intimes de l'empereur. Enfin venait le palais de l'empereur même. Tous ces édifices étaient si richement dorés, que, de loin, la masse du château semblait une montagne d'or. Il y avait bien là de quoi tenter la Compagnie de Jésus, en dépit de son vœu de pauvreté, qui semble au reste n'avoir jamais été qu'une mauvaise plaisanterie (1). En 1559, sept ans après la mort de Xavier, son successeur Gaspard Barzée, Provincial des Indes, reçoit de Rome l'ordre de tout faire pour obtenir au Japon le succès refusé à l'Apôtre des Indes. C'était Laynez qui était alors chef de la Compagnie de Jésus. C'est surtout, nous l'avons déjà dit, de ce premier successeur d'Ignace de Loyola que datent les tendances dominatrices, absorbantes, de cette Société.

Nous ne suivrons plus désormais pas à pas les conquêtes opérées ou tentées par les Jésuites au profit de leur Ordre, ainsi que nous l'avons fait pour François Xavier, le premier de leurs Missionnaires-Conquistadores. Si nous voulions décrire la marche du Jésuitisme à travers les nations et les temps, dans tous ses tours et détours, il nous faudrait écrire, non pas deux, mais bien vingt volumes.

Il nous suffira de dire que dès le généralat de François de Borgia, successeur de Laynez, les Jésuites étaient déjà solidement établis au Japon, et que sous celui d'Éverard Mercurian (nommé en 1573) ils y

---

(1) Du procès Affnaër, il est résulté pour tous que les pauvres Pères sont si riches même à présent qu'une somme de nous ne savons combien de centaines de mille francs a pu être soustraite de leur coffre-fort, à Paris, sans qu'ils s'en soient aperçus pendant bien des mois, ces pauvres Révérends!

étaient puissants et surtout fort riches. Riches et puissants, c'est fort bien, dira-t-on, voilà pour ce qui regarde leur Ordre ; mais pour ce qui regarde la religion, dont ils proclamaient les intérêts comme l'unique but de leurs Missions, l'établissement et la gloire comme leur seule récompense, qu'ont-ils fait ? Ceci est plus difficile à dire ; essayons cependant. Voici donc, en notre âme et conscience, par quels moyens les Révérends Pères s'établirent au Japon.

La religion des Japonais semble être la même que celle des Chinois avant que le Docteur sacré de ceux-ci, le célèbre Confucius, leur eût apporté sa morale et ses dogmes. Les Japonais n'ayant pas voulu adopter la théogonie du Réformateur, il y eut scission et inimitié depuis constante entre la mère-patrie, comme on peut regarder la Chine par rapport au Japon, et ce dernier pays. On y compte diverses sectes, douze, assurent des écrivains, à la tête de chacune desquelles est un chef nommé *Tunde*, sorte d'Évêque, comme le Daïri est une sorte de Pape japonais. Quelques-unes ont des règles fort sévères. Les dieux qu'on y adore sont également nombreux ; plusieurs ressemblent aux idoles de la croyance brahmanique ; et l'on peut en effet donner une source commune aux diverses théogonies de l'Asie. Dans les premières pages de ce livre, nous avons dit que les Moines nous sont venus de l'Orient ; nous voulions dire de l'Europe orientale ou de l'empire byzantin. Mais on pourrait peut-être reculer le lieu où l'idée de leur création a pris naissance. Il y a eu au Japon, de temps immémorial, de véritables moines, réunis en corporations et habitant des sortes de couvents. Il y a même des couvents de religieuses. On y voit, de plus, des ermites appelés *Jammabos*. Ce sont de véritables moines mendiants, et l'on croirait, en les voyant, que l'idée de saint François ne fut qu'un plagiat importé à cinq mille lieues de distance. Chose vraiment singulière ! ces moines mendiants du Japon, comme ils ont la besace sur le dos, ont aussi le chapelet à la main. Joignez à cela qu'ils se rasent la tête, et surtout que rien ne peut égaler la paresse, la saleté, l'effronterie et l'importunité de ces pieux mendiants !...

Outre les nombreux bataillons de cette milice religieuse irrégulière, le Japon possède un nombre fabuleux de prêtres réguliers nommés *Nèges*, que nous appelons ordinairement Bonzes, lesquels, suivant Kaëmpfer et autres écrivains, prêchent, président aux cérémonies du culte, desservent, en un mot, les innombrables *tiras* ou églises, les *mias, massias* ou chapelles ; quant à la confession auriculaire, qu'on retrouve également au Japon (1), c'est un monopole exploité par certains Ermites qui vivent dans des lieux sauvages et montagneux.

La principale divinité du Japon est le terrible Amida ou Omyto : on honore ce dieu qui, comme ses confrères Japonais, est toujours représenté assis sur une gigantesque fleur de lotos ou de nymphea, en lui chantant plus ou moins mélodieusement une sorte de psaume qui a du moins le mérite d'être fort court, puisqu'il ne se compose que de trois mots, trois grands mots, par exemple, qui ne peuvent se traduire en français que par une douzaine de mots environ, et qui signifient à peu près ceci : « O puissant et bienheureux Amida, sauvez-nous et conservez-nous ! » Mais la meilleure manière d'honorer Amida, c'est de se noyer en son honneur, au dire du moins des dévots qui exécutent la noyade d'une foule de manières, chacun d'eux essayant, pour se faire mieux recevoir de son dieu dans le ciel, de se procurer l'asphyxie par l'eau, au moyen d'un procédé nouveau ou du moins peu commun. D'autres béats fanatiques se font enfermer dans une cellule dont on mure la porte en n'y laissant qu'une étroite ouverture à peine suffisante pour permettre à l'air de s'y renouveler.

Le fanatisme d'Europe aurait-il encore ici copié le fanatisme d'Asie ? Sans parler des *sachettes* et autres folles ou fous de ce genre, le Mont-Valérien, à côté de Paris, a longtemps aussi eu des reclus volontaires sur lesquels des valets de l'Archevêque muraient la porte de leur cellule en n'y laissant qu'une étroite ouverture par où l'Ermite recevait sa nourriture de la pitié des passants. En 1610, il y avait trois de ces reclus.

Néanmoins, suivant un homme qui a pu obtenir des détails précieux sur les Japonais, ces peuples sont en général assez peu religieux. Ils ne prient leurs dieux qu'aux grandes fêtes, et ne semblent y songer qu'aux

---

(1) Voyez Purchas, *Extraits de voyages;* De Bry, *Epistolæ Japonicæ;* d'Acosta, Kaëmpfer, etc. Nous citons, de peur qu'on soit tenté de prendre ceci pour une parodie des choses de la vieille Europe.

grandes occasions. D'un autre côté, il est aussi bien constant que le nombre des Prêtres, des Moines et des pagodes y est plus considérable peut-être que partout ailleurs. Rien qu'à Méaco et dans ses environs, un voyageur a compté jusqu'à trois mille huit cent quatre-vingt-treize grands temples et deux mille cent vingt-sept petits, lesquels sont desservis par quarante-six mille Prêtres réguliers, sans compter plus de six mille Moines ou *Jammabos* de différents Ordres, et tous ces Prêtres vivant grassement. Ces détails sembleraient devoir contredire ce que nous avons dit de l'indifférence générale des Japonais en matière de religion, si l'on ne savait depuis longtemps déjà que les mômeries du culte sont souvent données et prises pour la religion elle-même, et que les ridicules de la superstition sont d'ordinaire un indice certain de l'absence d'une sincère piété. Ainsi la secte la plus révérée au Japon n'est pas celle qui est la plus instruite, la plus utile, mais celle dont la dévote exaltation se révèle par les actes d'un fanatisme qui rappelle et surpasse quelquefois celui des *Joguis* hindous. Ikko est le nom de cette secte, dont le chef ou *Tunde* est respecté comme un dieu. Mais, en général, les Japonais, pourvu qu'ils fassent de fréquentes aumônes à leurs Prêtres et Moines mendiants, pourvu qu'ils pensent à décorer les temples des dieux et à faire partie des cérémonies du culte, peuvent oublier complétement le ciel, s'adonner à tous les plaisirs de la terre, et néanmoins se croire sûrs d'être bien reçus dans l'autre monde par Amida et Quanwon son fils, par Xaca, Toranga, et par tous les Camis ou âmes immortelles. Aussi, lorsque François Xavier vint prêcher parmi eux le renoncement aux plaisirs des sens, le mépris des biens et des joies terrestres, soit par manque d'habileté chez le Missionnaire jésuite, soit par sincérité dans les croyances chez le Réformateur chrétien, il fut, comme nous l'avons dit, comme un historien de la Compagnie, le Père Charlevoix l'avoue, simplement pris pour un fou. Plus habiles que leur devancier, et mettant aussi sans doute en pratique la dévotion facile, la morale commode, dont leurs écrivains posaient déjà les détestables principes, les successeurs de François Xavier dans la Mission du Japon se gardèrent bien de heurter ainsi les idées, quelles qu'elles fussent, des gens qu'ils voulaient exploiter ou, si l'on veut, christianiser à leur façon. Ils se gardèrent bien de vouloir prendre la place d'assaut. Loin de là : ils s'avancèrent doucement, tortueusement, à couvert dans d'adroites tranchées, et offrant toujours bonne composition à ceux qui voulaient se rendre au Christ. Lorsqu'on réglait enfin les termes de la capitulation, les bons Pères avaient soin de les rendre aussi doux que possible.

— Nous voulons désormais, disaient les Japonais vaincus et convaincus, être les enfants du Christ et non plus de *Daïboth*. Nous ne craindrons plus *Jemma-O*, roi des enfers, mais bien Satan, le diable des chrétiens. Nous n'écouterons plus enfin que les Bonzes noirs d'Europe, qui ne teignent pas une moitié de leur crâne rasé avec du vermillon, comme font nos Nèges et nos Jammabos. Quelles règles ont-ils à imposer à leurs fils du Japon ?

— Oh ! fort peu de choses, répondaient les Jésuites d'un ton insinuant. D'abord, vous observerez le repos prescrit pour les jours des fêtes et dimanches...

— Les Bonzes d'Europe ne savent donc pas que cela est impossible ? Toute journée est une journée de labeur pour les Japonais : laboureurs, il faut qu'ils travaillent pour le seigneur auquel appartient le pays, et qui leur abandonne sur les fruits et moissons une part proportionnée à la quantité recueillie ; magistrats, il faut que chaque jour ils rendent la justice ; quel que soit l'état, la position, le Japonais peut être à tout moment appelé pour le service du prince.

— Allons, mes chers frères, vous observerez le repos prescrit quand cela vous sera possible.

— Cela n'est jamais possible, ô Bonzes d'Europe !

— Très-bien, mes chers fils. Mais, du moins, vous jeûnerez ; ceci est essentiel !

— O sages Bonzes d'Europe, comment cela nous serait-il possible, à nous qui sommes habitués à manger trois fois par jour ?

— Oh ! si vous êtes habitués !... Par exemple, vous vous garderez désormais d'aller aux pagodes adorer les idoles monstrueuses que vous nommiez vos dieux, n'est-ce pas ?

— Oui, grands Bonzes !... c'est-à-dire tant que le prince ou l'empereur ne nous feront pas donner, comme cela arrive souvent, l'ordre de nous rendre aux Tiras, pour remercier ou implorer les grands *Sins* (Dieux).

— Eh bien, lorsque vous irez, par un ordre semblable, vous prosterner devant une idole, en vous-mêmes vous offrirez à Jésus-Christ l'hommage qu'extérieurement vous rendrez à Jebisu ou à Daïkoku, à Fatziman ou à Fotteï (1).

— Les Bonzes d'Europe sont d'ingénieux et grands docteurs; nous ferons ce qu'ils nous prescrivent. Nous voulons être leurs frères.

— Le baptême vous rendra tels. Venez donc avec vos femmes et vos enfants recevoir ses ondes salutaires et régénératrices….

Les Japonais ainsi catéchisés se laissaient baptiser assez gaiement; mais souvent ils n'amenaient pas leurs fils, et jamais ils n'amenaient leurs filles ni leurs femmes. Suivant la plupart des relations qu'on nous a laissées sur cette contrée, les Japonais élèvent leurs enfants avec douceur; jamais ils ne les rudoient, s'ils les voient témoigner de la répugnance pour quelque chose qu'on veut leur faire faire, ils cessent d'insister aussitôt, et remettent au temps et à la persuasion l'exécution de ce qu'ils avaient projeté. Quant à leurs femmes, les Japonais, de même que les Chinois, extrêmement jaloux, ne les exposent que le plus rarement possible aux regards des hommes. On comprend ainsi leur répugnance à amener leurs filles et leurs femmes même vers les Bonzes d'Europe, devant lesquels elles seraient obligées à dévoiler leur tête pour recevoir le baptême chrétien. Il paraît que cette répugnance résultant des mœurs existait chez les Japonais avec une telle force, que, plutôt que de s'y heurter, les Jésuites, craignant un échec, préférèrent accorder aux Japonaises le titre de chrétiennes, sur parole à ce qu'il paraît, et sans aucune des grandes consécrations imposées par l'Église catholique. Les Missionnaires de la Société de Jésus ont eux-mêmes avoué qu'ils n'administraient aux femmes du Japon ni le baptême ni l'extrême-onction.

(1) Jebisu est le Neptune Japonais; Daïkoku, leur Plutus; Fatziman leur dieu Mars; Fotteï est la divinité qui préside aux plaisirs; Tossitoku est la Fortune Japonaise; Jakuti c'est à la fois Apollon et Esculape. Darma a inventé le thé, cinq cents ans avant J.-C., suivant la légende de ce *Sin*, à bon droit révéré.

Car, la commode mais tant soit peu singulière manière avec laquelle nous venons de montrer les Jésuites christianisant les Japonais, les Révérends en ont bien réellement usé.

En 1633 et 1636, trois Religieux, les Pères Antoine de Sainte-Marie, Francisco de Alameda et Jean-Baptiste Moralès, informèrent sur la Mission de Chine et déclarèrent solennellement que les Missionnaires Jésuites avaient presque partout souffert que les chrétiens nouveaux continuassent à fréquenter les pagodes et à honorer, du moins en apparence, les divinités de leurs ancêtres, à se prosterner devant la statue de *Chim-Hoam*, à sacrifier à *Con-fu-zu* (Confucius), à cacher la croix; que, de plus, ils n'exigeaient pas des convertis de jeûner même le Vendredi-Saint; qu'ils cachaient soigneusement aux catéchumènes les actes de la vie et de la mort du Christ; qu'ils n'obligeaient pas leurs ouailles à entendre le saint sacrifice de la messe, enfin qu'ils donnaient le titre de chrétiens à de pauvres idolâtres qui n'avaient jamais été baptisés et qui mouraient sans recevoir le sacrement de l'extrême-onction.... Ces accusations terribles, accablantes, nettement formulées, parfaitement appuyées, furent accueillies et appuyées par l'archevêque de Manille, qui crut devoir en écrire au pape.

Pour leur défense, les Jésuites, tout en reconnaissant qu'un bon zèle n'avait pas permis aux Informateurs de dissimuler ce qu'ils avaient appris (aveu précieux!), alléguèrent que le reproche de ne pas administrer le baptême et l'extrême-onction n'était vrai qu'en ce qui regardait les femmes; que s'ils avaient souffert les restes des superstitions des convertis Chinois et Japonais, ils n'avaient fait qu'imiter les Apôtres qui avaient montré une pareille mansuétude à l'égard des Juifs convertis, tolérance approuvée par saint Thomas et saint Augustin, et inspirée par le Saint-Esprit, suivant un grand théologien, Nicolas de Lyra. Que s'ils avaient caché à leurs catéchumènes l'humble naissance, la vie modeste, la mort ignominieuse du Christ, c'est que ces détails ne pouvaient qu'éloigner de la religion du Christ des esprits orgueilleux comme ceux des Chinois et des Japonais, dont le ciel est peuplé de dieux qui ont brillé, régné, dominé sur la terre. Que s'ils n'astreignent pas leurs néophytes aux jeûnes solennels, c'est que cela est à peu près impossible; que s'ils ne célèbrent pas plus souvent le saint sacrifice de la messe, c'est qu'ils sont peu nombreux et que leurs ouailles sont innombrables; que s'ils permettent aux convertis de cacher le signe de la rédemption, c'est pour ne pas éveiller la persécution; qu'enfin les licences qu'ils se permettaient, Paul III leur avait donné le droit de les prendre....

En dernier lieu, les Jésuites rejetant l'accusation sur les accusateurs dénonçaient, comme cause de la perte des Missions de la Chine et du Japon, les Dominicains, Franciscains, Capucins, rivaux jaloux de leur gloire, et qui, ne pouvant la leur ravir, essayaient de la nier.....

Nous ne voulons pas nous poser juge-arbitre de ces récriminations, accusations, dénonciations tant de fois renouvelées, toujours acerbes et passionnées, et qui quelquefois arrivent à un degré de violence dont nous n'oserions approcher, même de bien loin, quoique nous soyions un profane historien, et que les contendants aient été de pieux Missionnaires, des hommes de Dieu (1), des saints, qui pis est !... Cependant, nous oserons dire que la plupart des accusations portées contre les enfants de Loyola par les autres ordres religieux, sinon toutes, nous ont semblé prouvées presque toujours et toujours probables. D'abord, un bref pontifical de 1645, renouvelant un premier bref de Paul III, prescrivait l'observation des cérémonies chrétiennes dans les Indes-Orientales et Occidentales. Ce bref, un Jésuite le P. Martinius essaya vainement de le faire révoquer. Quant à l'excuse que donnaient les Jésuites de ne pas obliger leurs néophytes à assister à la célébration des Offices, par cela qu'ils étaient trop peu de prêtres, et que les nouveaux chrétiens étaient trop nombreux et disséminés sur une trop vaste étendue de pays, une réponse péremptoire, et qu'on leur a faite depuis longtemps, est celle-ci : Jean-Baptiste Moralès ayant voulu voir ce qu'il y avait de

---

(1) Si l'on veut en juger, il ne faut que lire quelques-uns des factums du genre de celui de Collado, qui porte le titre de *Mémorial* et est adressé au roi d'Espagne. Qu'on lise encore les *Mémoires utiles et nécessaires, tristes et consolants, sur les Missions orientales*, etc., par le R. P. Norbert, capucin, qui est pourtant un des plus modérés adversaires Religieux des Jésuites, et dont les accusations nombreuses dépassent souvent de bien loin celles qu'ont portées contre la Compagnie de Jésus, ses plus rudes adversaires laïques, même ceux qu'elle a dénoncés comme athées.

véridique dans cette excuse, proposa à un Provincial Jésuite de se mettre à sa disposition pour faire jouir les convertis des cérémonies du culte dont ils étaient privés. Le digne Provincial ne répondit à cette demande que par un ordre formel de déguerpir au plus tôt de sa Province.

Les Jésuites firent mieux; ils laissèrent un nouveau converti mourir sans confession plutôt que de souffrir qu'il fût confessé par un autre que par un Jésuite!... Ce fait est parfaitement prouvé par le Père Diégo Collado de l'Ordre des frères prêcheurs, dans son Mémoire adressé au roi d'Espagne. On peut encore voir quelque chose d'à peu près aussi édifiant dans une Relation publiée au commencement du XVIIe siècle (1); on y lit que, pendant la persécution qui s'éleva au Japon, vers 1619, contre les chrétiens, les Jésuites voulant même alors conserver, quoi qu'il pût arriver, leur fatale influence, empêchèrent les Missionnaires Dominicains de confesser les malheureux persécutés que les tourments décimaient sans cesse, de leur administrer les sacrements; et cela sous le prétexte que les paroisses où leurs rivaux voulaient exercer leur ministère étaient à eux appartenantes, et qu'un prêtre n'a pas plus de droit dans la paroisse d'un confrère qu'un simple laïque.

Et les infortunés que les Jésuites avaient affublés tant bien que mal de la robe du néophyte, mouraient au milieu de ce débat impie, privés même des dernières consolations que peut donner la religion pour laquelle ils mouraient!...

Il est également prouvé que les Jésuites permettaient à leurs convertis de ne pas abandonner entièrement le culte de leur pays, et de n'être chrétien qu'en secret. Il est également prouvé que les Jésuites firent pour les Japonais, comme pour les Chinois, une Vie de Jésus-Christ, dans laquelle le sublime prolétaire, le glorieux fils de la femme d'un charpentier, était né dans la pourpre, avait vécu honoré, et était mort glorieusement, nous ne savons plus de quelle façon, mais non

---

(1) Cette Relation, écrite en espagnol, a pour titre : *Sumario de varias cosas á cerca de los Religiosos de Santo-Domingo y de la Compania*. Il y a dans cet ouvrage une lettre d'un Jésuite, le Père Zola, écrite en mauvais latin, qui confirme complétement l'accusation.

pas sur un gibet honteux, sur une croix infamante. Tout cela est prouvé, et prouvé de façon à ne nous laisser, si nous voulions fournir des preuves, que l'embarras du choix. Le *Mémorial* du Dominicain Diégo Collado est un acte d'accusation en forme, et terrible. Pour en détruire l'effet, les Jésuites d'Europe publièrent partout qu'ils avaient des lettres entre les mains, qui confondraient leurs calomniateurs. Ces lettres, Collado défia les Révérends Pères de les montrer ; ce qu'ils se gardèrent bien de faire, selon toutes probabilités, par l'excellente raison qu'ils n'avaient rien à montrer en ce genre.

Certes, la conduite des Jésuites au Japon, si elle prouve peu de zèle pour la religion, dénote au moins une grande habileté. C'est là sans doute ce qui fait que, tandis que de pieux et saints prélats ont dénoncé les iniquités de la Société de Jésus, demandé sa suppression, Richelieu, grand politique, mais fort petit dévot quoique cardinal, l'a vantée avec enthousiasme et l'a protégée, tout en sachant parfaitement faire courber ceux de ses Membres qu'il employa sous le fouet au manche de bronze, aux lanières souvent sanglantes, dont il sut se faire un sceptre vraiment royal. On dit qu'à son lit de mort, ayant reçu la visite d'un Jésuite dont le nom nous échappe, ce dernier, prié par le cardinal mourant de lui donner quelque réconfort religieux pour qu'il pût trépasser en paix, l'assura gravement « que Dieu ne voudrait jamais damner un homme comme son Éminence ! » Richelieu se prit à rire et dit à un de ses intimes : « Si j'en croyais le Révérend, Dieu ne serait qu'un pauvre diable !..... Du reste, je le saurai bientôt. »

Tant que les Jésuites furent seuls au Japon, la nouvelle édition du christianisme qu'ils avaient importée dans ce pays fut à peu près à l'abri des persécutions. Ils n'eurent alors qu'un seul martyr, et c'était, bien entendu, un naturel du pays, quelque pauvre fanatique, qui, ne pouvant plus se noyer pour Amida, voulut être brûlé pour Jésus-Christ. Jusqu'à la fin du xvie siècle environ, c'est-à-dire pendant près de cinquante ans, les Missionnaires Jésuites restèrent en possession d'évangéliser les diverses contrées qui composaient l'empire du Japon.

Bientôt l'Europe vit des convois de navires, auxquels il ne manquait, pour paraître des flottes de quelque puissance du premier ordre, que de battre pavillon particulier, arriver dans ses ports, apportant des mers asiatiques les plus éloignées de riches et précieuses cargaisons. Les enfants de Loyola, à côté de chaque église qu'ils bâtissaient au Japon, avaient eu grand soin d'élever un comptoir. Ils étaient partis d'Europe Missionnaires, ils se faisaient marchands en Asie. La transformation pour être originale n'en est pas moins compréhensible. Dans leurs Missions étrangères, — il faut qu'on se pénètre bien de ceci! — les Jésuites eurent toujours pour but principal, si ce n'est même pour but unique, de trouver les éléments des forces dont ils sentirent dès l'abord qu'il leur faudrait disposer pour lutter en Europe. Les Missions leur offraient l'occasion de gagner la gloire qui fascine et aveugle, la richesse qui soudoie et corrompt ; voilà pourquoi ils se montrèrent si ardents aux Missions, pourquoi ils essayèrent de s'en faire donner, si nous pouvons nous exprimer ainsi, l'adjudication de par les rois et les papes, l'adjudication formelle, exclusive.

Navarette (c'était un religieux, il faut qu'on le sache !) dit formellement dans son ouvrage, qui abonde en détails terribles et bien prouvés contre les Révérends Pères, que ce qui irrita surtout les prêtres Japonais, surtout les *Jammabos*, c'est que les Missionnaires Jésuites, si accommodants sur les règles les plus formelles du christianisme, étaient d'une rigueur extrême en ce qui concernait les offrandes faites aux *Sins* ou dieux et à leurs ministres, ainsi que les aumônes arrachées par l'importunité des moines mendiants du Japon. Il paraît que sur ce point les enfants de saint Ignace étaient inflexibles, et ordonnaient strictement à leurs néophytes de passer devant tout Jammabos sans lui jeter seulement le plus minime bâton d'argent, ou la plus petite des monnaies japonaises, qui est de la grandeur et de la grosseur d'une fève ronde (1). Les Jammabos, afin de solliciter la générosité et la piété des passants, ont l'habitude les uns de se cogner la tête contre une pierre, les autres de laisser brûler certaines drogues sur leur crâne dénudé, jusqu'à ce qu'on leur ait fait l'aumône. Les infortunés moines du

---

(1) Les monnaies du Japon ont la forme de petits bâtons ou lingots d'or ou d'argent.

Les Jésuites Marchands

Japon ne durent être aucunement satisfaits de passer toute une journée désormais à se griller le cuir chevelu, ou à se meurtrir l'os frontal, sans autre résultat que des brûlures ou des ecchymoses. On comprend qu'un tel métier n'est tolérable que s'il est bien rémunéré. Or, les Jésuites, pour empêcher leurs néophytes de faire l'aumône aux importuns *Jammabos*, avaient trouvé un excellent moyen : c'était de les amener à ne faire d'aumônes qu'à eux-mêmes. Donner aux Bonzes d'Europe ou à ceux du Japon, les nouveaux chrétiens n'y voyaient pas grande différence; néanmoins ils obéirent, et, dorénavant, les Maisons des Jésuites s'emplirent journellement, et jusqu'aux combles, des offrandes de ces bonnes et naïves gens. Les Jésuites étaient surtout friands de celles qui consistaient en lingots d'or ou d'argent, en pierres précieuses et en soieries. Les Japonais qui apportaient de tels tributs étaient particulièrement traités de dignes serviteurs du Christ.

L'écrivain auquel nous avons emprunté le détail qui précède, Navarette, qualifie les Maisons que, de son temps, les Jésuites avaient au Japon, et particulièrement celle de Méaco, de « Magasins et de Boutiques !... » Nous attestons l'exactitude de la citation, qu'il est facile de vérifier en ouvrant le tome 1er de l'auteur cité. Ce devait être d'un excellent rapport que le négoce fait ainsi par les Révérends Pères !...., Nous avons dit qu'au Japon, la terre est la propriété du seigneur, à peu près comme cela se pratiquait en Europe à l'époque de la féodalité; seulement, c'est le vassal qui a la dîme : le seigneur prend tout le reste. Il n'y existe aucune espèce d'impôts : on n'en paye même pas pour la maison qu'on bâtit. Les marchands eux-mêmes ne payent ni droits ni patentes. Comme on le voit, les Jésuites du Japon garnissaient à bon compte les galions qu'ils envoyaient richement chargés aux Jésuites d'Europe.

Il est vrai, par contre, que les Missionnaires en se faisant ainsi marchands, se rabaissaient grandement, et compromettaient singulièrement l'importance de la Mission (nous parlons de la Mission religieuse) aux yeux des Japonais, chez lesquels le négoce est regardé comme dégradant ou à peu près. Et, sans doute, c'était peu digne des ministres de celui qui a chassé les marchands du temple. Quant à nous, nous sommes très-disposé à l'indulgence pour les Révérends Pères en cette circonstance, et nous voudrions que leurs officines n'eussent jamais recélé que ces ballots de soie, ces sacs de lingots, ces colliers de perles, ces drogues médicinales dont parle Navarette, que charriaient d'Asie, et bientôt d'Amérique en Europe, les galions des Jésuites Marchands.

Les Révérends Pères ont d'abord résolument nié le fait. Ensuite, le voyant trop clairement établi, ils ont biaisé, et, baissant le ton, accusé seulement quelques ballots de soie, au témoignage même du Jésuite Cevicos. Sur une clameur de dérision qui s'élève, le Père Tellier fait effort et avoue que les navires qui allaient chaque année de Méaco en Europe pouvaient bien être chargés, pour le compte de la Compagnie, de cinquante ballots. Mais un aveu plus décisif est celui qui résulte de l'ordre que le Général des Jésuites lui-même voulut donner, mais vainement, pour que ses subordonnés se défissent de leurs vaisseaux. Vous entendez? de leurs vaisseaux. Ce général s'appelait Thyrsis Gonzalès. Un autre aveu qu'il nous semble encore fort bon de faire remarquer est celui du Jésuite Mendoza, qui convient que la Compagnie dont il était membre « possède d'immenses revenus, et que nul homme, quelque avide, quelque ambitieux qu'il soit, n'a jamais eu autant de richesses. »

En historien consciencieux, nous enregistrerons encore ici une autre défense qu'ont essayée les Jésuites.

Suivant le nouveau dire, les marchandises qu'ils envoyaient ainsi en Europe provenaient des sommes que leur allouaient pour les Missions les rois de Portugal, ensuite ceux d'Espagne. Mais, outre que les sommes ainsi allouées auraient, ce nous semble, plus convenablement été placées au Japon, dans la cabane du pauvre, ou dans le refuge du persécuté, que dans les coffres-forts des secrets trésors de Rome, nous dirons, comme tous les antagonistes des Jésuites, en y comprenant les moines dominicains, espagnols et par conséquent instruits sur la question, que les marchandises envoyées par les Missionnaires du Japon au siége de la Compagnie de Jésus produisirent souvent des millions dans une année, et qu'il est peu probable que le roi d'Espagne, encore moins celui de Portugal, aient jamais alloué aux bons Pères la centième partie de cette somme énorme.

Enfin, les Jésuites, poussés à bout jusque dans leurs derniers retranchements, ont fini par avouer, de guerre lasse, qu'ils faisaient le commerce dans leurs Missions, et qu'ils pouvaient le faire, attendu qu'ils en avaient la permission. La permission de qui ? Les Révérends Pères n'ont jamais voulu répondre à cette question pourtant fort simple. Cette permission, ils la tenaient peut-être de leur Général ; mais, à coup sûr, ils ne la tenaient pas du pape. Bien mieux, et sur les sollicitations du Père Diego Collado, moine dominicain, Missionnaire du Japon, et rival jaloux des richesses que les Jésuites tiraient de ce pays, ou chrétien indigné de voir des serviteurs du Christ changer leur Mission évangélique en négoce effronté, peu importe lequel, le pape Urbain VIII publia une bulle qui défendait positivement à tous les ministres de Jésus-Christ de faire commerce de quelque manière que ce fût, soit en leur propre nom, soit sous le nom d'un autre, soit comme particuliers, soit comme communauté, directement ou indirectement, enfin sous quelque prétexte que ce pût être !.....

Voilà qui est bien clair, ce nous semble. Et, après que le souverain pontife s'est prononcé aussi catégoriquement, les Jésuites, eux qui font vœu spécial d'obéissance au Saint-Père, vont sans doute se hâter d'exécuter les ordres du chef de l'Église, successivement répétés par Clément IX, Clément X et Benoît XIV. Qui ne le croirait? Cependant il n'en est rien ; il est bien prouvé au contraire que les Jésuites continuèrent leur commerce en dépit des bulles papales ; seulement, ils s'arrangèrent de manière à ce qu'il y eût moins de scandale : sans doute, en cette occasion, la classe des Jésuites *Affiliés* dut rendre de grands services. Il ne faut pas croire néanmoins que les Révérends Pères se soient astreints partout à l'observation même apparente des règles posées par le souverain pontife. Nous donnerons, pour qu'on soit bien convaincu de la vérité de cette allégation, une seule preuve, mais décisive :

En 1664, l'Université de Paris, en guerre ouverte avec la Compagnie de Jésus, publia un certain contrat, duquel il résulte que les bons

Pères faisaient le commerce du Canada, de compte à demi avec les armateurs et négociants de Dieppe (1). Le contrat dont il s'agit fut dressé dans cette dernière ville, chez Maître Thomas Le Vesseur, juré, et René Bense, son adjoint. Les parties contractantes y dénommées sont Charles de Biencourt, écuyer, sieur de Saint-Just, à Dieppe, et Thomas Robin, sieur de Callognes, à Paris, d'une part ; et d'autre part, les Vénérables Biard, supérieur de la Mission de la Nouvelle-France, et Ennemont Massé, de la Compagnie de Jésus : lesdites parties présentes et stipulantes reconnaissent faire société entre elles pour la cargaison du navire *la Grâce de Dieu*. Auxdits vénérables Pères Biard et Massé, agissant au nom de leur Ordre, l'association donne droit à moitié de toutes et chacune les marchandises, victuailles avancements, et généralement de la totalité de la cargaison du vaisseau *la Grâce de Dieu*. (Nous rapportons les termes mêmes du tabellion de Dieppe.)

Oh! nous comprenons maintenant la rage que laissèrent éclater les Révérends Pères lorsqu'ils virent d'autres Ordres que le leur convier leurs membres à ce splendide festin. Dans tout Missionnaire non Jésuite ils durent voir, ils virent un rival qu'il leur fallait expulser, ou un incommode surveillant qui cherchait à les faire déguerpir. Aussi employèrent-ils tous les moyens pour se conserver à eux seuls l'entière exploitation évangélique ou commerciale de la riche Asie. Il n'est sorte d'avanies qu'ils n'aient faites à leurs rivaux moins bien soutenus en Europe, moins bien établis et depuis moins longtemps en Asie. Et ce ne sont pas seulement — ce qui montre le terrible pouvoir dont jouissaient dès lors les enfants de Loyola, — ce ne sont pas seulement de pauvres capucins, d'obscurs franciscains, que maltraitent, emprisonnent et font disparaître parfois les Jésuites dans l'Inde, en Chine et au Japon ; ce sont de fiers et redoutés dominicains, ce sont aussi de hauts prélats, porteurs de cédules royales et de brefs pontificaux. Nous pouvons citer entre autres don Bernardin d'Almanza, archevêque de Sainte-Foi, et don Matteo de Castro, évêque nommé dans les Indes et en Éthiopie, et qui, toujours et partout repoussé par les Jésuites,

---

(1) Cette pièce se trouve dans la *seconde Apologie* pour l'Université de Paris, imprimée par mandement de M. le Recteur donné en Sorbonne le 6 octobre 1643.

calomnié et menacé par leurs calomnies, revint enfin mourir à Rome, justifié, mais évêque sans évêché, évêque *in partibus infidelium* (1), comme on peut bien le nommer.

Ce chapitre étant surtout consacré à l'histoire des Jésuites au Japon, nous nous bornerons à raconter la persécution si longue, si acharnée, si peu justifiée, si peu chrétienne surtout, et devenue fort célèbre, qu'ils y firent éprouver à un vénérable prélat Don Luis de Sotelo.

Malgré les efforts des Jésuites, qui veillaient avec soin sur ce vaste et riche gâteau de miel, les moines dominicains et franciscains, poussés, nous voulons le croire, par la seule ardeur évangélique, étaient parvenus à s'introduire au Japon. Les dominicains étaient à Figas dans l'île d'Yeso, la plus grande après Nipon de l'archipel japonais; les franciscains avaient même bâti les premières églises sur la côte orientale de Nipon. Les Jésuites commencèrent par faire nommer un des leurs évêque de Méaco, dont ils firent ensuite un évêque de tout le Japon. C'était obliger leurs rivaux à quitter la place, ou, pour y rester, à recevoir les ordres d'eux seuls. Un de ces derniers, Don Luis de Sotelo, Espagnol, prêcha sa Mission avec tant de succès dans une contrée qu'il nomme royaume d'Oxus, que le souverain, Idas Mazumènes, s'étant fait chrétien avec une partie de ses sujets, l'envoya vers le pape, comme ambassadeur, et pour demander qu'on établît une église dans cette partie du Japon. Don Luis de Sotelo, arrivé à Rome avec un de ceux qu'il avait convertis, seigneur japonais, nommé Faxecura, fut très-bien accueilli par Paul V, qui le nomma évêque d'Oxus. Le nouveau prélat ne devait jamais remettre le pied dans son diocèse.

Les Jésuites, irrités par cette nomination qu'ils n'avaient pu empêcher, trouvèrent le moyen de séparer Don Luis de Sotelo de son collègue; ils le firent retenir longtemps aux Philippines; enfin, l'évêque, ayant trouvé le moyen d'échapper à la surveillance dont ils l'entouraient, s'embarque sur une jonque chinoise qui faisait voile pour le Japon. Or, pendant sa longue absence, le Coubo avait proscrit, par des ordres sévères et sévèrement exécutés, l'exercice du culte chrétien dans tous

---

(1) On sait que le pape nomme toujours des Évêques d'Héliopolis, Ptolémaïs et autres anciens diocèses depuis longtemps tombés *au pouvoir des infidèles*.

ses états. Les Missionnaires et leurs néophytes n'ayant pas obéi, il s'en était suivi une terrible persécution religieuse. L'empereur du Japon avait dévoué tout Missionnaire à la mort, ainsi que tout individu qui oserait lui donner un asile. Sans doute les marchands chinois qui avaient reçu don Luis de Sotelo sur leur bord craignirent de s'exposer aux conséquences de la présence de l'évêque d'Oxus parmi eux. On a été plus loin, on a accusé, et cela avec de fortes preuves, comme le Père Diégo Collado, entre autres, les Jésuites d'avoir poussé les marchands chinois à livrer le prélat aux officiers du Coubo. Le vénérable évêque, remis entre les mains des commissaires impériaux à Nangasaki, dans l'île de Kiusiu, fut jeté dans une prison, et enfin conduit au dernier supplice, au martyre, dans la ville d'Ormura. Les Jésuites furent donc la cause plus ou moins directe de la mort de ce prélat.

Les Jésuites ne reculaient devant rien lorsqu'ils voulaient défendre leurs Missions contre leurs confrères et rivaux. On les a vus faire arrêter par des soldats, arracher de sa chapelle, du pied de l'autel où il se tenait, le Saint-Sacrement dans les mains, revêtu de ses ornements épiscopaux et entouré de son clergé, un autre prélat, l'archevêque de Manille, qu'ils firent ensuite monter dans une barque et jeter dans une île déserte (1). Veut-on connaître la cause de ce traitement barbare, quand même il eût été mérité? Le prélat, qui se nommait Don Hernando Guerrero, avait refusé aux Jésuites de Manille un jardin qui séparait l'archevêché de la Maison des Révérends Pères, et qui était fort à leur convenance. Il est probable que ce fut surtout parce qu'il s'était montré peu favorable aux Jésuites, dont il avait souvent et publiquement réprouvé la conduite, même auprès du pape, que Don Hernando Guerrero dut de se voir ainsi traité. Les Jésuites n'ont pas manqué de nier d'abord toute l'affaire, comme de coutume; ensuite ils ont essayé de justifier du moins l'expulsion d'un archevêque hors de son diocèse. Tout ce que nous pouvons admettre des preuves qu'ils ont données, des témoignages qu'ils ont invoqués ou produits, se borne à peu près à ceci : c'est que les alguazils, exécuteurs de la sentence

(1) Voyez à cet égard, dans *la Defença canonica*, la lettre écrite au Roi d'Espagne par Monsignor Palafox, autre prélat malmené par les enfants de saint Ignace.

jésuitique, ne portèrent la main sur le prélat que lorsque ce dernier, vieillard octogénaire, vaincu par la fatigue et le besoin, eut laissé tomber le Saint-Sacrement de sa main affaiblie!... Voyez donc la précieuse distinction! Escobar n'a jamais rien trouvé de mieux.

Le ciel lui-même ne plaçait pas à l'abri des vengeances jésuitiques ceux qui avaient osé mettre le pied sur les Missions des Révérends fils de Loyola. En 1597, six moines franciscains, ayant été prêcher l'Évangile dans l'île de Kiusiu, furent mis à mort à Nangasaki. Les Jésuites ne dirent mot. Mais, quelques années après, un moine de Saint-François ayant publié une relation du martyre de ses six confrères, les Jésuites jetèrent feu et flamme, et crièrent que si les franciscains avaient été brûlés ou pendus, ils n'avaient eu que ce qu'ils méritaient, pour avoir voulu empiéter sur leur terrain. Ils voulurent même faire défendre et condamner la relation par le tribunal de l'Index.

Bien plus, l'Ordre des franciscains ayant osé demander la canonisation de ses six martyrs, les Jésuites mirent tout en usage pour fermer les rangs de l'armée céleste à ces derniers, qui furent seulement béatifiés par Urbain VIII, et non sans peine.

Pour mettre un terme à tout ceci, les Jésuites obtinrent de Grégoire XIII, pape qui leur fut particulièrement attaché, une bulle fameuse qui consacrait les prétentions de la Compagnie de Jésus à l'exclusive exploitation (c'est à dessein et à propos, nous l'avons montré, que nous nous servons de ce terme) des Missions du Japon. Cette bulle extraordinaire, dont le style trahit par sa rédaction l'emploi d'une plume Jésuitique, défendait à tous « d'aller au Japon, pour quelque fonction ecclésiastique que ce fût, sans une permission expresse du Saint-Siége, et cela, sous peine d'excommunication majeure!..... » En vérité, nous regardons comme une chose toute simple que les foudres du Vatican se soient si terriblement émoussées, quand nous les voyons lancées pour de pareils motifs.

Ledit bref apostolique devait être lu et affiché partout où les Pères de la Compagnie de Jésus le jugeraient nécessaire. Un Jésuite, le Père Colin, avoue naïvement que ses confrères l'obtinrent pour fermer le Japon aux autres Ordres religieux, et il loue vivement la prudence des siens pour l'avoir obtenu. Bien entendu qu'il proclame auparavant que, seuls, les Missionnaires de sa Compagnie peuvent faire produire tous ses fruits à cette lointaine Mission.

Nous voudrions que l'honnête et modeste Père eût expliqué ce qu'il entend par le mot de *fruits*; mais passons! Le 16 juin 1628, les Révérends Pères obtinrent du roi d'Espagne un décret qui défendait à tous autres religieux que ceux de la Compagnie de Jésus de passer au Japon, cela pendant quinze ans..... Les Jésuites se promettaient bien sans nul doute de faire augmenter la durée du privilège accordé.

Pour être juste envers Rome, nous devons dire que Philippe II ayant sollicité, auprès de Clément VIII, l'annulation du bref de Grégoire XIII, le Saint-Siége permit dès lors à tous les religieux d'aller au Japon, mais avec cette restriction que les Jésuites seuls pourraient se rendre des Philippines au Japon, tandis que les membres de tout autre Ordre ne pourraient s'y transporter que par la voie des Indes, en venant directement du Portugal.

Mais, ainsi qu'on le pense bien, les Jésuites oublièrent incontinent l'annulation du bref de leur protecteur Grégoire XIII, pour ne se souvenir que de sa promulgation. « Les Révérends Pères eurent toujours pour principe, pour *propriété*, de ne souffrir personne autre qu'eux-mêmes partout où ils sont. » Cette phrase entière, nous la copions fidèlement dans une lettre d'un religieux capucin, le Frère Michel-Ange, qui écrivait ceci en 1699 à un évêque d'Europe. Une autre pièce curieuse que les capucins nous fournissent encore, et que l'on trouve dans les *Mémoires utiles* du Révérend Père Norbert, est une attestation juridique par laquelle il est prouvé qu'un certain Mottou, Jésuite et Catéchiste au collége de Saint-Paul à Goa, aurait avoué, en présence de témoins qui ont signé l'attestation, que les Jésuites des Indes ne reconnaissent en ces pays les décrets du Saint-Siége que lorsqu'ils ont été reconnus par l'Ordinaire; et qu'un membre de la Compagnie, le Père Tachard, professait hautement « que quand même le pape viendrait dans les Indes, chaque Jésuite ne lui obéirait qu'avec la permission de son Supérieur. »

Les Jésuites répondirent à cette pièce par une autre qui n'est rien moins qu'une excommunication lancée, à leur demande, par l'évêque du lieu, et fulminée dans les termes depuis longtemps oubliés en Europe. Cette excommunication qui foudroyait un religieux, le déclarait « maudit de la malédiction de Dieu et des saints Apôtres, de toute la cour céleste »; le privait de la communion des fidèles; défendait à qui que ce fût « de lui accorder les secours spirituels, et même de lui donner *ni feu, ni eau*, ni toute autre chose dont il aurait besoin.... » On voit qu'il ne faisait pas bon d'essayer de lutter, en Asie, contre les Jésuites.

En outre, c'était un excellent mais assez peu orthodoxe moyen pour s'attacher les populations, que celui qu'il est bien prouvé que les bons Pères employèrent dans l'Inde, en Chine au Japon, et qui était de n'imposer, des cérémonies et devoirs religieux du christianisme, que ce qui plaisait aux convertis.

Cependant, après que le bref de Grégoire XIII eut été révoqué par les papes, les Jésuites, malgré tous leurs efforts pour chasser de leurs Missions les dominicains, franciscains et autres intrus, voyant les ordres rivaux s'établir sur plusieurs points, s'avisèrent, dans un but qu'on devine, de s'immiscer dans les affaires politiques. C'est ce qu'ils firent en Chine et au Japon; et c'est grâce à cette conduite qu'ils ont fait proscrire le christianisme dans ces mêmes pays.

Nous avons dit que, lorsque François Xavier pénétra dans le Japon, cette contrée était en proie à de grands déchirements politiques. Le Coubo, en confisquant à son profit le pouvoir du Daïri à peu près entièrement, avait donné l'exemple aux mille ambitions des gouverneurs de province. Chaque prince avait voulu se faire indépendant à son exemple. Cet état de choses dura jusqu'en 1585, époque où Taïko, dépouillant le Daïri des derniers débris de la puissance impériale, tout en lui réservant le titre et les honneurs de l'autorité religieuse, obligea les divers princes qui jouaient le rôle de souverains indépendants à n'être plus que ses grands vassaux. Le Daïri, réduit à n'être plus que le pape du Japon, eut pour fonctions de veiller à la confection des livres, à la garde des Annales, à la distribution des fêtes dans l'année religieuse, et à l'orthodoxie de la croyance des peuples Japonais.

Le Ten-Sin, fils du Ciel, comme on appelle le Daïri, se montra-t-il plus jaloux de son pouvoir ecclésiastique lorsqu'on lui eut ôté le pouvoir séculier qu'il y réunissait jadis ; ou le Coubo, victorieusement sorti de la lutte incessante contre les petits rois si longtemps rebelles, voulut-il faire sentir son autorité aux Bonzes européens, qui plus d'une fois l'avaient méconnue? Quoi qu'il en soit, à partir des dernières années du XVIe siècle, les chrétiens du Japon, à peu près tolérés jusqu'alors, virent commencer pour eux l'ère sanglante des persécutions. Les intrigues incessantes des Jésuites furent bien souvent, si ce n'est toujours, la cause première de ces persécutions. C'était d'ailleurs toute autre chose que la couronne du martyre qu'ambitionnaient au Japon les fils de Loyola, et leurs néophytes, d'après le dire même des Révérends Pères, esprits changeants et peu religieux, ne devaient pas avoir un plus grand amour pour le martyre. Mais le retour de l'ordre mettait sans doute en lumière désormais les machinations des Jésuites, machinations qui avaient pour but la conservation ou l'augmentation de leur influence dans ce riche pays.

Ainsi, ils persuadèrent à un roi d'Arima qui s'était fait chrétien (nous avons dit quelle espèce de chrétien !) de réclamer des provinces que le Coubo lui avait enlevées. Ce roi disposait, à ce qu'il paraît, d'une puissance qui semblait lui donner des chances dans une lutte contre son suzerain ; et, s'il était vainqueur, quel magnifique avenir s'ouvrait pour les Jésuites, qui lui avaient conseillé la lutte! Les bons Pères avaient même, au préalable, pris la précaution de faire déshériter le fils aîné du monarque, qui ne voulait pas se faire chrétien (on a dit qu'ils avaient insinué au roi que, dans l'intérêt de la religion qu'il venait d'embrasser, il devait ôter à ce fils idolâtre une vie qui ne serait pas consacrée à Dieu), au profit d'un second fils baptisé par les Missionnaires Jésuites et qui se laissait entièrement gouverner par eux. Il paraît qu'un certain Daïfaqui, secrétaire d'un ministre impérial, qui leur servait d'intermédiaire et d'espion, voyant ce qu'il n'avait peut-être regardé que comme une intrigue de cour prendre les proportions d'une véritable révolte, dénonça le complot à l'empereur. Le roi d'Arima fut décapité : le Père Morejon, Jésuite, qui avait conduit toute l'affaire, l'échappa belle ; mais enfin, il l'échappa.

Presque dans le même temps, un autre Jésuite jouait un rôle tout différent auprès du roi d'Oruma. Ce prince, qui régnait sur une partie de l'île de Kiusiu, avait reçu le baptême, et traitait favorablement les Jésuites. Mais, outre que son pays est un des moins riches du Japon, les bons Pères désirèrent encore se faire, aux dépens de ce roi, bien venir du Coubo. Ils invitèrent donc l'empereur à envoyer une flotte dans le port de Nangasaki, la capitale du roi d'Oruma, promettant, au moyen de leurs néophytes, de lui faire livrer la ville et son prince. L'empereur profita de cette trahison ; mais il sut en récompenser dignement les auteurs. Il ne fut pas plus tôt maître de Nangasaki, qu'il en chassa les Jésuites et tous leurs adhérents, proclamant qu'il ne pourrait avoir aucune confiance en des gens qui avaient vendu leur bienfaiteur.

Expulsés d'un endroit, les Jésuites allaient se réfugier dans un autre, et continuaient, tantôt publiquement, tantôt en cachette, de recruter des néophytes, c'est-à-dire des sujets, et de récolter des conversions, c'est-à-dire des impôts ; car s'ils se montraient indulgents à l'égard des anciennes superstitions de leurs convertis, ils se montraient, en revanche, ainsi que nous l'avons déjà dit, d'une sévérité inflexible à l'égard des offrandes portées aux dieux du Japon, des tributs accordés à leurs pagodes, des aumônes faites à leurs prêtres et Jammabos. Un chrétien japonais, atteint et convaincu de cette furieuse hérésie, de cette impiété déplorable, de ce crime énorme, ne pouvait s'en laver qu'en se hâtant de doubler, au profit des bonzes chrétiens, la somme donnée aux bonzes japonais. Nous pourrions sur ce point rassembler une masse de preuves, à laquelle protestants et catholiques ont fourni leur contingent ; mais ceci nous mènerait trop loin. Il nous faut donner ici un rapide aperçu de la Mission jésuitique dans le Japon.

Nous avons dit que François Xavier, en quittant cet archipel, y avait laissé Côme de Torrez et Fernandez. Ces deux disciples et Compagnons de l'Apôtre des Indes, rejoints ensuite par trois autres Jésuites, travaillèrent si activement et si habilement, que dès lors leur Ordre put compter le Japon comme une de leurs provinces, ou plutôt comme une colonie de leur empire dont chaque jour voyait s'augmenter l'étendue et la puissance.

On lit dans une histoire, récemment publiée, de la Compagnie de Jésus (1), que les Bonzes accusèrent dès lors les Jésuites de provoquer et d'entretenir les discordes et les guerres dans les diverses contrées de l'empire Japonais, rien que par leur seule présence. Sans vouloir suspecter les convictions et la véracité de l'historien panégyriste des enfants de Loyola, nous lui dirons néanmoins que cette même accusation a été bien des fois formulée, et non sans de fortes preuves à l'appui, par tous les Missionnaires appartenant à un Ordre autre que celui de Jésus. Il paraît en effet certain que pendant près d'un demi-siècle ce fut grâce aux dissensions dont ils soufflèrent et entretinrent activement le feu que les Missionnaires Jésuites durent de prendre au Japon une importance extraordinaire. Voici comment procédaient les bons Pères, d'après les documents fournis, non pas, qu'on le remarque, par des ennemis de la religion chrétienne, mais par de pieux Missionnaires dominicains, franciscains, capucins, etc.

Aussitôt que les enfants de saint Ignace avaient pénétré dans une contrée quelconque du Japon, aussitôt que, grâce à leur système de transactions entre les règles et les devoirs de la croyance chrétienne, et les superstitions, les vices, les empêchements de leurs néophytes, ils étaient parvenus à réunir un certain nombre de catéchumènes, vite, ils jetaient autour d'eux le coup d'œil du politique et le regard du jaugeur. Le pays était-il peu productif, ou le souverain mal disposé pour eux, ils trouvaient moyen bientôt de faire arriver un roi voisin qui ne pouvait faire autrement, pour prix des services que lui avaient rendus les bons Pères, que de leur ouvrir ses états agrandis par eux; ses conseils, où ils venaient de prouver qu'ils seraient si utiles; sa conscience, dont ils savaient être de si indulgents directeurs; ses trésors, dans lesquels méritaient si bien de puiser ceux qui venaient de les remplir. Au

---

(1) Nous voulons parler de l'*Histoire religieuse, politique et littéraire de la Compagnie de Jésus*, par M. Crétineau-Joly, dont l'auteur, après avoir promis à grand renfort de phrases plus ou moins épiques de dire la vérité, toute la vérité, rien que la vérité, après avoir pris les allures d'un critique, se borne au rôle modeste, mais difficile et pénible, de brosseur des taches de boue et de sang qui couvrent la robe noire du Jésuite, emploi qu'il avait déjà essayé sur la veste du Chouan et du Vendéen. Que toute cette poussière lui soit légère, autant qu'elle lui a été productive, dit-on.

besoin, quand les intérêts de l'Ordre l'exigeaient, les Révérends Pères savaient sacrifier leur protecteur et leur disciple pour s'en faire un autre plus puissant, plus riche, plus utile, ou bien encore pour le jeter comme une proie à la colère du Coubo irrité de leurs intrigues incessantes. Nous venons de dire que telle fut la conduite qu'ils tinrent dans le royaume d'Arima, conduite habile, conduite infâme, et qui fut récompensée comme elle le méritait.

Mais tant que le Coubo eut à lutter contre les rois qui visaient à l'indépendance, il fut forcé sans doute de ménager les Jésuites. Profitant habilement des troubles qu'on les a justement, nous le croyons, accusés d'avoir entretenus, ou même d'avoir fait naître au besoin, les Jésuites se répandirent presque par tout le Japon, et bâtirent de nombreuses églises où se réunissaient les étranges chrétiens que nous avons dits; étranges, mais naïfs chrétiens, auxquels on n'apprenait du christianisme que les petites choses, non les grandes; auxquels on ne disait pas que le Christ avait été vendu par un de ses disciples, sans doute afin de pouvoir continuer le même commerce; dont la ferveur enfin s'estimait au poids du ballot de soie, à l'étendue du lingot-monnaie, au carat du diamant apportés en tribut.

De l'aveu des Jésuites mêmes qui n'ont pu alléguer pour toute excuse que le besoin de relever par là la dignité du caractère sacerdotal, il paraît que vingt ans environ après que François Xavier eut mis le pied sur la terre du Japon, les successeurs de celui-ci y avaient trouvé les sources d'une telle opulence, que l'or et les bijoux brillaient sur leurs vêtements. Les écrivains de la Compagnie avouent le fait en disant que le Père François Cabral, successeur de Torrez dans la direction générale des Missions japonaises, en 1572, réforma cet abus. C'est-à-dire, probablement, que le Père obligea ses subordonnés à dégarnir leurs écrins de toilette, pour remplir d'autant les coffres du trésor général de la Compagnie. A cette époque, les Jésuites du Japon, protégés par un Coubo qu'ils avaient contribué à faire monter sur le trône, purent, chaque année, expédier en Europe des vaisseaux chargés de tout ce que le Japon produit de précieux, et dont les cargaisons, habilement vendues par leurs facteurs, grossissaient incessamment les sacs de ce mystérieux coffre-fort dont leur Général seul a la clef, et dans lequel il allait désormais pouvoir puiser sans crainte pour soutenir la lutte européenne déjà commencée.

Le nouvel empereur, craignant probablement que ceux qui l'avaient élevé au pouvoir ne l'en fissent un jour descendre, ou peut-être ne pouvant pas ou ne voulant pas payer le prix que les Révérends Pères mettaient au concours qu'ils lui avaient prêté, essaya de se débarrasser des Missionnaires. Mais ceux-ci étaient alors si puissants, si bien soutenus, si solidement établis au Japon, que le Coubo dut faire tout céder à la crainte qu'ils lui inspiraient, et attendre tout du temps. Les deux partis, prêts également à se trahir l'un l'autre, signèrent cependant le contrat d'un traité de paix menteur, dont les arrhes furent l'exil et la ruine d'un prince, ami des Jésuites, qui avait combattu par leurs ordres, pour le Coubo, et que le chef des Jésuites à Méaco, Froez, un des plus rusés Pères qu'ait eus la Compagnie au Japon, abandonna, victime expiatoire, à l'empereur qui faisait ainsi patienter sa colère.

Moyennant ce sacrifice, le Coubo permit aux Jésuites de bâtir une magnifique église à Méaco sous le titre de l'Assomption, dénomination qui rappelait à la fois l'arrivée de François Xavier au Japon, et, surtout, le point de départ de la Société de Jésus, le vœu de Montmartre. On comprend qu'une telle faveur compensait bien, et au delà, pour les bons Pères, l'abandon qu'ils faisaient à l'empereur d'un de leurs partisans.

C'est aussi vers cette époque que les Jésuites causèrent, ainsi que nous l'avons raconté précédemment, la mort du roi d'Arima. Le successeur de ce roi fut le prince que les Jésuites avaient voulu faire deshériter par son père au profit d'un autre fils baptisé par eux et sur lequel ils croyaient pouvoir compter. On comprend que le nouveau souverain d'Arima ne dut pas regarder d'un œil favorable ces étrangers qui avaient tenté de le dépouiller de ses droits, et même de le faire périr, comme on l'a dit. Quelques autres grands vassaux de l'empereur, sans doute encouragés, poussés même par leur maître, se montrèrent également hostiles aux Bonzes d'Europe, qui se préparent à la lutte de leur côté. Il n'y avait alors que huit Jésuites en tout au Japon, non compris, bien entendu, les adeptes et affiliés japonais; c'était trop peu pour suffire aux besoins nombreux d'une vaste Mission, à la fois religieuse, mais fort peu; politique, et beaucoup : commerciale, oh! extraordinairement commerciale! Des renforts partent à la fois de Rome et de Goa. Dix-sept Pères courent au Japon. Treize seulement y abordent, les quatre autres font naufrage en vue du port et périssent. Le vicaire-général de la Mission, le Père Cabral, se voyant ainsi soutenu, essaye dès lors de recruter au Japon pour sa Compagnie. Un Collége de Jésuites est fondé à Méaco, avec un Noviciat. Le Père Cabral espérait, au moyen des jeunes adeptes qui sortiraient de cet établissement, pouvoir enrégimenter les cent mille Japonais qui portaient avec plus ou moins de droits le titre de chrétiens. Ce chiffre de cent mille chrétiens est celui qu'accusent les Jésuites eux-mêmes, pour leur Mission japonaise. Ce chiffre, rapproché du petit nombre des Missionnaires successeurs de François Xavier (ils ne furent que deux pendant quelque années; puis il y en eut huit, de 1560 à 1572), vient encore confirmer ce que nous avons dit du peu de réalité des conversions, pour lesquelles les Jésuites embouchaient cependant la trompette en Europe avec tant de fracas : ou bien ces Japonais n'avaient, pour la plupart, du chrétien que le titre, ou bien les convertisseurs ont menti en accusant le chiffre des convertis. Il nous semble, mes Révérends Pères, qu'Escobar lui-même aurait quelque peine à se tirer de l'alternative.

On a remarqué, à propos de la création du Père Cabral, ce qui nous paraît la chose la plus conséquente à l'Ordre lui-même, que les Jésuites ont songé à recruter parmi les Japonais des membres à la Compagnie de Jésus, bien avant que des ministres à Jésus lui-même. Pourtant, puisque les Jésuites, lorsqu'on leur a reproché qu'ils n'administraient que bien rarement à leurs néophytes les divers sacrements, et qu'ils ne les faisaient assister que de loin en loin aux cérémonies du culte, se sont excusés sur le petit nombre de leurs prêtres au Japon, il nous semble, disons-nous, qu'avant de bâtir un Noviciat où se formeraient de jeunes Jésuites, il eût été convenable et bon de bâtir un séminaire d'où seraient sortis les ouvriers nécessaires à cette immense moisson apostolique. Mais, nous le répéterons, au Japon, comme dans

toutes leurs Missions, les Jésuites n'ont élevé la croix au-dessus de la noire bannière de leur ordre que parce que celle-là servait de prétexte et de protection à celle-ci. « *In hoc signo vinces* (Tu vaincras par ce signe) ! » dit-on à chaque Missionnaire qui part, en lui remettant la croix du Sauveur des hommes. Et chaque Apôtre en robe noire sait que cela veut dire : « Sers-toi de ce signe sacré pour faire triompher ton Ordre. »

O Christ, Christ, combien de temps encore ta croix, ce signe sacré d'émancipation universelle, prêtera-t-elle son ombre, et servira-t-elle d'enseigne à ces spéculateurs sans vergogne, qui ne craignent pas, pour arriver au but vers lequel ils marchent, de faire jaillir sur elle la boue immonde de leurs ténébreux sentiers ?.....

Nous avons dit que ce fut en soufflant le feu des dissensions, ou du moins en l'entretenant avec adresse, que les Jésuites fondèrent l'influence dont ils jouirent au Japon pendant la moitié d'un siècle environ. Nous pourrions en fournir des exemples par milliers. Ainsi, un roi de Bungo, qui, suivant les Jésuites eux-mêmes, avait accueilli favorablement François Xavier, descend du trône en 1678, grâce aux intrigues des Révérends Pères, qui espéraient gouverner sous le nom de son successeur, jeune prince inexpérimenté et qui semblait disposé à se faire chrétien. Mais il paraît que le nouveau monarque, soit que ce fût un rôle qu'il eût joué pour que les Jésuites l'aidassent à monter sur le trône qu'il ambitionnait, soit qu'une fois couronné il eût peur de voir ses sujets se révolter contre lui par haine des Bonzes d'Europe, se montra bientôt hostile à ceux-ci. Les Révérends Pères, furieux de se voir pris pour dupes, ce qui est un rôle qu'ils n'ont pas l'habitude de jouer, au contraire, firent, assure-t-on, payer chèrement au roi de Bungo sa duplicité. Un roi voisin vint envahir le territoire de celui-ci, et le vainquit en bataille rangée. Alors les Jésuites offrent leur concours au roi vaincu et humilié, à condition qu'il se fera chrétien, c'est-à-dire qu'il se donnera à eux. Le roi de Bungo accepte la proposition, ne pouvant mieux faire ; et les Révérends Pères lui fournissent aussitôt une armée de néophytes avec laquelle il bat à son tour le roi de Hsuma. Cette conduite, les Jésuites la tinrent bien des fois au Japon ; conduite habile, nous le voulons bien, mais certainement fort peu chrétienne, tout le monde en doit convenir. Eh! les Révérends Pères se soucient vraiment bien de cela!.....

Ce fut à peu près vers cette même époque que Taïko s'empara de l'autorité qu'il allait concentrer sous sa main forte et victorieuse, en la faisant asseoir désormais au-dessus des trônes que les cent rois particuliers avaient tour à tour élevés, au dessus même du trône du Daïri, lequel fut définitivement enchaîné dans le cercle des attributions de la suprématie ecclésiastique. Les Jésuites jouèrent un rôle important dans ce drame historique dont nous devons donner une analyse.

Nobunanga, avant-dernier Coubo, de la race impériale (1), était parvenu à faire reconnaître son autorité au plus grand nombre des rois japonais. Les Missionnaires Jésuites avaient, dit-on, concouru à ce résultat, qui semblait devoir leur être favorable, et dont ils espéraient bien se faire payer le prix. Mais une fois vainqueur et régnant paisiblement, Nobunanga oublia, comme tant d'autres, ses utiles alliés, qui n'étaient certainement pas gens à lui pardonner cela. Les écrivains de la Compagnie de Jésus ont avancé que le motif qui brouilla leurs Missionnaires avec l'empereur du Japon, Nobunanga, fut que le Coubo victorieux, enorgueilli de ses succès, et perdant la tête sur le faîte vertigineux où ses armes l'avaient placé, voulut, nouveau Nabuchodonosor, se faire passer pour un *Sin* ou Dieu, et se faire adorer comme tel.

Que cette fantaisie ait passé par la tête de Nobunanga, nous ne le nions pas. La plupart des empereurs du Japon sont placés, dans ce pays, sur la légende des saints. Mais les Jésuites assurent que leurs Missionnaires avec leurs néophytes se refusèrent seuls à adorer la statue du Coubo. Nous ne croyons pas un mot de ceci. Ce qui nous donne cette conviction, c'est, outre l'humeur accommodante des Jésuites qui les portait à endurer si patiemment les superstitions chez leurs catéchumènes, ainsi que les autres Missionnaires les en ont tant de fois ac-

---

(1) La dignité de Coubo était dévolue par l'usage au second fils de l'empereur, tant que le Daïri fut l'empereur et que le Coubo ne fut qu'une sorte de connétable ou de généralissime. Un empereur japonais ayant violé cet usage en donnant cette charge à son troisième fils, il y eut dissensions, révoltes, guerres, terminées par l'exaltation du Coubo aux dépens du Daïri.

cusés, c'est disons-nous, que nous trouvons dans les Annales des Missions jésuites japonaises « que Nobunanga ne fut nullement irrité, et ne songea nullement à tirer vengeance du refus d'hommage que faisaient à l'apothéose qu'il s'était décernée les Jésuites et leurs convertis. »

Nous pensons d'ailleurs que les bons Pères ne se seraient pas brouillés pour si peu de choses avec un empereur puissant, et qui leur avait été favorable jusqu'alors. Il est probable que les Jésuites craignirent alors de perdre sa protection, ou peut être espérèrent-ils tirer un meilleur parti de son successeur. Quoi qu'il en soit Nobunanga ne tarda pas, Dieu ou non, à aller rejoindre, dans l'Olympe japonais, les *Camis* ou Ames Immortelles. Si les Jésuites ne contribuèrent pas à sa mort, du moins ils ne firent rien pour l'empêcher, alors qu'ils en avaient le pouvoir. On nous a représenté ce Coubo comme un vaillant homme de guerre, fort comme le buffle, indomptable comme le lion : la catastrophe qui termina ses jours le montre sous un aspect chevaleresque, saisissant. L'empereur, se croyant assez protégé par l'auréole que son titre et ses actions avaient placée sur sa tête victorieuse et redoutée, venait de faire sortir de Méaco, où le Coubo résidait encore, toutes ses troupes qu'il se disposait à conduire contre les derniers rois rebelles à son autorité. Tout à coup, un de ses généraux, poussé par on ne sait quel motif, revient rapidement sur Méaco, à la tête d'une poignée d'hommes déterminés ; il pénètre dans la ville, et marche droit sur le palais, dont la domesticité impériale n'a que le temps de fermer les portes, que le rebelle Aquéki ordonne aussitôt d'enfoncer à coups de hache. A peine si quelques coups de mousquet ont été tirés. Un grand et extraordinaire silence continue de régner sur la ville de Méaco, dont les habitants, retenus par une étrange apathie, ou par tout autre motif mystérieux, se montrent à peine aux portes de leurs maisons de bois peintes, pour disparaître au bout d'un instant. Cependant une voix s'est élevée du milieu des assaillants et demande Nobunanga. Celui-ci s'arrachant des bras de sa famille éperdue, et repoussant ses serviteurs terrifiés, qui veulent le retenir, paraît sur un balcon revêtu de ses ornements impériaux, et de la main donne aux révoltés l'ordre de se disperser. Le chef de ceux-ci, les voyant hésiter sous l'ascendant du courage et l'habitude du respect, saisit un arc et lance au Coubo une flèche qui le blesse à l'épaule. Un cri de triomphe suit ce trait d'audace; un rugissement de colère y répond. Tout à coup la porte du palais s'ouvre, et un homme s'en élance comme un tourbillon. Les assiégeants stupéfaits voient vingt des leurs tomber sous un sabre qui semble brandi par le bras d'un géant. Leur chef les ranime, et vient à leur tête presser peu à peu l'empereur, qui, fatigué à force de tuer, épuisé par le sang qui coule de sa blessure, tel enfin qu'un vieux lion qui recule lentement, et sans tourner le dos, devant la caravane immense qu'il a osé attaquer, est forcé de rentrer dans son palais, dont il referme lui-même la porte sur les assaillants. La bravoure, l'aspect de ce magnanime soldat couronné, qui tant de fois les a conduits à la victoire, ont néanmoins produit un tel effet sur les rebelles, que leur chef n'ose pas leur commander l'assaut, dans lequel ils pourraient encore, et peut-être non sans danger pour la révolte, se retrouver face à face avec l'empereur. Aquéki fait donc mettre le feu au palais, qu'enveloppent bientôt des tourbillons de flammes, et qui bientôt s'écroule et n'est plus qu'un monceau de ruines fumantes, vaste tombeau sous lequel dort le Coubo Nobunanga.

Cependant, autour du palais qui brûle et s'écroule, arrive lentement une partie de la population de Méaco. Les révoltés, croyant voir accourir des ennemis, se préparent au combat. Mais les nouveaux venus ne font aucun mouvement et restent spectateurs passifs de la catastrophe, jusqu'à ce que la dernière tour du palais impérial soit tombée sous l'étreinte destructive de l'incendie. Alors, alors seulement, un grand cri s'élève; mille échos y répondent; le fer des piques, le canon des mousquets étincellent; les rebelles serrés, pressés, chargés, d'ailleurs peu nombreux, sont obligés de sortir, en désordre, de la ville de Méaco, qui ferme ses portes, et où l'on proclame aussitôt comme empereur le fils aîné de Nobunanga. L'auteur apparent de cette réaction soudaine est Ucondono, général de l'empereur défunt, Japonais qui s'est fait chrétien sous le nom de Juste; mais la main mystérieuse qui a retenu l'officier immobile devant le meurtre de son chef, pour ne le lancer sur les meurtriers de l'empereur que lorsque l'empereur n'est plus, nous croyons qu'on la devine sans peine. Les Missionnaires Jésuites ne disent-ils pas que le rebelle Aquéki osa tenter et exécuter son projet criminel à la tête d'une poignée de soldats, et au milieu d'une ville immense! N'ajoutent-ils pas que le général chrétien, Juste Ucondono, qui n'avait pas bougé, ni lui, ni ses coreligionnaires, devant l'attaque et l'incendie du palais, se mit, aussitôt qu'il en eut vu tomber le dernier pan de muraille, à rassembler une armée de chrétiens avec laquelle il chassa de Méaco les révoltés que quelques jours après il attaquait en rase campagne, et passait au fil de l'épée!

« Cet événement tragique, ont écrit les historiens de la Compagnie de Jésus, n'exerça aucune influence sur la situation de ses Missionnaires. » Nous pensons, nous, qu'elle eut pour ceux-ci des résultats favorables, et c'est ce qui contribue à nous en faire regarder les Jésuites comme les complices, sinon comme les auteurs. En effet, aussitôt après la mort de Nobunanga et l'avénement au trône de son fils aîné, nous voyons les Jésuites tout-puissants à Méaco et dans les parties du Japon qui reconnaissent la supériorité du Coubo. Alors le Père Valignani, Visiteur au Japon (1), et récemment arrivé, s'occupe tranquillement des détails intérieurs de l'administration de la province. Remarquons ici que ce dignitaire de la Compagnie autorisa les Missionnaires Jésuites « à se conformer *aux usages* du Japon, ainsi qu'à tout le cérémonial usité pour le salut et la réception; à user de tous les moyens pour engager les Japonais à venir à eux; enfin à se faire *tout à tous!* » Il nous semble qu'on peut trouver dans ces lignes, fidèlement copiées dans les écrits des Missionnaires Jésuites, une preuve complète de l'accusation, formulée tant de fois contre les Révérends Pères par leurs rivaux religieux, de souffrir les superstitions, les coutumes perverses et les vices des Japonais, afin de se faire bien venir d'eux, à l'exclusion de tous les autres ordres. On peut encore y voir la confirmation de ce que nous disions tout à l'heure à propos de la prétendue querelle que le

---

(1) On peut considérer le Visiteur, chez les Jésuites, comme le *Légat-à-latere*, dans les Missions, du Général de l'Ordre. Il représente en effet celui-ci, qui, pour un temps ordinairement fort court, l'investit de sa terrible puissance, dont le Visiteur ne peut abuser, arrêté qu'il est par l'idée du retour prochain.

refus d'adorer la statue de Nobunanga aurait fait naître entre le Coubo et les Révérends. Il est d'usage au Japon d'honorer les statues des empereurs, et les Jésuites avaient permission de leur Visiteur « de se conformer aux usages du Japon. »

Le Père Cabral, se montrant opposé à ces mesures, qui révèlent une grande science politique, sinon l'orthodoxie des principes, et ne se montrant pas d'ailleurs assez docile, fut renvoyé de l'archipel par le Visiteur.

Cette époque est celle qui vit les Jésuites tout-puissants au Japon. Sous le nom d'un empereur presque enfant, et dont ils avaient rempli les conseils et les armées de leurs créatures dévouées, les fils de Loyola règnent réellement au Japon pendant quelques années. Leurs colléges étaient remplis d'indigènes qui espéraient obtenir, par le moyen des Révérends Pères, les places et les dignités dont ceux-ci étaient les dispensateurs. Leurs Maisons regorgeaient de richesses, malgré l'écoulement périodique qu'ils avaient soin d'en faire opérer vers le trésor général de l'Ordre. Les Japonais venaient par milliers solliciter le titre de chrétiens, titre alors si avantageux, et pourtant si facile à porter; mais surtout ils désiraient tenir en quelque chose à cette Compagnie puissante qui savait être si utile à ses amis, si nuisible à ses adversaires. On vit un grand nombre de Japonais décorés du titre de Jésuite.

Le Père Valignani voulut donner à l'Europe, lors de son retour, une preuve éclatante du pouvoir dont son Ordre disposait au Japon. Lorsqu'il quitta cette contrée, il était accompagné de quatre ambassadeurs japonais, qui allaient attester à la face de la chrétienté tout entière, au pied du trône pontifical, comment la Compagnie de Jésus, née de la veille, savait remplacer par un empire, les provinces que les autres Ordres établis depuis des siècles avaient laissé arracher à l'autorité papale. Cette ambassade eut un succès prodigieux en Europe, et fit rejaillir une gloire infinie sur les Jésuites. Philippe II, roi des Espagnes et des Indes, l'accueillit avec les honneurs à peine accordés par la fierté castillane aux têtes couronnées. Jean III, le promoteur de la puissance des Jésuites en Asie, n'existait plus alors, et son magnifique héritage, les Jésuites d'Europe avaient aidé Philippe II à s'en emparer par le droit du plus fort. Le pape Grégoire XIII, ami des Jésuites, et dont le saint orgueil devait être vivement chatouillé par le spectacle de ces hommes venus de lointains climats pour lui offrir sur leur patrie la suprématie religieuse, étala en l'honneur des quatre ambassadeurs japonais toutes les pompes de Saint-Pierre et du Vatican. La Compagnie de Jésus jouissait de tout cela et savait en profiter pour augmenter ses priviléges déjà si nombreux, si étendus. On sait que Grégoire XIII lui donna à cette époque le droit exclusif d'envoyer des Missionnaires au Japon. La bulle de Grégoire est de 1585, c'est-à-dire de la même année qui vit arriver en Europe l'ambassade japonaise. Mais, sauf ce résultat, auquel on doit ajouter peut-être l'intimidation temporaire que cette sorte de parade diplomatique dut exercer sur les ennemis de la Société de Jésus, dont elle proclamait la puissance au Japon, nous sommes disposé à soutenir que cet événement dont on a tant fait de bruit fut une des causes qui amenèrent la ruine du christianisme dans l'archipel japonais, après des années d'une déplorable lutte qui inonda de sang ces lointaines contrées.

Qu'on le remarque d'abord : l'ambassade que le Père Valignani traîna ainsi à sa suite d'un bout du monde à l'autre ne représentait pas l'empereur, qui seul avait le droit d'envoyer des ambassadeurs, mais bien seulement quelques petits rois, vassaux de l'empereur, ou plutôt des Jésuites. Or, il paraît que Taïko, qui, peu après, s'emparait du pouvoir suprême, dont il se montra très-jaloux, craignit qu'on ne regardât l'ambassade comme un acte de vassalité envers ce grand souverain des Espagnes, qu'on lui représentait comme faisant passer chaque jour des empires nouveaux sous son sceptre dominateur, et qui pouvait bien avoir l'envie d'ajouter le nom du Japon sur la liste de ses états. De nouvelles circonstances vinrent encore augmenter les soupçons de Taïko ; et, depuis lors, tous les empereurs du Japon semblèrent se léguer les uns aux autres l'idée que les Jésuites, et par suite les Missionnaires des différends Ordres, tous les Convertisseurs, tous les chrétiens même n'étaient que des émissaires politiques, dépêchés au Japon pour signaler, et au besoin pour amener l'instant de sa conquête au profit de quelque monarque étranger. Cette crainte était pardonnable. Pourtant, quant à ce qui regarde les Jésuites du moins, nous ne croyons pas qu'elle ait été fondée : dès la fin du xvie siècle, les bons Pères étaient déjà de trop puissants seigneurs pour qu'ils consentissent à rabattre le gibier, même à sa majesté catholique, le roi des Espagnes et des Indes. Si la conquête du Japon est jamais entrée dans les plans de la noire Compagnie, nous pouvons répondre que cette conquête devait s'opérer au profit des enfants de Loyola. Et il n'est pas impossible que les Jésuites aient eu sur l'archipel japonais des vues que nous les verrons plus tard réaliser au Paraguay.

Quoi qu'il en soit, sous le règne éphémère du fils et successeur de Nobunanga, les Jésuites régnèrent réellement, ainsi que nous l'avons dit déjà. Autour du faible empereur, sur les premières marches de son trône, ils avaient eu soin de placer leurs partisans dévoués, ces néophytes pour lesquels ils avaient fait une seconde édition du christianisme : ces étranges convertis auxquels on imposait pour règle à peu près unique celle-ci : obéissance et fidélité sans bornes et quand même aux Convertisseurs! Les grands de l'empire, alléchés par les places dont disposent les Révérends Pères, se hâtent de se donner à eux ; le peuple, que séduit toute nouveauté, cédant à l'entraînement général, et, nous le croyons fermement, séduit aussi par ce qu'il devine de grand, de sublime, de réellement utile et sauveur à travers l'enveloppe mercantille dont les Bonzes d'Europe recouvrent leur enseignement, le peuple accourt également : sur l'archipel japonais presque entier flotte victorieuse la bannière de Loyola, dans les replis de laquelle se cache modestement la croix du Christ.

Cependant, les Bonzes japonais, délaissés, humiliés, appauvris, tonnent du fond de leurs temples, et font sortir de leurs sanctuaires les plus révérés de menaçantes prophéties. Les dieux, disent-ils, ont renié l'empereur ; c'en est fait de la famille de Ten-sio-dai-Sin. Le *Fils du Ciel* n'est plus qu'un enfant de la Terre, il va céder à un autre le trône sur lequel il laisse s'asseoir des étrangers. De sourdes rumeurs se font entendre, puis se taisent tout à coup. Au fond du palais où il est relégué, le faible Coubo n'entend pas ces tonnerres lointains précurseurs de la foudre. Les Jésuites n'y font pas attention, leur moisson est si belle! et ils sont tellement occupés à la recueillir!.....

Les lieutenants du Coubo, qui peu à peu ont gravi les degrés du trône, s'arrêtent, se regardent et hésitent, prêts à franchir la dernière marche; mais retenus par leur jalousie mutuelle. Un simple centenier profite du moment : à la tête des soldats, dont il est adoré, il arrache du trône le fantôme d'empereur, dont il prend audacieusement la place au bruit des applaudissements. Les Jésuites se sont laissé prévenir; ils essayent de réparer leur faute; les généraux japonais chrétiens se réunissent et veulent lutter contre l'usurpateur, sauf à décider, après la victoire, qui d'entre eux en goûtera les fruits. Il paraît que les Missionnaires Jésuites voulaient faire régner un de leurs plus fidèles néophytes, Juste Ucondono, ce général qui, après avoir sommeillé pendant qu'une poignée de soldats égorgeait l'empereur son maître, s'était éveillé seulement pour le venger.

Mais pendant qu'ils délibèrent, l'usurpateur Taïko, homme de tête autant que d'action, gagne des batailles et se fortifie. Les chefs du parti catholique veulent en vain, sur l'ordre des Jésuites, faire revenir les peuples à eux en proclamant qu'ils ne combattent que pour l'empereur détrôné. Le moment est passé : l'habile Taïko a su diriger vers lui le flot changeant de l'affection populaire. Aussitôt les Jésuites se hâtent de faire leur paix avec lui, et intiment à leurs partisans l'ordre de se soumettre au nouveau Coubo. Que l'empereur légitime devienne ce qu'il pourra, lui qui s'est compromis, perdu pour avoir été trop favorable aux Jésuites! S'il le faut, ils sacrifieront même au vainqueur ceux des généraux du parti catholique qui peuvent lui porter ombrage. Bientôt, en effet, celui que les Jésuites avaient voulu opposer à l'usurpateur, Juste Ucondono, était livré à la vengeance du Coubo irrité, ainsi que quelques autres qui s'étaient opposés à son intronisation, soit pour rester fidèles à leur maître légitime, soit pour obéir aux ordres des fils de Loyola.

Moyennant ces sacrifices, les Révérends pères, qui étaient disposés à en faire bien d'autres pourvu que ce ne fût pas à leurs dépens, crurent se rendre Taïko favorable. Le nouveau Coubo sembla vouloir les entretenir dans cet espoir. Sans doute ce prince, que les Missionnaires nous dépeignent comme aussi fin politique que grand général, voulut attendre le moment où il pourrait braver impunément l'influence qu'il voyait que les Jésuites possédaient dans le Japon. D'ailleurs, à la faveur des troubles qui avaient éclaté à la suite du changement de règne, plusieurs des rois subjugués par Nobunanga s'étaient de nouveau soustraits à l'autorité du Coubo; quelques-uns étaient chrétiens : les Jésuites avaient de l'influence sur la plupart.

Taïko, ou Taïko-Sama (1), comme on le nommait depuis qu'il régnait, crut devoir dissimuler quelque temps. Il parut même d'abord favoriser les Missionnaires aux dépens des Bonzes, qui semblent avoir voulu agiter alors le pays au profit du fils détrôné de Nobunanga.

De leur côté, les Jésuites du Japon, devinant peut-être les secrètes intentions du Coubo, pressentant que la paix dont ils jouissaient n'était qu'une simple trêve, se hâtaient de se fortifier de toutes parts et d'augmenter les ressources, le nombre et la puissance de ce qu'eux-mêmes ont nommé le parti catholique. De sourdes attaques se succèdent rapidement; enfin, la guerre ouverte éclate entre les deux partis. Le Coubo, jetant enfin le masque, ordonne aux Jésuites de sortir sur-le-champ de ses états, et défend, sous peine de mort, à tout Japonais de se dire chrétien. Les Jésuites acceptent la lutte ouverte, ou plutôt ils l'avaient commencée; car il paraît que les chrétiens japonais, évidemment excités par leurs directeurs spirituels, avaient formé le projet de renverser le Coubo de son trône, sur lequel ils voulaient placer Juste Ucondono, le chef du parti catholique, Séide dévoué des noirs enfants de saint Ignace. Loin d'obéir aux ordres de l'empereur, les Missionnaires Jésuites, au nombre de cent dix-sept, se réunissent à Firando, dont le roi, ennemi jaloux de Taïko-Sama, était leur ami. Les principaux parmi les chrétiens japonais se rendent au même endroit. Là, dans une assemblée nombreuse, on délibère sur la conduite à tenir. Les écrivains de

---

(1) *Sama* veut dire : grand, puissant, excellent. Ce n'est point un nom ni un surnom, comme on l'a cru parfois, mais bien une qualification réservée aux chefs seuls de la grande famille Ten-sio-dai-Sin, mais dont, depuis Taïko, chaque Coubo prit soin d'orner son nom, qu'il fût ou ne fût pas de race impériale.

la Compagnie de Jésus ont avoué que les Japonais furent d'avis qu'il fallait obéir à l'empereur; que les Révérends Pères devaient quitter le Japon, et leurs néophytes s'abstenir, au moins pour quelque temps, de tout signe extérieur de la religion qu'ils avaient embrassée. Sans doute, par cette conduite prudente on eût évité au Japon des flots de sang, à la religion chrétienne un exil éternel de cette contrée. Oui; mais les bons Pères? Ce n'était pas là le compte des Jésuites! Leur Provincial, le Père Coeglio, à force d'adresse parvient à obtenir de l'empereur un délai à leur bannissement. Il n'y a, dit-il au Coubo, dans les ports de l'archipel aucun navire sur lequel lui et les siens puissent s'embarquer. Il demande que, jusqu'à ce qu'un vaisseau européen soit arrivé, l'empereur suspende l'exécution de ses ordres. Le Coubo accorde ce répit, dont le Provincial et son rusé troupeau noir profitent habilement pour exalter les têtes de leurs néophytes, et les pousser à la révolte, puisque la révolte est le seul moyen qui leur reste pour conserver leurs chers Directeurs. En même temps, d'habiles émissaires vont de toutes parts recruter des ennemis ou des embarras à l'empereur. Les chefs du parti soi-disant chrétien rassemblent leurs forces, et essayent d'entraîner de leur côté les rois jaloux de la fortune du Coubo, ou qui ont eu à souffrir de sa puissance.

Sur ces entrefaites, un vaisseau espagnol paraît en vue de Firando; mais lorsqu'il manœuvre pour entrer dans le port, une petite barque s'élance, accoste le navire, qui reprend sur-le-champ la pleine mer. Le capitaine venait d'être instruit par le Père Coeglio de la situation des choses, et pour ne pas mettre les Jésuites dans la nécessité de quitter immédiatement le Japon, ce qu'ils étaient bien résolus à ne pas faire, ou de déclarer ouvertement la guerre à l'empereur, ce à quoi ils n'étaient pas encore préparés, il évitait de toucher à aucun point du Japon, et s'en retournait à Goa, où il apprenait au vice-roi des Indes ce qui se passait dans la Mission de l'Archipel. Les écrivains de la Compagnie avouent cette supercherie; ils font mieux que de l'avouer, ils s'en glorifient, ils en exaltent les auteurs : « C'est une excellente ruse de guerre, disent-ils, un trait de génie!... » Le Coubo appela, comme bien d'autres l'auraient fait, le trait de génie une impudente audace, la ruse de guerre une trahison, et il se mit sur-le-champ en devoir d'en punir les auteurs. Il renouvelle, et avec aggravation de rigueurs, les décrets contre la religion chrétienne, dont il ordonne d'abattre partout les temples. Jusqu'à ce moment néanmoins le sang n'avait pas encore coulé dans cette querelle; mais, grâce aux intrigues incessantes des Jésuites, il allait bientôt inonder l'archipel japonais.

A cette époque, le Père Valignani revenait d'Europe, ramenant avec lui la fameuse ambassade. A Goa, le haut dignitaire Jésuite apprend ce qui se passe au Japon, et se hâte de voler au secours de ses confrères. Mais, pour ne pas se placer sous le coup de la loi impériale qui bannit les Jésuites sous peine de mort, il a soin de se faire revêtir du titre d'ambassadeur du vice-roi des Indes. Protégé par ce titre dérisoire, si même il ne fut mensonger, le Père Valignani débarque au Japon, et se présente au Coubo. Il a soin de s'entourer, lors de l'entrevue, d'une pompe véritablement asiatique, et qui a pour but d'imposer au monarque japonais, qu'il cherche aussi à se rendre favorable par de magnifiques présents. En même temps, les ambassadeurs japonais, que le Père Visiteur a eu soin de faire entrer dans la Compagnie de Jésus, remplissent les esprits de l'influence dont jouit dans les pays qu'ils viennent de parcourir l'Ordre des Missionnaires Jésuites. Ils disent la splendeur pontificale qui entoure le Daïri des Bonzes d'Europe (le Pape); la richesse, le pouvoir immense dont jouit leur protecteur déclaré, le grand roi des Espagnes et des Indes, sur le vaste empire duquel le soleil ne se couche jamais. Sans doute ils insinuent que ce redoutable souverain saura venger au besoin les insultes faites aux Missionnaires qu'il protège. Tout cela impressionne fortement les vives et mobiles imaginations japonaises. Taïko-Sama juge à propos de se relâcher, au moins pour le moment, de sa rigueur envers le parti chrétien. De son côté, le Père Valignani prêche la prudence jusqu'à ce qu'une occasion favorable se présente pour qu'on relève la tête. En attendant cette occasion, les Jésuites se font petits; leurs néophytes, par leurs ordres, se soumettent aux volontés de l'empereur.

Tous les écrivains de la Compagnie, ou à peu près, ont écrit qu'à cette époque, c'est-à-dire dans l'année 1592, afin de regagner le terrain qu'ils avaient perdu, les Révérends Pères du Japon *se soumirent aux exigences* de l'empereur, eux et leurs catéchumènes (1). Il nous semble que c'est avouer par là, et fort clairement, tout ce dont les Missionnaires des autres Ordres religieux les ont accusés, à savoir, d'avoir toléré, permis, ordonné, au besoin, que leurs néophytes, chrétiens dans l'ombre, chrétiens de nom, parussent idolâtres au grand jour et de fait. En même temps, pour achever de regagner les bonnes grâces du Coubo, les Jésuites se font courtisans, ils se font même soldats. Taïko, dont ils flattent l'humeur belliqueuse, envoie, sur leur conseil, des troupes faire la conquête d'une partie de la Corée, cette presqu'île du continent asiatique qui termine à l'Orient l'empire de la Chine, et n'est séparée de celui du Japon que par un bras de mer peu considérable. L'armée envahissante était en grande partie composée de chrétiens; le général qui la commandait était dévoué aux Jésuites et affilié à leur Ordre, dont deux Pères l'accompagnaient, sans doute pour veiller à ce que la conquête, si elle avait lieu, ne se fît pas sans rapporter quelque chose à la Compagnie de Jésus. Les Révérends Pères pensaient toujours à pénétrer dans cet empire chinois, aux portes duquel François Xavier n'avait pu même frapper. Pour s'ouvrir ces portes, derrière lesquelles ils flairaient, avec l'instinct du vautour une nouvelle influence, d'immenses richesses, peu leur importait de faire massacrer quelques milliers d'hommes. De si minces détails méritent bien, en vérité, de trouver place parmi les réflexions politiques des Révérends Pères!...

Il paraît que, grâce à cette conduite habile, les Jésuites parvinrent à désarmer à demi la haine que leur portait le Coubo, et que contrebalançait presque la crainte qu'ils lui inspiraient. Du moins, les écrivains Jésuites, qui nous parlent de persécutions à cette époque, nous montrent le Père Valignani visitant les églises non abattues, et où sans doute les néophytes japonais allaient adorer à leur manière le Dieu des bonzes d'Europe. Quelques Jésuites même pouvaient se montrer en public avec le costume de leur Ordre, suivant le Père Charlevoix et ses confrères. C'est également à cette époque qu'un évêque chrétien, un

(1) Voyez l'*Histoire du Japon*, par le Père Charlevoix, etc., etc.

Jésuite bien entendu, vient s'installer à Méaco publiquement, avec l'autorisation de l'empereur, assurent les relations des Missionnaires. Ce fait seul, bien prouvé, démontre clairement que Taïko ne fut pas le farouche persécuteur des chrétiens, l'ardent ennemi de la foi, comme on nous le représente, du moins jusqu'à l'année 1596. Il est, au contraire, fort probable que ce prince, qui avait à lutter contre les prêtres des anciennes croyances du Japon, n'eût pas demandé mieux que d'opposer un contre-poids à l'influence dont ils jouissaient, ce qu'il crut faire d'abord en favorisant les Jésuites ; mais qu'il s'aperçut bientôt que ceux-ci étaient gens à tout entraîner de leur côté, aux risques de briser la balance et la main même qui la tiendrait.

Pour ceux qui connaissent les bons Pères, l'exclusion qu'ils sollicitèrent et obtinrent alors du pape et du roi d'Espagne, à l'égard des autres Missionnaires, doit prouver encore que la moisson qu'ils récoltaient au Japon dut être toujours productive. Et nous allons voir que, plutôt que de souffrir qu'on glanât seulement entre leurs riches gerbes, ils s'exposèrent à tout, ils tentèrent tout. Ainsi que nous l'avons dit, les Franciscains avaient pénétré dans le Japon malgré les Jésuites dès l'année 1597. Les Dominicains les avaient suivis. Les Jésuites, la bulle de Grégoire XIII d'une main, le décret de Philippe II de l'autre, veulent en vain les faire déguerpir. Les Franciscains résistent : l'évêque Jésuite de Méaco parle d'excommunication ; les Franciscains crient à la tyrannie, et menacent de dévoiler les intrigues et les visées ambitieuses des Révérends Pères. La querelle s'envenime ; le scandale redouble ; au milieu des récriminations mutuelles, l'empereur attentif reçoit la conviction du danger dont menacent son pouvoir ces bonzes d'Europe qui ne parlent que du ciel et ne s'occupent que de la terre. Puis alors, dit-on aussi, il venait d'apprendre de quelques étrangers appartenant à des nations rivales de celle d'Espagne que les rois de ce dernier pays avaient l'habitude de faire préparer les conquêtes de leurs soldats par les prédications de leurs religieux. L'ère des persécutions commence contre le christianisme de nouveau proscrit. Taïko-Sama donne l'ordre d'arrêter tous les Missionnaires. Cet ordre est exécuté sévèrement à Méaco et à Osacca. Néanmoins, chose singulière, les Jésuites, dont le nombre, en y comprenant les Japonais reçus dans la Compagnie, dépasse cent cinquante, échappent aux mains des exécuteurs de la sentence impériale, à l'exception de deux de leurs membres, pauvres diables d'indigènes, qui furent peut-être sacrifiés à dessein. Mais tous les Franciscains furent, en revanche, arrêtés, jetés en prison et bientôt exécutés. Ce sont ces martyrs à la béatification desquels s'opposèrent les Jésuites d'Europe, poursuivant les rancunes de leurs confrères d'Asie jusque sur la mémoire de ceux dont la mort avait été amenée, en partie du moins si ce n'est tout à fait, par leurs intrigues ténébreuses.

Aussitôt, comme si la présence des Franciscains avait été l'unique cause de l'orage, le calme renaît, les Jésuites reparaissent. Le Père Valignani débarque de nouveau au Japon avec neuf de ses confrères, et se présente impunément à l'empereur, qui signait un nouvel édit contre les Jésuites et leurs convertis. « La vue seule du Visiteur, affirment les écrivains de la Compagnie, suffit alors pour calmer la colère du Coubo irrité. » Voilà, n'est-ce pas, une colère bien débonnaire! Et le révérend Père Visiteur aurait bien dû laisser à ses successeurs le secret du *quos ego* avec lequel il calmait les vagues irritées de l'ire impériale.

Peu après que cette persécution s'est ainsi calmée, une nouvelle s'élève, et cette fois, nous sommes disposés à croire à son authenticité. Taïko-Sama mourut presque aussitôt qu'il l'eut ordonnée, laissant un héritier âgé de six ans, dont la tutelle fut confiée à un des rois du Japon qui s'était montré l'ami des Jésuites, et qui, bien entendu, leur continua sa faveur, surtout après qu'il eut usurpé l'empire aux dépens de son pupille. Nous pensons qu'il ne faut pas accuser les Jésuites d'avoir amené cette catastrophe : on voit en effet qu'un des chefs du parti chrétien au Japon se prononça contre l'usurpateur, leva une armée contre lui, fut vaincu, et perdit la vie. Nous croyons que les bons Pères se seraient parfaitement arrangés d'une minorité toujours si favorable aux intrigues et aux ambitions. Mais, s'ils ne contribuèrent pas à l'intronisation de Daïfu, ou Daïfu-Sama, ils surent parfaitement se faire payer la reconnaissance de sa royauté illégitime. Les chefs du parti catholique japonais furent pourvus de gouvernements et de royaumes, aux dépens des princes idolâtres, adversaires déclarés du nouvel empereur.

Les comptoirs de la maison de commerce Loyola et Compagnie envoyèrent cette année-là en Europe une véritable flotte marchande.

Daïfu-Sama, tant qu'il crut en avoir besoin, combla les Jésuites de faveurs. Il leur avait permis de diviser publiquement le diocèse de Méaco ou du Japon en paroisses ; de fonder des colléges, des noviciats, des séminaires ; de bâtir des églises ; d'en élever même, ainsi qu'un superbe évêché, à Méaco, dans cette ville où résidait le *Fils du Ciel*, le chef de la religion indigène, le Daïri, ce pape japonais, humilié et doublement déchu. Il fallait que le nouveau Coubo laissât oublier son origine illégitime. Et, jusqu'à ce qu'il sentît son trône bien solidement établi, le rusé Japonais se disait que les Jésuites, derrière lesquels marchait une armée de catéchumènes aguerris, seraient pour lui de trop rudes adversaires. Mais, au bout de trois ans, il se croit assez fort pour la lutte, et déclare brusquement la guerre au christianisme, c'est-à-dire aux Jésuites.

Les causes de cette nouvelle persécution, les écrivains de la Compagnie se sont efforcés de les attribuer à leurs rivaux jaloux, les dominicains et les franciscains ; aux rivaux des Espagnols, les Anglais et Hollandais hérétiques ; à l'amiral de Coligny, le héros calviniste ; nous ne savons à qui : à tout le monde, à l'exception d'eux-mêmes, bien entendu. Ils ont même produit des certificats en bonne et due forme, qui attestent que ce sont les rivaux de la Compagnie, les ennemis de l'Église romaine, qui ont causé la ruine de la religion chrétienne au Japon. Nous citerons plus tard ces pièces, et nous en discuterons la valeur, qui se réduit à néant ; nous le prouverons.

Quoi qu'il en soit, la persécution contre les chrétiens ne cessa plus dès lors qu'à de rares et courts intervalles. Cependant les Jésuites étaient si puissants qu'ils parvinrent longtemps encore, en changeant de résidence, en se cachant parfois, lorsque les édits impériaux redoublaient les rigueurs de la persécution, en reparaissant aussitôt qu'elle semblait s'adoucir, à rester attachés avec l'opiniâtreté de la sangsue sur cette contrée à laquelle ils n'avaient apporté, en échange de la ruine et de la désolation, que le cérémonial d'une religion dont ils ne se sont faits les apôtres que parce qu'elle sanctionne leur présence et sanctifie leurs actes. Daïfu-Sama, au dire des Jésuites, se contenta longtemps de frapper les Missionnaires par la proscription et le bannissement, leurs adhérents par la prison et l'exil. Mais les bons Pères allaient bientôt, par leurs intrigues, l'obliger à redoubler de rigueur envers tout ce qui tient à la religion que professent les ambitieux et turbulents Bonzes d'Europe.

Afin d'abattre le pouvoir qu'ils ont contribué à consolider, qu'ils ont hautement reconnu, dans l'espoir qu'il leur serait favorable, les Jésuites font reparaître tout à coup le fils et légitime héritier de Taïko, qu'ils avaient secrètement recueilli dans une de leurs Maisons, sans doute afin de s'en servir au besoin. Ce prince, nommé Fidero-Sama, n'était âgé que de sept ans lorsque Daïfu, son tuteur, lui avait, en 1599, dérobé son trône et son titre de Coubo. Les Jésuites n'eurent pas de peine à diriger à leur gré l'esprit de cet enfant, qu'ils baptisèrent et affilièrent à leur Ordre, puis qu'ils poussèrent un beau jour en avant, espérant reconquérir par son bras, et grâce à son bon droit, toute leur influence passée. Une lutte longue et acharnée s'engage. Suivant Castillon, le prétendant, qu'il nomme Fide-Jori, était à la tête de deux cent mille hommes, presque tous chrétiens. Après une alternative de succès et de revers qui couvre le pays de ruines et de sang, le parti catholique, c'est-à-dire le parti des Jésuites a le dessous. Daïfu-Sama en accule les débris dans la ville d'Osaca, dont il s'empare après un siége opiniâtre, et qu'il livre au pillage, au massacre, et finalement aux flammes. Fidero tombe au pouvoir de Daïfu-Sama, qui le fait égorger, en 1616, pour se délivrer de ce compétiteur redoutable. L'auteur des *Anecdotes Japonaises* dit que ce malheureux prince disparut sans qu'ont pût savoir ce qu'il devint. Il est probable que les Jésuites cachèrent sa mort afin de faire de la crainte de son retour une arme incessamment suspendue sur la tête du victorieux Coubo. Dès lors le Coubo victorieux prend la résolution de n'accorder plus ni trêve ni merci à ceux qu'il accuse, non sans raison, d'être les auteurs ou les instigateurs de tous ces troubles. Confondant les chrétiens dans sa haine contre les Jésuites, il se prépare à faire disparaître entièrement du sol de son empire tout vestige de cette religion dont les dogmes divins sont continuellement démentis par la conduite de ses ministres ; de cette croyance dont le premier précepte — le plus sublime — est : « Aimez-vous les uns les autres, » et dont les apôtres infidèles ne procèdent cependant que par l'intrigue qui désunit, l'ambition qui fait armer les frères contre les frères, par le crime et la mort !

Mais à l'instant où Daïfu-Sama vient de jurer hautement la destruction des Jésuites, il meurt en léguant à son fils son trône et l'accomplissement de sa vengeance. Xogun-Sama recueillit l'un et l'autre. Mais, dans les premiers temps de son règne, soit par douceur de caractère, soit pour ne pas augmenter le nombre des ennemis qui l'inquiétaient, le nouvel empereur ne se montra pas trop ennemi du christianisme. Castillon, écrivain partisan de la Compagnie de Jésus, dit formellement que ce prince épargna le sang autant qu'il put. A qui donc faire remonter les flots qui en coulèrent bientôt ? On le devine. Sans détruire les arrêts portés par son père contre la religion chrétienne et surtout contre les Jésuites, Xogun les laissa tomber en désuétude. A cette époque de son règne, on peut être chrétien pourvu qu'on ne le crie pas sur les toits ; les cérémonies religieuses de cette croyance, il les tolère, pourvu qu'on les célèbre dans l'ombre ; la vie de ses ministres et de ses apôtres n'est plus menacée, à condition toutefois que ceux-ci ne pousseront plus leur troupeau à désobéir aux ordres du chef de l'empire, et qu'ils consentiront à se tenir, humbles et tranquilles, dans le silence du sanctuaire, à la condition surtout que, renonçant aux splendeurs séculaires, à l'ambition humaine, à l'influence temporelle, ils se conformeront enfin à ce précepte de leur divin maître : « Mon royaume n'est pas de ce monde ! »

On comprend qu'une pareille existence n'était pas tolérable pour les Jésuites. Les Révérends Pères ont montré bien des fois, ils ont peut-être, à l'heure qu'il est (juin 1845), l'intention de montrer encore qu'ils préfèrent la haine au mépris, la persécution à l'indifférence. La bannière de Loyola est faite pour être déployée au grand jour, si les actes de ses enfants sont destinés à opérer dans les ténèbres. Allons, qu'on la déploie ! ensuite, advienne que pourra.

Ce qu'il advint fut l'expulsion définitive du Jésuitisme du Japon, ce qui n'est certainement pas une chose à déplorer ; une sanglante et déplorable persécution dirigée contre les chrétiens ; enfin la proscription et la ruine du christianisme dans le vaste archipel, ce que nous regardons comme une véritable catastrophe. Nous ne voulons pas nous donner pour un chrétien bien fervent, bien orthodoxe ; mais nous sentons le besoin de déclarer ici que nous aimons et respectons les grandes vérités, les nobles et vivifiants principes, les *choses réelles* de la religion du Christ. Nous disons hautement et franchement que cette religion a fait beaucoup pour les peuples ; nous croyons qu'elle peut encore beaucoup pour tous. Nous pensons avec les bons esprits de notre époque qu'elle doit rester grande et révérée, bienfaisante, sublime et pourtant populaire, pourvu qu'elle se débarrasse des vieux oripeaux dont des mains intéressées ou inintelligentes s'obstinent à la voiler, et qui sont, pour certaines gens, la religion elle-même dont ces certaines gens font ainsi une sorte de grossier *fétichisme*.

Ajoutons encore ceci :

Si nous trouvons le christianisme une chose grande, utile, consolante, qui doit être conservée parmi les hommes et rester vénérée sur la terre comme véritablement venue d'en haut, il s'ensuit que nous devons admettre l'extension de cette croyance, la propagation de cette doctrine. Oui, certes ! mais son extension par les moyens droits, visibles ; sa propagation par la persuasion, le bon exemple. Mais son extension, mais sa propagation par des voies ténébreuses, en sens contraire du sentier de la vérité, de l'honneur ? Son extension par des moyens que la raison désapprouve, ou que l'humanité repousse ? Sa propagation par les hallebardes ou par les bûchers ? Oh ! nous n'en voulons pas, nous n'en voulons pas, nous n'en voulons pas (1) !

(1) Nous dénonçons ces lignes au redoutable tribunal de la Congrégation de l'Index. Nous espérons bien qu'elles attireront sur elles son tonnerre, qui n'est plus guère, hélas ! qu'un pétard inoffensif qu'on fait partir de temps à autre pour le plus grand amusement des badauds romains. Nous serions certes très-humilié de manquer cette excellente et sans doute unique occasion de voir notre nom joint aux noms retentissants des Descartes, des Erasme, des Montaigne, des Pascal, des Lamartine, des Hugo, des Béranger, qui ont été foudroyés par le pétard dont il est ici question. Ajoutons, pour que cette note serve à quelque chose, que le nombre des livres condamnés par le pauvre

L'idée première des Missions, — nous parlons de celles où le Missionnaire a pour seules armes sa parole, sa vertu, les vérités, les beautés de sa croyance; pour seuls moyens d'action, l'ardeur de sa foi; pour seul mobile, la gloire de Dieu, son père; l'amour des hommes, ses frères, pour seul et unique but! — l'idée première des Missions fut, suivant nous, grande et bonne, belle et sainte. Il y avait là, nous le croyons, un lien fort et sublime qui pouvait un jour réunir glorieusement les fragments dispersés par le monde de la grande chaîne humaine. Le christianisme s'est-il donc à jamais vu privé de cette gloire immense? Nous ne savons; mais, s'il en devait être ainsi, il pourrait en accuser à juste raison ses ouvriers maladroits, cupides ou infidèles, et par-dessus tous, les Révérends Pères Jésuites.

Il est constant que ce sont ces derniers, nous le répéterons toujours, qui ont fermé le Japon au christianisme, ainsi que les en ont accusés les Missionnaires des autres Ordres. Nous conviendrons, avec les défenseurs de la Compagnie de Jésus, que les Franciscains et Dominicains, Capucins et Lazaristes, en essayant de partager avec les Jésuites l'honneur de cette Mission, ont contribué pour quelque chose à la catastrophe finale. Mais, du moins, on n'a qu'un excès de zèle à reprocher aux enfants de saint François et de saint Dominique. Fils de saint Ignace, que n'a-t-on pas à vous reprocher, à vous?

Le Coubo Xogun-Sama, après avoir solennellement fermé son empire aux Jésuites et à la croyance qu'ils enseignaient, avait cependant, à ce qu'il paraît dans un intérêt commercial, permis aux Missionnaires de résider à Nangasaki, ville de l'île de Kiu-Siu presque entièrement peuplée de chrétiens japonais, et où l'exercice du culte se faisait publiquement. Afin de ne pas priver ses états des relations fructueuses avec

---

tribunal de l'Index, et parmi lesquels nous citerons encore l'ouvrage d'un archevêque de Paris, Monseigneur P. de Marca, et celui du célèbre procureur-général de la cour de Cassation, est de près de cinq mille. Un détail qui doit paraître piquant, c'est que d'un arrêt du 4 avril 1732, rendu, sur les conclusions conformes de l'avocat-général Gilbert des Voisins, par le parlement de Paris, il résulte que le Nonce du Pape permettait, *moyennant finances*, de lire l'ouvrage condamné, ce qui parut abusif au parlement; bien entendu que grand était le nombre des lecteurs curieux. Un livre défendu?... O vénérable tribunal de l'Index, n'oubliez pas le nôtre, s'il vous plaît!

les Portugais et les Espagnols, Xogun laissait dormir ses lois contre les chrétiens. Profitant du répit, les Révérends Pères sortent de nouveau de leurs cachettes, et se répandent par tout l'archipel japonais. D'ailleurs, les Missionnaires Franciscains avaient osé débarquer en plein jour au Japon, et, sans craindre la colère du Coubo, prêcher et catéchiser en public. Les Jésuites avaient à repousser ces intolérables intrus. Ils recommencent donc à se remuer de plus belle. Xogun, qui sait qu'ils essayent de relever le parti catholique composé de ses ennemis, et persuadé de plus en plus qu'il n'y a pas de paix possible pour son empire, de sécurité pour son trône, tant qu'il y aura un Jésuite au Japon, prend de nouveau la résolution d'exterminer tous les chrétiens. Et, cette fois, il ne tint que trop bien sa résolution. Une armée de bourreaux fond sur le christianisme japonais. Tous ceux de ses membres qui ne veulent pas abjurer leur croyance sont condamnés à des tourments affreux que la mort seule et une mort lente termine. Tous les genres de torture asiatique sont employés. On brûle, on décapite, on crucifie; on plonge ceux-ci dans des trous pleins de gaz brûlants, délétères. Ceux-là sont frappés à coups de bambou ou de fouet jusqu'à ce que leurs os soient mis à nu; ou bien encore, on scie leurs membres lentement, par parties. Chose plus horrible! les femmes chrétiennes qui ne veulent pas abjurer sont prostituées aux bourreaux, avant d'être conduites à la mort!... Les Jésuites donnent avec orgueil le nombre de vingt mille cinq cent soixante-dix martyrs pour la seule année 1590; suivant eux, la persécution de Xogun centupla ce nombre. — Enfants de Loyola, croyez-vous donc que tout ce sang ne crie pas contre vous? contre vous, qui l'avez fait répandre, non par l'impétuosité d'un zèle respectable quoique égaré, mais par un lâche et sordide égoïsme?

Ici nous ferons remarquer une contradiction évidente qui se trouve résulter des écrits des Missionnaires Jésuites. Suivant ces derniers, les Japonais sont une nation légère, frivole, changeante; et c'est même, ont-ils dit, afin de s'accommoder à cette humeur qu'ils ont modifié pour eux les rites de la religion chrétienne. Mais, si ces peuples sont si frivoles, si changeants, comment se fait-il que, dans une seule année, vingt mille se laissent égorger stoïquement pour une croyance

Supplices au Japon.

qu'ils ont embrassée si nouvellement et qu'ils connaissent à peine? Ne serait-ce point que, profitant de l'amour-propre excessif, de la vivacité d'imagination de ces malheureux, les Révérends Pères les exaltaient, les poussaient au fanatisme, pour les dominer, pour les exploiter encore et toujours?... Qu'on le remarque bien, ce sont — les Jésuites l'avouent — les membres japonais de leur Compagnie qui montrent le plus grand enthousiasme, qui courent à la mort comme les anciens martyrs.

Ainsi, Kimura, Jésuite japonais, dont on ignore l'admission dans la Société, se dénonce lui-même, et marche en chantant vers son bûcher. Nous comprenons que des actes pareils, où certainement il y a beaucoup d'héroïsme, s'il y entre un peu de folie, aient puissamment remué ces populations parmi lesquelles les idées du point d'honneur sont portées aux dernières limites de l'exagération. Il paraît qu'il y eut des moments où, loin de fuir devant les tourments et la mort, les catéchumènes japonais couraient les provoquer, et non pas isolément, mais par familles, par troupes. Oh! le christianisme, comme l'humanité, doit demander un rude compte aux Jésuites, qui ont laissé se noyer dans le sang, dans un sang non fécond, les flammes d'une telle ardeur!...

Un de ces martyres nous a semblé caractéristique. Ce fut une femme qui le souffrit; et cela avec une fermeté qui fit honte à des hommes et redoubla l'exaltation générale des persécutés. Cette femme était Portugaise de nation. Elle voulut mourir pour son Dieu; elle fit plus : elle entraîna sur son bûcher son fils, pauvre petit innocent de quatre ans, qui souriait en voyant allumer le feu qui allait bientôt consumer ses membres si frêles. Lorsque la flamme darda sur sa chair délicate ses langues dévorantes, l'enfant terrifié, et comprenant enfin, se jeta sur le sein de sa mère qui priait : « Mère, mère, sauve ton enfant! » criait-il de sa petite voix éplorée. La mère, remuée jusque dans ses entrailles par cet appel déchirant, fut sur le point de crier aux bourreaux : qu'ils éteignissent le feu, et qu'elle était prête à abandonner sa religion pour conserver son enfant. Mais à l'instant où l'amour maternel se réveillait, le fanatisme le fit taire; un Jésuite passait, entraîné par les exécuteurs des sentences impériales. Il fit à la malheureuse mère un geste qu'elle ne comprit que trop. Saisissant son fils dans ses bras, elle le pressa fortement, avec frénésie, contre sa poitrine, pour ne pas entendre ses cris, pendant qu'elle chantait, à pleine voix et avec exaltation, une hymne à la Reine du Ciel. L'enfant, étouffé par l'étreinte de sa mère autant que par la fumée, ne fit plus entendre que quelques gémissements. La mère chanta longtemps son hymne au milieu des flammes; lorsqu'elle se tut, elle était morte.....

Et tandis que les chrétiens japonais, tandis que des femmes mouraient ainsi pour leur croyance, quatre Jésuites, — quatre! — reniaient honteusement la leur, à l'aspect des tortures et de la mort qu'ils avaient provoquées, et vers lesquelles ils poussaient si stoïquement leurs enthousiastes néophytes. Les noms de ces misérables doivent être conservés; les voici : Christophe Ferreyra, Jean de Moralès, Jean-Baptiste Porro, et Diego Mourai. Qu'on le remarque, ces quatre renégats étaient des Jésuites d'Europe; deux d'entre eux même étaient ou avaient été Provinciaux : Ferreyra et Porro, qui apostasièrent les premiers, se marièrent au Japon, dont ils adoptèrent la religion et les mœurs, et où ils aidèrent le Coubo à faire curée du christianisme. Ils décidèrent nombre de chrétiens à les imiter et à échanger une mort terrible contre une vie de richesses et de plaisirs, entre autres leurs deux confrères Moralès et Mourai.

Les écrivains de la Compagnie de Jésus ne parlent que le moins possible de ces quatre misérables; quelques-uns même n'en parlent pas du tout. Les autres n'avouent généralement que les apostasies de Ferreyra et de Moralès; mais ils se hâtent de nous apprendre que, touchés de repentir tous deux, abjurant publiquement la religion japonaise, ils expièrent leur faiblesse et la honte de leur passé par un glorieux martyre. On peut voir dans l'ouvrage, déjà cité(1), du Père Dominique Navarette, Missionnaire en Chine, puis Archevêque de San-Domingo, tout ce qu'ils ont fait pour changer en triomphe l'ignominie de ces membres de leur Ordre. A l'époque où Navarette était à Macao, les Jésuites essayèrent d'obtenir de plusieurs personnes des certificats

---

(1) Voyez Navarette, tome II, traité VII, page 366 et suivantes.

attestant que les deux renégats étaient revenus à la religion chrétienne, et étaient morts comme des saints et des martyrs. Navarette ajoute même qu'une attestation semblable ayant été demandée, lui présent, à un religieux nommé Jean Acosta Binuche, celui-ci refusa formellement en s'écriant « qu'il ne signerait jamais un certificat destiné à faire passer en Europe pour un saint et un martyr un homme qu'il savait positivement être mort comme un chien! »

Les Jésuites, ne pouvant obtenir des signatures au bas de l'attestation, trouvèrent plus simple d'en forger eux-mêmes, ce qu'ils firent. On vit donc paraître un *Mémoire* signé par le docteur Don Jean Cevicos, chanoine de l'église de Mexico, et dans lequel étaient relatés les glorieux martyres de Moralès et de Ferreyra. Malheureusement pour la Compagnie de Jésus, le véritable Don Jean Cevicos, indigné de ceci, déclara, par-devant notaire, que l'ouvrage n'était pas de lui, et que la signature était fausse; en foi de quoi, il fit rédiger un acte solennel de son démenti à l'égard du Mémoire, ainsi qu'à l'égard d'un discours qu'on lui attribuait du même coup et qui était destiné à détruire ou du moins à atténuer les terribles accusations lancées contre les Jésuites par Luis de Sotelo, leur victime. Le Père Diego Collado déclare (paragraphe IX de son Mémorial) qu'il reçut, à Rome, copie de ce démenti.

D'après les écrivains de la Compagnie eux-mêmes, ce Ferreyra, après son apostasie, présida longtemps aux tortures infligées à ses anciens néophytes.—L'affreuse chose pourtant qu'un Jésuite!... Eh! qui sait même si ce misérable n'apostasia pas *par ordre?* Certes, il eût été fort utile aux Révérends Pères d'avoir alors un de leurs membres auprès de Xogun, qui combla de biens, quoi qu'il en soit, le renégat et ses hideux compagnons.

Jusqu'à la fin de sa vie, cet empereur maintint son édit de proscripion contre le christianisme, ou plutôt contre les Jésuites, car vers 1612 il permettait aux Anglais et aux Hollandais de commercer librement avec le Japon; les Portugais même pouvaient trafiquer à Nangasaki; mais les Espagnols, ces protecteurs des Jésuites, et pour lesquels le Coubo croyait que ces derniers avaient préparé la conquête du

Japon, furent rigoureusement et à jamais repoussés de toutes les parties de l'archipel. Le fils et successeur de Xogun continua la guerre d'extermination que son père avait jurée aux Jésuites. Le christianisme disparut peu à peu du Japon, sous le règne de To-Xogun-Sama, noyé dans une mer de sang. Les Anglais, et surtout les Hollandais, remplacèrent les Espagnols pour le négoce avec l'archipel japonais. « Nous ne sommes pas chrétiens, disaient-ils, assure-t-on, au Coubo, qui se contentait de l'affirmation, nous sommes Anglais et Hollandais. » Nonobstant, ils étaient obligés, ainsi que les Portugais admis à Nangasaki, à cracher sur un crucifix et à le fouler aux pieds, au Xoya ou halle-des-épreuves, avant d'être admis à commercer avec les Japonais.

En 1638, il ne restait presque plus de chrétiens au Japon. Depuis longtemps il n'y avait plus un seul Jésuite, à l'exception des quatre renégats : les Jésuites marchands étaient allés ailleurs fonder d'autres comptoirs.

CHAPITRE III.

Les Jésuites Mandarins.

1581-1774.

« Il ne faut pas permettre sans une extrême nécessité que nos frères aillent ainsi de ville en ville; l'expérience m'ayant fait connaître que l'esprit intérieur, cette onction du Saint-Esprit, est un parfum précieux qui se dissipe aisément quand il prend l'air trop souvent. »

Si cette opinion d'un religieux du xviie siècle (1) est conforme à la vérité, elle peut nous expliquer le défaut de ferveur sincère, de véritable ardeur pour les intérêts du christianisme, que l'on a si souvent et si justement reproché aux Missionnaires jésuites. Ces derniers, en effet, et cela pendant trois siècles, et cela non pas seulement de ville en ville, mais bien de contrée en contrée, d'un hémisphère à l'autre, n'ont pas cessé de *faire prendre l'air*, pour nous servir de l'expression du P. Boulard, à ce parfum qui se dissipe si facilement, et dont ils n'ont jamais eu bien grande provision, à notre avis. Le religieux qui a écrit les lignes par lesquelles commence ce chapitre n'était pas Jésuite, ainsi qu'on le devine sans peine. S'il l'eût été, si, au lieu d'être abbé de

---

(1) Le Très-Révérend Père Boulard, qui écrivait ceci dans les mêmes termes au Révérend Père Le Berger, prieur de Saint-Memie à Châlons. La lettre du Père Boulard se trouve vers la fin des *Instructions* du Révérend Père Charles Faure, abbé de Saint-Geneviève de Paris, in-4° publié en 1698.

Sainte-Geneviève, il eût été général de la noire Compagnie, bien loin de défendre à ses bons frères d'aller de ville en ville, il les eût poussés de royaume en royaume. Il leur eût dit : « Enfants, notre bannière ne flotte plus sur le Japon que vos efforts désespérés ont laissé couvert de ruines et de sang ; eh bien, que des mains aussi inflexibles, mais plus adroites, aillent sur l'heure la planter au sein d'un autre empire plus vaste et plus riche !... »

Aussitôt même que les Jésuites eurent solidement posé le pied sur l'archipel japonais, ils jetèrent un long regard d'envie sur le continent voisin. Nous avons vu François Xavier mourir en vue des côtes du Céleste-Empire, comme les Chinois nomment leur pays. Il était réservé à un autre Jésuite d'entrer sur cette Terre-Promise, bien autrement vaste, bien autrement riche que l'Inde et le Japon, et dont Marco Polo avait esquissé un tableau si splendide. Depuis le voyageur vénitien, la Chine s'était de nouveau complètement fermée aux étrangers, qui pouvaient seulement commercer avec elle par quelques points, et le plus souvent au moyen d'intermédiaires placés en vedettes sur une île à peu de distance des côtes.

Le bruit des conquêtes faites par des Européens dans l'Inde avait encore redoublé la défiance des Chinois à l'égard des étrangers, qu'ils confondaient tous dans une même nation. Ce fut vainement qu'en 1581 et 1582, les Pères Michel Ruggieri et Pazzio, de la Compagnie de Jésus, essayèrent de s'établir en Chine. Les Dominicains, malmenés au Japon et dans les Indes par leurs rivaux, l'avaient également tenté sans obtenir plus de succès. Nous pensons, du reste, que les Pères Ruggieri et Pazzio ne furent que deux éclaireurs lancés par la noire Compagnie, et dont les rapports, écrits *de visu*, devaient compléter les *on-dit* soigneusement recueillis sur le Céleste-Empire.

Pendant ce temps, la Compagnie de Jésus dressait à sa conquête un jeune adepte de la Maison de noviciat à Rome. C'était Matthieu Ricci.

Matthieu Ricci est, après saint François Xavier, celui de leurs Missionnaires qui s'est rendu le plus célèbre, et dont ils ont le plus exalté la gloire. Cependant, soit noire ingratitude, soit pur oubli, soit simplement la difficulté de la chose, ils n'en ont pas fait un saint, pas même un pauvre bienheureux. En revanche, ils ont exalté outre mesure ses travaux apostoliques. Suivant leurs écrivains, le Père Matthieu Ricci serait une sorte d'incarnation de saint François Xavier, auquel ils le comparent. Nous verrons, tout à l'heure, ce qu'on doit penser du parallèle. Suivant ces écrivains, dans les deux Missionnaires brillèrent la même ardeur, la même piété, la même sainteté. « Enfin, ajoutent-ils, comme si Dieu avait voulu marquer que l'un devait achever ce qu'avait commencé l'autre, Matthieu Ricci naissait à Macerata, dans la Marche-d'Ancône, c'est-à-dire à peu de distance du siége de la Société de Jésus, à l'instant même où François Xavier expirait à Sancian, en face des rivages de ce grand empire chinois dont le ciel ne lui avait pas réservé d'être l'apôtre. » Disons tout d'abord que « l'instant même, » des écrivains Jésuites s'appelle ordinairement : Un intervalle de deux mois. Xavier mourut en effet, on l'a vu, le 2 décembre 1552. Ricci était né le 6 du mois d'octobre précédent. Cela fait quarante-sept jours bien comptés entre la naissance de l'un et la mort de l'autre. Néanmoins, nous voulons bien ne pas chicaner les Jésuites là-dessus, et dire, comme eux : que Matthieu Ricci naquit au moment même où mourait François Xavier. Pour nous, d'ailleurs, cela prouve fort peu de choses, à moins pourtant que les révérends n'entendent dire que Ricci fut le seul individu qui vînt au monde ce jour-là. Les bons Pères ont de plus terribles inventions sur la conscience!...

Matthieu Ricci, après avoir étudié quelque temps les belles-lettres au lieu de sa naissance, s'en fut à Rome, en 1568, où il étudia trois ans le Droit; après quoi il fut reçu, à l'âge de dix-neuf ans, dans la Compagnie de Jésus. Que Dieu eût ou non prédestiné le nouveau Jésuite à la succession de François Xavier, il paraît évident du moins que le chef des enfants de saint Ignace, ou plutôt les chefs, car François de Borgia, alors Général, se laissa toujours mener par Salmeron et par quelques autres Pères dépositaires des pensées de Loyola et surtout de Laynez; il paraît évident, disons-nous, que les chefs du nouvel adepte l'élevèrent, pour ainsi dire, en vue de la Chine, et firent tous leurs efforts pour qu'il fût bien ajusté à cette Mission qu'on lui réservait. Ainsi, les éclaireurs de la noire et envahissante milice, ayant dans leurs rapports énoncé que les Chinois seraient accessibles au moyen des sciences exactes qu'ils tenaient en grande estime, et particulièrement des mathématiques, de la chimie et de l'astronomie, le Père Valignani, Maître des Novices de la pépinière Jésuitique de Rome, fit donner au jeune Ricci des leçons sur ces trois sciences par les professeurs les plus célèbres de l'Italie, entre autres par Clavus, savant mathématicien de ce temps. Il ne négligea même pas de lui faire acquérir une certaine habileté dans les arts mécaniques, et particulièrement en horlogerie, art inconnu en Chine et dont les produits devaient faire et firent en effet bien accueillir le Missionnaire. En arrivant à Goa, le Père Visiteur avait quitté son élève pour se rendre au Japon, après lui avoir recommandé expressément d'apprendre la langue chinoise, étude à laquelle Ricci se livra sérieusement pendant quatre années environ, au collège de Saint-Paul. Car l'émule, l'incarnation de l'Apôtre des Indes, pensait, avec raison, que François Xavier avait dû voir trop souvent ses efforts rendus impuissants par l'ignorance où il était de la langue de ses catéchumènes. Ricci peut-être n'était pas assez enthousiaste pour recourir aux miracles de son devancier, et sans doute il ne comptait pas sur les prodiges de l'éloquence mimique. Il apprit donc avec soin la langue chinoise.

Lorsqu'il crut avoir poussé assez loin cette étude, il s'embarqua pour Canton, qui était dès lors le point sur lequel se faisait le commerce avec la Chine. Mais déjà les Jésuites étaient signalés aux Mandarins des ports comme de dangereux intrus. Le chef du Céleste-Empire avait peut-être pris conseil du Coubo japonais ; d'ailleurs, le bruit des conquêtes asiatiques des Portugais et des Espagnols avait sans doute mis en émoi les échos engourdis de cette patrie de l'immobilité. Matthieu Ricci dut, cette fois, retourner à Macao.

Au commencement de septembre 1583, sur un nouvel ordre de ses supérieurs, il s'embarque derechef pour la Chine, et arrive en dix jours à Tchao-tcheou. Cette fois, comme il résulte des *Mémoires* laissés par le Missionnaire (1), Ricci se garde bien de se présenter en qualité de Con-

(1) Ce sont ces *Mémoires* qui ont servi au Père Trigale pour composer son Histoire de l'Empire chinois.

vertisseur. Il est probable même qu'il cacha, autant qu'il le put, son origine européenne, dont sa parfaite connaissance de la langue chinoise, langue si difficile, pouvait faire douter. Il portait en outre un costume semblable à celui des *Lettrés*, qu'il se rendait favorables par cette concession et qu'il attirait auprès de lui par ses connaissances supérieures. Loin de jouer, en public et avec fracas, son zèle de convertisseur, il se contentait de glisser de temps à autre quelques points de la croyance chrétienne, de ceux qui concordaient le mieux avec les mythes chinois, dans les repos d'une leçon d'astronomie ou de chimie (1). Du reste, ce rôle on le lui avait tracé : le Missionnaire, lorsqu'il quitta l'Europe, était, au dire de ses biographes, très-versé dans les mathématiques, l'astronomie, etc., etc.; mais il était assez faible en théologie, il n'avait même pas achevé ce cours.

Afin de se faire honorer davantage des *Lettrés*, Matthieu Ricci entreprit, d'après leurs prières, une mappemonde à leur usage. Là, une difficulté se présentait : les habitants du Céleste-Empire sont intimement convaincus, dans la naïveté de leur orgueil, que leur pays est le monde entier, ou à peu près; et que le reste, si reste il y a, n'est composé que de quelques petits points, humbles arcs-boutants de la masse principale. Le Missionnaire, qui avait des données beaucoup plus scientifiques, n'osait cependant les mettre au jour, pour ne pas blesser mortellement l'orgueil national des Chinois. Cependant il lui répugnait de charger sa conscience de chrétien et surtout de savant d'un mensonge géographique aussi énorme. D'ailleurs, nous l'avons dit, il voulait montrer aux docteurs du Céleste-Empire ou *Lettrés* la supériorité de

---

(1) Tout le monde sait que les Chinois connaissaient la poudre à canon et l'imprimerie longtemps avant que ces deux puissances eussent étendu leur action sur l'Europe. Ce qu'on sait moins généralement, c'est que la chimie était également fort avancée chez ce peuple singulier, ce que dénotent, du reste, les peintures de leurs porcelaines. Il paraîtrait même que la pierre philosophale, l'élixir de longue vie et autres fadaises de nos *souffleurs* ou alchimistes, sottises qui ont pourtant précédé et amené les grands résultat de la chimie, étaient en honneur dans le Céleste-Empire, bien longtemps avant qu'on y pensât en Europe. Li-Laokun, chef d'une secte d'épicuriens chinois qui vivait dit-on, 600 ans avant Jésus-Christ, passe pour s'être rendu immortel et dieu par le moyen des transmutations.

ses connaissances sur les leurs. Voici le biais que sa qualité de Jésuite lui inspira de prendre : Il disposa de telle sorte sa carte, qu'en changeant le premier méridien, la Chine parut occuper le centre de la terre, position que lui assignait l'orgueil de ses enfants. Ensuite il eut soin d'enluminer fortement l'Empire-Céleste, laissant le reste en blanc et surnageant à peine au milieu de l'Océan. Tout en s'occupant de cette carte, Matthieu Ricci cherchait avec soin à s'attirer les bonnes grâces des grands ou Mandarins. Quant à éclairer le peuple, on ne voit pas que le Missionnaire s'en soit jamais occupé. Les écrivains de la Compagnie affirment que Ricci dut en agir ainsi : le bas peuple en Chine étant fort ignorant, assurent-ils, et très-attaché à ses superstitions ; tandis que les Mandarins, et surtout les Lettrés, se montraient d'assez bonne composition à l'endroit de leurs croyances, dont ils consentaient à discuter philosophiquement la valeur.

Il y a trois sectes principales en Chine : celle de Fô, celle de Lanzu ou Li-Laokun, et enfin celle de Confucius. Les sectateurs de Fô sont des espèces d'athées pyrrhoniens, qui professent que tout ici-bas n'est qu'illusions, et qu'il n'y a rien de réel que le néant, qui fait, par sa simplicité, la perfection de tous les êtres, et avec lequel il faut se confondre par une quiétude souveraine de l'âme, un assoupissement complet de l'esprit. Cette secte a surtout ses partisans dans les plus basses classes de la société chinoise. La religion de Li-Laokun est une sorte d'épicurisme mélangé de stoïcisme. L'état parfait dans cette secte est le bien-être, qu'ils nomment apathie. C'est la religion des riches. Son chef, appelé Ciam, d'après le Père Le Comte (1), réside à Pékin, et est fort estimé de la cour impérial, où il joue le rôle de devin.

La troisième secte, la plus élevée, celle qui a ses croyances les plus épurées, les adeptes les plus intelligents, la secte des *lettrés et des philosophes*, regarde Confucius comme son Dieu, et professe, d'après ce dernier, une morale qui se rapproche tellement de celle du Christ, que, suivant le P. Martini (2), on dirait que Confucius a eu une révélation divine qui lui aurait dévoilé nos saints mystères. Le Père Le

(1) Voyez *Mémoires de la Chine*, par le Père Le Comte, tome II.
(2) *Histoire de la Chine*, par le Père Martini, livre IV.

Comte, missionnaire jésuite, ajoute, dans l'ouvrage déjà cité, « qu'on jugerait que Confucius n'a pas été un pur philosophe, formé par la raison, mais un homme inspiré de Dieu pour la réforme de ce nouveau monde. »

Les Mandarins généralement et toute la cour impériale sont d'une subdivision de cette secte. Car la doctrine de Confucius a subi plusieurs interprétations. Les empereurs chinois, qui sont de la secte des *nouveaux philosophes*, ont toujours eu le bon esprit de ne point persécuter les *anciens*, ni aucune autre des diverses sectes religieuses de leurs vastes états. Ils se sont toujours contentés de prouver leur zèle envers leur croyance en faisant condamner tous les ans à Pékin, comme des hérésies, les croyances différentes ; conduite que, pour le repos du monde, les chefs des peuples de la vieille Europe eussent bien dû tenir ! Les différentes sectes de la Chine ont, à ce qu'il paraît, une idée fort peu distincte de Dieu, jusque-là que ces peuples n'ont pas même de mot pour exprimer ce que nous entendons par l'idée de Dieu. Leurs différentes divinités sont, comme celles de la mythologie des Grecs et des Égyptiens, des hommes qui, après un passage plus ou moins long sur la terre, font maintenant partie du ciel. Le ciel, c'est Dieu lui-même pour les Chinois, c'est-à-dire cette Intelligence suprême qui s'étend au-dessus de la terre et des autres mondes, qui les fait naître, les conserve ou les détruit, pour les faire renaître de nouveau ; car les Chinois croient généralement à la métempsycose.

On conçoit toute la difficulté de faire comprendre le mystère de la triplicité de la divinité chrétienne à des gens qui n'ont pas même une idée précise de Dieu, qui n'ont pas même un mot pour exprimer Dieu. Ricci, au dire même de son biographe et confrère le P. d'Orléans (1), tourna la difficulté de cette façon : il composa à l'usage des Chinois un petit catéchisme où il ne mit (qu'on remarque ce détail dont nous garantissons l'exactitude) presque que les points *conformes à la lumière naturelle*, c'est-à-dire ce qui se comprend humainement. Mais alors, le Missionnaire Jésuite ne disait mot ni de la Trinité, ni de la

---

(1) Voyez la vie du Révérend Père Matthieu Ricci de la Compagnie de Jésus, par le Père d'Orléans.

I.

naissance du Christ, ni de la Rédemption, ni d'aucun des mystères du christianisme ! C'est ce qui a fait dire, avec raison, à un critique fort modéré, Moréri, dans son Dictionnaire, que la marche adoptée par Ricci « n'était nullement capable d'instruire ces pauvres infidèles de la vérité de nos mystères. » Faut-il donc répéter ici, ce que nous appuirons bientôt de nouvelles preuves, que partout les Jésuites ne se sont servis du christianisme que comme d'un excellent prétexte qu'ils savaient adapter avec art aux circonstances, et qu'ils repliaient au besoin et jetaient de côté, comme une bannière qui n'est plus qu'une mauvaise guenille lorsqu'on l'a décrochée de sa hampe d'or !

Malgré tout cela, malgré les précautions dont usait le Père Ricci, malgré sa déférence pour les idées des disciples de Confucius, malgré les services qu'il rendait aux Lettrés, la science qu'il leur communiquait, malgré les présents qu'il faisait aux Mandarins, et l'adresse avec laquelle il essayait de se les rendre favorables, sa Mission avait toujours une assez piteuse et très-précaire figure. Les Mandarins et les Lettrés accueillaient assez bien le Missionnaire ; mais le peuple se montrait de plus en plus hostile. En vain, pour se populariser, Ricci se montrait vêtu à la chinoise du costume des Lettrés, sectateurs de Confucius ; costume qu'il faisait prendre également à ses compagnons (1). Néanmoins, la populace ameutée par quelques *Hochans*, prêtres de Fô, assomment ses deux compagnons, qui, sans doute moins prudents que Ricci, avaient voulu prêcher en public. En 1589, le Missionnaire resté seul prend la résolution de pousser en avant, à tout hasard. D'ailleurs un nouveau gouverneur le chassait, ou à peu près, de Kantong, ou Canton. Il passe donc dans le royaume voisin de Kiang-Sy ; puis il se rend à Nankin, et enfin, dans l'année 1595, il arrivait à Pékin, la capitale de l'empire chinois. On ne nous dit pas si, pendant cette pérégrination, Matthieu Ricci prêcha avec succès sa Mission ; il est probable toutefois, et il l'avoue à peu près, que le Père, en homme prudent, se contenta de parler avec les gens de bonne volonté astronomie ou

(1) Ce détail, nié plus d'une fois par les Révérends Pères, et que nous ne faisons remarquer que par cette raison, nous est fourni par un Jésuite même, le Très-Révérend Père Michel Boym, comme il se nomme dans sa *Briefve Relation de la Chine*.

mathématiques, glissant au plus quelques mots de religion par-ci, par-là.

Les Jésuites racontent que lorsqu'il revint à Péking pour la seconde fois, car, lors de la première, il ne put obtenir de pénétrer auprès de l'empereur, ce qui était le but de son voyage, s'étant embarqué sur la rivière du Chi, il fit naufrage, et que, lorsqu'il était dans l'indécision s'il continuerait un voyage qui s'annonçait sous d'aussi sombres auspices, Dieu répétant pour lui ce qu'il avait déjà fait pour le fondateur de sa Compagnie, lui fit connaître qu'il serait heureux, cette fois, dans son entreprise. Le Père Boym affirme qu'à l'instant où Ricci débattait en lui-même la question de savoir s'il continuerait de marcher en avant, ou s'il ferait volte-face, une personne arrivée soudainement à ses côtés décida la question en exhortant le Missionnaire à reprendre la route de Pékin ; et que le Père, fort surpris comme on le pense, ayant demandé à ce conseiller extraordinaire, ses nom, prénom et qualités, n'en obtint que cette réponse faite en latin médiocre : « Je vous serai favorable à la cour ! » après quoi la vision disparut.

Les historiens Jésuites modernes donnent, pour la plupart, une tournure beaucoup moins fantastique à la manière dont le Père Ricci parvint à s'introduire dans ces vastes provinces, dans ces villes populeuses dont le pied de nul étranger n'avait encore foulé le sol. Le Missionnaire était encore à Tchao-tcheou lorsqu'on apprit à Pékin l'invasion de la Corée par les Japonais, invasion conseillée, on l'a vu, par les Jésuites, qui espéraient s'introduire ainsi par force dans le nord de l'empire chinois, tandis que d'autres Missionnaires tenteraient de se glisser, par ruse, du côté des provinces méridionales.

Castillon, écrivain on ne peut plus favorable aux Jésuites (1), se fondant peut-être sur le petit nombre de soldats composant l'armée

(1) Castillon est l'auteur anonyme des *Anecdotes chinoises, japonaises, etc.* Remarquons ici que le nom de Cambacundono qu'il donne à Taïko-Sama, fut celui que prit en effet ce Coubo, lorsqu'il détrôna le fils de Nobunanga. Il s'appelait avant son intronisation Faxiba. Cambacundono (ce nom signifie souverain-seigneur) ne prit le nom de Taïko, qui veut dire très-haut, et auquel il joignit l'impériale terminaison de Sama, que lorsqu'il se vit maître absolu. Alors il abandonna le titre de Cambacundono à un sien neveu qu'il venait d'adopter, car il n'avait pas d'enfant, et qu'il fit tuer lorsqu'un héritier lui fut venu.

envahissante, a dit que Taïko-Sama, ou Cambacundono, comme il nomme cet empereur, envoyait en Corée cette armée de chrétiens japonais afin de s'en débarrasser sans danger pour lui. Ceci est fort possible; mais ce qui nous paraît encore plus probable, c'est que les Jésuites qui avaient conseillé l'expédition et qui faisaient partie de l'état-major de Tsucamidono, le général en chef, espéraient néanmoins la rendre profitable à leur Ordre, soit qu'elle ne leur offrît que le moyen de pousser une reconnaissance sur la Chine, soit qu'elle leur servît à faire dans le nord du Céleste-Empire une diversion qui pouvait être grandement utile aux autres conquérants en robe noire, qui tâtaient le terrain du côté du midi.

Le Père Matthieu Ricci se servit en effet de cette diversion pour s'introduire à Pékin. Il paraît que le Père cumulait les fonctions de médecin avec celles de mécanicien, horloger, astronome et astrologue. Ses confrères racontent qu'un Mandarin du plus haut rang, que l'empereur Van-Lié appelait des provinces du sud, pour l'opposer au Japonais Tsucamidono, ayant un fils malade et moribond, vint alors consulter l'universel Missionnaire, qui promit de rendre la santé à l'enfant, à condition que son père lui permettrait de le suivre jusqu'à Pékin. Le Missionnaire, soit habileté, soit bonheur, soit enfin, comme le disent ses confrères, grâce providentielle, réussit dans sa cure, et le Mandarin reconnaissant tint fidèlement sa promesse, et protégea constamment, depuis lors, l'habile et savant *Lettré* d'Europe.

Disons ici, en passant, que Tsucamidono, après une série de triomphes, écrasé par le nombre, put cependant repasser le canal de Corée, et ramener au Japon les débris de l'armée envahissante à peu près anéantie, mais qui, comme on le voit, avait produit probablement tout ce qu'en espéraient les Jésuites, conseillers de l'invasion.

Arrivé enfin dans la capitale de l'Empire-Céleste, le Père Matthieu Ricci, grâce à la protection du Mandarin dont il avait guéri le fils, devint l'ami de quelques autres grands-officiers impériaux. Ceux-ci, d'après les prières du Missionnaire qui voulait pénétrer à la cour, donnèrent à leur maître l'envie de voir ce dernier, en lui racontant comme quoi il possédait une *cloche qui sonnait d'elle-même*. Il paraît que parmi les présents qu'il avait apportés avec lui Ricci avait mis quelques horloges à sonnerie, chose inconnue en Chine. Le Jésuite, profitant vite de la circonstance, porta lui-même à l'empereur Van-Lié la cloche qui sonnait d'elle-même et dont la possession fit tant de plaisir au monarque chinois qu'il passa plusieurs heures à regarder jouer les rouages, tourner les aiguilles et à écouter les vibrations du timbre. Cependant, au bruit de cette merveille, l'impératrice-mère et toutes les femmes de l'empereur (la polygamie existe chez les Chinois comme chez les Japonais) accourent, contemplent et s'extasient. Mais, à force d'admirer cette étonnante machine et de la faire résonner, il paraît qu'un rouage se défait. Ricci, mandé en toute hâte, est introduit devant l'empereur désolé, qui lui montre la malheureuse horloge détraquée, en lui criant plaintivement : « Elle est morte ! » — Elle va revivre, fils du Ciel ! répond le Missionnaire courtisan, puisque vous le désirez!

Et Ricci, adroit mécanicien, comme nous l'avons dit, se hâte de rajuster l'horloge qui bientôt fait entendre de nouveau son tic-tac régulier aux oreilles ravies de la naïve majesté.

Ce fut ainsi que le Père Matthieu Ricci gagna les bonnes grâces de l'empereur Van-Lié, auquel il sut se rendre si nécessaire, soit pour remonter les nombreuses horloges dont Van-Lié fit dès lors garnir son palais, soit pour tout autre chose, que ce fut en vain que le tribunal Ci-pu, ce gardien bénin de l'orthodoxie des dogmes de Confucius, dont nous avons parlé, sollicita l'empereur de chasser l'étranger. Ainsi soutenu, le Missionnaire se mit à l'œuvre. Bientôt il eut bâti une église, et en même temps un collège de Jésuites.

Nous avons vu que pour ses néophytes chinois le père Ricci avait composé un petit catéchisme dans lequel on n'apprenait de la religion chrétienne que ce qui est compréhensible à la raison humaine ; et encore le Missionnaire avait-il soin d'ajuster son enseignement aux idées et préjugés des Chinois. Ainsi, dit on, Jésus-Christ, roi des Juifs, n'était pas représenté, dans ce singulier catéchisme, mourant sur la croix, supplice infamant, etc., etc. Nous dirons plus tard quelques mots à ce sujet.

Ricci mourut en 1610, laissant les affaires de la Compagnie en voie de progrès; son protecteur Van-Lié ne tarda pas à le suivre au tombeau. Mais, déjà les Jésuites, accourus à l'appel de Matthieu Ricci, avaient si habilement manœuvré qu'ils étaient en grande faveur à la cour impériale. D'ailleurs, il n'y avait qu'eux à bien raccommoder et régler les fameuses cloches qui sonnaient d'elles-mêmes; qu'eux pour mettre d'accord une épinette que Ricci avait encore donnée à Van-Lié et qui faisait également les délices des loisirs impériaux. Sous les successeurs de Van-Lié les Jésuites bâtirent à Pékin une Académie, dont les Mandarins et les Lettrés se firent recevoir membres à l'envi. Déjà le nombre des Chinois convertis était considérable. Nous dirons de ces néophytes, comme nous l'avons dit de ceux du Japon et des Indes, que c'étaient là d'étranges chrétiens. Mais tout ce que voulaient les convertisseurs c'était d'avoir de l'influence sur les convertis. Peu leur importait la manière, quoique dans leurs relations envoyées en Europe ils se fissent bravement honneur de cette chrétienté chinoise qui, au dire de nombre de personnes ayant vu cet état de choses, et parmi lesquelles on compte des prélats, des délégués du Saint-Siége, était la chose la plus monstrueuse pour un critique de sang-froid, la plus déplorable pour un ami de la religion, la plus réjouissante pour un ennemi, la plus grotesque pour un indifférent, la plus scandaleuse pour tous. Nous en parlerons tout à l'heure et nous montrerons, preuves en main, quelle singulière transformation la politique des Jésuites faisait subir en Chine à la religion catholique, apostolique et romaine, dont ils se prétendaient pourtant les fidèles conservateurs.

Sous les successeurs de Van-Lié, les Empereurs Tien-Ki, Tay-Ciau et Gun-Cin, les Jésuites gagnèrent constamment du terrain en Chine. Il serait trop long de détailler les manœuvres grâce auxquelles ils obtinrent ce résultat, manœuvres dont nous donnerons seulement le résumé, le spécimen. Ainsi, les Révérends Pères, pour détrôner certains magiciens chinois fort en vogue et en grand honneur parmi les Chinois, se mirent à chasser les démons du corps des possédés. Un des exorciseurs, qui avait pour *sujet* une femme enceinte que la présence de l'esprit malin empêchait de se voir délivrée, chassa celui-ci du corps de la malheureuse patiente, après une lutte opiniâtre qui eut pour témoins une foule de Chinois émerveillés. Si nous en croyons le Très-Révérend

Père Michel Boym, qui nous décrit les phases de ce merveilleux combat, le *malin* n'était qu'un bien petit et fort peu rusé diablotin qui non-seulement se laissa battre par le Missionnaire Jésuite, et se vit obligé de déguerpir, mais encore lui révéla bénévolement « que l'enfant de l'ex-possédée, innocente victime brisée dans la lutte et presque mourante, serait rendu à la vie et à la santé si le Révérend plaçait le nom de saint Michel-Archange, écrit sur parchemin, dans le berceau du petit (1). »

Afin d'assurer l'influence croissante dont ils jouissaient en Chine, les Missionnaires Jésuites essayèrent enfin d'établir parmi le peuple le respect pour la croix du Christ, dont jusqu'alors ils avaient soigneusement caché la signification véritable. A plusieurs reprises, on trouva, sur divers points, des croix ou des figures de la croix taillées dans la pierre. Une flamme brillante, qui voltigeait au-dessus du sol, aurait annoncé partout la présence du symbole chrétien aux néophytes et à leurs habiles directeurs, qui ne manquaient pas aussitôt d'accourir en grande pompe et procession pour extraire l'emblème sacré dont ils faisaient ainsi le sujet d'une pieuse jonglerie. En 1626, les Jésuites firent quelque chose de mieux encore : ils firent l'*Invention* (c'est le mot !) d'une table de marbre sur laquelle se lisait, « en caractères chinois et égyptiens, ou cophtes, qu'en l'année de Jésus-Christ 636, de certains prêtres étaient venus en ces contrées annonçant un Dieu *Trin* en personne, la seconde personne de cette Trinité, faite homme, la Vierge Marie, etc.; et que quatre empereurs chinois avaient adopté cette croyance. »

Le but de cette *Invention* était de montrer aux Chinois, le peuple le plus immobile de l'univers et qui aime le moins à être secoué de son immobilité, qui a par conséquent la plus profonde horreur de toute nouveauté, que la religion chrétienne n'était point chose nouvelle, même parmi eux. Et il paraît que, grâce à cet argument gravé sur le marbre, et miraculeusement fourni aux Jésuites Missionnaires, de nombreuses conversions eurent lieu parmi le peuple désormais. Il semble

(1) Voyez la *Briefve Relation* du Très-Révérend Père Michel Boym, Jésuite et Missionnaire en Chine, à cet égard, ainsi que pour les particularités plus ou moins merveilleuses qui suivent.

que, soit qu'ils devinassent l'ambition des noirs Convertisseurs, soit grâce aux scandaleuses querelles qui éclatèrent alors entre les Jésuites et les Missionnaires des autres Ordres, accourus à la suite des enfants de Loyola et que ceux-ci repoussaient par tous les moyens comme des intrus et des ennemis, soit par toute autre raison, les Mandarins et les Lettrés, c'est-à-dire les individus qu'une révolution religieuse et civile pouvait faire descendre, se montrèrent dès lors hostiles aux Jésuites et conséquemment à la religion chrétienne, contre laquelle commença l'ère des persécutions. Les Jésuites, se croyant assez forts pour lutter, luttèrent et furent battus presque partout. Les chrétiens eurent surtout à souffrir dans les provinces de Quan-Tong et de Kian-Nan. A Nankin, capitale de ce dernier royaume, les Jésuites furent mis en prison, fort maltraités, enfin jetés de force, comme des ballots de marchandises avariées, sur un bâtiment qui les conduisit à Macao. Les bons Pères, furieux, quittèrent cette partie de la Chine, menaçant tout l'Empire-Céleste des fléaux qui s'abattirent autrefois sur l'Égypte, et s'apprêtant à revenir en Chine à la faveur de quelque grand ébranlement. Les fils de saint Ignace, comme les corbeaux dont la robe est de même couleur, ont-ils donc le flair de la mort et de la destruction? Trois années à peine après qu'ils avaient été chassés ainsi, ils revenaient aux lieux d'où on les avait expulsés, à la faveur d'une grande commotion politique qui ébranlait l'immuable nation.

Un chef de Tartares menaçait alors d'asservir la Chine. Les Jésuites offrent à l'Empereur légitime le secours des Européens et surtout des Portugais; ils lui promettent en outre de faire rester opiniâtrement à son service tous les Chinois convertis. Bien entendu qu'en récompense ils demandent le retrait de la loi qui les exile et des conditions meilleures qu'avant leur bannissement. Ils obtinrent tout ce qu'ils voulurent du souverain effrayé. Le chef tartare fut repoussé. Mais au voleur Thien-Min, comme disent les historiens chinois, succéda bientôt le voleur Ly, ennemi bien autrement redoutable. Ly, déjà maître des royaumes de Chen-Sy et de Chan-Sy, provinces situées au midi de Pekin, remonte alors vers le nord et vient, à la tête de ses redoutables cavaliers, mettre le siége devant la capitale du Céleste-Empire. Ly n'avait, dit-on, sous ses ordres que soixante-dix mille cavaliers, et l'on devrait s'étonner que des forces pareilles osassent se risquer en face d'une ville qui compte plus de deux millions d'habitants, si l'on ne se rappelait que les soldats chinois sont les plus mauvais soldats de toute la terre, et que tout ce qui n'est pas soldat en Chine ne se bat jamais et reste impassible devant le cataclysme politique le plus terrible qui puisse émouvoir l'homme et le faire se dévouer au salut de la patrie. N'a-t-on pas vu dans ces derniers temps, lors de l'expédition des Anglais en Chine, les risibles défenseurs de cette extraordinaire contrée couvrir leurs villes menacées, non pas avec des tranchées, des murailles, non pas avec des canons, avec leurs corps, mais avec de grands tableaux de papier ou de carton sur lesquels ils avaient peint de terribles et fantastiques représentations d'animaux monstrueux qui devaient à leur avis faire reculer de frayeur et fuir les assaillants !...

Il paraît, en outre, que Ly avait trouvé moyen de corrompre les Mandarins et les Eunuques de la cour impériale. Aussi, il entra dans Pekin presque sans coup férir, et sur le-champ s'en alla s'installer dans le palais où l'Empereur était resté seul avec sa famille. Trahi, abandonné, désespéré, ce malheureux prince se coupa avec les dents la première phalange de l'index de la main droite et, de cette plume étrange, écrivit silencieusement sur la muraille une suprême imprécation contre les lâches et les traîtres. Sans doute, il aurait pu étendre sa malédiction jusqu'aux Jésuites, dont les intrigues incessantes aidèrent merveilleusement, quoique indirectement, à la confusion dont Ly sut profiter. D'ailleurs, la présence et les étranges doctrines professées par les enfants de Loyola, sous le nom menteur de Christianisme, avaient certainement eu pour effet de désunir et de désorganiser la grande famille chinoise, en armant ses enfants les uns contre les autres, en les faisant se haïr et s'entr'égorger au nom de Confucius et de Jésus, qui tous deux n'ont prêché que l'amour, l'union et la paix.

L'Empereur détrôné s'étant pendu, imité en ceci par toutes ses femmes, et l'héritier du trône avec quelques Mandarins fidèles ayant fui, l'usurpateur prit tranquillement possession du trône impérial. Cependant Vsan-Quei, prince de la famille détrônée, quelques-uns disent neveu ou même frère du dernier empereur (1), qui commandait alors l'armée de la Grande-Muraille, apprenant ce qui vient de se passer et se trouvant trop faible pour en tirer vengeance, prend le parti de recourir à l'ennemi même contre lequel il gardait le gigantesque et inutile rempart. Bientôt on le voit accourir devant Pékin, suivi d'une nombreuse armée de Tartares-Mantchoux qui attaque et défait complétement celle de Ly, lequel est forcé d'abdiquer. Mais alors le chef mantchoux victorieux prétend que c'est lui qui doit profiter de la victoire et s'empare de la couronne. Les héritiers légitimes se font introniser tour à tour dans les provinces. L'usurpateur se tient cramponné sur le trône, malgré les assauts désespérés des prétendants divers. Une effroyable confusion règne par toute la Chine. C'est alors qu'on voit arriver sur la scène le Jésuite André Xavier Cofler. Ce fut auprès du petit-fils de Van-Lié que Cofler se rendit d'abord. Ce prince, qui se maintenait dans la province de Chan-Sy, accueillit gracieusement le Jésuite, lequel lui promit monts et merveilles, s'il voulait se faire chrétien ou se montrer l'ami des Jésuites. En effet, tous les catéchumènes vinrent se ranger, dès lors autour du petit-fils et de l'héritier légitime de Van-Lié. Un docteur Luca, chrétien et général d'armée, commandait ces recrues que les Portugais fournirent d'officiers et d'artilleurs; car, si les Chinois ont inventé la poudre, ils n'ont pas trouvé les meilleurs procédés pour en tirer parti. Cofler, espérant tout obtenir de ce prétendant, s'il montait sur le trône, le poussait à proclamer hautement ses prétentions et à se montrer disposé à les soutenir vigoureusement. Le jeune prince mourait à la fois d'envie de prendre le titre d'Empereur et de peur de voir cette démarche attirer sur sa tête les malheurs qui avaient assailli ses compétiteurs. Cofler lui présage des victoires et un règne paisible sur le trône impérial, s'il veut se faire baptiser, ou du moins laisser baptiser ses femmes et ses enfants. Tum-Lié consent à ce dernier arrangement à condition que les baptêmes auront lieu en secret, dans l'intérieur du palais. Mais ce n'était pas le compte des Jésuites, qui ne voulaient par ces conversions impériales qu'enchaîner à eux l'Empereur et,

(1) C'est ainsi que le nomme le Père Boym, qui dit aussi que Tum-Lié était seulement le neveu de Van-Lié; mais, ici, le Jésuite se trompe.

par lui, ses sujets. A ce moment, une des femmes légitimes de Tum-Lié accouche d'un enfant mâle qui, peu après sa naissance, est atteint d'un mal subit et violent. Profitant de la circonstance, le Père Cofler proclame hautement que cet enfant va mourir, si on ne le baptise, ce qui a lieu enfin, comme le veut le Missionnaire. La jeune mère avait promis aussi de se faire chrétienne, décidée, dit le Jésuite Boym (1), parce qu'elle avait vu du Père Cofler, qui, pour obtenir sa délivrance pénible, avait allumé des cierges bénits devant une image de Notre Seigneur et de la sainte Vierge, chanté des hymnes et longtemps prié, tant enfin que la reine accoucha heureusement. Une autre femme de l'Empereur était également disposée à se faire chrétienne, amenée à ceci par une jonglerie des Missionnaires Jésuites ; c'est du moins ce qu'il semble résulter de la narration d'un de ces derniers, qui raconte gravement que la vocation de la princesse chinoise fut déterminée par les menaces que lui fit, un soir, l'enfant Jésus d'un tableau qu'elle tenait des bons Pères. A l'instant où elle passait devant la toile, une voix sembla en sortir qui disait : « Si tu ne suis ma loi, je te ferai mourir ! » Il faut convenir que les Révérends Pères donnent parfois une atroce expression au doux et mystique agneau qui se laissa égorger il y a dix-huit siècles pour sauver le monde !.....

Malgré tout ceci, les princesses, fidèles aux idées du gynécée impérial, voulaient absolument que ce fût non pas le Père Cofler, comme celui-ci l'exigeait absolument de son côté, mais bien le *Grand-Colao*, chancelier ou premier ministre de l'Empereur, qui les baptisât. L'habileté du Jésuite courait risque d'échouer contre le roc immuable de l'étiquette chinoise. Que fait alors l'enfant de Loyola ? Une fausse nouvelle, créée peut-être par le Convertisseur ou par quelqu'un de ses catéchumènes, arrive comme la foudre au palais : L'armée impériale,

(1) Nous copions fidèlement ces détails et ceux qui suivent dans la *Briefve Relation de la Chine* du Très-Révérend Père Boym, auquel nous sommes d'autant plus disposé à emprunter qu'il fut témoin oculaire de ce qu'il raconte et qu'il joua même un rôle dans quelques-unes des scènes qu'il décrit. Le Père André Xavier Cofler l'expédia ensuite en Europe comme ambassadeur de l'impératrice Hélène, une des femmes de Tum-Lié, auprès du Pape et du Général des Jésuites. Les Missionnaires de la Compagnie ont bien usé et abusé de ces parades diplomatiques qui produisaient alors de l'effet.

dit-on, a été battue et détruite par l'usurpateur qui accourt porter le dernier coup aux débris de la famille tamingienne !..... Profitant de l'occasion, le Père Cofler, suivi de ses confrères accourus près de lui, va trouver l'Empereur que cette nouvelle a rendu stupide de terreur, et qu'entourent, grave infraction à l'étiquette chinoise, ses femmes dont une, folle de désespoir, veut se pendre. Cofler présente habilement à ces pauvres femmes le baptême, mais tel qu'il veut qu'il soit administré, comme le seul remède à cette calamité, que Dieu détournera peut-être de dessus des têtes de chrétiennes, tandis qu'il la laisserait sans nul doute éclater sur des têtes d'idolâtres. On comprend qu'il obtint tout ce qu'il voulut. Il baptisa le jour même la mère de l'Empereur, qu'il nomma Marie, et ses deux femmes légitimes qui reçurent, l'une le nom d'Hélène, l'autre celui d'Anne. Peu après qu'il eut permis dans sa famille l'administration du premier des sacrements de la religion chrétienne, Tum-Lié apprit que la funeste nouvelle n'avait aucun fondement, ou plutôt le Jésuite Cofler lui en seigna que la castatrophe avait été détournée par la main de Dieu même, à l'audition de la prière du Missionnaire, et à la vue de la soumission du prince.

Nous ne savons si Tum-Lié se fit chrétien comme ses femmes ; mais il paraît qu'il s'était voué corps et âme à Cofler et aux Jésuites qui surent, comme on le pense, admirablement faire tomber l'impériale rosée sur les intérêts de leur Compagnie. On raconte que, suivant l'habitude, l'empereur ayant voulu faire tirer l'horoscope de ce fils baptisé par le Jésuite et qui avait été nommé Tam-Tym (appellation chinoise équivalante à celle de Constantin), Cofler, qui n'avait garde de laisser les Lettrés astrologues ou devins reprendre pied auprès du trône impérial grâce à cette circonstance, fit lui-même cet horoscope, et pronostiqua gravement « que l'enfant serait heureux, étant né à minuit, aussi bien que le fils de Dieu, et que, le soleil se joignant au signe du dragon, il serait comme un soleil qui donnerait de l'éclat à toute la Chine représentée évidemment par le dragon (1). »

(1) Ce détail est textuellement pris dans la *Briefve Relation* du Très-Révérend Père Boym.

Voici donc les Jésuites qui se font astrologues et devins, métier sur lequel les com-

Tum-Lié, enchanté de la prédiction, envoya de riches présents au Collége des Jésuites à Macao, et combla d'honneurs et de biens le Père André Cofler et ses compagnons.

Mais à l'heure même où le Jésuite pronostiquait ainsi une si heureuse destinée au fils de Tum-Lié, représentant des empereurs légitimes du Céleste-Empire, un sien confrère jouait le même rôle auprès de Chun-Tchi, fils de Vsan-Quei, l'usurpateur, et lui promettait, en qualité d'astrologue, pour lui et pour sa descendance, la possession glorieuse et bientôt tranquille du trône impérial. Le Père Adam Schall fut également comblé d'honneurs et de biens par Chun-Tchi, comme le Père André Xavier Cofler l'avait été par Tum-Lié. Mais sans doute le premier se montra le plus magnifique. D'ailleurs, des deux horoscopes un seul pouvant s'accomplir, les Jésuites durent délibérer auquel des deux ils devaient avoir le plus de confiance, lequel des deux ils devaient contribuer à faire réaliser. Ce fut du côté, non de la légitimité, mais bien de l'usurpation que les lunettes des Révérends Pères astrologues leur firent apercevoir le plus de chances de succès : aussi, s'arrangèrent-ils pour se faire bien venir de l'usurpateur, sans cependant rompre avec le souverain légitime ; loin de là : ils l'endormirent dans une sécurité fatale de laquelle il ne devait s'éveiller qu'aux éclats de la foudre. Le Père Boym, lieutenant du Père André Xavier Cofler, quitta la cour de Tum-Lié en 1651, pour aller instruire le général des Jésuites de la situation des choses, bien plus que pour aller remettre au pape une lettre de l'impératrice Hélène, but apparent de son voyage. Ce brave Jésuite qui prenait peut-être son ambassade au sérieux, mais qui certainement ne savait rien des secrètes résolutions prises par ses confrères, publia en Europe sa *Briefve Relation*, dans laquelle, après avoir raconté les succès, en Chine, des Missionnaires de la Compagnie, la grande influence qu'ils possédaient à la cour de Tum-Lié, la docilité de cet empereur, etc., il ajoutait : « Depuis ce temps (c'est-à-dire, depuis le baptême du fils de l'empereur, et les cadeaux que reçurent les Jé-

---

mandements de Dieu lancent l'anathème et que l'Église a parfois puni de mort. Mais, que parlons-nous d'Église et de commandements de Dieu ? Les Jésuites ont méprisé l'une et bravé les autres, chaque fois qu'ils ont eu intérêt à le faire ; personne n'ignore cela !

270 HISTOIRE DES JÉSUITES.

suites à cette occasion), grâces à nos prières, Dieu a protégé l'empereur et lui a fait gagner des victoires contre les rebelles (1).

Malheureusement pour Tum-Lié, à l'instant même où le Très-Révérend, mais fort peu véridique Père Boym, écrivait ceci, le fils de Vsan-Quei, encouragé de son côté par les Jésuites qu'il avait près de lui et dont quelques-uns lui furent très-utiles, grâce à leurs connaissances en mathématiques, prit la résolution de se délivrer de son rival, et d'être seul à régner désormais dans le Céleste-Empire. A la tête de ses Tartares, il fond sur les provinces qui reconnaissent encore le descendant de Van-Lié, les enlève, bat, disperse l'armée du malheureux prince, qui tombe entre ses mains avec toute sa famille. Le vainqueur fit égorger sur-le-champ Tum-Lié, ainsi que son fils, cet infortuné jeune prince auquel le Jésuite Cofler avait pourtant pronostiqué, lors de son baptême, un si bel avenir ! Mais le Père Adam Schall avait prédit la victoire à Chun-Tchi, et le Père Adam Schall était le supérieur de Cofler, comme Chun-Tchi était bien autrement puissant que Tum-Lié : la prédiction du Père Adam Schall fut donc celle qui se vérifia.

Si ce fut seulement à cause de leurs talents astrologiques qu'Adam Schall et ses noirs Compagnons furent récompensés par Chun-Tchi, il faut que cet empereur ait eu une furieuse admiration pour l'astrologie ! On va en juger : A la mort de Chun-Tchi, c'est-à-dire, en 1661, et par conséquent moins de soixante ans depuis l'arrivée de Ricci en cette Mission, la Compagnie de Jésus comptait en Chine trente-huit Résidences, et cent cinquante églises !.....

Pendant tout le temps qu'il vécut, Chun-Tchi se montra constamment favorable et dévoué aux Jésuites, qu'il comblait d'honneurs,

---

(1) Voyez cette assertion, sitôt démentie, à la page 13 de la *Briefve Relation* du Très-Révérend Père Boym, imprimée en 1664, à Paris, dans les *Voyages curieux* de Thévenot, 2ᵉ partie.

L'auteur de l'Histoire religieuse, politique et littéraire de la Compagnie de Jésus nous apprend qu'il a entre les mains la lettre de l'Impératrice que le Très-Révérend Père Boym apporta au Chef de son Ordre. « Cette lettre, dit M. Crétineau-Joly, est un long voile de soie jaune garni de franges d'or, et nous l'avons entre les mains.... » Ceci est fort bien ! mais, est-ce qu'il n'y a pas un peu de sang sur ce voile? voilà ce que nous voudrions savoir.

Les Jésuites Mandarins

et même d'honneurs fort incompatibles, à notre avis, avec la qualité de Jésuite. Ainsi, et nous appelons en témoignage les Missionnaires eux-mêmes, le Père Adam Schall, vicaire-général de la Mission, fut décoré par l'Empereur du titre de Mandarin de première classe, et dut violenter l'humilité d'un enfant de saint Ignace jusqu'à se laisser prodiguer tous les hommages attachés à cette dignité qu'il cumulait avec plusieurs autres. Voilà qui est singulier! Les Constitutions des Jésuites, qui défendent à chacun des Membres de l'Ordre d'accepter aucune prélature, permettraient-elles donc, à la rubrique secrète, de se laisser revêtir d'une dignité chinoise dont les devoirs devaient parfois, malgré toute l'habileté des confrères d'Escobar, étrangement jurer avec le caractère du prêtre chrétien? Qu'on se figure cet étrange et curieux spectacle d'un dignitaire Jésuite, revêtu de ces vives et miroitantes étoffes de la Chine, dans son riche palanquin que portent une douzaine de ses gens, escorté par une escouade de ses gardes, ombragé par un immense parasol d'honneur, et aux deux côtés duquel des serviteurs agitent de grands éventails, passant gravement le long de ces rues bordées de murailles de porcelaine, à travers cette foule bigarrée qui s'écarte respectueusement et se prosterne devant « le grand Mafa, chef des Bonzes d'Europe, président des mathématiques de l'empire, et Mandarin de première classe, etc., etc. » Car tous ces titres appartinrent réellement au Père Adam Schall. D'autres Jésuites furent également créés Mandarins. Chose inouïe dans les annales du Céleste-Empire, et qui peint la faveur dont jouissait le Père Schall, comme elle nous démontre l'importance des services qu'il avait rendus au vainqueur de Tum-Lié! ce Jésuite avait ses libres entrées au palais impérial, et conversait souvent en tête-à-tête avec l'empereur, qui, pour lui seul, voulait bien enfreindre les lois de l'étiquette chinoise qui placent un voile mystérieux entre les sujets et le souverain. Le Père Ricci, dans ses Mémoires, nous dit qu'il passait pour jouir de la même faveur auprès de Van-Lié; mais que c'était une erreur, erreur qui lui donna beaucoup d'importance, et qu'il se garda bien de détruire par conséquent (1).

(1) Ricci ajoute qu'il fut seulement admis, comme les Mandarins, à saluer le trône impérial, aux jours de solennité. Remarquons ici que ce fondateur de la Mission jésui-

Bien entendu que les Jésuites profitèrent habilement, largement de la faveur dont ils jouissaient auprès de l'empereur pour se faire partout des amis, des prosélytes, des affiliés, pour s'établir partout ; et surtout pour amasser, pendant ce temps de paix et de calme, des trésors qui leur serviraient aux jours de guerre et de tempête.

A cette époque, la Compagnie de Jésus cessa de regretter la perte du Japon ; la Chine avait remplacé la Province arrachée à l'empire jésuitique. De Pékin à Rome, les Jésuites Mandarins firent couler pendant quelques années un fleuve de richesses dont les flots splendides remplirent jusqu'aux bords les coffres du trésor secret de la Compagnie (1).

Malheureusement Chun-Tchi mourut, jeune encore et laissant pour héritier un prince enfant. Telle était l'influence que le Père Adam Schall avait su prendre et conserver jusqu'au dernier moment sur l'esprit du monarque chinois, que ce dernier, en expirant, lui confia l'éducation et la tutelle de son fils et successeur. Les Jésuites veulent à l'instant mettre à profit cette minorité qui place dans leurs mains, avec la personne du nouveau souverain, les rênes flottantes de son immense empire. De Rome à Pékin d'ambitieuses paroles volent et s'échangent ; sur toute la surface de l'Empire-Céleste, les bataillons des néophytes chrétiens se forment et s'embrigadent sous leurs noirs officiers. L'Europe écoute attentive les bruits mystérieux qui lui arrivent de ces contrées extrêmes de l'Asie ; et voit les plis de la noire bannière se gonfler avec plus d'orgueil et s'allonger démesurément, prêts à couvrir une

tique de la Chine, s'il ne parada pas en habit de Mandarin, parmi les Grands du Céleste-Empire, se rangea du moins parmi les *Lettrés* chinois. Avec l'autorisation de ses chefs il prit la longue robe et le haut bonnet des Bonzes. Seulement il nous apprend que ce bonnet a beaucoup de ressemblance *avec ceux de nos Évêques*. Le confrère d'Escobar voyait sans doute là une excuse à l'abandon de son costume de prêtre chrétien et à son travestissement en prêtre idolâtre.

(1) On doit croire que ce trésor, épuisé par les frais de conquêtes en Asie et en Amérique, était vide à cette époque, puisque nous voyons les Révérends Pères faire en 1646 une banqueroute fameuse, énorme et dont nous parlerons plus tard. A moins, pourtant que la banqueroute de Séville n'ait eu pour but, comme cela se peut fort bien, d'enrichir la Compagnie des 450,000 ducats de passif accusés par son bilan ! Qu'en disent les Jésuites-Marchands aux Jésuites-Mandarins ?

partie du continent asiatique de leur ombre dominatrice, qui s'étend dès cette heure sur une vaste contrée de l'Amérique, le Paraguay, ce royaume dont les Jésuites sont les rois.

Tout à coup on apprend que le christianisme est proscrit dans la Chine, que les Jésuites en sont bannis, et que le Père Adam Schall, de la première marche du trône impérial, a été précipité dans un sombre cachot, d'où il ne sortira que pour marcher au dernier supplice. Cette nouvelle était vraie. Les intrigues perpétuelles, l'ambition démesurée, l'avidité incessamment béante des enfants de saint Ignace, leurs éternelles disputes avec les Missionnaires des autres Ordres, venaient encore d'imprimer au Céleste Empire une nouvelle convulsion qui s'était terminée par l'expulsion des Révérends Pères. Les Régents du Royaume, nommés par Chun-Tchi, sur les avis de Schall, et qui étaient entièrement à sa dévotion, avaient essayé de lutter contre la tempête qui éclatait enfin contre les Jésuites; ils durent les y abandonner, de peur qu'elle ne les emportât eux-mêmes. Néanmoins le Père Adam Schall, mandarin de première classe, président des mathématiques de l'Empire et gouverneur du jeune Empereur, avait encore tant de partisans que non-seulement il ne fut pas exécuté, quoiqu'il eût été condamné à une mort cruelle, mais encore qu'il obtint sa liberté, qui ne lui servit qu'à mourir tranquillement peu après parmi les siens. Il paraît, du reste, qu'après les premières terreurs de cette réaction, le christianisme n'eut pas à subir une bien violente persécution, à laquelle mit fin, quelques années plus tard, la majorité du fils et successeur de Chun-Tchi.

Bientôt, sous l'empereur Kang-Hi, les Jésuites eurent reconstruit leur puissance, et plus forte que jamais. Ils doublèrent le nombre de leurs Maisons, de leurs églises, de leurs catéchumènes; celui de leurs affiliés ou de leurs satellites fut décuplé. Pour que ce revirement fût bien constaté aux yeux de tout l'Empire, ils obtinrent de l'Empereur une sorte de réhabilitation posthume en faveur du père Schall. Et, un jour, on vit une pompe funèbre extraordinaire, et conduite par un Mandarin, grand officier de la cour, traverser les rues de Pékin et gagner le champ de repos, où venait de s'élever un magnifique mausolée en l'honneur du Père Adam Schall. Le cortège, comme cela se pratique en Chine, était d'abord formé par des gens portant des bannières où l'on voyait représentées des figures d'hommes et de femmes, d'animaux divers. Ensuite venaient des prêtres de Confucius, récitant les louanges du défunt. Devant le cercueil, couvert de riches draperies, et au-dessus duquel quatre Lettrés élevaient un dais superbe, des enfants portaient sur leurs têtes d'énormes encensoirs de cuivre. Après la bière venaient les Missionnaires Jésuites, dont aucun ne portait l'humble costume de leur Ordre, et dont quelques-uns étaient décorés d'insignes annonçant les hautes dignités dont l'Empereur les avait décorés. Le successeur du Père Adam Schall, le Jésuite Verbiest, également grand-mandarin et président des mathématiques, était à la tête de cette troupe d'Européens déguisés en Chinois, de ces prêtres métamorphosés en Bonzes, de ces modestes ouvriers du Christ transformés en superbes dignitaires du Céleste-Empire. N'oublions pas — particularité remarquable de cette pompe funèbre d'un ecclésiastique de l'Église romaine — que, suivant la coutume invariable des Chinois, des Bonzes portant les images de Confucius et de quelques autres des saints de la légende chinoise, se voyaient dans le cortége, dont faisaient également partie toutes sortes de jongleurs, de charlatans, de saltimbanques, les uns cheminant sur des échasses, les autres emportés sur des coursiers rapides, ou cabriolant sur le sol, le tout aux sons des gongs et des tam-tams chinois, qui formaient avec l'explosion des fusées et des boîtes d'artifices la plus infernale des musiques (1)!...

Pour reconnaître de pareils honneurs, sans parler de faveurs plus lucratives, les Jésuites se firent les architectes, les musiciens, les peintres, les géographes, astronomes, astrologues et médecins (2) de l'empereur. Kang-Hi, chaque fois qu'il avait à envoyer une armée contre les Tartares, ces rapides et dangereux frelons, toujours disposés à envahir la grande et splendide ruche de la Chine, la faisait accompagner de quelques Jésuites Mandarins qui en composaient l'état-major, le

(1) Voyez, sur ces honneurs funèbres, Dapper, *Recueil d'Ambassades*, etc.
(2) Les Jésuites eux-mêmes nous apprennent qu'un de ces factotums, le Père Rhodes, se fit payer les soins qu'il avait donnés à l'Empereur 200,000 francs, somme énorme à cette époque !

corps du génie, etc. Sur la demande, les écrivains de la Compagnie de Jésus disent : Sur l'ordre de l'empereur, le digne successeur d'Adam Schall, le Père Verbiest, vicaire-général des Missions chinoises, et grand-mandarin, crée une fonderie de canons, qu'il dirige, dont les produits sont bien supérieurs à ceux de l'ancienne artillerie chinoise, et fait présent au Céleste-Empire d'un moyen perfectionné de destruction. Les Jésuites formèrent encore, à ce qu'il paraît d'après leurs relations, le corps diplomatique de l'empire Chinois. Ce fut parmi eux que Kang-Hi choisit ses envoyés ou ambassadeurs auprès du czar de Russie, chargés de la délimitation des deux empires et d'un traité de paix à intervenir. L'empereur fut si content, assurent les relations des Missionnaires Jésuites, de ses négociateurs, qu'il les combla d'honneurs et poussa la reconnaissance jusqu'à revêtir l'un d'eux de son costume impérial!... Il ne paraît pas non plus que le czar se soit montré mécontent d'eux, au contraire; et nous sommes porté à croire que c'est de cet instant que naquit la bonne volonté de la cour russe à l'égard de la Compagnie de Jésus, à laquelle elle devait un jour offrir un abri, comme nous le verrons, elle, cour schismatique, à cet Ordre qui se proclame défenseur-né et soutien perpétuel de l'Église romaine.

Mais c'est assez nous étendre sur les Jésuites Mandarins; parlons un peu des Jésuites Missionnaires. Les Révérends Pères furent en Chine de grands mécaniciens, de rusés diplomates, de savants médecins, nous le voulons bien; mais furent-ils aussi de dignes ouvriers évangéliques? La Compagnie de Jésus augmentait, grâce à eux, sa puissance et ses richesses; mais est-ce pour cela qu'elle les envoyait en Chine? est-ce pour cela qu'elle-même fut fondée? L'œuvre de Loyola était glorifiée, exaltée par ses noirs enfants; mais le christianisme n'était-il pas par eux un peu mis de côté, à peu près oublié, peut-être même outragé? C'est à quoi nous allons essayer de répondre présentement.

Les Jésuites ont fait grand bruit des succès obtenus par eux en Chine pour la cause de la religion, comme ils osent le dire. Ils ont orgueilleusement opposé les cent cinquante et une églises, les trente-huit résidences qu'ils avaient dans cet empire, dès 1661, aux vingt et une églises et aux deux résidences des Dominicains, et aux trois églises et à l'unique Maison des Franciscains. La conclusion nécessairement amenée par la comparaison de ces chiffres était que les seuls Missionnaires de la Compagnie de Jésus étaient aptes à établir le christianisme dans ces contrées, et à l'y maintenir florissant et toujours glorifié. En Europe, et malgré l'état de suspicion où les Révérends Pères commençaient d'être tenus, cette conclusion allait peut-être avoir force de loi, lorsque les rivaux humiliés des Jésuites, après avoir pris leurs mesures en silence, répondirent tout à coup aux attaques orgueilleuses de ceux-ci par un choc aussi imprévu qu'écrasant. Des Missionnaires Dominicains, Franciscains, Capucins, Lazaristes, délégués par leurs Ordres en qualité d'informateurs dans les Missions de l'Inde, de la Chine et du Japon, avaient pu pénétrer malgré les Jésuites dans les contrées où ces derniers étaient tout-puissants, et voici ce qu'ils apprirent alors au monde chrétien (1).

Pour s'établir en Chine, les Jésuites avaient tout simplement, en l'outrant encore, eu recours à l'étrange parodie qu'ils avaient déjà jouée au Japon. Le Père Ricci, l'apôtre de la Chine, n'avait mis dans son cathéchisme, comme il l'avoue lui-même (2), que ceux des points de la religion du Christ compréhensibles de prime-abord à la raison humaine. Les successeurs de ce Père avaient mieux fait encore : s'apercevant que les Lettrés répugnaient à voir Confucius damné, les Convertisseurs avaient imaginé de faire cadeau au grand philosophe chinois d'une sorte de révélation, d'intuition de la croyance et des dogmes de l'Église romaine, et, par conséquent, d'une place dans le ciel des chrétiens (3). D'un autre côté, pour n'attirer ni mépris ni dangers

---

(1) Nous avons fidèlement puisé, pour tout ce qui va suivre, aux sources les plus authentiques. Nous avons surtout eu bien soin de ne pas recourir à des témoignages donnés par des hommes que les Jésuites pouvaient récuser, comme hérétiques, athées, ou, qui pis est, comme philosophes. Nous avons eu surtout recours aux Pères Navarette et Collado, aux *Pièces contre les Jésuites*, aux *Mémoires au Saint-Siège*, aux *Écrits de MM. des Missions étrangères sur les affaires de Chine*, etc., tous ouvrages écrits par des religieux enfin.

(2) Voyez les *Mémoires* du Père Matthieu Ricci, de la Compagnie de Jésus.

(3) Voyez à cet égard les *Mémoires du Père Le Comte*, missionnaire Jésuite en Chine, tome Ier; *Histoire de la Chine* du Père Martini, autre Jésuite, livre IV ; et encore la *Morale de Confucius*, livre publié en 1688, dans lequel Confucius a douze apôtres comme

sur leurs catéchumènes, ils leur permettaient de cacher la croix, qui, suivant eux, n'était plus le symbole du rachat du monde par le sang d'un Dieu, sur laquelle le Christ n'avait pas souffert pour le salut des hommes sa glorieuse ignominie. Directeurs indulgents, ils permettaient à leurs néophytes la plupart de leurs anciennes superstitions. Ainsi, ils souffraient que ceux-ci fissent partie de la fête des Lanternes, de celle des Ames, de celle de Phelo, l'inventeur du sel ; qu'ils honorassent d'un culte particulier les idoles domestiques ; qu'ils récitassent leurs *na-mo-o-mi-to-fo* (prière sur le chapelet chinois), en même temps que le rosaire chrétien ; qu'ils se munissent du *lou-in* (sorte de passeport pour l'autre monde), pourvu qu'ils eussent recours à l'extrême-onction romaine. Bien plus, à condition toutefois qu'on se rachetât par des offrandes plus ou moins fortes faites à ces commodes Directeurs, on pouvait avoir une infinité d'épouses ou de concubines, usage qu'il est presque impossible d'abolir en Chine, et même prendre femme parmi ses très-proches parentes, parmi ses propres sœurs (1)! Ce qui achève ce portrait des Missionnaires, c'est que, comme les Chinois n'ont ni l'idée d'un Dieu suprême, ni même de mot pour l'exprimer, les Jésuites, dans le dessein de se faire plus commodément des prosélytes, se contentèrent d'annoncer le Dieu des chrétiens à la Chine sous le nom de Tien, qui ne signifie que *le Ciel*, et même le ciel matériel, suivant le Père Rhodes, Jésuite, qui charge également ses confrères de cette dernière et suprême accusation formulée dans un dictionnaire de ce Missionnaire qui fut imprimé par la Sacrée-Congrégation.....

On comprend dès lors tous les grands succès des Jésuites en Chine. Quoi donc ! Ils disaient aux peuples de cette contrée : « Nous serons

---

le Christ, un apôtre bien aimé, etc., etc. : enfin, suivant les Missionnaires Jésuites, Confucius aurait été un premier *type* de Jésus-Christ. L'abbé Renaudot a vertement relevé cette expression et cette idée dans sa *Dissertation sur les sciences des Chinois*.

(1) Navarette (tome 1, page 73) dit formellement, et comme une chose que les Missionnaires Jésuites ne niaient pas, que ceux-ci donnèrent permission plusieurs fois à des Chinois d'épouser leurs sœurs. Suivant le même écrivain, le 16 février 1761, Pedro de Moralès, Jésuite, lui aurait dit, en présence de témoins, qu'un Missionnaire de la Compagnie avait donné dispense à un frère d'épouser sa sœur, et que, cette première étant morte, ce singulier chrétien avait obtenu permission d'en épouser une seconde.

vos architectes, vos médecins, vos astronomes ; nous guiderons et armerons vos armées ; nous vous initierons enfin à toutes les connaissances de l'Europe qui n'ont pas encore pu se faire jour en Asie. Pour cela nous demandons peu de choses : que vous consentiez à vous appeler chrétiens, ou seulement à vous laisser affubler de ce titre. Oh ! ne craignez rien : cela ne vous engagera que jusqu'à concurrence de votre bon vouloir ! Telle partie de votre ancienne religion vous tient au cœur ? mon Dieu, conservez-la ! Telle autre de votre croyance nouvelle vous gêne : eh ! que ne le disiez-vous plus tôt ? nous vous en dispensons ! Prince, Mandarins, Lettrés, gens du populaire, vous verrez que nous sommes les directeurs les plus accommodants du monde..... en ce qui concerne la religion que nous voulons être les seuls à répandre parmi vous ! Oh ! par exemple, il faut absolument que ce soit par nous seuls qu'elle soit prêchée ; sans cela, il n'y a pas de salut pour vous, ô Prince, ô Mandarins, ô Lettrés, ô gens du populaire ! »

Ce qui nous étonne, nous, c'est que les succès des Missionnaires Jésuites n'aient pas été plus grands encore ! Sans doute, le prix secret que les Révérends Pères mettaient à leurs commodes indulgences, à leurs dispenses si bénignes, dut arrêter bien des pauvres néophytes sur le seuil de l'église. D'ailleurs les Chinois étaient peut-être assez défiants pour traiter de prétexte une religion si facile, et regarder les accommodements ingénieux trouvés pour les convertis comme une voie tracée par l'ambition et l'avidité des Convertisseurs. D'ailleurs aussi l'envie ne tarda pas à arrêter le cours de ces succès si flatteurs, comme on le voit, pour la religion du Christ. Des Missionnaires Franciscains et Dominicains étant parvenus à pénétrer dans cette Mission, malgré tous les efforts des Jésuites, qui usèrent même de violence à l'égard de deux d'entre eux, les Pères Jean-Baptiste Moralez et Antoine de Sainte-Marie, la conduite des Missionnaires de la Compagnie de Jésus en Chine fut étalée enfin dans tout son jour au pied du trône pontifical. En 1645, Innocent X publia un décret confirmatif d'un autre rendu l'année précédente par le Saint-Office, après délibération solennelle dans une congrégation de cardinaux, par lequel ordre était donné à tout Missionnaire des Indes, et particulièrement à ceux de la Compagnie de Jésus, d'avoir, pour l'avenir, à prêcher aux idolâtres les dogmes de l'Église catholique dans toute leur intégrité, et à ne tolérer désormais aucun reste de superstition de la part des catéchumènes, quels qu'ils fussent. Le Père Moralez, étant revenu en Chine avec ce décret pontifical, le fit signifier, en 1649, aux Jésuites, qui parurent le recevoir avec humilité, mais qui n'en tinrent réellement aucun compte. Leur supérieur dans les Indes écrivit au Père Moralez que lui et ses frères obéiraient au pape *en tout ce qu'ils pourraient*. Et ce n'était pas trop s'engager, comme on le pense. Les Jésuites d'Europe firent atténuer par Alexandre VII ce qui gênait leurs Missionnaires ; et les choses continuèrent d'aller leur train comme auparavant. Là-dessus, nouvelles dénonciations des Dominicains, qui députent cette fois à Rome le Père Navarette, un des leurs, depuis archevêque de Saint-Domingue. Afin de s'éclairer sur le procès, le Saint-Siége envoie en Asie trois vicaires apostoliques pris dans la Congrégation des Missions étrangères, laquelle, nouvellement établie et n'ayant pas plus de liens avec les Jésuites qu'avec les Dominicains, semblait devoir fournir de fidèles et impartiaux informateurs. Afin de donner à ceux-ci un caractère plus sacré, on les revêtit de la dignité épiscopale. Eh bien, sait-on comment les Jésuites de la Chine accueillirent néanmoins ces trois délégués du souverain pontife? Voici ce qu'en dit le secrétaire de la Propagande, donnant son avis sur les pièces du procès : « Les Jésuites commencèrent à décrier ces évêques vicaires apostoliques dans les assemblées publiques, dans les Églises mêmes ; et, faisant un damnable schisme, ils firent accroire au peuple par adresse que c'étaient des évêques hérétiques, et que tous les sacrements administrés par eux ou par leurs prêtres étaient nuls et sacriléges ; qu'il valait donc mieux mourir sans sacrements que de les recevoir de leur main..... Ils en ont fait transporter à Goa ; ils se sont servis des princes idolâtres pour en chasser d'autres ; *ils ont même employé à cela des scélérats et des apostats !*..... »

Les Révérends Pères traitèrent encore plus mal un légat du pape, le cardinal de Tournon. Ce prélat, envoyé pour tâcher d'aplanir les difficultés des missions asiatiques en 1706, fut tourmenté de toutes façons par les Jésuites, qui commencèrent par le perdre dans l'esprit de l'empereur chinois, qu'ils irritèrent tellement contre lui qu'en 1710 il le chassa de ses États et le fit embarquer de vive force pour Macao, où les enfants de Saint-Ignace se constituèrent ses gardiens et geôliers. Le vénérable prélat mourut prisonnier des Jésuites, qui n'avaient garde de le laisser retourner en Europe après la conduite qu'ils avaient tenue à son égard, conduite vraiment infâme; mais avant d'expirer, le cardinal de Tournon avait pu tracer de sa main défaillante sa lettre à M. l'évêque de Conon, la plus terrible des pièces qui se trouvent au cahier des charges dressé contre la noire Compagnie. « On n'apprendra qu'avec horreur, y lit-on, que ceux-là mêmes qui devaient naturellement aider les pasteurs de l'Église les aient provoqués et attirés aux tribunaux des idolâtres, après avoir pris soin d'exciter contre eux la haine dans le cœur des païens, et engagé ces païens à leur tendre des piéges et à les accabler de mauvais traitements, au mépris de la dignité épiscopale et de la sainteté de la religion (1). »

Dans une autre lettre, adressée à M. l'évêque d'Auren, le prélat dit qu'il a éprouvé de la part de l'évêque Jésuite une barbarie qu'il n'avait pas trouvée parmi les Gentils. Il y nomme les Jésuites « des gens qui ont entièrement secoué le joug de l'obéissance et de la crainte de Dieu. » De ces deux lettres, il résulte que les Jésuites, tout-puissants auprès de l'empereur Kang-Hi, disposaient de la liberté et même de la vie de leurs adversaires qui n'avaient pas eu l'esprit de se faire comme eux nommer Mandarins. Un pape ami des Jésuites, Clément XI, ne put cependant tolérer leur conduite insolente et cruelle, qu'il condamna solennellement par une bulle de 1715; mais les Révérends Pères des Missions recevaient ces bulles à peu près comme les pachas redoutables aux sultans recevaient les firmans du glorieux padischah. Quelquefois même, si la teneur en était défavorable à leurs intérêts, ils ne prenaient pas la peine, comme les dignitaires osmanlis, de feindre un grand respect pour le firman pontifical, qu'ils jetaient tout uniment au

---

(1) Ces lettres ont été imprimées. On les trouve, du reste, dans l'*Écrit de MM. des Missions étrangères sur l'affaire de Chine*. Cet ouvrage abonde en preuves accablantes contre les Jésuites, dont il dévoile la conduite barbare envers le Légat, les transactions étranges avec les superstitions chinoises, les intrigues, les crimes mêmes.

nez du porteur, fort chanceux s'il en était quitte à si bon marché : témoins le cardinal de Tournon, M. Palu, évêque d'Héliopolis, MM. Maigrot, Leblanc, le Père Esprit, supérieur des Capucins et curé de Pondichéri, M. Visdelou, qui pourtant était Jésuite, mais qui ne l'était pas assez au gré de ses confrères, etc., etc.

Suivant leur louable coutume, les Jésuites ne manquèrent pas de rejeter tout le tort sur leurs victimes, dont ils essayèrent de noircir en Europe les intentions et les actes, après en avoir compromis en Asie la liberté et la vie, après y avoir attenté même ou fait attenter, si nous nous en rapportons aux témoignages recueillis dans le factum de messieurs des Missions Étrangères et dans les mémoires et défenses de quelques-uns de ceux qui ont souffert des excès des Révérends fils de Saint-Ignace. Ainsi, pour se purger en Europe, devant le Saint Père et la chrétienté, des infâmes traitements qu'ils avaient fait éprouver au malheureux cardinal de Tournon, et des accusations qui avaient fait envoyer ce légat en Chine, ils se mirent en demeure d'obtenir des certificats attestant leur innocence sur tous les points. Grâce à leur puissance dans l'Empire-Céleste et à la terreur qu'ils inspiraient, ils obtinrent des certificats de ce genre de plusieurs personnes ; sur quoi, grand bruit et grand triomphe de la Compagnie. Malheureusement plusieurs des signataires de ces certificats les démentirent ensuite et déclarèrent qu'ils leur avaient été extorqués par la ruse ou par la terreur. Pour donner un exemple de ceci, nous citerons une *Déclaration* du Révérend Père Michel Fernandez, moine franciscain, ancien missionnaire en Chine (1), dans laquelle ce religieux déclare « librement, et sans en être requis, mais seulement pour rendre témoignage à la vérité et pour la décharger de sa conscience, qu'il reconnaît *s'être écarté du droit chemin, et qu'il a manqué*, en donnant aux Jésuites certains témoignages, etc. » Le Révérend Père Fernandez, vers la fin de sa déclaration, avoue que ce qui l'a engagé à donner ces certains témoignages, c'est, outre la crainte des mauvais traitements de la part de l'empereur chinois et des Jésuites Mandarins, la croyance où ceux-ci l'avaient amené, que le lé-

---

(1) Cette *Déclaration* si concluante se trouve dans l'*Écrit de 1710 de MM. des Missions étrangères*, pages 204 et suivantes.

gat, M. de Tournon, venait dans la Mission pour détruire tous les Missionnaires qui n'appartenaient pas au clergé régulier. Il ajoute qu'un Jésuite, le Père Franqui, lui montra même une copie d'un traité signé par les religieux des différents Ordres, et dans lequel ils s'engageaient à se soutenir mutuellement. Mais, dit en terminant le Franciscain, depuis que j'ai donné ces certificats aux Révérends Pères, je suis tourmenté d'inquiétudes et de remords. Je dis même au moment que je les donnai : « Dieu veuille que ces témoignages ne me soient pas pendus au cou dans le jugement dernier!..... »

Nous pourrions multiplier à l'infini les preuves de ce genre que nous fourniraient tous les Ordres de Religieux, et qui montrent, pour nous servir d'une phrase de l'Écrit de messieurs des Missions étrangères, que « les Jésuites, dans leur calcul, ne s'écartent de la vérité que du tout au tout. » Cependant, à cette même époque, tandis que les Jésuites de la Chine bravaient les ordres du Saint Père, insultaient, emprisonnaient, faisaient périr misérablement son légat et des vicaires apostoliques, les Jésuites d'Europe, le Révérendissime Général Marie-Ange Tamburini à leur tête, protestaient de leur obéissance inaltérable, explicite, aux genoux de Clément XI, qui se contenta de cette comédie. Et la Compagnie de Jésus put continuer de percevoir les impôts que ses Mandarins percevaient en Chine pour prix de leurs étranges travaux apostoliques, impôts énormes au dire du Père Norbert, qui, tout Capucin qu'il était, ne craignit pas de signaler l'alliage monstrueux des idolâtries chinoises et des dogmes chrétiens, toléré, autorisé même par les Révérends Pères en Chine, comme aux Indes; de révéler les persécutions, les faux témoignages, l'insolence, les intrigues et les crimes qu'ils commettaient dans ces contrées pour arriver à leurs fins, et ce, au grand détriment de la religion du Christ (1).

Tant que vécut Kang-Hi, cet empereur élevé par eux, les Jésuites conservèrent leur puissance, leur richesse dans le Céleste-Empire; mais, dès lors, ceci résulte clairement d'une lettre du Père Gaubil, de

(1) Voyez les *Mémoires apologétiques* du Père Norbert, capucin. Tout ce que nous venons de dire se trouve dans cet ouvrage, plus sévèrement exprimé, et accompagné de preuves aussi fortes que nombreuses.

Le faux Empereur

la Société de Jésus (1), il n'y avait plus que la canaille à se laisser affubler par les Missionnaires Jésuites du titre de chrétien. Ce fut sans doute pour donner un démenti à cette vérité, et pour remonter de quelques crans la gloire descendante de leurs Missionnaires, que les bons Pères, dès 1652, avaient imaginé de faire venir en Europe un des leurs, qui se prétendit accrédité par l'Empereur de la Chine auprès du Saint-Siége, en qualité d'ambassadeur extraordinaire. Ce fut cet ambassadeur, fort extraordinaire en vérité, qui remit au pape Alexandre VII et au général des Jésuites, Alessandro Gottofridi, cette superbe lettre écrite sur un morceau de soie jaune qui a tant émerveillé M. Crétineau-Joly, lequel en a publié un fac-simile dans son ouvrage. Mais ce que l'auteur de l'*Histoire religieuse, politique et littéraire* de la Compagnie de Jésus n'a eu garde de dire, quoique ce ne soit pas la scène la moins curieuse de cette comédie, c'est que le risible ambassadeur, pour rehausser son ambassade et lui donner plus de crédit, présenta au pape un jeune Chinois qu'il prétendit être le fils et héritier de l'empereur Tum-Lié, lequel aurait été confié au Jésuite comme un gage de l'obéissance que son père jurait au pape, de la reconnaissance qu'il vouait à la Compagnie de Jésus. Afin que cette farce fût prise au sérieux, le prétendu prince fut installé pompeusement dans la maison des Révérends Pères à Rome, et chaque jour la foule curieuse pouvait aller voir l'héritier du Céleste-Empire, trônant dans une pièce décorée à la chinoise, et recevant les génuflexions d'une demi-douzaine de Mandarins et d'officiers impériaux qui l'avaient accompagné en Europe, mais qui, malgré l'exactitude de leurs costumes et la longueur de leurs moustaches, avaient terriblement l'air de s'être travestis pour une journée de carnaval.

Malheureusement, en effet, pour l'ambassadeur extraordinaire et pour son prince de contrebande, des lettres de la Chine arrivèrent alors, et apprirent que l'empereur Tum-Lié et son fils unique avaient été massacrés peu après le départ du Jésuite Boym. En outre, un Dominicain reconnut le prétendu fils de l'Empereur chinois pour un enfant de fort piètre

(1) Voyez les *Lettres de quelques Missionnaires* et les diverses *Relations*.

origine, élevé par charité dans une maison de son Ordre, d'où il était sorti pour entrer, en qualité de domestique, au service du Révérend Père Boym. On peut voir dans la *Morale pratique* d'Arnaud, dans les *Mémoires touchant l'établissement des Jésuites aux Indes d'Espagne*, etc., etc., le compte-rendu de cette burlesque comédie, qui tomba du coup à plat, comme on le pense bien. Les Jésuites se hâtèrent d'en faire disparaître les acteurs, qui furent sans doute punis du non-succès, et qu'on ne revit plus.

Il est très-probable que la tentative du Père Boym, si le bruit en parvint dans la suite aux oreilles des Empereurs chinois, ait alarmé même plus que de raison ces souverains défiants d'un peuple ennemi de tous les étrangers. Soit qu'il n'en entendît pas parler, soit que trop de liens l'attachassent aux Jésuites que son père Chun-Tchi avait chargés de son éducation, comme nous l'avons dit, l'empereur Kang-Hi, vainqueur de Tum-Lié et de son fils, le véritable prince Tam-Tym, se montra toujours favorable aux Jésuites, qui se servirent de leur influence pour fermer la Chine, tant qu'ils le purent, aux autres Missionnaires. Mais, sous le successeur de Kang-Hi, les choses allèrent moins bien pour la Compagnie de Jésus. Les choses allèrent tout à fait mal pour eux lorsque, malgré leurs efforts, qui quelquefois dégénérèrent en véritables persécutions, les Franciscains, Dominicains, Capucins, Lazaristes, furent parvenus à pénétrer en Chine. Rivaux jaloux des succès des Jésuites, comme disent ceux-ci, ou témoins indignés des intrigues et des abominations des enfants de Loyola, comme ceux-là prétendent, les autres Missionnaires dénoncèrent les Révérends Pères au pape et à la chrétienté. Dès lors, en Chine comme au Japon, il y eut querelles, conflits, lutte et bataille entre les Jésuites d'une part et les religieux des différents Ordres de l'autre; scandale dans la chrétienté chinoise, émoi par tout l'Empire-Céleste. Les adversaires de saint Ignace obtinrent, à diverses reprises, des décrets et bulles du pape qui condamnaient les Jésuites. Ceux-ci répondirent aux arrêts du souverain pontife par un arrêt de l'empereur Yong-Tching, successeur de Kang-Hi, lequel obligeait tous les Missionnaires à jurer désormais, pour qu'ils pussent rester dans ses états, de se conformer aux usages de l'Empire-Céleste. C'était obliger les rivaux des Missionnaires Jésuites à faire comme faisaient ceux-ci, ou à déguerpir incontinent, laissant la Chine aux seuls enfants de saint Ignace, qui savaient, entre le ciel chrétien et le ciel chinois, trouver des accommodements. Les Dominicains, Franciscains, Lazaristes, tous les ouvriers apostoliques enfin, nous devons le dire, autres que les Jésuites, ne consentirent pas à obéir au décret de l'Empereur qui annihilait leurs travaux (1). La persécution, l'exil, la mort, devinrent dès lors leur partage. Cependant, les Jésuites restèrent en Chine et à la cour même de l'Empereur. Ils continuèrent à être comme par le passé ses astronomes, ses ingénieurs, ses horlogers, ses musiciens, ses géographes, ses mécaniciens, ses médecins, ses diplomates (2), tout ce qu'il voulut. Il y eut encore sous Yong-Tching des Jésuites Mandarins. Cependant aussi, pour que leur bonheur ne fit pas trop contraste avec le malheur des autres Missionnaires, pour voiler d'une apparence d'orage le calme scandaleux dont ils jouissaient, les dignes Pères écrivaient à Macao, où l'on avait relégué leurs rivaux, en Europe, au pape, aux rois, à toute la chrétienté, « qu'ils souffraient beaucoup des malheurs qui venaient de fondre sur l'Église de la Chine; qu'ils supportaient leur part d'affliction, et que l'Empereur savait fort bien et cruellement leur faire payer les honneurs, les dignités, les biens dont il les comblait publiquement. » N'était-ce pas bien trouvé? et les habiles gens que les Jésuites! Sentant déjà qu'un jour on leur demanderait compte de la stérilité de leurs œuvres, de la perte du christia-

(1) Sans doute les Franciscains eurent tort, par exemple, lorsqu'ils voulurent détruire les superstitions, tolérées, autorisées par les Jésuites, on sait dans quel but, de déclarer brusquement et hautement qu'il fallait opter entre Jésus-Christ et Confucius; que toute pratique du culte chinois était capable d'empêcher une âme d'aller en paradis; que le chef et le dieu de la secte des Lettrés était damné, etc., etc. Mais, du moins, ils étaient conséquents avec leur caractère de membres de la milice catholique et d'apôtres de l'Église romaine. Certes, la tolérance est pour nous une belle chose; mais, dès lors qu'on fait cinq mille lieues pour catéchiser un peuple, il nous paraît qu'on doit le catéchiser dans les formes. Il est vrai que ce n'était pas précisément pour cela que les Jésuites faisaient tant de chemin!

(2) Comme son prédécesseur Kang-Hi, l'Empereur Yong-Tching se servit de Jésuites pour négocier avec l'empereur de Russie, le fameux Pierre 1er. Leur Père Parennin gagna à cette mission diplomatique le titre de Grand-Mandarin de Yong-Tching. Il eut le talent de contenter également le Czar.

nisme partout où ils se sont portés, les Révérends Pères essayèrent, au défaut de la gloire religieuse, de faire rejaillir sur leur bannière les reflets de la gloire scientifique. Nous ne nions pas qu'ils aient réussi en partie à obtenir ce résultat. Il y aurait peut-être cependant quelque chose à rabattre de l'importance de leurs travaux littéraires et scientifiques, moins pourtant, bien moins, cela est certain, que de leur travaux évangéliques. Les Pères Gaubil, Martini, Bouchet, Le Comte et plusieurs autres nous ont fait connaître une partie de l'Asie jusqu'alors inconnue ou à peu près; les religions diverses, les mœurs étranges, les coutumes singulières de ces contrées; leur géographie, leur histoire, leur zoologie, leur flore, etc., etc. Nous ne le nions pas. Mais nous prétendons, et cela d'après l'avis de juges compétents, qu'aujourd'hui les travaux et les ouvrages divers des Révérends Pères de la Chine et du Japon n'obtiendraient pas le quart de l'estime qu'ils obtinrent à leur publication première. Plusieurs des écrits vantés des Missionnaires de la Compagnie sont remplis d'erreurs, les unes volontaires, les autres involontaires. Veut-on une preuve de ce que nous disons? nous pouvons la donner sur-le-champ,

D'après l'aveu d'un de leurs propres confrères, les Jésuites de Goa, au lieu de détruire les superstitions de leurs catéchumènes, s'en laissaient imprégner eux-mêmes, et si bien, que dans leur hôpital de Goa ils se servaient, pour arrêter les saignées, d'une dent de cheval marin. Le Père Boym, qui nous a conservé ce détail (1), ajoute gravement

(1) Voyez sa *Briefve Relation*, dans les Voyages curieux de Thévenot, 2ᵉ partie. On lit dans ce même écrit qu'il existe dans l'île de Hanam des *cancres* qui se pétrifient sitôt qu'on les a tirés de l'eau. Réduits alors en poudre, ils guérissaient les ophthalmies, si on y mêle du vinaigre; la colique, si on y joint de bon vin. Voilà d'utiles crustacées, n'est-ce pas? Évidemment ils appartiennent au même genre que le *cancre* bien appris qui rapporta le crucifix de Saint-François-Xavier, sur la côte de Malacca, et que ces singulières écrevisses qui apparurent en Chine, vers 1644, et qui, même lorsqu'elles étaient cuites, avaient sur leur carapace une croix blanche bien visible avec deux étendards également blancs pour supports; c'était presque aussi beau que la fameuse croix de Migné, de notre siècle. O jonglerie et jongleurs!..... Dans le royaume de Chan-Si le Missionnaire a vu des pierres précieuses tirées de la tête des serpents, qui, appliquées sur des morsures de reptiles venimeux, s'y attachent d'elles-mêmes et ne tombent qu'après la guérison parfaite!.....

« que l'expérience a fait voir que la vertu de cette dent pour arrêter les flux de sang dépend en partie de l'époque dans laquelle on s'est emparé de la dépouille de cet animal singulier. » Cette dent, ajoute gravement le bon Père, possède une vertu vraiment miraculeuse, et il en donne la preuve suivante : Un jour un capitaine malabare fut trouvé mort sur son navire au milieu de son équipage également égorgé. Mais, quoique le commandant fût percé à lui seul d'autant de coups que tous les matelots ensemble, néanmoins, tandis que ceux-ci nageaient dans leur sang, lui seul n'avait pas perdu une goutte du sien. Mais, sitôt qu'on lui eut ôté du cou une petite dent de cheval marin, le sang sortit aussitôt avec violence des cent plaies béantes. » Nous pourrions multiplier les exemples de semblables erreurs scientifiques importées et accréditées en Europe par les Missionnaires de la Compagnie de Jésus... Mais cela nous semble inutile. Est-ce comme naturalistes, géographes, orientalistes, savants de toutes classes, que les Révérends ont été s'établir dans les Indes, au Japon, en Chine? Non pas, mais bien comme ouvriers évangéliques. C'est donc les résultats qu'ils ont pu obtenir en cette dernière qualité qu'il s'agit de discuter ici. Il nous semble que déjà on a pu se convaincre, par ce qui précède, que ces résultats ont été aussi déplorables en ce qui regarde les intérêts du Christ qu'en ce qui touche les intérêts de ces vastes contrées auxquelles on n'a montré la croix que pour la faire maudire.

Afin de rester seuls à exploiter la riche et vaste Mission de la Chine, les Jésuites mirent tout en usage, ainsi que nous l'avons dit, jusque-là que, pour détruire l'effet des bulles de plusieurs papes qui interdisaient sévèrement toute alliance des superstitions chinoises avec les dogmes chrétiens, les Révérends Pères excitèrent l'Empereur à publier un édit fameux, sous le nom de Piao, lequel bannissait du Céleste-Empire tous les Bonzes d'Europe qui ne suivraient pas le culte de Confucius. On comprend que, dès lors, tout véritable et sincère ouvrier apostolique dut se résigner à sortir de la Chine ou à y braver la persécution, et que, dès lors aussi, les Missions des religieux de Saint-Dominique, de Saint-François, de MM. des Missions étrangères, etc., furent entièrement ruinées; sublime résultat « amené, dit *l'auteur des Anecdotes*, par les parjures, les impiétés, les noires calomnies, la profanation de ce que le christianisme a de plus saint, par le meurtre et le poison!... » Enfin, suivant le même écrivain, c'est bien aux Jésuites qu'on doit le bannissement des ouvriers de l'Évangile, l'expulsion des évêques, le renversement des églises, les sanglantes persécutions, etc., etc. En 1693, Innocent XI avait vainement essayé de mettre un frein salutaire aux déportements des Jésuites. Innocent XIII, irrité de leur désobéissance et du scandale croissant qu'ils excitaient, leur fait défense de recevoir désormais des novices, dans aucune partie du monde. Ce pontife prenait des mesures pour délivrer l'Église et l'humanité du noir fléau, lorsqu'une mort subite vint délivrer de cet ennemi la Compagnie de Jésus, qui fut soupçonnée d'y avoir tant soit peu contribué.

Mais, alors, une grande clameur s'élève contre les Jésuites ; des quatre points cardinaux de sanglantes accusations arrivent et se formulent contre leur Ordre. Chaque nation, chaque pays a fourni sa part dans ce long réquisitoire des peuples et des rois alarmés : la Hollande, a l'assassinat de son stathouder ; l'Angleterre, les tentatives d'assassinat contre Élisabeth avec la conspiration des poudres ; l'Espagne, l'usurpation d'un riche empire au Brésil; le Portugal, encore un assassinat tenté contre son roi ; la France enfin, la mort tragique de deux de ses monarques, Henri III et Henri IV..... C'en est fait : des mains courageuses ont osé déchirer le voile dont la Compagnie se couvrait ; et attacher sur le front de la *Bête* la sentence portée contre « la mère de toutes les fornications, et de toutes les abominations de la terre énivrée du sang des justes et des martyrs (1). »

Benoît XIV, et Clément XIII osent enfin porter la main sur cette arche terrible de laquelle l'humanité a déjà vu sortir tant de maux. Une fois entré dans cette voie, le Saint-Siège n'ose plus reculer, poussé qu'il est par les clameurs universelles qui s'élèvent de l'Église et du pied des trônes royaux, comme de la place publique.

(1) Expressions de l'Apocalypse, qui ont été bien différemment interprétées. Luther les appliquait à Rome elle-même. — Quant aux diverses catastrophes qui amenèrent la destruction de la Compagnie de Jésus en Europe, nous les décrirons bientôt et nous dirons sincèrement sur qui doit peser la responsabilité.

Les Jésuites néanmoins conservèrent encore quelque temps en Chine, à force de savoir-faire, leur influence et leur richesse. Le chef du Céleste-Empire a ordonné aux Missionnaires de suivre le culte de Confucius; les Jésuites obéissent. Les bonzes et les grands excitent néanmoins le fanatisme du populaire ignorant; les Jésuites abandonnent complétement leur rôle de Convertisseurs, et restent en Chine, non plus comme Missionnaires, mais bien comme mécaniciens, comme peintres, comme graveurs, comme musiciens, comme horlogers, comme astronomes, et c'est ainsi que la cour impériale garde encore quelques années les Jésuites Mandarins! Quant aux Jésuites Missionnaires, depuis longtemps il n'en était plus question.

Lorsque la Compagnie de Jésus tombait en Europe sous une réprobation universelle, quelques-uns de ses membres continuaient encore à être honorés à la cour du Céleste-Empire. Mais dans le reste de la Chine, ils étaient proscrits par quelque chose de plus terrible qu'un édit émanant de la puissance impériale : par la haine des peuples, qui reconnaissaient enfin que les Bonzes d'Europe, en les poussant à braver les édits de leur maître, la persécution, l'exil, les tourments et la mort, pensaient, non à l'intérêt spirituel des catéchumènes, mais à l'intérêt matériel et très-matériel des Convertisseurs et de leur Ordre.

Au cri d'agonie et de rage poussé en Europe par la noire Compagnie, la Chine répondit donc par une clameur de joie et d'allégement.

Nous devons maintenant donner à nos lecteurs un abrégé rapide de l'histoire des Jésuites dans l'Inde ainsi que dans les autres parties de l'Asie dont nous n'avons rien dit jusqu'à présent.

Dans l'Hindoustan, tant que les Portugais y furent les maîtres, les Jésuites virent leurs Missions florissantes. Les successeurs de François Xavier furent assez longtemps seuls en possession d'évangéliser les idolâtres Hindous; chose dont ils ne se souciaient, bien entendu, que parce qu'elle leur permettait de puiser seuls et à deux mains dans cette source abondante de richesses asiatiques. Il est vrai que sur la côte occidentale, dans un certain rayon, ils étaient obligés à travailler de compte à demi avec l'Inquisition de Goa. Mais, au nord et à l'est de la presqu'île indienne, la maison de commerce Loyola et Compagnie exploitait seule de vastes et opulentes contrées. Ses actifs commis-voyageurs franchissant à l'Occident l'Indus, au Levant le Gange, au nord la grande muraille des monts Himalayens, furent établir de nouveaux comptoirs en Perse et au Kaboul, au Cachemire, au Thibet et chez les Birmans, dans les steppes tartares, au milieu même des peuplades caucasiennes.....

Il est sans doute inutile d'ajouter que dans ces diverses contrées, comme en Chine, comme au Japon, les Missionnaires Jésuites, afin de planter commodément la bannière de Loyola, voilèrent plus ou moins habilement, abaissèrent plus ou moins honteusement la croix de Jésus-Christ. Nous donnerons encore quelques échantillons de leur manière de faire, quoique nous puissions nous borner à renvoyer le lecteur aux mémoires publiés sur ce sujet par Navarette, Collado, etc.; aux accusations portées contre les Révérends Pères par les Franciscains, Dominicains, Capucins, par Messieurs des Missions étrangères, et surtout aux différentes bulles lancées par les papes sur la prostitution du christianisme opérée par les Jésuites au profit des intérêts de leur Ordre, partout où ils élevaient une de leurs Résidences, véritables bazars industriels (1). Aussi les Révérends Pères tenaient-ils singulièrement à ce qu'aucun Missionnaire d'un autre Ordre que le leur ne pût pénétrer sur le territoire par eux exploité, et persécutaient-ils avec une violence

---

(1) A ceux qui trouveraient ces expressions un peu fortes, nous dirons simplement que nous les avons empruntées aux adversaires *religieux* des Jésuites, à des évêques, à des légats, et que d'ailleurs on peut se les permettre lorsque trois papes (Urbain VIII en 1633, Clément IX en 1669, Clément X en 1673) les ont appliquées aux fils de Loyola, en les voilant plus ou moins de l'onction apostolique.

« Les Jésuites commerçants! s'écrie en 1758 l'auteur des *Mémoires touchant l'établissement des Jésuites dans les Indes*, mais c'est un fait de notoriété publique! Malgré toutes les défenses, les Jésuites sont restés en possession d'un riche commerce. La Société est née commerçante et elle périra commerçante!... »

fort peu chrétienne les audacieux qui osaient marcher sur leurs brisées : témoins le cardinal de Tournon, et tant d'autres, qu'ils ont chassés ignominieusement, qu'ils ont même livrés aux coups des idolâtres, quand ils ne trouvaient pas d'autre moyen de s'en défaire. Mais lorsque le Portugal fut passé sous la domination de l'Espagne, les moines Dominicains, mieux soutenus, commencèrent à faire une sérieuse concurrence aux Jésuites ; bientôt la France ayant aussi mis le pied en Asie, les Missionnaires des différents Ordres accoururent demander leur part dans la moisson évangélique. Les Jésuites, on le devine, accueillirent fort mal ces intrus. Il y eut de grandes querelles, de scandaleux débats entre eux. C'est alors que la chrétienté fut édifiée sur les moyens employés par les Missionnaires Jésuites pour fonder ces églises de l'Asie dont ils avaient fait tant de bruit. On sut que leurs chrétiens de l'Hindoustan entre autres ne tenaient à Rome à peu près que par le nom ; que, dans un but qui fut bien vite deviné, les Convertisseurs leur permettaient de garder la plupart de leurs coutumes et superstitions anciennes. C'est alors que, l'affaire ayant été portée devant le tribunal du souverain Pontife, les Jésuites entreprirent de se disculper par toutes sortes de mensonges. Alors le Père Lecomte arrange les cérémonies chinoises de telle façon qu'on n'y trouve rien qui heurte les prescriptions de l'église chrétienne. Alors aussi Vasquez essaye de nier le fait que Martini et quelques autres veulent justifier. Les Jésuites font mieux : ils transforment Confucius en une sorte de précurseur chinois de Jésus-Christ. Un autre, plus audacieux, prétend tout simplement prouver que ce que ses confrères font dans les Indes est bien fait : et il publie sa *Défense des nouveaux Chrétiens* (1). Arnaud réfute ce livre et prouve victorieusement que ce n'est qu'une méchante apologie des superstitions que les Révérends Pères permettent à leurs néophytes dans un but mercantile. Le pape Innocent X donne raison au docteur janséniste en condamnant l'ouvrage du Jésuite.

Et tandis que la Congrégation de Jésus se montrait si accommodante avec les nouveaux chrétiens dont elle tirait profit, elle se mon-

---

(1) Voyez ce livre du père Le Tellier.

trait d'une orthodoxie, d'une sévérité extraordinaire à l'égard des anciens, ces chrétiens de Saint-Thomas, qui, grâce à elle, persécutés, livrés au bras du Saint-Office, traqués, dispersés, aimèrent mieux abandonner leur croyance que de la modifier suivant ce que voulaient leurs oppresseurs. Les débris de l'église primitive des Indes se firent, dit-on, hérétiques par haine des Portugais et des Espagnols, par haine surtout des Jésuites, lorsque les Hollandais arrivèrent en vainqueurs dans la presqu'île indienne ; car la puissance des premiers conquérants des Indes croulait de toutes parts, et à la place de leurs pavillons désormais humiliés, on voyait flotter triomphant sur les mers asiatiques celui de la Hollande, bientôt suivi par son rival, et depuis son vainqueur, le pavillon anglais. La France aussi revendiquait sa part dans cette grande curée sur laquelle Anglais et Hollandais se ruaient avec avidité. Le Danemark lui-même essayait de prendre son lopin. Tout cela, bien entendu, ne s'opérait pas tranquillement, et les prétentions diverses se soutenaient à l'aide du mousquet et du canon. Au milieu du conflit, les princes hindous relevaient çà et là leurs trônes renversés ; et le fameux Mogol, Aureng-Zeyb, après avoir conquis le Bengale, les royaumes de Visapour, de Golconde, et tout le nord de l'Hindoustan, prenait dans Delhi, sa capitale nouvelle, le titre fastueux de « Roi du Monde. » Les Jésuites, en partie chassés du midi de la presqu'île, furent assez bien traités par le conquérant Mogol, qui ne semble pas avoir été très-fanatique, malgré son titre de Musulman. On raconte même qu'un jour, fatigué par les importunités des Fakirs, sorte de moines mahométans, il ordonna à ses officiers de revêtir ceux-ci de superbes robes neuves en échange des haillons dont ils étaient couverts. L'ordre du souverain fut exécuté, malgré la vive et opiniâtre résistance des Fakirs, résistance qui parut d'abord extraordinaire, et qui sembla toute simple ensuite lorsque du monceau de cendres produit par les robes brûlées des Fakirs, on eut vu retirer une quantité considérable de pièces d'or que confisqua le malicieux Mogol. Aureng-Zeyb, en faveur des talents des Jésuites qu'il employa, fit taire les édits de proscription que son prédécesseur avait lancés contre la religion chrétienne, qui fut tolérée sous son règne dans son empire.

Cependant les Jésuites luttaient toujours pour reconquérir leur ancienne puissance dans l'Indoustan. Au Maduré, vers la pointe de la presqu'île, un prince hindou s'était constitué une sorte de souveraineté. Les Jésuites s'y introduisent et parviennent à s'y faire tolérer. A Pondichéry, possession française, leurs établissements florissaient. C'est là qu'eut lieu le fort de la lutte des Jésuites contre les Capucins. Les Capucins eurent le dessous : Louis XIV, sexagénaire, expiait alors ses amours et sa gloire sous la discipline d'un confesseur Jésuite. A Tanjore, dans le Carnate, à Madras, la Congrégation put rester ou revenir, à l'ombre du drapeau de la France, dont elle payait la protection en persécutant ses religieux et ses prélats, dont ses intrigues accélérèrent peut-être la ruine dans les Indes.

Là où la bannière de Loyola ne pouvait pas s'abriter sous une bannière de monarque européen, les Jésuites essayaient de la planter au pied du trône de quelque Rajâh hindou, ou parmi son peuple. Leur Père Constantino Beschi, qui avait soigneusement étudié les langues parlées dans l'Inde, et même le sanscrit, langue ecclésiastique des Hindous, pour établir son influence d'une manière incontestable, se transforma en Brahmène et se fit passer pour tel. Il composait en langage hindou des poésies populaires qui rendirent son nom fameux. Enfin, à force de jongleries, il se fit passer pour un saint, à la manière du pays, et obtint une telle autorité parmi le peuple de cette partie de l'Hindoustan, que le souverain le fit son premier ministre. Dès lors le Révérend Père, qui, au dire de ses confrères, avait renoncé aux mœurs de l'Europe, ne parut plus en public que magnifiquement vêtu, monté sur un cheval de prix, ou traîné dans un riche palanquin, et toujours escorté par une nombreuse troupe de cavaliers hindous, dont les uns portaient des bannières, et dont les autres faisaient résonner les bruyants instruments dont se compose la musique indienne. « Le Père Beschi, avoue M. Crétineau-Joly, n'était alors Jésuite que le moins possible. » Si l'écrivain que nous citons a voulu dire que le Jésuite dont il chante la gloire n'était pas du tout chrétien au milieu de cette mascarade, nous sommes fort disposé à le croire. Mais nous sommes convaincu qu'il resta toujours Jésuite, qu'il ne fut jamais que

Jésuite, ce qui n'est pas du tout la même chose. Le rôle qu'il jouait dans l'Indoustan était le même que ceux dont s'étaient chargés en Chine ses confrères Mandarins.

Là où le souverain ne voulait pas admettre les Jésuites sous aucun prétexte et sous aucun costume, autre tactique et nouvelle métamorphose des bons Pères. Non plus nobles Brahmènes, mais bien humbles parias, ils allaient porter parmi le peuple des idées de liberté dont leurs confrères, ministres et grands-viramamouni, se chargeaient de faire réprimer les élans.

N'est-ce pas la même conduite qu'ils ont tenue en Europe? Ne les a-t-on pas vus, suivant le pays, l'époque, l'occasion, tour à tour faire entendre aux nations les sons enivrants de cet hymne éternel et qu'on murmure tout bas quand on ne peut pas le chanter tout haut, ou bien offrir à la main du despote effrayé leur robe noire qu'on jetait comme une étouffante *sourdine* sur les terribles et menaçantes vibrations de la corde populaire? Oui! tout cela, nous l'avons vu! Tout cela, devons-nous donc le voir encore? Dieu le sait (1).

Jusque vers la fin du dix-septième siècle, la noire Congrégation put, grâce à ses Missionnaires, dîmer sur la plus grande partie de l'Asie méridionale. Sous Louis XIV, l'amiral Duquesne disait qu'après les Hollandais c'étaient encore les Jésuites qui faisaient le plus fort commerce des Indes. « Et les négociants français en souffrent beaucoup, ajoutait le célèbre marin; d'autant qu'il y a des Jésuites masqués qui envoyent les marchandises à d'autres Jésuites déguisés pour le compte de la Compagnie?... »

N'oublions pas de consigner ici un détail bien prouvé et qui semble la conséquence d'un paragraphe des *Instructions secrètes* des Jésuites, que nous avons cité au chapitre III de notre première partie. Les Ré-

---

(1) Au moment où nous écrivons ces lignes, on annonce à grand bruit que M. Rossi, notre hérétique ambassadeur, vient d'obtenir du pape la dispersion des Jésuites de France, la fermeture et la vente de leurs maisons. Qu'on l'ait obtenu du Saint-Père ou du Général de la Congrégation, ce résultat ne nous paraît pas sérieux. Suivant nous, la soumission des Révérends Pères n'est qu'une ruse. S'ils reculent aujourd'hui, c'est qu'ils veulent prendre mieux leur élan demain. Bien fous seraient leurs adversaires s'ils se fiaient à cette trêve menteuse. Sentinelles, prenez garde à vous!...

vérends Pères faisaient en Asie l'usure à vingt-cinq et même à trente pour cent. C'est un joli taux pour de si pieuses, de si bonnes et de si saintes personnes !.....

Les Missionnaires, successeurs de saint François Xavier, avaient, à ce qu'il paraît, beaucoup négligé Cochin et le pays qui en dépendait. Cela se conçoit : ce pays était fort pauvre. Aussi laissèrent-ils longtemps tranquille l'évêque de cette ville, suffragant de l'archevêque de Goa. Mais un beau jour, un de leurs éclaireurs leur apprit que, si Cochin n'avait qu'un terroir ingrat, en revanche cette ville possédait une sorte de lac salé qui produisait abondamment des perles de la plus belle eau : vite, voilà les Révérends Pères qui sentent leurs entrailles s'attendrir à l'égard des habitants du diocèse de Cochin, presque tous idolâtres. Ils proposent donc à l'évêque de lui venir en aide pour augmenter son troupeau de fidèles. Le bon évêque accepte avec joie cette proposition qui l'enchante, et voilà les Jésuites qui s'installent chez lui. La pêche des perles était à peu près la seule industrie des Hindous de cet endroit. Tout en prêchant dans l'intérêt de l'évêque, les Jésuites songeaient, comme on le devine, à bien assurer les leurs ; et voici la marche qu'ils adoptèrent. Ils firent entendre adroitement à leurs catéchumènes que, puisqu'ils avaient le mal de leur conversion, ils devaient avoir les profits de leur commerce ; bref, ils amenèrent les pêcheurs hindous à ne plus vendre qu'à eux leurs perles, qu'ils leur payèrent d'ailleurs suivant les prix fixés avec les marchands portugais qui venaient une fois l'année à cette pêcherie. A l'époque ordinaire, ces derniers arrivent et sont forcés de s'en retourner à vide, toutes les perles ayant été vendues aux Jésuites. L'année suivante, même pratique des Missionnaires, même résultat pour les marchands, qui désormais ne revinrent plus. Mais alors les Jésuites déclarent aux pêcheurs qu'ils ne peuvent plus acheter le produit de leurs pêches qu'à un taux deux ou trois fois plus bas que l'ancien ; et les Hindous durent en passer par où le voulurent les Révérends Pères, qui, non contents de cela, finirent par obliger ces pauvres gens à travailler pour leur compte et à la journée. Il paraît qu'ils avaient obtenu du gouverneur, qu'ils avaient eu soin d'intéresser, suivant leur coutume, dans leur petit et honorable négoce, une charte de propriété du lac. L'évêque de Cochin, voyant alors quels dangereux associés il avait introduits dans son diocèse, voulut renvoyer les bons Pères, qui ne se montrèrent aucunement disposés à obéir. Loin de là; ils firent bâtir un château fortifié dans une île qui s'élevait à peu près au milieu du bassin des pêcheries, et, dès lors, ils se regardèrent comme les seigneurs du lieu, et redoublèrent de rigueur envers les pêcheurs qu'ils forçaient de travailler si longtemps dans l'eau que beaucoup en moururent. L'évêque de Cochin dénonça l'usurpation au pape et au roi d'Espagne, et en obtint des bulles et décrets dont les Jésuites ne firent que rire; ce que voyant, le prélat irrité rassemble et arme les pêcheurs, fort exaspérés de leur côté, et va à leur tête attaquer la forteresse qui tombe en son pouvoir, malgré la plus belle défense.

Néanmoins, protégés par le gouverneur et par leur titre, les Jésuites ne furent ni pendus, comme ils le méritaient bien et comme le demandaient à grands cris les pêcheurs, ni même chassés du diocèse, ainsi que l'évêque en avait une furieuse envie. Ce dernier se contenta de se rendre solennellement avec tout son clergé et tous ses fidèles sur les bords du lac, qu'il maudit et auquel il ordonna, au nom de Dieu, de ne plus produire de perles. « Et le lac obéit, ajoute le naïf historien auquel nous empruntons ces détails; mais les Jésuites ne furent pas plus tôt partis, qu'il redonna de nouveau des perles, et plus belles, en plus grande quantité qu'auparavant. »

Les Jésuites, dans les Indes, se montrèrent toujours hostiles aux évêques. Autant qu'ils le purent, ils empêchèrent qu'on en établît. Ils n'en voulurent jamais reconnaître qu'un pour tout le Japon, et ils s'en étaient nommés les grands-vicaires-nés, en cas d'absence ou de vacance; aussi faisaient-ils résider ordinairement à Macao ce prélat, pris pourtant dans leurs rangs. En Chine, ils n'en voulaient pas du tout. Bartholi racontant comment un de ses confrères, le Père Trigault, essaya vainement de faire observer en Chine les décrets pontificaux de réforme, ajoute : « Qu'eût-ce été si, en outre, il eût amené un évêque? et un évêque qu'*il n'eût pas pu introduire?* » On voit que l'historien jésuite ne craint pas de dire que ses confrères n'eussent pas permis à l'évêque l'entrée de son évêché. Nous avons dit comment les Révérends Pères savaient se débarrasser des prélats intraitables.

Nous avons hésité jusqu'à ce moment à répéter une accusation terrible que nous avons trouvée formulée contre la Congrégation dans un ouvrage publié pourtant dans la première année de la Restauration (1). L'auteur anonyme de ce livre dit « qu'ayant lu dans un écrit qui a pour titre : *Du Pape et des Jésuites*, que d'après les archives de Rome, rapportées et vérifiées sur les registres de Clément XI, les Jésuites ont empoisonné le cardinal de Tournon, prisonnier dans leur Maison de Macao, il avait acquis la certitude de l'existence de cette pièce. »

Et après cela les Jésuites osent encore glorifier, déifier presque leurs Missionnaires des Indes, et, parmi les propres bourreaux du Cardinal-Légat, leur fameux Père Parennin !...

On pense bien qu'on ne trouve rien de tout cela dans les *Lettres édifiantes de quelques Missionnaires*. A propos de ces lettres fort célèbres, fort habilement rédigées, nous devons dire qu'elles ont eu, à ce qu'il paraît, pour principaux auteurs, les Pères du Halde, Gobien, Patouillet et quelques autres Jésuites qui n'ont jamais quitté Paris ou sa banlieue, et qui sans doute recevaient de la Chine ou du Japon les canevas informes qu'ils étaient chargés de corriger, d'embellir, d'amplifier. Gobien fut censuré en Sorbonne, à cause des erreurs qu'il avait sciemment propagées sur la religion des Chinois. Benoît XIV condamna un livre du Père Patouillet (le *Dictionnaire des Livres jansénistes*).

Innocent XIII, en 1723, ne craignit pas de déclarer que les Jésuites s'étaient faits *les espions, les archers, les geôliers et les bourreaux* des autres Missionnaires, des prélats des Indes, des vicaires apostoliques et légats du Saint-Siége. Le cardinal de Tournon avait dit déjà des fils de Saint Ignace : « Quand les démons seraient sortis de l'enfer pour venir à Pékin, ils n'auraient rien fait de pis contre la religion et le

---

(1) *Les Jésuites tels qu'ils ont été dans l'ordre politique, religieux*, etc., par un ancien magistrat, 1 vol. in-8°, 1815. L'auteur est M. de Selvy.

Saint-Siége que ce qu'ont fait les Jésuites! » Ce qu'il y a de singulier, ainsi que le font remarquer avec raison Messieurs des Missions étrangères dans leur *Réponse à la protestation des Jésuites* (page 315), c'est que c'est un membre de la noire Congrégation, le père Thomas, qui rapporte ces paroles de la victime de sa Compagnie. L'auteur du *Premier siècle de la Société de Jésus* n'a-t-il pas la naïveté de s'écrier que ses confrères sont « les pharisiens du Christianisme!... » On sait que les pharisiens étaient les docteurs, les princes parmi les juifs ; mais que ce furent eux aussi qui firent crucifier Jésus-Christ. En vérité, il faut que l'orgueil ait tourné la tête au Jésuite qui se laisse entraîner à un pareil aveu!...

Nous avons dit qu'un Missionnaire jésuite permit à un Chinois d'épouser deux de ses sœurs. Un autre fit bien pis encore, ainsi que l'atteste le Père Ibannès de Écheverny : il permit à une Portugaise, qui avait empoisonné son mari de concert avec son amant, de se marier avec celui-ci, et célébra ces noces affreuses *un mois* après la perpétration du crime, qui était à la connaissance de tout le pays. Le Père Ibannès ayant demandé à cet étrange Directeur, qui se nommait Pierre Canavari, « comment il avait pu donner une dispense? » le Jésuite aurait répondu « qu'il ne s'en était pas même occupé. » De quelle dispense, en effet, pouvait-il être question en pareille affaire?

Nous n'en finirions pas de rapporter toutes les infamies tolérées, autorisées, perpétrées par les membres de la Congrégation dans les diverses Missions asiatiques.

Un détail qui nous semble fort précieux, et que nous ne devons pas négliger, nous est fourni par Armand et par quelque-uns de ses contemporains. Suivant le docteur janséniste, le fameux voyageur Tavernier, qui dans sa Relation rend un compte favorable de la conduite des Jésuites dans les diverses contrées d'Asie où il put pénétrer, avait dans son for intérieur une bien différente opinion des bons Pères ; et voici comme Antoine Arnaud, d'accord avec quelques autres critiques, explique cette divergence :

Lorsqu'il eut composé l'histoire de ses voyages, Tavernier, qui, à ce qu'il paraît, n'était pas un homme de style, pria une personne de sa connaissance de lui trouver quelqu'un qui pût lui polir la surface de son œuvre. L'officieux ami s'acquitta si bien de sa commission, que la vérité ne dût plus, en se mirant dans cette glace ainsi polie, rougir de sa nudité, tant on l'avait bien parée, fardée, pomponnée !..... Il est sans doute inutile d'ajouter que l'officieux ami du célèbre voyageur n'était pas un ennemi de la fameuse Compagnie !...

Dans la Cochinchine, au Tonquin, dans les royaumes de Siam et de Pégu, les enfants de Loyola tinrent la même conduite que dans l'Inde, la Chine et le Japon. Là aussi ils essayèrent de se rendre dominants ou de se faire tolérer, en ajustant plus ou moins le Christianisme aux superstitions de ces diverses contrées, en se faisant bien venir des rois, ou, si les rois les repoussaient, en se rabattant sur les peuples ; mais toujours en flattant les vices des uns et des autres, qu'ils exploitaient à leur profit. Là aussi, comme ailleurs, leur présence amena de sanglantes révolutions. A l'heure où Charles Ier, à la mort duquel on a accusé les Jésuites d'avoir contribué par leurs intrigues, mourait, en Angleterre, sur un échafaud dressé par son peuple en révolte, un roi de Siam était également exécuté par une sentence populaire à la rédaction de laquelle les noirs Compagnons n'étaient pas étrangers. Là aussi, les autres ouvriers apostoliques, les délégués du Saint-Siège se virent persécutés par les Jésuites. Dans ses *Mémoires historiques* (tome v de l'édition in-4º), le Père Norbert dit que les Missionnaires jésuites commirent tant de crimes dans la Cochinchine et dans le Tonquin, que cinq fois les vicaires apostoliques leur signifièrent, de la part du souverain pontife, l'ordre de sortir de ces deux Missions. Les Jésuites résistèrent tant qu'ils purent et par tous les moyens possibles. Ils excitèrent leurs catéchumènes à renoncer à leur nouvelle religion plutôt qu'à leurs anciens Directeurs ; ils suscitèrent mille embarras aux vicaires apostoliques. Des Missionnaires français étant arrivés en Cochinchine et paraissant y obtenir des succès, les enfants de Loyola, pour les en chasser, usèrent d'abord, abusèrent même de la calomnie et de la trahison ; ensuite, ils rusèrent, et, pour ramener à eux la foule qui commençait à se porter vers l'église des Missionnaires français, ils transformèrent leurs églises à eux en bazars splendides, où ils *tiraient de superbes lo-*

teries (1). Comme ce moyen devenait coûteux, ils inventèrent de jouer, toujours dans leurs églises transformées en théâtres, des comédies, ou plutôt des farces, qui faisaient rire aux éclats les Cochinchinois, mais qui sans doute ne les édifiaient aucunement. Enfin, les Jésuites, recourant à la force ouverte, chassèrent les Missionnaires français de leur église, dans laquelle ils s'introduisirent en brisant les portes, et comme dans une citadelle ennemie. Ennuyé de tout ceci, et confondant tous les Missionnaires dans le dégoût que lui inspiraient ces scènes scandaleuses, le souverain de la Cochinchine publia, en 1690, un édit contre le Christianisme. Bien entendu que les Jésuites ne demandaient pas mieux. Débarrassés de leurs rivaux, ils restèrent sur ces rivages lointains, où ils pouvaient prélever désormais leurs impôts sans être gênés par la présence d'ouvriers évangéliques plus fervents et plus désintéressés. Les brefs d'Innocent XI, en 1680, et de Clément XIII, en 1762, « condamnèrent les pratiques idolâtres des Missionnaires jésuites au Tonquin et à la Cochinchine, le commerce qu'ils y font et les maux qu'ils y causent aux autres Missionnaires. » Néanmoins, les Jésuites restèrent et continuèrent à tenir la même conduite. Veut-on savoir quelle était cette conduite? Antoine Arnaud a prouvé qu'un de ces Missionnaires, le Révérend Père Bartelemi Acosta, menait dans ce coin de l'Asie une conduite qui l'aurait fait mépriser par toute l'Europe, emprisonner ou même brûler vif dans quelques-uns des pays catholiques. Les femmes publiques sont extrêmement nombreuses à la Cochinchine, et leur métier y est fort lucratif. Le Jésuite Acosta voulut donc les convertir. Il se rendit familier avec elles; jusque-là qu'il jouait, buvait, allait de pair et compagnon avec elles. Ces pauvres créatures ne demandaient pas mieux que de devenir les ouailles d'un convertisseur si joyeux. Une seule chose les arrêtait : elles avaient entendu les Missionnaires condamner le métier qui les faisait vivre. Heureusement Acosta était casuiste, et, qui mieux est, casuiste de la Compagnie de Jésus. Il leur apprit donc gravement qu'elles pouvaient devenir chrétiennes et rester courtisanes, pourvu, toutefois, qu'elles

---

(1) Le fait est parfaitement prouvé, quelque singulier qu'il soit.

consacrassent à Dieu une part de leurs bénéfices, et qu'elles ne prêtassent plus leur corps qu'à des chrétiens (1).....

Nous demandons pardon au lecteur d'étaler devant lui de semblables ordures ; mais le bourbier jésuitique en contient bien d'autres que nous n'osons pas même remuer !

Les Jésuites se sont, nous l'avons dit, fait des titres de gloire des ouvrages nombreux qu'on doit à leurs Missionnaires. Ceux-ci, crient-ils, ont composé des traités de mathématiques, — c'est vrai ! — d'astronomie, — c'est vrai ! — de géographie, — c'est vrai ! — d'histoire, — c'est vrai, très-vrai !... Mais des traités sur l'Évangile, sur les dogmes, sur la morale, en ont-ils fait, mes Révérends Pères ? Le chiffre de ces derniers ouvrages se réduit à zéro, ou à peu près. Dans sa *Chine illustrée*, le Père Kircher, Jésuite, fait précéder la liste des œuvres de son cher et illustre frère, Mathieu Ricci, de ces mots :

Sequentes post se libros in bonum Ecclesiæ Sinæ reliquit.

Eh bien, veut-on savoir quels sont *ces livres que Ricci a laissés après lui pour le bien de l'Eglise chinoise ?* En voici les titres : 1° la Mathématique pratique de Clavius ; 2° six livres d'Euclide ; 3° la sphère du même ; 4° une carte générale : 5° un traité de physique ; 6° une méthode pour faire des cadrans solaires ; 7° la manière de se servir de l'astrolabe ; 8° *l'Usage et la manière de faire des épinettes* ; 9° une philosophie morale ; enfin !... Nonobstant, quiconque lira sans avertissement le catalogue qui précède doit l'attribuer à un mécanicien, à un facteur d'instruments, à tout ce qu'on voudra, plutôt qu'à un apôtre de la religion chrétienne ! Néanmoins, nous sommes disposé à convenir qu'il vaut encore mieux jouer de l'épinette ou du violon, comme le Père Ricci, que de danser avec les prêtresses de la Vénus cochinchinoise, ainsi que le Jésuite Acosta ; — en admettant même qu'il ne fît que danser !...

Est-il étonnant, après cela, que dans la plupart des contrées de l'Asie où les Jésuites ont mis le pied le Christianisme est tellement pris

---

(1) On peut voir les preuves de tout ceci soigneusement recueillies et entassées par A. Arnaud dans sa *Morale pratique*.

en haine, que les Européens ne peuvent ou du moins n'ont pu longtemps y commercer qu'en jurant qu'ils n'étaient pas chrétiens, et qu'après avoir fait ce qu'on nomme le *jésumi*, c'est-à-dire après avoir craché sur un crucifix, après l'avoir foulé aux pieds, etc....

De chacun de ces outrages, le Christianisme doit demander compte aux enfants de Loyola ; ils en ont un autre plus terrible encore à rendre à l'humanité tout entière. Quand viendra l'heure de ceci ?

* * * * * * * * * * * * * * * * *

Il y a bientôt trois siècles que le premier des *hommes noirs* mettait le pied sur l'Asie ; il y a environ trois quarts de siècle que le dernier, vautour frémissant, a fui loin de cette riche proie...

Et chaque fois que l'Ange de la Terre laisse tomber un regard sur la *Mère des nations*, il demande à l'Esprit des Temps :

« Frère, à quand leur sentence suprême ? »

Et l'on dit qu'on a entendu une voix qui répondait enfin, entre deux éclats d'un tonnerre venu de l'Occident :

« Frère, tiens-toi prêt pour leur *Jugement dernier*. »

TROISIÈME PARTIE.

LES JÉSUITES EN AMÉRIQUE.

AVANT-SCÈNE.

1853.

Les derniers rayons du splendide soleil des tropiques frappaient transversalement les gigantesques colonnades de la forêt américaine. Le soir venait; et le *Shoei*, le roi des fleurs, comme les Indiens appellent l'oiseau-mouche, commençait à chercher la petite couche parfumée où il voulait se tapir pour la nuit. Sur les bords du grand fleuve du Paraguay, à l'endroit où il se rapproche du Parana, son frère, dont il ne reçoit pourtant que près de cent lieues plus loin les embrassements, une tribu de la nation fugitive des Guaranis avait placé son camp, ou village provisoire, à l'ombre d'un bosquet de palmiers-à-cire dont le fût mesurait plus de cent cinquante pieds de longueur, et entre lesquels, enfants de la même famille, on voyait le majestueux *Airi-Assu*, le *Guiri-Pissando* aux grappes pendantes dont les beaux fruits sont d'une couleur orangée.

Il n'y avait à cette heure, au campement indien, que des femmes qui préparaient, en murmurant quelques refrains d'un rhythme doux et triste, le repas du soir consistant en quelques pièces de venaison fournies surtout par le *chien-des-bois* (l'Agouti), mais principalement en riz sauvage, en *arachis*, sorte de pistaches que le Paraguay mange grillées, en *fejoes* (haricots du Brésil), en gâteaux de manioc, et en fruits divers, le tout servi sur des assiettes de bois, ou même sur les palmes immenses du coco-de-pindoba. Parmi ces femmes, plusieurs, que l'âge et les travaux n'avaient pas encore flétries, étaient gracieuses et pouvaient passer pour belles, malgré le ton bronzé de leur peau. Les enfants jouaient, et s'amusaient à poursuivre dans les lianes les petits du grognant *tajassou*. De temps à autre, la troupe folâtre se repliait en désordre vers le camp en poussant des cris aigus, et une sévère matrone qui semblait veiller sur elle, accourant à ces clameurs d'effroi, en reconnaissait la cause non pas, comme elle l'avait craint, dans la présence d'un terrible *souroucoucou*, serpent au venin mortel, mais dans celle d'un énorme et hideux, mais inoffensif crapaud-cornu.

Nous avons dit qu'on ne voyait en ce moment aucun homme dans l'enceinte de *l'aldée* provisoire ; tous ceux de la tribu qui pouvaient prétendre au titre de guerrier étaient alors rassemblés sous le couvert de la forêt, dans une espèce de clairière circulaire, au centre de laquelle on n'avait laissé qu'un énorme *pissaba*, palmier dont les spathes de couleur sombre tombent en longs filaments ligneux et forment comme une sorte de voile funèbre. Les *Boiès* (prêtres-magiciens) de la tribu, étaient accroupis au pied du pissaba contre le tronc duquel étaient appuyés leurs *Tamaracas*, sortes de fétiches des Paraguays, ou de dieux domestiques, et qui n'étaient autres que des calebasses ornées de plumes de diverses couleurs. Les chefs de la tribu formaient un second cercle, et un troisième était composé des guerriers Guaranis, armés et peints en guerre. Tous restaient immobiles et silencieux ; seulement, de temps à autres, un des Boiès se levait et allait s'assurer de la hauteur du soleil sur l'horizon. Lorsque le roi du jour commença à descendre les degrés enflammés du grand escalier occidental, le plus vieux chef de la tribu se leva et revint bientôt, suivi des femmes qui portaient le souper qu'elles venaient de préparer et dont les plus beaux morceaux furent offerts avant tout aux *Tamaracas*. Les prêtres disparurent alors avec les fétiches et les offrandes, et les guerriers prirent leur repas, servis par les femmes. Alors les Boiès reparurent rapportant les dieux de la tribu, et déclarèrent que ceux-ci étaient satisfaits des offrandes qu'on venait de leur faire.

En ce moment, un oiseau de nuit, tapi sous le linceul flottant du gigantesque *pissaba*, battit des ailes et salua le premier l'arrivée de la nuit de son cri funèbre auquel les cris rauques d'un jaguar semblèrent répondre dans le lointain. Alors aussi les Boiès se levant poussèrent une clameur aiguë et singulièrement modulée, que tous les Guaranis répétèrent en se levant également. Puis tous les guerriers, se prenant par la main, commencèrent une sorte de ronde autour du pissaba; tandis que les prêtres, saisissant d'une main et brandissant un des *Tamaracas*, de l'autre prenaient un long tube de roseau rempli de tabac allumé dans lequel chacun d'eux soufflait avec tant de force que, lorsque la ronde amenait un Guarani devant le tube fumeux, il disparaissait un instant au milieu d'un nuage épais. Cependant la ronde des guerriers tournait, tournait toujours, en augmentant la vivacité du mouvement et l'énergie des gestes, tandis que quelques-uns de leurs prêtres chantaient une sorte d'hymne ou de chanson répétée par les vieillards et qui disait :

« Guarani, Guarani, reçois l'esprit du courage, afin que tu puisses tuer toujours ton ennemi!... »

Et la ronde tournait, tournait toujours. Peu à peu une ivresse terrible, produite par la fumée du tabac et par l'exaltation morale, saisit les guerriers, qui brandirent leurs casse-têtes de bois de fer avec des gestes frénétiques et poussèrent des cris profonds qui éveillèrent le jaguarète au sein de la forêt. Succombant à cette ivresse singulière, les guerriers Guaranis tombèrent les uns après les autres sur le sol, à l'exception d'un seul, vers lequel les Boiès dirigèrent en vain d'épais tourbillons de fumée de tabac, accompagnés de coups de plus en plus violents assénés avec les Tamaracas. Le guerrier continuait seul la ronde autour du pissaba, chancelant, mais ne tombant pas.

Tout à coup, un grand cri s'élève au dehors de l'enceinte où s'accomplissait cette cérémonie; et les Boiès exténués virent accourir les femmes et les enfants fuyant comme s'ils étaient poursuivis par le terrible *sucuarana*, le rival du lion d'Amérique. Le chef des prêtres s'avança vers la troupe effrayée, et demanda à une matrone ridée quelle était la cause de cette panique.

« Demande-le à Guainombi, » répondit la vieille Indienne épouvantée. Interrogée alors, Guainombi (rayon du soleil), la plus jolie des jeunes filles de la tribu, apprit au Boiès, et aux guerriers brusquement réveillés du sommeil de l'ivresse et chancelant encore, que leurs ennemis, les guerriers d'Europe, arrivaient de nouveau, sur leur piste, et pour achever de les détruire. Elle avait vu une de leurs grandes pirogues remontant le Paraguay à peu de distance du camp.

À cette annonce, les guerriers Guaranis semblèrent frappés de la foudre, et restèrent un instant immobiles, hébétés, tandis que celui d'entre eux sur lequel les prêtres n'avaient pu souffler *l'esprit du courage*, tournait encore autour du pissaba, en chancelant et en chantant d'une voix entrecoupée : « Guarani, Guarani, reçois l'esprit du courage !... » Un cri plus aigu des femmes annonça aux Guaranis l'arrivée de ces ennemis d'Europe si redoutés ; et les guerriers, malgré la cérémonie qui avait dû les rendre braves et invincibles, s'élançaient sous le couvert de la forêt, lorsqu'un de leurs chefs les arrêta. Caramourou-Assou (homme de feu) avait été reconnaître les arrivants, et il s'était convaincu qu'ils ne portaient pas d'armes, et que leur costume n'indiquait même aucunement des guerriers. Malgré cette nouvelle rassurante, les Guaranis, la nation la moins belliqueuse de toutes celles qui habitent l'Amérique méridionale, ne semblaient qu'à peine rassurés, lorsque du côté par où l'on avait vu s'approcher la barque des étrangers, les sons d'une symphonie harmonieuse comme le concert d'un vol d'*Azulaos* s'éleva, suivit les deux rives du grand fleuve, et, passant au-dessus de la tribu indienne, alla expirer au sein de la forêt mystérieusement émue. Peu à peu, l'harmonie devint plus distincte, et à mesure qu'on en distinguait mieux les sons, le rhythme en devenait plus vif, plus joyeux, plus entraînant. Déjà les enfants couraient vers les bords du fleuve ; quelques jeunes guerriers laissaient échapper de gutturales exclamations de surprise et de plaisir, et faisaient craquer leurs doigts. En ce moment sur les vagues plus sonores, mais lentement émues de l'harmonie qui s'approchait, une voix jeune, belle et douce quoique puissante, s'éleva et fit entendre aux Guaranis comme un hymne d'amour dans une langue inconnue. Vieillards et guerriers,

Les Jésuites au Paraguay

matrones et jeunes filles, tous alors coururent vers une courbe du fleuve dans laquelle entrait une grande barque conduite par quelques rameurs indiens et au milieu de laquelle, sous une sorte de tente, on voyait les mystérieux concertants, qui répétèrent en chœur la strophe harmonieuse qui venait d'être exécutée en solo, tandis que les rameurs amarraient l'esquif aux longues racines tordues des mangliers de la rive. Seuls, les Boiès ou prêtres des Guaranis n'avaient pas semblé partager l'enthousiasme général de la tribu; ils étaient restés sous les premiers arbres de la forêt, examinant ce qui se passait. Lorsqu'ils eurent aperçu les musiciens extraordinaires, ils accoururent enfin sur le bord du fleuve en brandissant leurs Tamaracas d'un air terrible et en criant aux Guaranis de fuir au plus vite, et que les arrivants étaient les magiciens noirs des tribus de l'Europe, mille fois plus à craindre que leurs guerriers!... Mais les Guaranis n'écoutaient pas ces cris d'alarmes : les musiciens venaient d'attaquer vivement l'air entraînant de quelque danse méridionale, et les Indiens, redoublant leurs exclamations gutturales que le plaisir seul leur arrachait alors, levaient les bras au-dessus de leurs têtes qu'ils penchaient à droite et à gauche dans une sorte d'extase, et faisaient craquer plus fortement leurs doigts en signe de joie ; tandis que les vieillards et les chefs adressaient aux nouveaux venus des gestes et des paroles de bienvenue, et que, sur leurs ordres, quelques-unes des femmes avaient couru vers le camp pour en rapporter les rafraîchissements dont les nouveaux venus pouvaient avoir besoin. Ceux-ci, à l'exception des rameurs qui paraissaient des Indiens *patos*, et d'un pilote *curiboca* ou métis, né d'un noir et d'une *peau-rouge*, étaient tous des hommes d'Europe; et leur costume répondait à l'expression de « Magiciens noirs » que venaient de leur appliquer les Boiès : c'étaient en effet de terribles magiciens, quoique en ce moment ils ne se servissent, pour baguettes de leurs enchantements, que des archets de leurs violes. C'étaient des Jésuites!.....

Du Père Charlevoix, auteur d'une histoire du Paraguay et Jésuite avéré, à l'auteur de l'histoire politique, religieuse et littéraire de la Compagnie de Jésus, simple affilié sans doute, la plupart des écrivains dévots à saint Ignace racontent qu'au Brésil et au Paraguay, les

Jésuites, pour apprivoiser les sauvages indiens fuyant devant les cruautés des Portugais et des Espagnols, montaient et descendaient les cours d'eau en jouant de toutes sortes d'instruments; et que les Orphées chrétiens n'obtinrent pas moins de succès que leur modèle païen.

Les Indiens sont en effet extrêmement sensibles à l'harmonie, et la musique provoque chez eux une exaltation singulière. Les Jésuites, instruits de cette particularité, résolurent d'en profiter et en profitèrent réellement.

Dès 1549, les Jésuites touchèrent au rivage américain. Ils arrivaient avec les Portugais qui venaient bâtir la ville de San-Salvador dans le golfe de Bahia, sur la côte orientale de l'Amérique méridionale. Sans nul doute, le roi de Portugal Jean III voulait obtenir par les Jésuites dans les Indes occidentales les mêmes résultats qu'ils lui avaient procurés dans les Indes de l'Orient. Depuis neuf ans, François Xavier pliait à la conquête et habituait au joug les peuples de l'Asie, nouveaux sujets de la couronne de Portugal. Jean III avait donc été ravi lorsque Loyola lui eut offert six de ses disciples pour ses possessions d'Amérique. Ce monarque pensait que les bons Pères, en Amérique comme en Asie, agiraient pour lui en agissant pour le christianisme, tandis que ces derniers ne prétendaient travailler que pour leur propre compte. Nous croyons avoir démontré que telle fut leur conduite en Asie. Nous verrons tout à l'heure qu'ils n'en changèrent pas en Amérique, loin de là! C'est dans cette partie du monde qu'ils ont surtout mis en évidence leur ambition, leur orgueil, leur soif de domination.

En Europe, les Jésuites ont été docteurs, théologiens, casuistes, écrivains divers, conseillers de princes et de papes, confesseurs de rois et d'empereurs, diplomates et cardinaux; en Asie, ils se sont faits médecins, mécaniciens, astronomes, *Brahmènes* et *Lettrés*, généraux et grands mandarins; en Amérique, ils ont été rois!... On sait que c'est au Paraguay qu'ils fondèrent cette étrange royauté, à laquelle ils préludèrent pourtant par des symphonies de violes, flûtes et rebecs, exécutées le long des rivières, à travers les naïves peuplades sauvages, accourues pour entendre ces sons mélodieux, comme l'imprudent petit oiseau arrive à tire-d'aile à l'appel du pipeur!

Avant de raconter la fondation de cet étrange *empire Guaranique*, comme on a appelé les missions jésuitiques du Paraguay, nous devons donner sur ce pays quelques notions préliminaires indispensables.

La partie du Paraguay connue sous le nom de Mission n'est pas tout le Paraguay, comme on le croit assez généralement. Suivant deux voyageurs modernes, MM. Regger et Longchamp, le singulier royaume fondé par les Jésuites comprenait environ six cents lieues carrées du pays situé entre la rivière du Parana et le fleuve du Paraguay, au sud-est de la ville de l'Assomption. Nous pensons cependant que le territoire des Missions comprenait en outre une portion assez considérable de terrain le long de la rivière Vermejo, peut-être même s'étendait-il beaucoup plus loin à l'occident et au midi. C'est un pays d'une admirable fertilité. Le riz sauvage, l'igname, le manioc, la plupart des plantes et des racines nutritives du Nouveau-Monde y viennent en abondance. Rien n'égale la magnificence de ses forêts, où le savant M. de Humboldt a vu de monstrueux *Barrigudos* de trois brasses de tour, et des palmiers de cent quatre-vingts pieds de haut. Une luxuriante végétation couvre le sol limoneux ; l'inextricable réseau des grandes lianes s'étend presque partout, s'enroule autour des grands arbres, marqueté souvent de touffes d'énormes fleurs magnifiques. Çà et là, ce splendide fouillis de verdure est interrompu par les trouées qu'y pratiquent le tapir, le plus grand des animaux de l'Amérique méridionale, les troupes immenses de peccaris ou cochons sauvages, les jaguars et jaguarètes, le couguar, le lion américain. De grands vols d'oiseaux superbes et de toutes les espèces peuplent ces forêts primitives, et sous les fougères arborescentes, que parfument les fleurs de la vanille, rampe une nombreuse et terrible famille de reptiles, parmi lesquels on compte le cobra-de-cascavel ou serpent-à-sonnettes.

De nos jours, le Paraguay renferme un nombre prodigieux de bœufs et de chevaux sauvages dont on voit les troupes tourbillonnantes passer comme un ouragan dans les savanes devant la poursuite acharnée d'une famille de tigres noirs. Mais ces utiles animaux ne sont pas originaires du continent américain. Tous proviennent de quelques vaches et chevaux laissés là par les Européens. Les Jésuites prétendent que tout le bétail du Brésil vient de onze vaches et d'un taureau, que les missionnaires amenèrent à la Guayra. On leur a contesté le fait, dont nous voulons bien leur laisser l'honneur, ne fût-ce que pour faire reposer un instant la juste indignation qui s'attache à chacun de leurs pas. On sait que les richesses métalliques de l'Amérique du Sud, et particulièrement du Brésil, sont immenses ; on y trouve également des diamants, des topazes, des améthystes. Et sans doute la vue des trésors que les conquistadores portugais en rapportaient en Europe ne fut pas une des moindres causes qui engagèrent le fondateur de la compagnie à mettre à la disposition de Jean III, non plus deux missionnaires, et même en réalité un seul comme il l'avait fait en envoyant François Xavier dans les Indes, mais bien six de ses disciples, qui y arrivèrent en 1549 et se mirent à l'œuvre sur-le-champ. On comprend bien de quelle œuvre nous voulons parler. Les Jésuites vécurent pendant quelques années en bonne intelligence avec les Portugais. Ceux-ci, qui voulaient alors s'établir solidement dans leurs possessions d'Amérique, avaient bâti, quelques années auparavant, la ville de Buénos-Ayres. Les Jésuites leur amenèrent des habitants pour cette ville, ainsi que pour San-Salvador, autre cité qui fut alors construite dans le golfe de Bahia. Mais bientôt les Révérends Pères laissant là ces associés devenus désormais inutiles ou plutôt nuisibles, pénétrèrent dans l'intérieur du pays où les conquérants s'étaient à peine montrés dans quelques rares expéditions entreprises pour découvrir ce fabuleux El Dorado, ce pays de l'or, ce véritable paradis terrestre vers lequel se ruaient tant d'âpres et intrépides conquistadores, parmi lesquels il est peut-être juste de compter les enfants de Loyola.

Quoi qu'il en soit, les Missionnaires Jésuites, dont le nombre avait été successivement augmenté, travaillèrent si bien qu'en peu d'années ils obtinrent au Brésil une influence très-grande, et que, dès 1553, ce pays était mis par eux au nombre de leurs provinces. Le Père Nobrega, Jésuite portugais, en fut le premier provincial.

Il semble que, dès ce moment, les Missionnaires de la Compagnie aient eu pour mot d'ordre de chercher l'emplacement d'un établissement où, à peu près à l'abri des regards européens, ils pussent être souverains sans conteste et sans contrôle. Cet emplacement favorable, ils crurent enfin l'avoir trouvé entre les deux rivières de l'Uruguay et du Parana, au nord du confluent de ces deux grands cours d'eau.

Le Paraguay avait été découvert en 1516 par un aventurier espagnol qui fut dévoré par les sauvages. Lors de l'arrivée des conquérants, cette contrée était habitée par de nombreuses tribus d'indiens sauvages, parmi lesquelles la grande famille Tupi se faisait remarquer par son courage, sa férocité, et par son indomptable amour de la liberté. Ces tribus écrasées par les Européens reculèrent peu à peu devant la conquête, ou disparurent sous son action dévorante. Les Tupinambos, après avoir lutté courageusement, quittèrent enfin les fleuves qui avaient vu le berceau de leur peuplade, et, s'enfonçant dans les grandes forêts du Nord, s'en allèrent bâtir leurs *aldées* vers la grande rivière des Amazones, en des lieux qui n'eussent encore été visités par aucune des *faces-pâles*. Les Apiacas et les Cahahivas, tribus à demi sauvages de la république actuelle du Paraguay, sont, dit-on, les débris de la puissante famille Tupi. Il n'était plus guère resté dans le Paraguay que les Guaranis, nation peu belliqueuse et sans énergie, sans grand ressort moral, et dont les Espagnols et les Portugais se servirent comme de bêtes de somme. Ce fut au milieu de ces tribus que les Jésuites élevèrent leur singulier empire, dont nous allons maintenant essayer de tracer le tableau.

CHAPITRE PREMIER.

Les Jésuites Rois.

1608-1758.

Dans les premières années du dix-septième siècle, un voyageur nouvellement arrivé de l'Europe remontait dans une légère et rapide *jangada* (pirogue), l'immense cours d'eau de la rivière de la Plata. Parvenu à l'embouchure du Rio-Parana, il prit terre et se dirigea sur-le-champ vers une petite ville ou grosse bourgade de fort belle apparence. Tout autour de lui annonçait la paix, le bonheur et la prospérité. Les champs biens cultivés étaient riches de magnifiques moissons de maïs, de riz, de pommes de terre, et même de plusieurs des blés et légumes d'Europe, dont la plupart des arbres fruitiers avaient également été transportés dans cette contrée fertile. Dans de grasses et plantureuses prairies situées le long des cours d'eau, il voyait errer de magnifiques et innombrables troupeaux de bœufs, de moutons, de chèvres, tandis qu'à travers les vastes *pampas*, des escadrons de superbes chevaux sans maîtres et sans entraves défilaient gravement et en redressant leur fière encolure, ou bien, tendant aux douces brises leurs naseaux en feu, se lançaient tout à coup dans un tourbillonnant galop, puis revenaient aussi rapidement arracher quelques brins d'herbe nouvelle et tendre, ou boire quelques gouttes d'une eau fraîche et filtrée à travers les fleurs. De temps à autre, notre voyageur entendait résonner les sons d'une flûte ou d'un hautbois, et ces bruits harmonieux lui rappelaient involontairement la patrie absente. L'orbe radieux du soleil paraissait à l'horizon oriental lorsque notre voyageur arriva en face de la bourgade. C'était une charmante ville en miniature : ses rues étaient toutes larges, tirées au cordeau, et aboutissaient à de belles places rectangulaires, au centre de chacune desquelles s'élevait un édifice d'apparence monumentale. La plus grande et la plus belle de ces places, située au centre de la bourgade, contenait une magnifique église. Places et rues étaient plantées de beaux arbres sous les voûtes bienfaisantes desquelles coulaient en gazouillant les eaux vives incessamment fournies par des fontaines jaillissantes et bien protégées par des voûtes contre les brûlants rayons du soleil des tropiques.

Après avoir arrosé et rafraîchi la ville, les petits ruisseaux allaient se jeter dans de larges fossés qui régnaient tout autour, et que commandaient des fortifications de brique et de gazon fort bien tracées.

Notre voyageur se dit que l'aspect de la ville répondait à celui de la campagne, et que la beauté de l'une était digne de la richesse de l'autre. Tout à coup, une cloche fut mise en mouvement et sonna l'Angélus du matin. A peine les dernières vibrations se furent-elles envolées par-dessus la jolie ville, comme une bande d'oiseaux gazouillants, que la porte de chaque maison s'ouvrit par un mouvement simultané, et que les habitants, jeunes et vieux, hommes et femmes, en sortirent, se dirigeant vers l'église. Notre voyageur entra dans le temple avec les autres. Cette église pouvait paraître merveilleuse même à ses regards qui s'étaient arrêtés sur les splendeurs de Saint-Pierre de Rome ou de Saint-Marc de Venise. C'était partout une étonnante profusion de richesses. La plupart des statues des saints étaient en métal précieux. Le tabernacle de l'autel était en or pur, et étincelait de pierres précieuses.

Cependant le prêtre, après avoir prononcé une courte prière en langue guaranique, avait donné sa bénédiction à l'assemblée, qui sortit alors de l'église, et, se divisant ensuite par petits groupes, s'en fut mettre en mouvement des usines à sucre, des moulins et autres établissements industriels, ou se dirigea vers les splendides champs prêts pour la moisson. Chacun de ces groupes avait un ou plusieurs musiciens en tête, et s'avançait en chantant; hommes et femmes, enfants et vieillards, tous étaient bien vêtus et semblaient bien portants.

Tandis que tous travaillaient activement, les musiciens faisaient presque continuellement entendre des airs gais, dont, autant que cela était possible, les travailleurs suivaient la mesure dans leurs mouvements, ou l'appuyaient de temps en temps de quelques notes remplaçant le hideux et pénible râle dont quelques-unes des industries d'Europe accompagnent les efforts de leur labeur. Lorsque le soleil darda perpendiculairement ses rayons de feu, il y eut un repos de plusieurs heures accordé aux travailleurs, qui en profitèrent pour prendre des rafraîchissements fournis par le pis de belles vaches qui donnèrent leur lait à l'instant, et par les fruits qui pendaient au-dessus des têtes des travailleurs; ensuite, ceux-ci furent se reposer nonchalamment sous l'ombrelle immense des grands palmiers. Lorsque le soleil descendit derrière les nuages pourprés du couchant, les divers travaux cessèrent à la voix argentine de la cloche de l'église, comme ils avaient été repris par le même moyen. Alors tous, hommes et femmes, se dirigèrent de nouveau, et musiciens en tête, vers l'église, et, après une prière aussi courte que celle du matin, ils rentrèrent en chantant dans leurs paisibles demeures, où peu après ils prenaient une nourriture saine et abondante. Après le repas du soir, et aux lueurs argentées de la lune contre lesquelles luttaient les tremblottantes lumières d'une innombrable quantité de petits cierges allumés entre les arbres, notre voyageur vit les habitants de la bourgade se livrer, jusqu'à une heure assez avancée, à la danse et à des jeux divers. Puis, la cloche sonna de nouveau, et aussitôt tout s'éteignit, tout se tut, les lueurs des cierges, la gaieté des danseurs, les sons de la musique, les diverses rumeurs de la petite cité sur laquelle le dieu du sommeil et du silence sembla verser partout à la fois, et dans le même moment, ses somnifères vapeurs.

Le lendemain, tout se passa de même; le surlendemain, notre voyageur s'aperçut que c'était jour de fête pour la bourgade. Ses habitants sortirent plus tard de leurs demeures, et se dirigèrent, vêtus de plus beaux habits, vers l'église, où ils restèrent plus longtemps. Mais les sons d'une musique fort bien dirigée, les voix harmonieuses et savantes des choristes, les parfums exquis qui s'élevaient vers les hautes voûtes, de leurs vases dorés, la riche et voluptueuse commodité des siéges, tout, jusqu'aux splendeurs des cérémonies du culte, devait en faire paraître la durée moins longue. En moins de dix jours, notre voyageur compta trois de ces fêtes, trois jours de repos ou de plaisir. Notre voyageur était émerveillé, attendri, enchanté, stupéfait, ravi : « Oh! se disait-il, qu'on me parle encore du fabuleux *El Dorado?* Il n'existe nulle part que dans les *Réductions* du Paraguay, et il est dû aux Jésuites!..... »

Oui, lecteur, c'était bien au Paraguay, dans le singulier royaume fondé par les Révérends Pères, que notre voyageur tenait ce propos qui vous a sans doute étonné, non moins que la félicité parfaite et sans nuages que le tableau qui précède vous a peint comme étant le partage des bienheureux sujets des Jésuites! Mais attendez encore avant de partager la joie et l'attendrissement du bon voyageur!

Au bout de quelques jours, durant lesquels pourtant ce dernier s'assura que le régime de toutes les autres *Doctrines*, *Réductions*, ou Missions de la province Jésuitique du Paraguay, était exactement celui de la première qu'il avait visitée, notre voyageur sentit son admiration décroître peu à peu, son attendrissement s'épuiser et se dessécher bientôt entièrement. C'est qu'il avait regardé de plus près autour de lui et il avait vu. Voici ce qu'il vit à ce second examen (1).

Au sein de la riche contrée à laquelle l'art avait apporté tous ses embellissements, le Guarani passait comme un automate insensible qui marche et agit comme un homme, mais qui n'est pourtant pas un homme, fût-il cent fois plus doté de la forme humaine, fût-il même pourvu de la voix humaine. C'est que les Jésuites n'avaient pas civilisé

---

(1) Nous n'avons que peu de détails sur le régime intérieur établi au Paraguay par les Jésuites. Le croquis extérieur que nous venons d'en tracer est entièrement peint d'après les tableaux jésuitiques. La peinture moins superficielle qui va se dérouler maintenant est le résumé des diverses critiques que nous avons recueillies dans le Père Ibannès de Echeverny, dans don Félix de Azara, auteurs d'histoires du Paraguay, et dans quelques autres critiques.

l'Indien pour lui-même, mais bien au profit de leur Compagnie et pour leur usage. C'est qu'ils ne lui avaient pas dit « Écoute, crois, et tu seras sauvé, c'est-à-dire relevé ; » mais bien « Veux-tu que nous te protégions? eh bien, obéis-nous ! » C'est qu'enfin ils n'avaient pas vu dans le pauvre sauvage, un frère, mais un esclave, un esclave sur la tête duquel ils avaient rivé un joug plus pesant mille fois que celui qu'impose le sabre d'un conquérant ou le fouet d'un despote, le joug de la dégradation morale ! Les Jésuites avaient prouvé aux Guaranis qu'ils étaient d'une autre nature qu'eux, d'une nature supérieure, bien entendu ; on dit même qu'ils enseignaient à ces ignorants sauvages « qu'il y avait deux dieux : celui des pauvres et celui des riches ; que le second, beaucoup plus puissant que le premier, était la divinité des Jésuites, tandis que l'autre était celle des Indiens (1). » Les Jésuites avaient imposé aux Guaranis une discipline véritablement monastique, et aussi dégradante, aussi abrutissante que possible, et ils eurent toujours soin de ne jamais en relâcher les liens odieux dans lesquels les Indiens restaient engourdis avec toute l'apathie du sauvage qui croit n'avoir aucun moyen de résistance. D'ailleurs, nous avons dit que les Guaranis étaient un peuple doux, inoffensif, peu belliqueux, et par conséquent facile à pousser et à garder sous le joug. Leurs descendants, qui vivent encore à l'état sauvage dans les monts septentrionaux du Paraguay, sont à peu près inoffensifs, assez doux, et ne sont pas du tout entreprenants. Et puis encore, lorsque les Jésuites conçurent la pensée de se rendre souverains du Paraguay, les Indiens de cette contrée de l'Amérique avaient déjà été soumis au contact de l'oppression. Leur travail était donc à moitié fait ; aussi se présentèrent-ils aux Guaranis, non pas en conquérants, mais bien en protecteurs. Les Portugais et les Espagnols avaient écrasé, dispersé les tribus indiennes qui n'avaient pas voulu se soumettre, et se servaient des autres pour exploiter les mines du Brésil. On dit que là, comme au Mexique, les conquérants voyant diminuer le nombre des travailleurs, chassaient les malheureux Indiens comme des bêtes fauves, à l'aide de chiens dressés

(1) C'est un moine Chartreux, le Père dom Bruno de Valençuela, qui a formulé contre les Jésuites du Paraguay cette accusation extraordinaire qu'il étaye de preuves solides.

à ce *courre* humain. Les Jésuites, qui avaient participé à cette chasse infâme, la réprouvèrent à grand bruit, aussitôt qu'ils eurent fondé leurs Missions du Paraguay. Ils avaient alors un double but pour anathématiser cette curée humaine. D'abord, ils justifiaient ainsi en Europe la création de leur empire guaranique ; ensuite, ils obtenaient par là de pouvoir peupler leurs singuliers états. Les Indiens, pour échapper aux Portugais, se jetèrent avec joie dans ce lieu d'asile qu'on leur ouvrait. Bientôt les Réductions comptèrent leurs habitants par centaines de mille.

Voici quels étaient les états sur lesquels régnaient les Jésuites. Les Réductions (1) étaient au nombre de trente, dont sept se trouvaient sur la rive gauche de l'Uruguay, huit sur la droite du Parana, et quinze entre ces deux fleuves. Nous avons dit qu'il faut joindre à ces états réguliers des annexes plus ou moins vastes vers l'Est et le Sud. En n'y comprenant que ses trente Réductions, provinces ou départements, le royaume des Jésuites était encore supérieur en étendue à plusieurs des royaumes actuels de l'Europe que nous appelons états de second ordre ; et, certainement, jamais monarque européen n'a vu ses sujets se courber sous un sceptre aussi dominateur que celui que les Révérends Pères étendirent sur le Paraguay. Les Guaranis étaient de grands enfants, les Jésuites se gardèrent bien d'en faire des hommes. Loin de là ! Ils n'en firent pas même des chrétiens, du moins dans la véritable acception du mot. Les Jésuites rois apprirent à leurs sujets non pas à aimer Dieu, mais seulement à le craindre. Ainsi les magnifiques églises qu'ils bâtirent dans les provinces de l'empire guaranique étaient toutes pleines de saints à la taille colossale, à la mine terrible, au geste menaçant, dont les yeux et les membres mobiles achevaient de terrifier les pauvres Indiens ! Deux voyageurs modernes (2) disent en parlant de la décoration et de la distribution des églises des Missions

---

(1) Les Portugais, conquérants du Brésil, donnèrent le nom de *Reducciones* à leurs établissements sur les frontières des sauvages indiens. Les Jésuites conservèrent ce nom, par lequel il faut entendre une bourgade ou ville avec son territoire. Chaque Réduction est donc une espèce de province tirant son appellation de son chef-lieu.

(2) MM. Regger et Longchamp. Voyez leur *Essai sur le Paraguay*, Paris, 1827, in-8.

« que cela leur fit l'effet d'un magasin de théâtre ! » Mais on comprend que cette fantasmagorie devait agir vivement sur le simple, ignorant et superstitieux sauvage. On sait d'ailleurs que les Brésiliens ne croyaient guère, à l'arrivée des Européens, qu'à *l'Esprit du mal*, qu'ils nommaient *Agnian*. Les Jésuites leur apprirent à craindre le diable : c'est à peu près tout ce qu'ils changèrent dans leur croyance. Si l'on ajoute à ceci l'observation sévère des fêtes et des dimanches, l'obligation rigoureuse de marmotter un certain nombre de Pater et d'Ave, d'assister à la messe, d'y prier et d'y chanter sous l'œil de certains Inspecteurs religieux, on aura la portée du christianisme que les enfants de Loyola firent connaître à leur sujets du Paraguay. Ce que nous ne devons pas oublier de mentionner ici c'est que, si les Jésuites ne s'inquiétèrent guère de faire aimer aux Guaranis le Dieu des chrétiens, en revanche, ils ne négligèrent rien pour leur inspirer le respect à l'égard des ministres de ce Dieu. On peut dire même qu'ils concentraient sur eux les honneurs divins. Ainsi, lorsqu'un d'eux paraissait en public, tous les Paraguays, hommes et femmes, devaient aussitôt se prosterner et ne se relever que lorsque le haut et saint personnage était passé. Une infraction à cette règle établie était punie sévèrement par quelques douzaines de coups de fouet rudement administrés. C'était également par le fouet qu'étaient punis les délits, les fautes de diverses natures des sujets de l'empire guaranique. Le fouet, c'était, à ce qu'il paraît, le grand argument, le raisonnement unique des Jésuites rois. La prison était rarement substituée au fouet; et jamais ou presque jamais la peine capitale. C'est que chaque jour d'incarcération d'un Paraguay eût été une journée de travail perdue pour ses souverains seigneurs, pour ses despotes calculateurs; c'est que toute condamnation à mort prononcée par eux eût diminué d'une tête le troupeau dont ils étaient les suprêmes bergers. Oh! ils en avaient bien soin de ce vaste troupeau humain! Ils veillaient avec grande attention à ce qu'il eût toujours une nourriture saine et abondante, des logements gais et construits d'après toutes les règles de l'hygiène. Ils n'avaient garde de le surcharger de travaux trop rudes ou trop prolongés. Spéculateurs intelligents, ils n'en tiraient, enfin, que ce qu'il fallait pour ne pas l'épuiser. Des médecins pris parmi les Révérends bergers, soignaient attentivement les maladies qui venaient à sévir sur le grand troupeau guanarien, et, s'ils veillaient à faire cesser ou à prévenir les causes de mortalité, ils n'étaient pas moins soigneux de la reproduction. On assure que les Jésuites des Réductions, jaloux de peupler leurs états, activaient habilement l'accroissement de la population du Paraguay (1). Qu'on ne croie pas que nous plaisantons ici. C'est sérieusement, très-sérieusement que nous disons qu'au Paraguay les Jésuites, en *éleveurs* habiles, surveillaient, dirigeaient, ordonnaient même les accouplements de l'étrange troupeau sur lequel, pendant un siècle, ils étendirent leur fouet comme un sceptre dominateur. Et voici pourquoi les Révérends bergers du Paraguay n'en étaient les bouchers que le moins possible.

On voit donc que ce n'était pas l'humanité, mais bien l'égoïsme, qui dictait aux Jésuites des Réductions les soins qu'ils prodiguaient à leurs sujets. Les colons n'ont-ils pas soin de leurs esclaves? Les négriers, de leurs cargaisons humaines? On dit que ces derniers, lorsqu'ils s'aperçoivent que *la négraille* entassée dans les entreponts de leur navire va périr par défaut d'air, d'espace et de mouvement, font monter ces malheureux sur le pont, par escouades. Là, quelque matelot, rustique Orphée, se met à jouer ou à chanter quelques airs vifs et qui doivent exciter les noirs à la danse. Mais, si la lourde apathie, la souffrance aiguë, ou le morne désespoir retient néanmoins les infortunés dans leur silence et dans leur immobilité, alors le capitaine du vaisseau négrier use d'un autre moyen : armé d'un fouet, son second s'élance sur les nègres qu'il frappe à coups redoublés, et qui, sous les lanières cinglantes bientôt teintes de sang, se remuent enfin, se lèvent, courent et bondissent avec d'effroyables hurlements ; tandis que le capitaine du négrier se frotte joyeusement les mains : sa cargaison arrivera saine et sauve ; elle prend de l'exercice !...

C'est sans doute cette philosophie de la traite que les Jésuites rois mirent en usage dans leurs Réductions du Paraguay. Lorsque leurs sujets avaient convenablement travaillé, il fallait qu'ils s'amusassent.

(1) On a dit aussi que les Jésuites du Paraguay se servirent de la ruse et même de la violence pour augmenter leurs sujets.

Le plaisir était obligatoire, pour le Guarani, tout comme le labeur. La cloche de l'église était le régulateur de l'un et de l'autre. Qu'elle donnât le signal du travail ou du repos, de la messe ou du sommeil, du repas ou de la danse, il fallait que le Paraguay se dépêchât d'obéir à l'ordre crié par sa voix de bronze, ou bien le fouet des *commandeurs* Jésuites ramenait le rebelle au joug. Mais il paraît que les rébellions étaient rares. Les Jésuites avaient soin de ne fonder une nouvelle bourgade qu'avec un noyau pris dans une ancienne et qu'ils ne développaient que lentement; de façon que, lorsque la nouvelle bourgade était complétée, les rouages de son régime intérieur étaient depuis longtemps en pleine activité. Nous avons dit que ce régime ne nous était qu'imparfaitement connu : les Jésuites ne laissèrent jamais volontairement pénétrer dans les Missions du Paraguay aucun individu n'appartenant pas à leur Congrégation. Bien plus, ils interdisaient toute communication entre chaque bourgade; et, comme de ces bourgades plusieurs ne produisaient pas tout ce qui leur était nécessaire en telle chose, tandis qu'elles donnaient en telle autre un excédant de consommation, les Révérends Pères avaient imaginé d'établir, aux limites extrêmes de chaque Réduction, des endroits désignés où s'opéraient les échanges. Bien entendu que ceci s'observait plus scrupuleusement encore à l'égard des marchands qui venaient acheter les produits du Paraguay. Les Jésuites finirent même par se passer de ces intermédiaires; grâce aux deux principaux cours d'eau de leurs états, ils faisaient descendre leurs produits jusqu'à l'embouchure de la Plata; là, on les chargeait sur d'autres navires qui les transportaient en Europe ou sur les divers autres points du continent américain.

Les exportations du Paraguay devaient être considérables, surtout en pelleterie et en cuirs. Une seule bourgade jésuitique, celle de Santa-Rosa, possédait près de cent mille têtes de bétail. Nous verrons plus loin comment les Jésuites exploitaient cette branche d'industrie.

Comme le régime intérieur des Missions du Paraguay, l'administration de cet empire singulier n'est qu'imparfaitement connue. Nous savons seulement que cette administration était fort simple, fort sommaire. A la tête de chaque Réduction, il y avait un Jésuite qui, sous le titre de curé (1), était le chef suprême de sa province, chef à la fois religieux, civil et militaire. Cette sorte de gouverneur ou de préfet avait un lieutenant ou vicaire dans lequel on a vu parfois le pouvoir exécutif de chaque Réduction ; mais qui, très-probablement, était le *Socius*, le consulteur, l'espion, en un mot, placé auprès du supérieur suivant la politique de la Compagnie pour en surveiller la conduite, en faire connaître les actes, et en constater l'obéissance aveugle. A la tête de toutes les provinces de l'empire guaranique, ou Réductions, il y avait un supérieur-général investi de toute l'autorité monarchique, du moins en apparence ; car probablement les consulteurs de ce despote en robe noire et en bonnet carré devaient, à l'ordinaire, réduire sa puissance à quelque chose d'à peu près semblable à ce que serait celle d'un véritable roi constitutionnel régnant et ne gouvernant pas. Mais le singulier livre du Jésuite Mariana, qui a pour titre *Des Maladies de la Compagnie de Jésus*, nous apprend que souvent ces lieutenants du général des Jésuites, brisaient les rênes dont on avait cru brider leur ambition, ou les relâchaient autant que possible (2). Quel effroyable despotisme dut parfois alors peser sur cette contrée perdue au sein d'un vaste continent alors peu accessible, et séquestrée des terres environnantes ! Quels actes insensés du vertige de la puissance suprême se passèrent sous cet épais rideau tiré par la politique jésuitique entre leur royaume et les regards du reste de l'univers !... Sans doute ils excitèrent l'horreur du voyageur que nous avons mis en scène en commençant ce chapitre, et lui firent regarder comme un véritable enfer ce qu'il avait pris d'abord pour un paradis terrestre. Malheureusement, ce voyageur, comme on l'a deviné sans doute, n'est que la personnifi-

(1) Suivant l'acte d'accusation dressé contre les Jésuites de Portugal, les Indiens Paraguays donnaient à ce dignitaire Jésuite le nom de *Bénit-Père*.
(2) Rappelons ici ces passages précieux de l'ouvrage du Père J. Mariana : « Un Provincial ou même un Recteur renversera tout, *violera* tout. Quel est le châtiment qu'il peut s'attirer après des années? C'est qu'on lui ôte sa charge ; et encore *le plus souvent on rendra sa condition meilleure.* » Et le Jésuite nous apprend pourquoi : « C'est, dit-il, de peur que la punition fasse du bruit et nuise à l'Ordre. » Et c'est là pourquoi la Compagnie souffre ou cache les fautes de ses membres, *leurs crimes les plus grossiers*, suivant l'expression de Mariana, crimes dont le dénombrement serait *assez grand*, **avoue-t-il encore!**

cation, le symbole, la condensation des quelques données à peu près certaines, mais fidèlement recueillies, qui nous sont parvenues sur l'étrange royaume des Jésuites, malgré les efforts de ceux-ci pour en fermer les frontières aux regards de la critique.

Après avoir étudié autant que possible la question, nous croyons pouvoir affirmer qu'au Paraguay, comme partout ailleurs, la présence des Jésuites fut fatale. Les noirs enfants de Loyola reculèrent de plusieurs siècles la civilisation du Paraguay ; et cela est si vrai, que les Guaranis qui vivent actuellement dans cette contrée, après avoir été soumis pendant plus d'un siècle à l'influence des Jésuites, sont les sauvages les plus abrutis, les plus dégradés de tous ceux qui survivent encore à l'absorption européenne.

Devons-nous traiter ici la question longtemps controversée des motifs qui engagèrent la Compagnie de Jésus à fonder son royaume du Paraguay, des causes qui la firent lutter si longtemps pour interdire l'entrée aux étrangers, pour en conserver le sceptre à ses enfants? Lors du procès des Jésuites de Portugal, on argua contre eux qu'ils ne tenaient tant au Paraguay que parce que ce pays était rempli de mines d'or et d'argent. Or, il est prouvé aujourd'hui, affirment les partisans de la Compagnie, qu'il n'existe aucune de ces mines sur le territoire compris dans les Réductions.

D'abord nous dirons à ces écrivains que cela n'est pas si prouvé qu'ils le crient. Le Paraguay est trop voisin du Brésil et du Pérou pour que les riches gisements métallurgiques de ceux-ci n'aient pas au moins quelques filons poussés jusque chez celui-là : d'ailleurs plusieurs des affluents de la Plata charrient des sables aurifères et argentifères. On sait que cet immense cours d'eau doit son nom justement à cette même particularité; *Plata* signifiant, en portugais comme en espagnol: argent, métal précieux. Ensuite, il y a d'autres richesses que celles des mines ; et certainement les richesses végétales du sol Guanarique, le produit du travail des sujets des Jésuites, de leurs esclaves devrions-nous dire, et surtout celui qu'ils tiraient des innombrables troupeaux de bœufs et de chevaux qui s'étaient rapidement multipliés dans les pampas ou savanes de cette partie de l'Amérique du sud, pouvaient fournir d'assez forts impôts au coffre-fort général de la noire Compagnie. Lorsque les Jésuites s'établirent au Paraguay la croyance générale était que ce pays renfermait, comme le Brésil, des mines d'or et même de pierres précieuses. Cette croyance affriandra très-certainement les noirs Conquistadores, qui, lorsqu'ils eurent été détrompés à cet égard, ne voulurent pas perdre leurs frais d'établissements et les chances aux titres de la souveraineté de cette contrée réellement soumise par eux. Sans doute aussi ils comptaient annexer un jour le Brésil en tout ou en partie à leur empire guaranique. Mais, nous le répétons, les richesses du Paraguay en lui-même étaient assez grandes pour consoler les Jésuites de leur espoir en partie trompé. Cela est si vrai qu'aujourd'hui, — c'est-à-dire après que pendant les trois quarts d'un siècle le Paraguay délivré des Jésuites, mais sorti de leur étouffante étreinte comme un gladiateur que la lutte a brisé, presque anéanti, a été pillé par des gouverneurs espagnols ou portugais, par des Administrateurs et Directeurs de la République nouvellement fondée, — les Réductions Jésuitiques offrent encore les plus riches Églises des deux Amériques. Le fameux dictateur Francia battit monnaie plus d'une fois aux dépens de ces églises des Jésuites. Suivant MM. Regger et Longchamp (1), témoins oculaires, les gilets rouges des lanciers du Dictateur du Paraguay furent faits avec les riches tentures en damas de ces temples fastueux.

Le Père Charlevoix, Jésuite comme on sait, nous apprend, ajoutons encore ceci, que, près de l'ancien emplacement de la ville de Santa-Fé, il y avait autrefois une pêcherie de perles fort petite, et qui fut bientôt épuisée, assure-t-il ; mais il est en contradiction en ceci avec l'Archidiacre de Buénos-Ayres, Dom Martin del Barco, qui lui a fourni ce détail et qui assure que cette pêcherie était fort productive. Charlevoix avoue encore, sans penser probablement qu'il fournit ainsi des motifs à l'acte d'accusation qu'on va bientôt lancer contre sa Compagnie, qu'un Espagnol qui avait été prisonnier des Indiens du Paraguay raconta, à son retour parmi les siens, que dans la tribu où il avait résidé on ne

---

(1) Voyez leur *Essai sur le Paraguay*.

faisait aucun cas de ces perles qu'on trouvait assez fréquemment; et que les Espagnols, sur le rapport de cet homme, ayant envoyé des émissaires pour s'assurer de l'existence des perles, reconnurent qu'il avait dit vrai. Dans un manuscrit cité par Charlevoix et dont l'auteur, suivant le Père, est digne de créance, on lit, en outre, que les Dames de l'Assomption, ville capitale du Paraguay, «savent aussi bien qu'en tout autre cité se servir, pour rehausser leurs attraits, de pierres précieuses (*joyas*) qu'on trouve en quantité au Paraguay (1). »

Un des premiers écrivains qui aient fait connaître le Paraguay, Don Martin del Barco, a donné le nom d'*Argentina* à son ouvrage. Erreur ou vérité, les Jésuites crurent trouver mieux que de *l'argent* dans cette contrée: ils crurent, en y arrivant, qu'ils allaient enfin mettre le pied dans le *pays de l'or*, ce merveilleux *El Dorado*, toujours fuyant et se dérobant à l'âpre avidité des Conquistadores. L'archidiacre de Buénos-Ayres assure sérieusement que le fleuve du Paraguay prend sa source dans le lac *Parimé*, lequel est situé dans la province d'El Dorado. Cent ans encore après l'arrivée des Jésuites dans le nouveau-monde, le Père Joseph Gumilla écrivait qu'il ne regardait pas l'existence du pays de l'or comme aussi fabuleuse qu'on le prétend (2).

Ce qui est curieux, c'est que c'est le Père Pierre Loçano (3) qui a fourni à Voltaire la description de la ténébreuse entrée par laquelle pénètre dans l'El Dorado *Candide*, dans le conte célèbre qui porte ce titre. Le Révérend raconte en effet que, dans les premières années du dix-huitième siècle, un Espagnol natif de l'Assomption au Paraguay, arriva en Europe, où il répandit de nouveau la foi dans l'existence d'un pays de l'or, dont il aurait touché la frontière. Cet homme assurait qu'en compagnie d'Indiens chez lesquels il était prisonnier, après avoir remonté le Paraguay et un de ses affluents, il était arrivé vis-à-vis d'une montagne percée d'un étroit canal dans lequel les Indiens s'engagèrent après avoir pris la précaution d'allumer des torches;

(1) Voyez l'*Histoire du Paraguay*, par le Père Charlevoix, de la Compagnie de Jésus, tome 1, livre I.
(2) *El Oronico illustrado*, tel est le titre de l'ouvrage du Père Gumilla.
(3) Dans un ouvrage ayant pour titre : *Descripcion corographica del gran Chaco*.

et que lorsqu'ils eurent franchi ce ténébreux canal, ce qui se fit en deux jours, il se vit sur le bord d'un grand lac, etc...

Un écrivain moderne, très-favorable aux Révérends Pères, a prétendu nous offrir les Réductions Jésuitiques comme de véritables *Phalanstères*. Un autre, non moins amoureux de Saint-Ignace, y a trouvé la réalisation des idées du *Communisme* (1). Suivant ces deux ingénieux écrivains, les Jésuites du Paraguay auraient été tout bonnement les Saint-Simon, les Fourrier, etc. de l'Amérique. Nous ne sommes ni Saint-Simonien, ni Fouriériste, ni Communiste; mais, si nous l'étions, nous serions fort indigné de la comparaison, et il y aurait de quoi.

Les Jésuites du Paraguay, nous l'avons dit, firent vivre avec soin les corps de leurs sujets; quant à leurs âmes, ils les tuèrent, tout simplement. Les Guaranis furent invisiblement enchaînés dans un effroyable réseau, comme des volailles dans le treillage sombre où on les engraisse. Moyennant un travail modéré, ils furent, il est vrai, logés, vêtus, nourris convenablement. Mais les besoins du corps furent seuls satisfaits: ceux de l'âme ne le furent pas du tout; ou plutôt les Jésuites s'appliquèrent à les comprimer, sinon à les faire disparaître, tâche impossible. Avant les Jésuites, les Indiens du Paraguay étaient de grands enfants, sous les Jésuites ils devinrent de gros enfants; voilà tout. Les Révérends Pères se gardèrent bien d'éclairer leur esprit; ils se gardèrent de tout ce qui pouvait donner de l'activité à ces naïves intelligences. Les langes spirituels dans lesquels était enveloppée l'âme du Guarani, les Jésuites y cousirent quelques rubans fanés et les marquèrent du monogramme du Christ; mais ce fut tout. Les superstitions, ils n'essayèrent pas de les faire disparaître; non! ils les modifièrent seulement et s'en firent un moyen. L'idée de l'esprit du mal fortement empreinte, presque seule empreinte dans la croyance du sauvage, ils l'augmentèrent, sans beaucoup s'occuper de la corriger par l'idée de l'esprit du bien. Nulle part on n'est aussi superstitieux

(1) Il se pourrait que l'honneur de ces deux découvertes originales appartînt uniquement à l'auteur de l'*Histoire politique, religieuse et littéraire de la Compagnie de Jésus*.

qu'au Paraguay : et sans doute on doit reconnaître, dans ce trait de la physionomie de la population de cette contrée, l'empreinte du joug abrutissant imposé par les Jésuites à leurs sujets.

Nous trouvons, à cet égard, un détail assez piquant dans l'*Essai sur le Paraguay* : Le curé de Curuguaty, disent MM. Regger et Longchamp, envoya un jour au Dictateur Francia une pauvre vieille femme atteinte et convaincue d'être une sorcière, et d'avoir, comme telle, causé nous ne savons combien de maladies ou même de morts. Afin qu'elle ne continuât point le long de sa route ses damnables maléfices, le brave curé avait eu soin de la faire enchaîner et bâillonner avec un immense rosaire. Le Dictateur, qui était, à ce qu'il paraît, un esprit-fort, rit beaucoup de l'aventure et dit devant les auteurs de l'*Essai sur le Paraguay* : « Voilà pourtant à quoi servent *ces gens-là*! à faire croire au diable beaucoup plus qu'à Dieu!... »

Nous avons dit que ce furent surtout les terreurs du Christianisme que les Jésuites des Réductions s'appliquèrent à inspirer à leurs naïfs et ignorants sujets, et que, pour arriver à ce but, ils remplirent leurs églises d'une fantasmagorie vraiment infernale. Ainsi les saints de ces temples remuaient les yeux d'une façon terrible, brandissaient, qui sa lance, qui son grand sabre, qui sa palme du martyre; et sans doute, dans les grandes occasions, ces effrayantes images des célestes soldats étaient douées de la parole, d'une parole tonnante, comme du geste et du mouvement!... De nos jours les enfants de Saint-Ignace sont loin d'avoir renoncé à tous ces moyens de théâtre; mais du moins ils ont singulièrement adouci et embelli les détails de leur mise-en-scène : leurs églises sont de charmants boudoirs, leurs saints ont des gestes de fashionables, et leurs saintes... nous n'osons dire à quoi ressemblent leurs saintes! Enfin tout cela est mignon, gracieux, élégant, coquet, riche et voluptueux : les Révérends Pères, gens qui marchent avec le siècle, ont abandonné la tragédie antique pour le moderne vaudeville. Les habiles comédiens que les Révérends Pères!

Quelques écrivains, admettant que la Compagnie de Jésus ne retirait pas un grand profit de son empire guaranique, ont pensé qu'elle ne tint à le conserver que pour satisfaire son ambition démesurée, ses besoins de domination. Sans doute ceci est vrai en partie. Mais nous maintenons que le Paraguay était, en outre, pour les noirs enfants de Saint-Ignace, un champ fertile et bien rendant à la dîme! Sans doute aussi, ce royaume, si bien gardé que nul sujet n'en pouvait sortir, que nul étranger n'y pouvait pénétrer sans permission, dut être une sorte de *Sibérie* où les chefs de l'Ordre exilaient les individus dont on voulait prévenir ou punir la maladresse ou la défection, dont on voulait étouffer les cris, ou bâillonner les accusations. Plus d'une fois, lorsqu'on avait vu disparaître d'Europe tel ou tel membre de la Compagnie de Jésus ayant compromis son Ordre par un scandale trop grand, ou menaçant de le compromettre par des aveux trop explicites, à ceux qui s'enquéraient de ce qu'était devenu l'absent, les jaguars des forêts du Paraguay, ou les échos d'un cachot de quelque Réduction, eussent pu répondre à telle demande..... Ne fût-ce que sous ce dernier rapport, les Jésuites durent tenir beaucoup à leur empire Guanarique. Ils y tinrent tellement en effet qu'avant d'y renoncer, ils luttèrent et luttèrent vigoureusement, les armes à la main, contre les couronnes d'Espagne et de Portugal.

C'est ici le moment de donner l'historique du royaume étrange établi au Paraguay par les Jésuites et dont nous venons de décrire l'organisation autant que cela nous a été possible, privé que nous sommes de sources claires où l'on pourrait puiser sans crainte.

C'est vers l'année 1586 que les Jésuites fondèrent leur premier établissement au Paraguay. A cette époque les missionnaires de la Compagnie étaient éparpillés au Tucuman, au Brésil, au Maranham, dans la Chili, vers l'embouchure de l'immense rivière des Amazones, par toute l'Amérique méridionale, cherchant activement à établir en ces pays divers l'influence de leur Ordre. Déjà, ils possédaient un collége dans la ville Portugaise nouvellement fondée de l'Asuncion ou Assomption. Sur divers autres points ils élevaient leurs Maisons, secondés par les Espagnols, qui, venant de succéder en Amérique aux Portugais vaincus et assujettis par eux, voulaient se rendre les Missionnaires favorables et faire frayer la voie de la conquête politique par la conquête religieuse. Les Jésuites semblèrent d'abord accepter cette mission. Mais bientôt, ne croyant plus avoir besoin des Espagnols, ils ne travaillèrent plus que pour eux seuls. Il y eut dès lors de fréquentes querelles entre les Missionnaires Jésuites et les Conquérants Espagnols. Alors, sur un ordre venu du général de la Compagnie, Claude Aquavida, les Jésuites disséminés, se réunissant et concentrant leurs efforts pour les rendre plus puissants, s'en vont, sur les rives de l'Uruguay et du Parana, fonder l'empire Guanarique.

La première Réduction Jésuitique qui fut établie est celle de Lorette. Dès ce moment, le Paraguay, qui jusqu'alors n'avait été qu'une annexe de la Province Jésuitique du Brésil, fut élevé au rang de Province. Quelques années après, c'est-à-dire de 1608 à 1620, le nombre des Réductions ou des Provinces du royaume Jésuitique était déjà de plus de vingt, et celles-ci renfermaient une population assez nombreuse et assez bien disciplinée par les Jésuites rois pour qu'à cette époque le Gouverneur Espagnol de cette partie de l'Amérique, ayant voulu introduire des troupes dans les Missions, fût obligé de reculer devant l'attitude hostile des Guaranis, secrètement encouragés par leurs Bénits-Pères, et qui n'auraient peut-être pas mieux demandé que de venger sur la petite armée du Gouverneur tous les maux que les Espagnols leur avaient fait souffrir. Les Jésuites crurent devoir laisser le Gouverneur sortir de leurs Réductions, ramenant avec lui sa petite armée à peu près intacte. Cette conduite politique, ils surent s'en faire un mérite auprès du Roi d'Espagne, qui autorisa par plusieurs décrets l'existence des Réductions et la puissance dont y jouissaient les Révérends Pères dont il croyait n'avoir rien à craindre.

C'est à peu près vers cette époque que le premier Provincial du Paraguay, le Père Torrez, obtint d'un Visiteur royal, envoyé dans cette partie des possessions espagnoles, une sorte de brevet d'invention et de perfectionnement, comme on dirait aujourd'hui, lequel donnait exclusivement à la Compagnie de Jésus le droit de catéchiser les Indiens de la contrée, Guaranis et Guaycuras. C'était fermer les Réductions aux Missionnaires des autres Ordres, et consacrer la souveraineté qu'allaient s'arroger doucement les Révérends Pères sur cette partie de l'Amérique. Ce premier Provincial du Paraguay soutint habilement la lutte contre le clergé régulier du pays qui commençait à deviner les audacieuses visées des Jésuites, et contre l'Inquisition de Buénos-Ayres, qui l'accusa de profaner le sacrement du baptême en l'administrant d'un coup à des masses d'Indiens, qui le réclamaient parce que le Jésuite leur faisait espérer que la liberté viendrait après le baptême. Le Père Charlevoix avoue lui-même ce fait, et dit qu'une bourgade de près de mille feux située sur la rive orientale du Paraguay se fit chrétienne dans cette espérance; mais que le Père Torrez n'ayant pu tenir parole, au sujet de la liberté promise, les Indiens retournèrent à leur ancienne croyance. Les Jésuites du Paraguay furent aussi accusés alors de débauche avec les Indiennes, et d'autres crimes plus ou moins prouvés. La Compagnie, afin de faire taire les clameurs, sacrifia le Père Torrez, qui fut remplacé par un autre Provincial, lequel ne laissa pas que de marcher, plus doucement peut-être, mais exactement dans la voie frayée par son prédécesseur.

Il paraît que les Jésuites, dans ces commencements, essayèrent de frapper les esprits par des miracles qui devaient annoncer aux rivaux des Jésuites qu'aux Révérends Pères seuls Dieu avait donné la mission d'évangéliser le pays. Le Père de Montoya, Jésuite espagnol, dans un livre publié en l'honneur de sa Compagnie (1), raconte ainsi un de ces miracles, dont il fut témoin, et dans lequel il joua un rôle.

Un Indien converti tombe malade et expire après avoir reçu les derniers sacrements de la main du Père Montoya. On allait l'enterrer, lorsque le mort ressuscite et appelle le Jésuite, qui accourt et lui demande « ce qui lui est arrivé depuis qu'il ne l'a vu. » Alors le ressuscité, au milieu d'un nombreux auditoire émerveillé, commence le récit de ce qui lui est arrivé depuis qu'il est mort. « Lorsque le Bénit-Père m'eut quitté, disait l'Indien, mon âme se sépara de mon corps, vint se réfugier dans ce coin (le narrateur montrait un angle de sa cabane où était suspendu son hamac), et aussitôt j'aperçus un démon hideux qui me frappa sur l'épaule de sa main crochue en me disant : « Tu es à moi ! » Non, répondis-je, cela ne peut être, puisque j'ai confessé

(1) *Conquistada espiritual*, page 22. Le Père Charlevoix raconte également ce miracle.

mes fautes, et que j'en ai reçu l'absolution. A cela le démon répliquait que j'avais oublié de confesser que je m'étais enivré plusieurs fois; et il commençait à me tirer vivement à lui, lorsque saint Pierre apparut accompagné de deux anges qui, sur l'ordre du prince des apôtres, chassèrent le maudit, lequel disparut en hurlant avec rage. Saint Pierre me couvrit de son manteau, et aussitôt je me sentis transporté dans les airs. Quand la vue m'eut été rendue, je vis d'abord des campagnes charmantes, et, plus loin, une ville exactement ronde d'où jaillissait une lumière plus éclatante que celle du soleil. « C'est la cité de Dieu, me dit la voix de l'apôtre : c'est notre demeure ; mais tu ne dois y entrer que dans trois jours. Retourne donc vers la terre des vivants... — Je m'éveillai là-dessus !..... »

Là-dessus, le Père de Montoya demanda au ressuscité ce qu'il pensait de sa vision, et, dit le Jésuite, il me répondit aussitôt : « Je pense que je mourrai effectivement dans trois jours, et qu'il ne m'a été donné de vivre encore que pour que je revienne raconter les merveilles que j'ai vues, et engager tous ceux qui m'entourent à écouter attentivement vos instructions et à obéir toujours aux Pères de la Compagnie de Jésus. » Et trois jours après, cet Indien mourait effectivement, termine le Père de Montoya.....

Cependant, malgré le succès que dut nécessairement avoir un tel miracle, les Jésuites du Paraguay se servirent surtout de moyens humains pour fonder leur royaume, qui, vers 1618, commença à être régulièrement organisé. Cette même année, une des Réductions fut dépeuplée presque complètement par une maladie contagieuse. Les Jésuites la repeuplèrent en y faisant transporter des Indiens d'une autre contrée ; ces malheureux (le Père Charlevoix lui-même l'avoue) moururent presque tous, en moins d'un an, de douleur d'avoir été arrachés à leur pays natal. Il paraît aussi que les Jésuites donnaient des habitants aux parties désertes de leur empire, en y établissant des nègres transportés en Amérique par les Espagnols. Ces Africains étaient les plus dociles prosélytes des Révérends Pères, qui en faisaient leurs instruments ordinaires et s'en servirent plus d'une fois pour arrêter les désertions de leurs autres sujets : ceux-ci finissant souvent par préférer l'existence précaire, mais libre dans les forêts, au bien-être que les Jésuites leur accordaient dans les Réductions, pour prix de leur esclavage.

L'historien Jésuite de l'empire Guaranique, le Père Charlevoix, parle bien lui-même de temps à autre, dans son ouvrage, de tentatives de révolte des Indiens, et de quelques pendaisons sagement administrées comme correctifs ou préservatifs. Les Jésuites se servirent souvent, pour arracher un à un à la couronne d'Espagne les priviléges dont la masse finit par former en leur faveur une véritable charte de concession du Paraguay, du moyen suivant qui leur réussit toujours : Une tribu d'Indien faisait un beau jour irruption sur une portion de territoire à la convenance des Révérends Pères. Le gouverneur du Paraguay pour le roi d'Espagne, fort alarmé, se dépêchait d'assembler des troupes, lorsqu'un Jésuite des Réductions venait lui offrir d'obtenir la soumission des sauvages, soumission qu'il était sûr d'avance d'obtenir, on le devine, et qu'il obtenait en effet, à la condition toutefois — voyez l'habileté des bons Pères ! c'étaient les Indiens qui posaient impérieusement cette condition que l'autorité espagnole ne pouvait refuser — à la condition expresse, disons-nous, que les Jésuites seuls pourraient être les pasteurs et les directeurs religieux de ces Indiens. Les Jésuites avaient en outre le soin de faire spécifier que ceux-ci ne seraient pas esclaves des Espagnols, ou, comme on disait, ne seraient pas *donnés en commende*.

Lorsque les gouverneurs du Paraguay pour le roi d'Espagne s'aperçurent enfin qu'une bonne partie de leur province avait été ainsi doucement soustraite à leur autorité, ils voulurent plus d'une fois rendre à leur gouvernement toute son intégrité, toute son importance ; toujours les Jésuites firent échouer ces tentatives, soit par la ruse, soit par la force. Ainsi, en 1626, le gouverneur espagnol entreprit d'établir dans quelques-unes des Réductions des subdélégués qui, sous le nom de corrégidors, auraient balancé le pouvoir des Révérends Pères. Le Père Gonzalez, qui était alors Provincial, laissa les corrégidors s'établir en paix dans les Réductions. Mais bientôt un orage effroyable semble près d'éclater sur ces portions du Paraguay : les Indiens se soulèvent et menacent d'égorger tous les Européens. Alors les Jésuites arrivent et se posent en médiateurs, suivant leur tactique. Ils protégent les officiers du Gouverneur contre la fureur des Indiens, et facilitent leur fuite, qui laisse les Révérends seuls maîtres des Réductions ; mais le gouverneur n'avait pas le mot à dire, si ce n'est pour remercier ceux qui avaient arraché ses subdélégués à une mort affreuse et rétabli la paix là où son imprudence l'avait troublée! Les Jésuites rois profitèrent de ce triomphe pour agrandir leur empire.

Malgré toute l'adresse des Jésuites du Paraguay, à plusieurs reprises cependant, tant que l'œuvre de la conquête ne fut pas achevée, de terribles révoltes éclatèrent parmi leurs sujets. Ainsi, en 1628, un chef ou cacique indien qui commandait sur les bords de l'Uruguay, après avoir accepté et dépouillé tour à tour et nombre de fois le caractère de chrétien et de vassal des Révérends Pères, finit par leur faire une guerre terrible qui coûta la vie à plusieurs membres de la Compagnie, entre autres au Père Gonzalez, et couvrit de ruines les Réductions de cette partie du Paraguay. Les Jésuites se vengèrent par de cruelles représailles. Ayant assemblé une armée, ils marchèrent contre les rebelles, qui furent défaits et presque exterminés; leur chef fut tué, ou du moins il ne reparut plus. Une seconde victoire aussi complète fit rentrer les Indiens sous le joug.

Il y avait alors vingt et une Réductions de fondées dont l'importance croissait de jour en jour. Les neuf autres ne tardèrent pas à être établies; et dès lors les Jésuites du Paraguay purent se dire véritablement Rois. Leur autorité était déjà assez grande pour qu'ils pussent défendre aux gouverneurs espagnols eux-mêmes l'entrée de leur royaume, et pour que ceux-ci respectassent la défense.

Les Jésuites du Paraguay eurent aussi une longue et terrible lutte à soutenir contre les *Mamalucos*, comme on appelle les métis du pays, nés d'un blanc et d'une Indienne (1). Nous n'entreprendrons pas d'en raconter les phases variées, ce qui nous mènerait trop loin, et ce qui

---

(1) On nomme *Chôlos* les enfants d'un métis avec une Indienne ; *Curibocas* ceux issus d'un noir et d'un Indienne ; les mulâtres auxquels donnent naissance un dernier croisement des races nègres et américaines s'appellent *Saccalaguas*.

d'ailleurs n'est pas un développement indispensable de la thèse que nous soutenons. Contentons-nous de dire que, de 1630 à 1642, les Réductions eurent beaucoup à souffrir des Mamalucos, qui en réduisirent même plusieurs en cendres. Souvent les sujets des Jésuites rois se joignirent à ces adversaires que les Révérends Pères soulevaient contre eux par leur ambition ou leurs intrigues. Mais enfin, les Mamalucos furent vaincus, écrasés, et durent recevoir le joug des Jésuites, ou s'éloigner de leur royaume. En 1642, ce royaume se composait de vingt-neuf belles provinces à la tête de chacun desquelles étaient deux Jésuites jouissant d'un pouvoir presque absolu sur leurs administrés (1). L'empire Guaranique était dès lors assez florissant pour que les Jésuites pussent en exporter annuellement, pour d'assez fortes sommes, du riz, du coton et surtout des peaux de taureaux ou de chevaux. Charlevoix assure que de son temps on vendait au Paraguay un de ces animaux pour deux aiguilles, et qu'il ne sortait pas de Buenos-Ayres un navire qui ne fût chargé de cinquante mille peaux. Le même Jésuite assure qu'un des meilleurs produits des Réductions était *l'herbe du Paraguay*, qui dans une partie de l'Amérique méridionale tenait et tient encore lieu de thé. C'est la feuille d'un arbuste qu'on fait sécher, et qu'on fait infuser à peu près comme l'herbe de Chine. Les Brésiliens, Péruviens, Paraguays, Argentins, etc., ont toujours beaucoup de goût pour la boisson apéritive qu'on prépare avec ce thé américain. Le Père Charlevoix assure qu'on en exportait, pour le Pérou seulement, pour sept cent mille francs de notre monnaie, ce qui formait alors une somme énorme.

On voit que les Jésuites n'avaient pas besoin de creuser le sol de leur royaume pour en faire sortir de riches produits.

Mais, en Amérique tout comme en Europe, les Jésuites ne regardaient chacune de leurs conquêtes que comme un acheminement vers une nouvelle et plus brillante conquête. Tranquilles souverains d'une partie du Paraguay, ils voulurent étendre les limites de leur empire, et en même temps s'affranchir de toute vassalité, tant séculière

(1) Les Réductions ne furent érigées en cures que quelques années plus tard. Alors à la tête de chacune on mit un curé et un vicaire.

qu'ecclésiastique. Ils surent s'arranger à cet égard avec les gouverneurs espagnols, qui laissèrent, à partir de 1640, les Révérends Pères trôner paisiblement et sans partage sur l'empire guaranique. L'autorité religieuse se montra de plus difficile composition. Plusieurs fois déjà les évêques du Paraguay, suffragants de l'archevêque de Buénos-Ayres, avaient voulu faire reconnaître, par les Jésuites, leur juridiction supérieure sur les Réductions : ceux-ci avaient toujours su repousser cette prétention sans trop d'éclat et sans rompre précisément avec les évêques ; d'ailleurs les richesses dont ils disposaient leur offraient les moyens d'apaiser le mécontentement des prélats. De concessions en concessions, dont ils avaient eu soin de faire régulariser et consacrer plusieurs par des cédules royales, les Jésuites en étaient venus à se regarder comme affranchis dans les Réductions de la juridiction de l'évêché, lorsqu'on vit, en 1643, ce siége occupé par un nouveau prélat, don Bernardin de Cardenas.

Don Bernardin de Cardenas était issu d'une noble famille de créoles Américains. Il fut d'abord moine de l'Ordre de Saint-François ; et c'était déjà un premier motif à la haine que lui vouèrent les Jésuites ; car les Franciscains furent dans cette partie de l'Amérique les constants rivaux des noirs enfants de Saint-Ignace, auxquels ils ont fini par succéder. Don Bernardin s'attira de bonne heure une grande réputation de savoir et de sainteté. Bien entendu que les Jésuites ont nié ses titres à la sainteté comme au savoir. Suivant eux, don Bernardin fut tout bonnement un ambitieux. Quand cela serait vrai, les bons Pères auraient dû peut-être ne pas le crier si haut, de peur qu'on ne leur répondît qu'ils ne se déchaînaient ainsi contre le Franciscain que parce qu'il marchait sur leurs brisées (1). On comprend que nous sommes parfaitement désintéressé dans cette querelle dont

(1) Ainsi les Jésuites ont reproché à don Bernardin ses macérations et flagellations publiques, ses extases, ses prophéties, sans se souvenir que leur Ordre a grandement profité de pareils moyens si souvent employés par eux depuis Ignace de Loyola. « Tout ceci n'était qu'une comédie chez l'Évêque du Paraguay, » dit Charlevoix ! Eh ! mon Révérend, est-ce que les Jésuites ont, parmi leurs nombreux priviléges, celui de pouvoir être comédiens à l'exclusion de tous ! Si cela est, qu'on nous le dise, et nous crierons comme vous *raca* sur l'Évêque du Paraguay.

nous voulons tout simplement raconter sommairement les phases.

Don Bernardin de Cardenas, après avoir été Gardien de son couvent, après s'être distingué comme prédicateur et comme missionnaire, fut nommé évêque du Paraguay, en 1638, par le roi d'Espagne. Les Jésuites s'opposèrent de toutes les manières à ce qu'il prît possession de son siége, et lui fermèrent longtemps même l'entrée de la ville de l'Assomption, chef-lieu de son diocèse. Ils retardèrent l'arrivée de ses bulles pendant plusieurs années. Enfin, don Bernardin, impatient sans doute d'occuper le poste où il était appelé, se fit sacrer, à défaut des bulles pontificales, sur la présentation de deux lettres, l'une du cardinal Antoine Barberini, et datée du mois de décembre 1638, qui lui annonçait le départ des bulles de confirmation; l'autre du roi d'Espagne, dans laquelle ce monarque lui donnait le titre d'évêque.

Les Jésuites n'ont pas craint d'avancer que ces deux lettres étaient supposées, et d'accuser ainsi du crime de faux un religieux vénéré, un prélat célèbre, un évêque en définitive nommé et confirmé, sinon sacré et consacré. Don Bernardin et ses défenseurs ont prouvé de leur côté que l'accusation des Jésuites était une infâme calomnie. Antoine Arnaud a consacré bien des pages de sa *Morale pratique* à l'éclaircissement de cette affaire; et le célèbre docteur janséniste a, du moins en grande partie, aux yeux non prévenus, rejeté tout l'odieux sur la Compagnie de Jésus et ses adeptes.

Quoi qu'il en soit, les Jésuites d'Amérique refusèrent de reconnaître, en qualité d'évêque de l'Assomption, le prélat qui fut reconnu avec empressement par les autres religieux ainsi que par le clergé, et reçu avec beaucoup de joie et de pompe dans toutes les villes qu'il traversait. Indiens et Espagnols accouraient demander et recevoir la bénédiction d'un prélat qu'ils vénéraient comme un saint (1). Tout le long de la route jusqu'à l'Assomption les populations accouraient et s'agenouillaient sur les bords du fleuve que remontait une barque dans laquelle se tenait l'Évêque. Malgré l'opposition des Jésuites et d'une partie du Cha-

---

(1) Le Jésuite Charlevoix lui-même ne peut nier ceci, qui nous paraît peser fortement dans la balance du côté de don Bernardin.

pitre, le prélat fit son entrée solennelle dans le chef-lieu de son diocèse, au commencement de l'année 1643. Les Jésuites lui reprochent d'avoir renouvelé là ce qu'ils appellent tout crûment et fort imprudemment des *jongleries*. Ainsi le prélat aurait dit tous les jours deux Messes, — et nous ne voyons pas où est le mal ; on l'eût vu marcher en procession pieds nus et chargé d'une lourde croix, — le mal, ce nous semble ici, n'était que pour l'Évêque ; — il aurait recommencé ses extases, ses prophéties, etc. Mais n'est-ce pas ainsi que Loyola s'était révélé au monde chrétien ? Don Bernardin de Cardenas semble aussi avoir eu pitié du sort des Indiens et avoir tenté de l'améliorer, ce qui était sans doute un nouveau crime du prélat. Les Jésuites lui reprochent encore d'avoir accordé l'inhumation en terre sainte aux cadavres d'individus qui avaient mis fin volontairement à leurs jours. Mais le plus grand, le véritable grief des Révérends Pères contre le prélat fut qu'il eut l'audace de vouloir soumettre ceux-ci à sa juridiction religieuse et l'imprudence de laisser deviner son intention. Don Bernardin avait peut-être même résolu de donner la libre entrée des Réductions à tous les prêtres et religieux ; peut-être encore avait-il la pensée d'en chasser un jour les Révérends Pères ; nous n'en savons rien ; les Jésuites l'en accusent ; en tout cas, le prélat est absous à nos yeux.

Afin de se fortifier pour la lutte de vive force que les Jésuites prévoyaient et qu'ils amenaient par leurs intrigues, ils eurent grand soin de se rendre favorable le Gouverneur du Paraguay pour le roi d'Espagne, et finirent par le brouiller mortellement avec l'Évêque, qui l'excommunia deux fois. Le Gouverneur, soutenu par les Jésuites, répondit à l'excommunication par la violence. Bientôt, les Jésuites soufflant le feu des discordes, les choses en vinrent à ce point que le Gouverneur, homme de sac et de corde, suivant un écrivain, résolut de se débarrasser de l'Évêque, à tout prix. Il commença par chasser de l'Assomption un neveu du prélat qu'il fit enlever d'un couvent de Franciscains, dont celui-ci était membre. Don Bernardin de Cardenas demande réparation de cet attentat ; le Gouverneur don Gregorio de Hinostrosa répond par de nouvelles insultes. Les choses s'enveniment peu à peu.

Cependant, au milieu du conflit, les Jésuites semblaient garder une neutralité qui dut irriter l'Évêque, leur supérieur spirituel. Don Bernardin, au dire des écrivains de la Compagnie, dont un de ceux-ci, le Père Charlevoix, lui reproche cette conduite, avait paru vouloir se rapprocher des Révérends Pères; il les louait publiquement, hautement; il les choisit plusieurs fois pour arbitres entre lui et le Gouverneur. Les Jésuites se gardèrent bien de rétablir la paix; ils avaient trop intérêt à la guerre; la guerre donc, une guerre véritable, cruelle, acharnée, éclata enfin. Les combattants étaient, d'un côté, le Gouverneur et ses soldats, marchant en première ligne avec les Jésuites et leurs Indiens pour arrière-ban; de l'autre, l'Évêque soutenu par la plus grande partie de la ville de l'Assomption, avec les moines franciscains.

Cependant don Bernardin de Cardenas, pour échapper aux insultes et aux mauvais traitements de la soldatesque du Gouverneur, était sorti de l'Assomption, après avoir excommunié de nouveau Gregorio de Hinostrosa et tous ses partisans, et avoir mis la ville en interdit. Cette démarche eut un résultat favorable pour l'Évêque. Les Jésuites reculèrent devant le scandale, et le Gouverneur devant la crainte d'être destitué. Ce fut lui-même qui, au bout de cinq mois environ, fut supplier le prélat de tout oublier et de rentrer dans le chef-lieu de son diocèse. Peut-être don Bernardin usa-t-il un peu trop durement de son triomphe; sans doute aussi les Jésuites, qui ne voulaient à aucun prix le rétablissement de la paix, mirent tout en usage pour ramener les jours de discorde et de troubles. Les écrivains Jésuites avouent que le Gouverneur, prenant mal son parti, finissait toujours par se mettre dans son tort (1). L'Évêque l'excommunia de nouveau. Les Jésuites, alliés du Gouverneur, firent lever l'excommunication en faisant apparaître devant les murs de l'Assomption des bandes d'Indiens qui menaçaient d'un siége la ville alors décimée par une maladie contagieuse. L'Évêque dut céder pour le moment, et sur-le-champ les sauvages disparurent. Mais, devinant bien quelle était la main qui avait poussé les Indiens devant l'Assomption, don Bernardin éclata en reproches contre les Jésuites. Ceux-ci n'étaient pas gens à s'intimider pour si peu.

(1) C'est le grand reproche que le Jésuite Charlevoix fait à ce gouverneur. Voyez l'*Histoire du Paraguay*, livres X, XI et XII, tomes II et III.

Sac de la Ville de l'Assomption.

Bientôt même, levant le masque, ils se montrèrent en première ligne parmi les ennemis de l'Évêque. Celui-ci, usant d'un droit reconnu, retire aux Jésuites les cures qu'il leur avait données, et veut même faire fermer leurs Maisons. Alors, les fils de Loyola ne gardant plus aucune mesure, don Bernardin est de nouveau obligé à fuir. Mais bientôt les habitants de l'Assomption se soulèvent contre les Jésuites et rappellent leur Évêque qui bannit à son tour ses irréconciliables ennemis.

Aussitôt un grand cri s'élève dans les Réductions. Les Indiens, sujets des Révérends Pères, courent aux armes, s'embrigadent, s'exercent et se mettent en marche pour l'Assomption. Des Jésuites les commandent et s'avancent à leur tête, à cheval, le sabre et le pistolet à la main.

Cependant l'armée indienne avait ostensiblement pour chef un certain don Sébastien de Léon, que les Jésuites avaient fait nommer Gouverneur par intérim du Paraguay; car don Grégorio venait de mourir. L'armée des Jésuites, après avoir pillé et saccagé plusieurs endroits qui tenaient pour l'Évêque du Paraguay, vint enfin mettre le siége devant la ville de l'Assomption, dont elle s'empara d'assaut et où les sauvages commirent mille atrocités, souffertes, sinon autorisées par ses chefs en robe noire. Le sac de l'Assomption rappelle les hideuses expéditions de ce genre qui se répétèrent si souvent en Allemagne pendant la guerre de Trente Ans; mais les bandes de Wallenstein ou du vieux Tilly auraient peut-être reculé devant les horreurs dont la malheureuse ville de l'Assomption fut le théâtre pendant plusieurs jours (1).

Don Bernardin de Cardenas, tombé entre les mains de ses ennemis, faillit être massacré par les Indiens. Ceux-ci, dirigés par leurs officiers en robe noire, l'arrachèrent d'une église dont la faim lui fit ouvrir les portes, le jetèrent dans un cachot avec plusieurs de ses partisans ecclésiastiques et laïques, et finirent par le conduire brutalement aux frontières de son diocèse, sur lequel il lui fut défendu, sous peine de mort, de remettre les pieds.

(1) Nous avons adouci plutôt qu'exagéré les traits de cette peinture sommaire. Le *Memorial* écrit sur cette affaire et présenté au roi d'Espagne par un Religieux de saint François contient des instructions juridiques signées par de nombreux témoins, qui donnent un effroyable caractère de froide atrocité à la conduite des Jésuites.

Après cette expédition les Jésuites s'occupèrent de pacifier la ville de l'Assomption. Pour cela, dit-on, ils eurent recours à un excellent moyen. Ce fut de faire planter des potences et de menacer d'y accrocher tous ceux qui ne reconnaîtraient pas la justice de l'expulsion de don Bernardin de Cardenas. On comprend que, de ce point de vue, la conduite des Révérends Pères dut paraître admirable à tous les habitants de la malheureuse cité.

Nous avons dit déjà que nous ne voulions prendre parti ni pour l'Évêque ni pour les Jésuites. Nous admettrons même que le prélat était dans son tort, nonobstant les témoignages qu'offrirent en sa faveur don Juan de Palafox, autre victime de la Compagnie de Jésus, l'Évêque de Buénos-Ayres et nombre d'autres ecclésiastiques de tout rang. Il n'en est pas moins vrai que la conduite des Jésuites du Paraguay fut infâme en cette circonstance.

Oui, le sang des enfants écrasés par les Indiens, des femmes égorgées après que la brutalité des sauvages s'était assouvie sur elles, devra surtout faire pencher vers une suprême et terrible condamnation la balance où Dieu doit un jour peser définitivement la noire et hideuse Congrégation !..... Le sac de l'Assomption eut lieu en 1649. Les Jésuites récompensèrent don Sébastien de Léon des sanglants hauts faits auxquels il avait présidé, en lui faisant décerner par leur Général le titre glorieux de Conservateur et de second fondateur du collége de l'Assomption, et en lui faisant conserver par le roi d'Espagne son titre de Gouverneur du Paraguay.

Cependant la cour d'Espagne avait été saisie du différend ; mais les Jésuites parvinrent à faire approuver leur conduite ou du moins à éviter qu'elle ne fût condamnée juridiquement. D'ailleurs l'Espagne allait avoir besoin des Révérends Pères. Le Portugal venait de secouer le joug de l'Espagne et de reconquérir son indépendance. Il voulut aussitôt recouvrer les colonies qu'il avait autrefois possédées en Amérique. Le Paraguay fut un des premiers points qu'attaquèrent les armes portugaises. Grâce au concours des Jésuites et à leurs Indiens, les Espagnols repoussèrent leurs ennemis.

Cependant un traité de paix avait été signé entre l'Espagne et le

Portugal désormais reconnu indépendant. La lutte n'en continua pas moins en Amérique. A plusieurs reprises les Réductions fournirent aux gouverneurs espagnols des armées de cinq à six mille Indiens bien armés et parfaitement disciplinés que commandaient de Révérends Officiers en robe noire : on dit que plusieurs de ces officiers se conduisirent en habiles et vaillants hommes de guerre;—mais non certes en hommes de Dieu! Les Jésuites, bien entendu, surent parfaitement faire payer au roi d'Espagne l'assistance qu'ils lui prêtaient. D'ailleurs, ils étaient assez puissants alors pour qu'on dût les ménager.

Ils ne furent pas moins utiles pour comprimer les révoltes qui, à plusieurs reprises, éclatèrent dans les colonies espagnoles. Une de ces révoltes faillit séparer le Paraguay de la mère-patrie. Un homme y essaya, pendant quelques années des commencements du dix-septième siècle, le rôle que devait jouer avec succès, de nos jours, le Dictateur Francia. Cet homme se nommait Antequera. Grâce aux Jésuites, le rebelle, longtemps heureux, fut battu, pris et exécuté en 1731. Antequera voulait, à ce qu'il paraît, faire du Paraguay un état indépendant dont il espérait être le chef. Les Jésuites comprirent tout ce que la réalisation d'un pareil projet entraînait de conséquences fatales pour eux; ils se prononcèrent donc vivement contre la révolte. Antequera les chassa de l'Assomption; et, s'il eût réussi, il est probable qu'il aurait été les relancer jusqu'au sein de leurs Réductions. Nous venons de dire comment les Jésuites surent éviter ce danger.

La mort d'Antequera n'apaisa pourtant pas encore la révolte qui était dirigée autant au moins contre la Compagnie de Jésus que contre la couronne d'Espagne. Ils furent, en effet, de nouveau chassés de l'Assomption, où ils étaient revenus avec le Gouverneur. Mais ils étaient tellement odieux, et cela se conçoit bien, que le Gouverneur du Paraguay, voulant à toute force les y rétablir comme auparavant, se vit abandonné par tout le monde et fut tué au milieu d'un nouveau soulèvement. L'Évêque de Buénos-Ayres, nommé Gouverneur, ne put calmer l'orage qu'en en dirigeant le choc contre les Jésuites, qui furent déclarés à jamais bannis de l'Assomption, où tous leurs biens furent confisqués au profit de la *Commune* ou de la *Junte Générale*, comme les insurgés nommaient l'État qu'ils fondaient et dont le chef portait le titre de *Défenseur*. Les Jésuites lèvent encore une armée nombreuse parmi leurs sujets des Réductions et la mettent à la disposition du nouveau Gouverneur, qui, grâce à ce renfort, bat les insurgés, exile ou fait pendre les membres de la Junte Générale, et peut écrire, en 1735, à son souverain que « l'ordre règne au Paraguay. » — L'Ordre des Jésuites, oui! Ce qui n'est pas du tout la même chose, à en juger du moins d'après deux *Mémoires* que présentèrent à cette époque au roi d'Espagne un ecclésiastique français qui avait pu jeter un coup d'œil sur les Réductions, et un gouverneur espagnol don Martin de Barua, et dans lesquels les Révérends Pères sont peints sous de sanglantes couleurs, eux et leurs actes.

Mais de toutes les luttes qu'eurent à soutenir les Jésuites rois du Paraguay, la plus vive, la plus longue, la plus remarquable est sans contredit celle que, de 1750 à 1767, ils soutinrent contre les couronnes d'Espagne et de Portugal. Quoique pressés par les limites que nous nous sommes imposées, nous voulons esquisser au moins à grands traits ce fantastique et vraiment extraordinaire tableau d'histoire.

Après avoir supporté, pendant les trois quarts d'un siècle environ, le joug de l'Espagne qui l'avait réduit à n'être plus qu'un de ses royaumes, le Portugal était enfin parvenu à reconquérir le rang de nation indépendante. En 1740, Jean IV, de la maison de Bragance, était intronisé, et, après une lutte sanglante, forçait l'Espagne à le reconnaître comme roi de Portugal. Dans le partage des colonies américaines entre les deux couronnes, le Brésil fut rendu au Portugal, l'Espagne conserva le Paraguay : seulement, par suite des traités, cette dernière puissance céda à la première toute la partie orientale du Paraguay qui touchait au Brésil; par cet arrangement les sept Réductions de la rive gauche de l'Uruguay passaient au Portugal.

Certes, quoi qu'en disent les défenseurs de la Compagnie, les deux puissances contractantes étaient parfaitement dans leur droit en faisant ces traités, échanges ou cessions; seulement elles avaient eu le tort de laisser s'élever entre elles une troisième puissance avec laquelle il fallut compter, lors de l'exécution de ces mesures. Les Jésuites, qui s'étaient habitués à se regarder comme les souverains de la partie du Paraguay où ils avaient fondé leurs Réductions, jetèrent les hauts cris contre ce qu'ils regardèrent comme un véritable démembrement de leur empire. La Compagnie de Jésus lutta diplomatiquement en Europe contre ce démembrement, tout en s'apprêtant à lutter à main armée en Amérique. Malheureusement pour les Révérends Pères, le Portugal avait alors pour ministre dirigeant un homme dont ils s'étaient fait un ennemi mortel, le marquis de Pombal ; ou plutôt, la nation portugaise et sa nouvelle famille royale se rappelaient que les Jésuites n'avaient pas été étrangers à la catastrophe qui avait précipité le Portugal sous le joug castillan. Don Joseph de Bragance, deuxième roi de la restauration portugaise, somme les Jésuites de lui livrer les sept Réductions de l'Uruguay. Pombal s'apprête à détruire leur influence au Portugal même. A ceci répondent alors l'assassinat de Joseph de Bragance, en Europe, et, en Amérique, la guerre du Paraguay (1).

Les gouverneurs espagnols et portugais dénoncèrent à leurs cours respectives et à l'Europe la conduite des Jésuites au Paraguay, dans un écrit rempli de faits curieux non moins que d'accusations terribles dirigées contre les Révérends Pères, et qui porte pour titre : *Relation abrégée concernant la république que les Jésuites du Portugal et d'Espagne ont établie dans les pays d'outre-mer de ces deux monarchies, et de la guerre qu'ils y ont excitée*, etc. (2).

Les Jésuites, comme on le pense bien, ne se firent pas faute de répondre. L'affaire fut réciproquement portée devant les conseils de Castille et de Portugal, devant le Saint-Père, devant l'opinion publique. Après des négociations, des temps d'arrêt, il fallut en venir à la

---

(1) Voyez les *Instructions* du roi de Portugal à ses ministres en cour de Rome, le *Décret* du cardinal Saldanha, les Brefs de Benoît XIV, et autres pièces relatives à ces événements que nous décrirons du reste plus en détail dans notre second volume, quand nous retracerons les actes des Jésuites dans leur province de Portugal.

(2) C'est un petit factum de soixante-huit pages. Les partisans de la Compagnie de Jésus, qui en font l'œuvre du marquis de Pombal, prétendent que c'est un tissu d'impostures et de calomnies. La plus grande des erreurs commises par l'auteur ou les auteurs de cet acte formel d'accusation n'est pourtant, à notre avis, que le nom de *République* donné aux Réductions jésuitiques. C'était certes un bel et bon royaume !

voie des armes pour vider la question. La guerre enfin fut ouvertement déclarée entre les souverains d'Espagne et de Portugal, et les Jésuites rois du Paraguay. Ceux-ci fortifièrent leurs villes, et appelèrent leurs sujets aux armes. Malheureusement, si leur royaume était devenu assez peuplé pour leur fournir des armées, ses habitants abrutis, démoralisés sous leur joug, ne pouvaient fournir que de bien mauvais soldats, sans courage, sans zèle, sans élan. Eh! qu'importait au Guarani le nom de ses dominateurs? Oppression pour oppression, esclavage pour esclavage, il en était venu à ne s'inquiéter de rien. Sans doute même quelques-uns désiraient-ils en secret un changement qui ne devait rien amener de pire, et qui pouvait peut-être faire éclore quelque chose de mieux. Les Jésuites rois sondèrent les dispositions de leurs sujets et entreprirent de faire sortir, au moins pour un temps, une étincelle de ce froid caillou. Ils ravivèrent les vieilles haines des Indiens contre les Espagnols et les Portugais. Ils les excitèrent au combat en faisant briller à leurs yeux l'antique liberté se réveillant aux fanfares de la victoire. Ils ne négligèrent pas non plus de ranimer l'esprit national parmi les Guaranis et parmi les débris des autres tribus indiennes.

Un jour, la rive gauche de l'Uruguay fut le théâtre d'un singulier spectacle. Dans une vaste prairie de forme circulaire, ceinte d'un côté par le fleuve, de l'autre par la forêt, près de cent mille Indiens de tout sexe et de tout âge étaient rassemblés. Sous l'apparence de stoïque apathie qu'affecte toujours le sauvage indien, on devinait une fiévreuse agitation; d'électriques tressaillements semblaient tout à coup faire onduler cette foule immobile et silencieuse. De temps à autre, un murmure grave et subitement étouffé s'élevait de son sein. Et puis, on n'entendait plus que la grande voix de la forêt à laquelle répondait la voix monotone du fleuve. Tous les regards se dirigeaient vers une petite éminence qui s'élevait au milieu de la savane, et qui semblait l'ouvrage des hommes plutôt que celui de la nature. C'était en effet une sorte de *tumulus* indien. Là, jadis existait la principale *aldée* des Guaranis : c'était là que les chefs de leurs nombreuses tribus se réunissaient autrefois autour du *feu du conseil*. La grande bourgade indienne avait été brûlée par les conquérants européens, et sous ses murs écroulés gisaient les ossements de plus de mille victimes. La nature, qui semble avoir mission du ciel de réparer, ou du moins de cacher les suites de la fureur de ceux qui se nomment fièrement son chef-d'œuvre et ses maîtres, avait depuis longtemps jeté sur ces ruines attristantes un épais et riche tapis de gramen marqueté de fleurs magnifiques. Au sommet de l'éminence, une sorte de vaste tente avait été placée. Les cent mille regards de la foule, acérés et rapides comme la flèche qui vole au but, jaillissaient continuellement vers la tente, et semblaient vouloir en percer les plis ondoyants.

Tout à coup un pan de la tente fut soulevé et un groupe d'hommes vêtus de longues robes noires en sortit, les mains jointes et semblant murmurer une prière fervente.

« Les Bénits Pères! » dirent tout bas les Indiens en s'agenouillant.

C'étaient en effet les chefs de l'Empire guaranique, ayant au milieu d'eux le Provincial ou Chef Suprême du Paraguay, le Père Barreda, vieillard octogénaire. Celui-ci fit le tour de la plate-forme sur laquelle on avait élevé la tente, et, levant les mains, bénit son peuple agenouillé. En ce moment un chœur harmonieux entonna sous la tente le psaume *In exitu Israel*. La foule disait les répons. Puis il y eut un grand et solennel silence. Ce fut le Provincial qui le rompit.

Dans un discours habile il rappela à la foule, qui l'écoutait avec une religieuse attention, l'immensité de douleurs et de misères dans laquelle étaient plongées les tribus indiennes lorsque les Jésuites arrivèrent au Paraguay. Il retraça, en y ajoutant des couleurs plus sombres, le tableau des atrocités commises par les Portugais et par les Espagnols envers les Guaranis et les diverses tribus de la grande famille Tupi. Il dit comment ceux qui n'échappèrent pas par la mort ou par la fuite à la poursuite acharnée des oppresseurs durent se laisser enchaîner par les liens du plus dur esclavage; comment, lorsqu'ils redoutaient une révolte des Indiens, ou seulement afin de la prévenir, ces barbares conquérants leur faisaient une chasse mortelle à l'aide de chiens dressés, ou bien avec des pièges à loups ; comment, enfin, chose plus horrible mille fois, ils décimaient la population d'une aldée indienne qui leur semblait trop grande et partant redoutable en y envoyant des cadeaux *imprégnés du virus mortel de la petite vérole*... (1).

« Alors, continua le Jésuite, Dieu nous suscita pour vous défendre ; et nous vînmes nous placer comme un bouclier tutélaire entre les oppresseurs et leurs opprimés, entre les bourreaux et leurs victimes. Indiens, mes frères, mes enfants, vous savez ce que nous avons fait pour vous, dans votre intérêt seul ; eh bien, on veut nous empêcher de le faire encore ! La protection que Dieu vous avait donnée, des méchants veulent vous la retirer, afin de pouvoir de nouveau lâcher leurs vices et leur inhumanité au milieu de vous, ainsi que des bêtes de proie altérées de sang et de carnage, auxquelles vous servirez de pâture comme autrefois !... Guaranis, tout ceci est vrai, vous le savez ! Et c'est le cœur brisé que je vous le rappelle. Guaranis, les jours de malheur se sont levés pour vous ! Mes enfants, vos Pères Spirituels ne peuvent plus rien pour vous. On vous enlève à nous ; on nous ordonne de vous fuir !... Mais, quand nous ne serons plus parmi vous, qui donc vous enseignera à souffrir du moins avec patience les maux prêts à fondre sur vos têtes infortunées ? Les premiers souffles de l'effroyable tempête qui va bientôt s'abattre sur ces contrées, que nous avions faites si paisibles, nous disperse et nous chasse loin de vous comme des feuilles tombées à l'entrée de l'hiver. Guaranis, ô mes enfants ! faut-il donc que nous nous séparions ?... »

Pendant bien longtemps encore le Jésuite parla ainsi de sa voix tremblante et cassée, dont les moindres accents parvenaient pourtant distincts au milieu de la foule silencieuse, attentive. Pendant bien longtemps il s'appliqua à faire comprendre aux ignorants Indiens qu'on les enlevait à leurs anciens maîtres pour les vendre à de nouveaux, ainsi que de vils troupeaux qu'on prend dans leurs pâturages pour les mener au marché. Il laissa entrevoir à ses naïfs auditeurs qu'on ne chassait les Jésuites du Paraguay que parce qu'ils voulaient en régénérer les peuples. Tout ce qu'il ne disait pas il le faisait deviner. Et quand il eut ainsi bien

(1) Ces accusations dirigées contre les Portugais et contre les Espagnols, nous sommes forcé, à la honte de l'humanité, de dire qu'elles sont fondées ; les Jésuites surent tirer parti des cruautés des conquérants européens commises sur les Indiens d'Amérique.

longtemps retourné le couteau dans la plaie d'épouvante et d'angoisse que sa parole venait de creuser au cœur de chaque Guarani, il s'arrêta en poussant un long cri de douleur, auquel répondit un effroyable hurlement s'élançant de cent mille poitrines haletantes.

La mer longtemps immobile de la foule indienne accourut par houles impétueuses et bondissantes, et envahit même la base de l'éminence sur laquelle se tenaient les Bénits-Pères. Les Guaranis, moins par amour des Jésuites que par crainte et par haine des Portugais, criaient à leurs souverains en robes noires de ne pas les abandonner. Les uns baisaient le bas de la robe des Révérends qui pleuraient d'un air d'attendrissement parfaitement joué; les autres se roulaient par terre comme des furies avec des cris de rage. On vit même une femme, mégère échevelée, brandir par-dessus sa tête, comme une fronde, un petit enfant qu'elle tenait par les pieds et qu'elle menaçait de briser contre une roche plutôt que de le laisser vivre pour être l'esclave des Portugais...

Les Jésuites laissèrent quelque temps bouillonner en liberté cette lave humaine dont ils augmentaient l'effervescence loin de la calmer. Mais ils savaient trop bien qu'elle devait se refroidir au moindre obstacle sérieux. Les Guaranis, sous le joug jésuitique, avaient perdu toute leur énergie réelle. Aussi les Bons Pères avaient résolu de leur administrer, en désespoir de cause, un stimulant suprême sur lequel ils comptaient beaucoup.

Le Provincial, presque centenaire, fit donc un signe pour indiquer qu'il allait reprendre la parole. La tempête qu'avait déchaînée son discours précédent se calma par degré, et s'éteignit bientôt après quelques sourds râlements de plus en plus étouffés. Le silence régna de nouveau.

« Guaranis, cria le Jésuite, en Europe, — là où vivent les Espagnols et les Portugais, — on nous accuse de n'être avec vous et pour vous que pour régner sur vous! On flétrit du nom d'ambition la charité qui nous a portés à vous rendre meilleurs, à vous faire connaître le vrai Dieu! On appelle égoïsme et vil calcul l'amour et les soins que nous vous avons si longtemps prodigués! Aujourd'hui même nous donnerons à ces accusations odieuses et mensongères un solennel démenti. En tant que ma parole peut suffire à cela, mes enfants, vous êtes libres! Désormais sont déliés les liens qui nous attachaient les uns aux autres, si ce n'est ceux du respect que vous garderez, j'en suis sûr, pour le caractère sacré dont nous sommes revêtus; ceux de l'affection que nous conserverons toujours pour vous qui êtes nos fils d'adoption. Désormais c'est à vous de voir ce que vous devez répondre aux Espagnols et aux Portugais qui vous parquent, vous comptent, vous divisent et vous échangent, pauvre troupeau, dont nous fûmes si longtemps les pasteurs! Guaranis, allez, je le répète, vous êtes libres!......»

Il y a dans ce mot : « Liberté » quelque chose de si enivrant que les pauvres et énervés Guaranis se sentirent remués, galvanisés en l'entendant rouler sur leurs têtes. Il y eut alors comme un écho du passé qui vint bourdonner aux oreilles des Indiens, et qui leur fit penser à un riant avenir. Mais ce ne fut qu'un rapide éclair dans la nue sombre et lourde. Les Paraguays étaient depuis trop longtemps esclaves, et trop habilement façonnés au joug, pour qu'ils ne fussent pas embarrassés de cette liberté qu'on leur jetait ainsi à l'improviste. Lorsque, pendant quelques heures, ils se furent repété les uns aux autres, comme de grands enfants : « Nous sommes libres! — Nous sommes libres! » ils commencèrent à penser que ce n'était pas suffisant. Puis cette liberté qu'on leur avait rendue, il faudrait la conserver; comment s'y prendraient-ils pour cela? Devaient-ils retourner à leur ancienne vie errante? Allaient-ils se disperser par fractions et par tribus comme autrefois dans les forêts? Mais, les nouveaux goûts, les nouveaux besoins qu'on leur avait fait connaître, comment alors pourraient-ils y satisfaire?

Tout cela troublait fort le plaisir que les Indiens ressentaient en se voyant libres. Puis, déjà des ferments de discordes se glissaient dans cette foule violemment et subitement surexcitée; parmi ces pauvres et naïves gens qui se voyaient, sans transition, brusquement passer de l'état d'esclaves à la dignité d'hommes libres, les débris des diverses tribus indiennes cherchaient à se reconstituer, et, par suite, aspiraient à posséder le territoire où s'élevaient jadis leurs anciennes aldées. Il y avait à cet égard, doute, confusion, prétentions opposées, et querelles imminentes. Puis encore, déjà se faisaient jour les ambitions particulières. Les descendants des anciens chefs ou caciques d'une tribu parlaient plus ou moins haut, suivant l'authenticité de leurs titres, des droits qu'ils avaient à être chefs ou caciques, comme leurs ancêtres. Enfin, après une délibération longue et confuse à laquelle prirent part les principaux Indiens et les vieillards les plus respectés, il fut convenu qu'on demanderait aux ex-maîtres des Guaranis la conduite qu'il fallait tenir et les plans qu'on devait adopter.

Les Jésuites, cependant, s'étaient retirés de nouveau sous leur tente, d'où, de temps à autre, on entendait leurs voix s'élever et s'unir pour demander à Dieu le bonheur de leurs frères indiens.

Lorsque la députation des Paraguays gravit l'éminence, un chœur de voix harmonieuses s'éleva de nouveau de la tente, d'où l'on vit sortir le Provincial seul cette fois. Lorsque la députation eut fait connaître au Père Barreda le motif de sa venue, le Jésuite s'agenouilla et sembla, par son attitude, demander à Dieu l'inspiration qui devait sauver ses frères les Indiens. Ceux-ci attendaient en silence et immobiles. Bientôt Barreda, se levant, le regard enflammé, et comme s'il venait de communiquer avec les esprits d'en haut, adressa ces paroles à la foule attentive :

« Guaranis, j'ai porté par la prière vos vœux aux pieds de l'Éternel, et voici ce que l'ange qui veille à la droite de son trône vient de murmurer à mon oreille : — Il faut que le Paraguay ne forme qu'une nation, et les Guaranis seront un grand peuple. Il faut qu'un chef marche à leur tête, et ce chef sera le Christ et l'oint du Seigneur! — Ce chef, continua le Jésuite avec exaltation, Indiens, mes frères, mes enfants; ce chef dont nous serons désormais les fidèles conseillers, les humbles ministres, ce chef, vous allez le voir apparaître au milieu de vous; ce chef qui doit vous conduire au combat, c'est-à-dire à la victoire, à la liberté, c'est-à-dire au bonheur, Guaranis, le voici! »

A ces mots, le Père Barreda fait un signe de la main; le chœur des voix invisibles entonne l'hymne de triomphe *Pange lingua*; la tente qui couronne l'éminence tombe comme sous le souffle d'une tempête invisible, et un spectacle extraordinaire frappe les regards de la foule.

Sur le haut de la petite colline, un autel a été construit. Trente prêtres revêtus de magnifiques costumes pontificaux l'entourent et prient, tandis qu'autour d'eux les choristes sacrés forment un second cercle; un troisième est formé, à triple rang, par une centaine de nègres armés en guerre et qui s'appuient immobiles sur leurs sabres nus. Au quatre coins de l'autel, quatre beaux enfants indiens agitent des encensoirs où brûlent les plus suaves parfums, et, à travers le nuage odorant, au pied d'un immense crucifix d'or massif qui s'élève du milieu de l'autel, on aperçoit une bannière et une épée placées en croix.

Mais ce qui surtout, au milieu de cette pompe, attire les regards de la foule émue, c'est un homme qui se tient debout devant l'autel, une main appuyée sur la bannière, et l'autre sur l'épée nue. Cet homme jeune encore est vêtu d'une longue robe blanche; sa tête et ses bras sont nus, et la couleur de sa peau annonce qu'il est de race indienne.

Un grand mouvement a lieu parmi la foule à travers laquelle a passé comme une étincelle électrique; un immense cri s'élève et s'éteint en sourdes exclamations gutturales. Toutes ces poitrines indiennes halètent sous une émotion puissante mais encore indistincte. On voit que les Guaranis doutent, mais qu'ils pressentent; qu'ils craignent, mais qu'ils espèrent. A ce moment, l'individu qui, vêtu d'une robe blanche, se tient debout au pied de l'autel, sur un signe du Père Provincial se tourne vers les Indiens, et dit, au milieu d'un silence solennel :

« Fils du *Fleuve-Couronné* (1), jadis vous viviez heureux et libres dans les aldées dont vos ancêtres avaient choisi l'emplacement. Heureux et libres, vous erriez à travers vos forêts giboyeuses, à travers vos terrains-de-chasse dont le pied seul de l'Indien connaissait le sentier tracé à travers les grandes herbes par le jaguar terrible, ou par le

---

(1) C'est le nom que donnaient, dit-on, au fleuve du Paraguay quelques peuplades indiennes.

tapir-assou, qui est comme une colline mouvante. Mais vous ne connaissiez pas alors le Grand-Esprit, le vrai Dieu; vous ne lui adressiez pas vos prières; vous ne pensiez pas même à lui : vous ne méritiez ni votre bonheur, ni votre liberté.... Un jour, nos pères virent, du côté où le soleil se lève, les hommes blancs arriver avec leurs tonnerres dans les mains. Vous savez que je parle des mousquets. Nos ancêtres ne connaissaient que la flèche et le casse-tête de *pao-ferro* (bois de fer). Ils furent vaincus. C'était la volonté de Dieu; mais les ministres de sa colère dépassèrent les ordres qu'ils en avaient reçus. C'étaient des méchants qui ne pensaient qu'à satisfaire leurs intérêts et leurs passions. Faut-il que je vous dise ce qu'ils firent? Non, du terrain sur lequel je pose mes pieds de grandes voix ne sortent-elles pas sans cesse pour vous rappeler ce que firent les *faces-pâles?* Et, de ce lieu à celui qu'un daim rapide atteindrait par une course précipitée de plusieurs soleils, connaissez-vous un petit coin de terrain d'où ne sortent pas des voix pareilles, disant les atrocités commises par ceux qu'on nomme Espagnols et Portugais, et qui habitent bien loin, aux lieux où le soleil se lève?... Mais un jour, Dieu, qui savait que, si nous ne l'aimions pas, c'était parce que nul ne nous avait parlé de lui, regarda le long du Fleuve-Couronné, et, voyant la misère des Indiens, dit : « C'est assez ! » Alors les *Robes-Noires* vinrent se placer entre le malheur et le Guarani éperdu. C'étaient les premiers de nos Bénits-Pères. Ils nous apprirent à connaître et à prier Dieu, et Dieu dit : « Tous les Paraguays sont mes enfants ! » Ils nous donnèrent le pain pour nous nourrir, la poudre pour tuer les bêtes farouches de la forêt, ou pour nous défendre contre des ennemis plus redoutables encore. Ils nous apprirent à bâtir des villes et à cultiver les champs. Ils bercèrent comme un petit enfant malade la nation des Guaranis, si bien qu'elle cessa ses cris de douleur, et ne sentit plus la souffrance.

« Et parce que les Bénits-Pères ont fait ceci, on veut qu'ils partent et s'en aillent loin, bien loin du Fleuve-Couronné. Mais Dieu ne veut pas cela; et mes frères ne le souffriront pas! Les Espagnols ont dit aux Portugais : « Ce terrain de chasse est à vous; cette bourgade est à nous. Prenez cette forêt; nous voulons garder cette prairie. » Les

Indiens de la bourgade ou de la forêt, de la savane ou du pays cultivé doivent, suivant eux, être partagés comme les palmiers et les épis, comme le gibier et le bétail ! Non, cela ne doit pas être. Indiens, tous ceci était à vous, bien des milliers de soleils avant que le premier des hommes blancs eût marqué sous notre ciel la trace fatale de ses pas..... Guaranis, voulez-vous que les ossements de vos pères égorgés reposent en paix, il faut que le sol qui les recouvre appartienne à leurs seuls descendants dont on a volé l'héritage ! Dites aux *faces-pâles* que le soleil du Paraguay est trop vif pour qu'il leur soit salutaire ; et que les *peaux-rouges* doivent les remplacer enfin complétement sur les bords du Fleuve-Couronné. Dieu veut qu'il en soit ainsi. N'est-ce pas sa voix que j'ai entendue, et qui me disait : « Va! » Guaranis, vous souvenez-vous qu'il y eut jadis, en cet endroit même, la maison-du-conseil d'une puissante nation? Oui ! vous vous en souvenez. Le plus brave, le plus sage, le plus vénéré des grands-chefs qui venaient s'asseoir autour du feu-du-conseil, s'appelait *l'Aigle-de-Feu* ; vous vous rappelez encore ceci, je le vois ! C'était le père de mon père. Indiens, voulez-vous que le petit-fils de *l'Aigle-de-Feu* soit votre grand-chef, comme ses ancêtres furent les grands-chefs de votre nation, alors puissante et libre, et qui doit redevenir telle? Dieu le veut ; nos Bénits-Pères le disent ; j'ai parlé !..... »

Il est impossible de dépeindre l'effet que produisit cette harangue sur les Indiens. Ces derniers, d'une seule voix, crièrent au petit-fils de *l'Aigle-de-Feu* d'être leur grand-chef et de marcher à leur tête pour qu'ils redevinssent une nation indépendante. Avec l'exagération habituelle du sauvage, dans les moments d'exaltation, tous juraient de mourir ou d'être libres ; tous promettaient d'exposer sans crainte leur poitrine aux coups des Portugais. Plusieurs tuant au vol, avec l'arc ou le mousquet, quelques oiseaux qui passaient au-dessus de l'assemblée, demandaient « s'il était plus difficile de tuer un soldat d'Europe?» D'autres, comme enivrés et insensibles à la douleur, se faisaient, avec leurs couteaux, de profondes blessures dans les chairs pour montrer leur courage, ou, comme ils le disaient aussi, pour prouver que leur sang était de la même couleur que celui de leurs anciens vainqueurs ! Tout ceci était mêlé des cris des femmes exhortant leurs fils, leurs frères ou leurs époux, cris si aigus, qu'ils allaient troubler dans leurs retraites profondes, les tigres noirs qui y répondaient parfois par un court rugissement de surprise.

Les Jésuites avaient amené les Indiens au point où ils désiraient les voir. Car on comprend que tous ceci était une comédie joué au profit des Révérends Pères. Le Provincial, après avoir hypocritement recommandé à ses auditeurs la patience et la modération, mais avec un ton qui ne fit qu'augmenter encore l'exaltation parvenue au dernier degré, sembla céder aux tumultueuses instances des Guaranis, et consacra solennellement le petit-fils de l'Aigle-de-Feu comme grand-chef ou empereur de la nation guaranique, sous le titre de Nicolas Ier.

Disons sur-le-champ que ce singulier monarque ainsi improvisé descendait réellement d'une des familles de grands-chefs, ou caciques des Paraguays, les plus puissants et les plus respectés parmi les tribus de cette nation. Dans un but sans doute intéressé, les Jésuites s'étaient emparés de cet individu, et le tenaient enfermé dans une de leurs maisons. Suivant le *factum* des gouverneurs espagnols et portugais que nous avons déjà cité, cet Indien était Frère coadjuteur dans la Compagnie de Jésus. Il paraît en outre que ce fut un instrument docile sur lequel les Révérends Pères se croyaient certains de pouvoir faire sentir toujours leur action directrice, et qui, en effet, ne fit rien pendant son règne singulier que par l'ordre de ses ministres et conseillers (1).

Cependant, une messe solennelle avait été célébrée; l'empereur Nicolas, revêtu d'habits superbes, l'entendit assis sur une sorte de trône placé vers l'un des côtés de l'autel, en face d'un autre trône occupé par le Provincial des Jésuites. A l'instant où le prêtre officiant eut consacré la sainte hostie, le nouveau grand-chef des Guaranis s'appro-

(1) Les Jésuites ont généralement nié tout ceci. La plupart, nous le savons, prétendent que l'Empereur Nicolas est un fantôme éclos dans le cerveau du marquis de Pombal. Cependant la révolte des Jésuites Rois est prouvée par d'accablantes pièces fournies lors de leur procès en Portugal; et la réalité du couronnement de l'empereur guaranique ressort de divers Mémoires publiés à propos de ce procès. Benoît XIV, en ordonnant, à cet instant, la réforme des Jésuites sembla encore consacrer ces accusations sous lesquelles un autre pape allait bientôt écraser les fils de Loyola.

cha, et, saisissant la bannière et l'épée qui reposaient sur la table de l'autel, jura de dévouer sa vie au bonheur de son peuple ; ensuite, il communia. Presque tous les Indiens en état de porter les armes s'avancèrent alors successivement, et jurèrent à leur tour de mourir pour leur empereur !..... Ceux qui ne voulurent pas prêter le serment, par une cause ou par une autre, ne furent pas admis à la communion. A la fin de la messe, le Père Barreda bénit l'étrange monarque et son peuple. — *Ite missa est!* dirent les choristes.— Au combat, au combat ! crièrent les guerriers Guaranis. — Rois d'Espagne et de Portugal, pensèrent les Jésuites, nous allons vous prouver que nous sommes de dangereux ennemis !...

Alors le nouveau chef de l'empire guaranique fit défiler devant lui son armée, qui se composait de près de vingt mille combattants. Mais le tiers seulement était armé de fusil. Le reste n'avait pour armes offensives que des arcs et des flèches, des casse-têtes, etc. Mais les Révérends ministres de l'empereur Nicolas firent fabriquer en peu de temps bon nombre de piques dont ils armèrent les Guaranis. L'armée de ceux-ci avait des pièces de canon exclusivement dirigées par les Jésuites à l'aide de nègres formant un corps d'artilleurs! Longtemps, à ce qu'il paraît, avant que la rupture eût eu lieu entre les Jésuites et le Portugal, les bons Pères, qui la prévoyaient sans doute, avaient eu soin d'exercer un certain nombre de leurs sujets aux exercices et manœuvres de la tactique militaire d'Europe. Le Père Charlevoix raconte même qu'un de ces corps d'armée, qui traînait après lui un train d'artillerie parfaitement en état, excita par sa bonne tenue et la précision de ses mouvements l'admiration d'un officier français devant lequel il défila. Le même Jésuite nous apprend que dans chaque bourgade du Paraguay, ses confrères avaient formé deux compagnies de milice commandées par des officiers dont le costume était galonné d'or et d'argent sur toutes les coutures, et qui avaient soin d'exercer souvent leurs soldats. En outre, dit-il encore, il y a dans chaque Réduction un arsenal bien garni, qui est situé sur la place publique à laquelle l'église fait face (1).

(1) Voyez l'*Histoire du Paraguay*, par le Père Pierre François-Xavier de Charlevoix, de la Compagnie de Jésus. Tomes II et IV ; livres v et xv.

Les Jésuites, comme on le voit, n'étaient pas pris au dépourvu ; aussi soutinrent-ils longtemps et habilement la lutte. N'étant plus rois, du moins de nom, il se firent généraux, et plus d'une fois il battirent ceux du Portugal et de l'Espagne. L'épée allait aussi bien, ou mieux, à leur main, que le crucifix. Du reste, ils savaient se servir à propos de l'un et de l'autre : souvent même de tous les deux à la fois. Malheureusement, les Guaranis, nation énervée depuis longtemps et à dessein par les Révérends Pères, n'offrirent à ceux-ci que de mauvais instruments de lutte. Cependant, à diverses reprises, des combats sanglants, toutes les horreurs des guerres indiennes eurent lieu sur les rives de l'Uruguay.

Peut-être les Jésuites fussent-ils parvenus à braver et à rendre inutiles tous les efforts réunis des couronnes d'Espagne et de Portugal, qui ne pouvaient envoyer que de loin en loin des troupes d'Europe en ces contrées. Mais les Gouverneurs du Brésil, du Paraguay et de la Plata trouvèrent un concours puissant dans les rangs des métis américains, dont les Jésuites s'étaient fait des ennemis de longue main.

Les *Paulistes* (1) surtout, ces Mamalucos intrépides, infatigables, audacieux, mais avides et sanguinaires, saisirent avec empressement cette occasion de se venger des Jésuites qui les avaient constamment expulsés des parties du Paraguay où il dominaient. D'ailleurs les Paulistes qui avaient parmi leurs nombreuses industries le commerce des Indiens, qu'ils chassaient comme un gibier et vendaient ensuite, trouvaient souvent devant eux les Jésuites qui leur faisaient concurrence. Les Révérends Pères, eux aussi, chassaient comme des *bêtes féroces* (2) les malheureux Indiens. Ils peuplaient ainsi leurs Réductions. Cependant, malgré les dénégations de leurs écrivains, nous devons croire qu'à l'exemple des Paulistes ils vendaient aussi parfois les produits de cette hideuse chasse humaine. Cela nous semble résulter évidemment d'une bulle du pape Benoît XIV, qui ne fut pourtant pas un ennemi bien acharné des

---

(1) Sorte de *pionniers* de l'Amérique méridionale, ou plutôt vrais flibustiers de terre : dans le chapitre suivant on trouvera quelques détails sur cette classe d'hommes.

(2) Ce sont les propres expressions dont un Évêque du Paraguay se sert dans une lettre adressée au roi d'Espagne, lettre écrite en faveur des Jésuites, qu'on le remarque !

Jésuites, et qui était leur élève. Cette bulle pontificale est du 20 décembre 1741, et défend aux Jésuites « d'oser, *à l'avenir*, mettre en servitude les Indiens du Paraguay, de les séparer de leurs femmes et de leurs enfants, de les acheter *ou de les vendre !* » — Il nous semble que ces termes sont formels.

Nous ne pouvons pas décrire les mille épisodes de la lutte que soutinrent les Jésuites. Nous dirons seulement qu'abandonnés par la papauté qui s'effrayait enfin de leur puissance, accusés par les Rois qui avaient plus d'une fois senti leurs couronnes chanceler sur leurs têtes, ou leurs têtes tomber sous leurs couronnes, grâce aux fils de Saint-Ignace, les Jésuites durent enfin succomber au Paraguay. Mais ils ne quittèrent le sol ensanglanté de leur ancien royaume que lorsque, à l'ordre d'un pape, le monde entier se fermait à la Compagnie de Jésus. En 1768, les Franciscains avaient partout remplacé les Jésuites au Paraguay. Ces religieux occupent encore les Maisons des enfants de Loyola.

Les Guaranis furent complétement écrasés et disparurent presque entièrement ; les Métis les remplacèrent en partie dans les Réductions. Aujourd'hui on ne retrouve plus que quelques débris errants des grandes tribus qui composèrent la population de cet étrange empire Guaranique. On ne sait ce que devint le pauvre empereur Nicolas, premier et dernier du nom.

Nous ne reviendrons pas sur ce que nous avons dit de l'histoire du Paraguay. Nous ajouterons seulement que l'influence des Jésuites, si fatale aux indigènes, à la grande cause de la civilisation, ne l'a peut-être été guère moins à la religion catholique romaine, en cette contrée. L'autorité du Saint-Père sur les Paraguays actuels est au moins douteuse ; et ce ne sont pas seulement les simples laïques, mais bien les Religieux et même le clergé qui sont ainsi disposés à un schisme qui, au dire de voyageurs bien informés, doit éclater tôt ou tard. On sait aussi que le Paraguay s'est, dans notre siècle, soustrait à la domination d'Europe, et s'est constitué en république. Les Jésuites-Rois devaient nécessairement faire haïr la royauté, comme les Jésuites-Prêtres l'Église de Rome.

Nous compléterons ici par quelques nouveaux détails empruntés en partie au Jésuite Charlevoix ce que nous avons dit de l'intérieur des Réductions.

Les Jésuites avaient obtenu de Philippe IV que leurs sujets ne payeraient qu'un écu par tête de tribut annuel. Les Réductions étant fermées aux Gouverneurs royaux, les Jésuites établissaient à leur guise le chiffre de ce tribut qu'ils se dispensaient bientôt de payer.

Les Jésuites, pour fermer entièrement les Réductions, ordonnaient sévèrement aux chefs de veiller à ce qu'on n'y parlât que la langue guaranique. Ceux des Révérends Pères qui venaient au Paraguay étaient obligés d'apprendre la langue de ces Indiens.

Charlevoix dit que les Jésuites établirent dans les Réductions des manufactures de toutes sortes et dont ils tiraient bon parti. Il y avait des Indiens sculpteurs, peintres, doreurs, orfèvres, etc.

L'espionnage et la délation y étaient en très-grand usage; ceci ressort évidemment de ce que nous apprend le Père Charlevoix de la police habile et vigilante que les Jésuites y avaient établie.

Le même Jésuite avoue le commerce que faisaient les Jésuites au Paraguay, en nous disant « que ceux qui font ce commerce (ceux qui vont chercher les métaux qui manquent en cette contrée), ainsi que ceux qui vont porter au loin les productions du pays, sont défrayés du voyage, etc., etc. »

Les Jésuites avaient établi dans les Réductions l'usage des pénitences publiques, et une foule de coutumes qui, bonnes peut-être dans les premiers temps du christianisme, sont devenues depuis ridicules ou dangereuses. Ainsi, on fouettait les pécheurs en public, et même les pécheresses, etc., etc.

Les congrégations dont les Révérends Pères se servirent tant et si bien en Europe, ils les avaient même établies au Paraguay. Il y en avait une dite de l'archange Gabriel et une de la Sainte-Vierge. Ceux qui y étaient reçus étaient particulièrement honorés ; on les recevait à la communion, ce qu'on n'accordait aux autres que très-difficilement. Il est probable que ces congréganistes étaient les Guaranis qui étaient les mieux brisés au joug.

Les Jésuites des Réductions avaient adapté les plus beaux airs de musique d'Europe aux prières diverses de leur Église guaranique. Tout se chantait, tout se faisait en chantant.

Voici l'habillement que portaient les sujets des Jésuites-Rois : pourpoint et culottes ; par-dessus ces vêtements un autre, sorte de surtout en toile blanche ; ce surtout était quelquefois en soie ou autre étoffe de couleur, et alors on l'accordait, comme on accorde en Orient des *cafetans* d'honneur. Les femmes portaient une chemise sans manches. Le dimanche elles mettaient par-dessus une sorte de camisole à demi flottante.

Quant aux magnificences théâtrales de la religion, introduites dans le Paraguay par les Jésuites, nous en avons dit quelques mots, et nous renvoyons, pour plus amples renseignements, à l'ouvrage du Père Charlevoix, qui les décrit longuement (Tome II, livre v).

On comprend que nous avons dû passer rapidement sur tout ceci, en négligeant même beaucoup de choses qui eussent donné plus de force à nos accusations contre la conduite des noirs souverains du Paraguay.

CHAPITRE II.

La Mort d'un Peuple.

Nous avons commencé par le Paraguay l'histoire des Jésuites en Amérique; non pas que ce soit en cette contrée du Nouveau-Monde que la Compagnie de Jésus ait formé son premier établissement, mais parce que ses Réductions ont été la plus grande, la plus importante, la plus extraordinaire et la plus curieuse des colonies jésuitiques. Ce fut par le Brésil que les Jésuites débutèrent en Amérique; leur première Maison y fut bâtie en 1550, avec la ville de San-Salvador, dans le golfe de Bahia, où étaient alors les principaux établissements des Portugais, à la suite desquels marchaient les Missionnaires. Dès 1553, Ignace de Loyola érigeait le Brésil en province. Tant que les Portugais furent les maîtres en ces contrées du Nouveau-Monde, les Jésuites purent fonder et solidifier leurs établissements sans être inquiétés. Mais bientôt le Portugal disparaît du milieu des nations, englouti dans l'immense empire espagnol. Alors de tous côtés affluent au Brésil les aventureux Conquistadores castillans. Les Jésuites, gênés dans leur action, resserrés dans leurs coudées, se disposent à porter leurs pas en des contrées où ils soient moins coudoyés, moins observés. A cette époque, une aventure romanesque eut lieu dans le golfe de Bahia, ou Baie-de-tous-les-Saints.

Un navire monté par des aventuriers espagnols qui venaient sans doute à la recherche du fameux El Dorado, qu'on croyait exister alors non plus en Asie, mais bien quelque part au sein de l'Amérique du Sud, fit naufrage et se brisa contre les dangereux rescifs qui bordent cette partie du Brésil. Les sauvages, accourus vers le lieu du sinistre, s'emparèrent de ceux des naufragés qui n'avaient pas péri dans les flots, et les dévorèrent, car la plupart des tribus indiennes étaient anthropophages; et d'ailleurs, les indigènes avaient déjà conçu une haine terrible contre les *faces-pâles*, quoique ce fût surtout contre les Portugais que cette haine existât plus implacable. Un seul des aventuriers fut épargné ; c'était un beau jeune homme, vigoureux et bien fait. Lorsqu'il était déjà attaché au fatal poteau, lorsque les sauvages lui disaient déjà de chanter son *chant de mort*, une jeune Indienne, la plus belle des filles de la tribu, s'avança et déclara qu'elle le prenait pour son mari. Suivant les lois de ces peuplades, cette déclaration sauvait le condamné et en faisait un guerrier de la tribu.

Diégo Alvarez, ainsi se nommait l'Espagnol, parvint, grâce à son audace, et à son fusil qu'il avait conservé, à se faire une grande réputation parmi les Indiens qui le nommèrent un de leurs chefs. Mais Diégo pensait toujours à s'évader et à rejoindre les siens. Un jour, enfin, il aperçut un navire d'Europe qui longeait la côte américaine. Sans savoir à quelle nation appartenait ce navire, Alvarez se jeta à la mer et essaya de le gagner à la nage. Derrière lui, aussitôt, il entendit le bruit d'une autre chute dans les flots. Mais il ne se retourna même pas pour regarder qui suivait ainsi son exemple. Sans doute il pensa que c'était un ennemi qui, devinant son évasion, s'était mis à sa poursuite. Il nagea vigoureusement et parvint à atteindre le navire qui l'avait aperçu et qui s'était mis sous cap. Lorsque Diégo atteignit le plat-bord du navire, l'individu qui nageait derrière lui y toucha presque aussitôt. Les marins les aidèrent tous deux à monter sur le pont ; alors seulement Alvarez reconnut sa femme, la jeune Indienne qui, lui souriant avec douceur, lui disait dans un jargon mêlé de mots indiens et espagnols : « Le mari avait oublié sa femme ; mais il est content de la revoir ! Le Grand-Esprit veut que tous deux ne soient jamais séparés…» Diégo n'eut pas le courage de repousser cette naïve et dévouée créature. Il la serra contre son cœur en lui jurant que jamais il ne la quitterait.

Le navire qui les avait recueillis tous deux était français, et ce fut en France qu'il les amena. L'histoire de Diégo et de sa jeune femme attira l'attention sur eux. Le roi Henri II les fit venir à la cour, et, lorsque la jeune Indienne accepta comme sienne la religion de l'homme qu'elle avait préféré à tout, elle eut, pour parrain et marraine de son baptême, Henri et Catherine de Médicis. Sans doute la cour de France voulut se servir d'Alvarez pour essayer de prendre pied au Brésil. Un navire bien pourvu de tout ce qui est nécessaire à une colonie naissante ramena dans la Baie-de-tous-les-Saints Diégo et sa jeune femme. Mais les troubles qui éclatèrent en France après la mort de Henri II empêchèrent qu'on donnât suite à cette tentative, dont nous parlons parce qu'elle dut en amener une seconde dans laquelle les Jésuites jouèrent un rôle.

Sous le règne de Henri IV, La Rivadière, brave capitaine français, aborda au Brésil, et fonda dans l'île de Maranham la ville de Saint-Louis. Les Espagnols avaient alors conquis le Portugal, et se substituaient aux Portugais dans les colonies d'Amérique. Ce fut donc contre les Espagnols que la colonie naissante de Saint-Louis eut à se défendre. Les Jésuites de San-Salvador, qui savaient que les Français avaient amené avec eux des Missionnaires capucins, aidèrent leurs ennemis à les chasser de ce point du Nouveau-Monde. D'ailleurs, au milieu des guerres que la France avait alors à soutenir tant à l'extérieur qu'à l'intérieur, on y oublia la petite colonie. Les Jésuites de la Province de France concoururent aussi à ce résultat. Ils allèrent, dit-on, jusqu'à supprimer les Mémoires et Relations que leurs rivaux, les Missionnaires français, avaient publiés sur le Maranham, dont les aventuriers français furent définitivement chassés, ainsi que de quelques autres points du Brésil où ils avaient essayé de s'établir. Les Français avaient eu pourtant pour eux les indigènes, que les traitements barbares des Portugais et des Espagnols avaient rendus les irréconciliables ennemis de ces deux dernières nations. « J'ai mangé cinq Portugais, disait un chef indien ; tous les cinq me criaient qu'ils étaient de France; mais je leur répondais : « Non, non ; vous n'êtes pas assez blancs ! »

Les indigènes de l'Amérique du Sud reportèrent sur les Hollandais l'affection qu'ils avaient montrée pour les Français. Lorsque les Provinces-Unies eurent brisé le joug de l'Espagne, on les vit bientôt lutter, et lutter victorieusement, contre leurs anciens maîtres. En 1624, une flotte hollandaise apparut sur les côtes du Brésil, et essaya d'enlever cette immense contrée à l'Espagne. Les Hollandais parvinrent effectivement à s'établir sur divers points. Mais le Portugal, ayant repris sa nationalité, joignit ses armes à celles de l'Espagne pour en chasser les envahisseurs. En 1654, les Hollandais, après une opiniâtre résistance, acculés dans la capitale, furent obligés de se rembarquer et de renoncer à toute idée de conquête au Brésil.

Déjà, comme on l'a vu dans le chapitre précédent, les Jésuites étaient parvenus à acquérir une grande puissance en Amérique. Ils avaient alors fondé leur royaume du Paraguay. En outre, leurs Missionnaires parcouraient incessamment le Pérou, le Chili, la Guyane, toute l'Amérique méridionale de l'isthme de Panama aux terres magellaniques. Dans le Chili, et surtout dans le Pérou, ils possédaient de nombreuses Maisons. Ces riches contrées étaient presque devenues pour eux d'immenses métairies où ils savaient faire pousser et recueillir habilement de magnifiques moissons. Nous ne parlons pas des moissons spirituelles.

Si la civilisation gagna quelque chose à la présence des Jésuites en Amérique, ce qui ne nous semble pas prouvé, nous disons que ce dut être un effet découlant de la force des choses.

« J'ai trouvé, disait don Juan de Palafox, dans une lettre qu'il écrivait au pape (1647), j'ai trouvé entre les mains des Jésuites presque toutes les richesses, tous les fonds, et toute l'opulence de l'Amérique méridionale. »

On comprend qu'occupés à faire leurs affaires, les Révérends Pères n'avaient guère de temps à donner à celles de Dieu, de la civilisation, de l'humanité. C'est ce dont on s'assurera encore en ouvrant les *Mémoires à consulter des frères Lionci*, dont nous parlerons plus tard à l'occasion de la fameuse banqueroute du P. Lavalette. Disons seulement que sur le riche sol des Antilles les Jésuites agissaient tout comme sur le continent américain.

On les a même accusés, à diverses reprises, — disons plus, — on a prouvé qu'en Amérique ils faisaient métier de tout. On les a vus, ces vertueux missionnaires, si détachés des intérêts de ce bas monde, on les a vus tenir « des marchés de bétail, de boucheries, et de commerces encore plus infimes (1). » En Europe, ils faisaient tenir, par des affiliés, quelquefois ils tenaient eux-mêmes, dans leurs Maisons changés en magasins et boutiques, suivant l'expression du cardinal Saldanha (2), des entrepôts et magasins, où ils vendaient des huiles, du coton, de la droguerie, etc. Ne fallait-il pas bien que les Révérends Pères écoulassent les produits de leurs colonies? Et pense-t-on vraiment qu'ils travaillaient pour l'amour de Dieu?

Le commerce scandaleux des Jésuites, commerce qu'ils voulurent défendre même par la rébellion, est aussi affirmé par le roi de Portugal, don Joseph de Bragance (3). Mais comme les Révérends Pères ne se soucient guère, à l'occasion, des cardinaux et même des rois, si ce n'est lorsqu'ils en attendent quelque profit, nous donnerons à l'appui de ces accusations contre les fils de Loyola, un témoignage qu'ils doivent regarder comme irrécusable; ce n'est rien moins qu'un bref du pape Benoît XIV (4), qui donnait raison à Palafox, à Saldanha, à don Joseph, à tous ceux qui se sont prononcés contre Saint-Ignace et sa noire couvée d'avides vautours; ce bref ne s'applique, il est vrai, qu'aux Jésuites du Portugal et des colonies portugaises; mais la destruction de la Compagnie tout entière qui suivit bientôt, destruction venue du trône pontifical, semble généraliser la question; ce bref, disons-nous,

---

(1) Lettre de don Palafox au pape Innocent X.

(2) Décret du cardinal Saldanha, du 15 mai 1758 (latin-français). Ce décret énonce en détail ce que nous rapportons ainsi en quelques mots. On y dit littéralement que les Jésuites tenaient eux-mêmes des comptoirs dans les villes maritimes pour l'écoulement des marchandises apportées par leurs vaisseaux d'Amérique, d'Afrique et d'Asie, etc.

(3) *Instructions* données par le roi de Portugal à son ministre en cour de Rome, don Francisco de Mendoza; et *Lettre instr.* au même, du 10 février 1758.

(4) Ce bref, en français-latin, est du 1er avril 1758 et adressé par le souverain pontife au cardinal Saldanha.

explique formellement « qu'il faut ramener les Jésuites à l'observation des défenses pontificales faites à l'encontre du commerce par des Réguliers. » Ceci nous semble clair! Le bref ajoute « qu'il faut ramener aussi les Révérends à une *manière de vivre régulière* (comment, mes Pères?); à la doctrine de l'Évangile et des Apôtres (mais quelle doctrine suivaient donc les Jésuites?); enfin à la célébration du culte divin... » — Oh! pour le coup nous ne savons plus où nous en sommes! Quoi! les Jésuites avaient besoin qu'on leur intimât l'ordre de célébrer le culte divin? Et c'est un pape qui le dit, un pape qui fut l'élève des Révérends Pères! Qu'ajouterions-nous à ceci?

Nous terminerons ici ces quelques lignes sur les diverses Missions jésuitiques de l'Amérique du Sud autres que celle du Paraguay, sur laquelle nous nous sommes étendus parce qu'elle est la principale, parce qu'elle a le plus attiré l'attention, parce qu'elle présente enfin un trait de physionomie qui la distingue complétement de toutes les autres œuvres des Révérends Pères. Nous allons maintenant donner un abrégé de l'histoire des Missions jésuitiques dans l'Amérique du Nord.

La Floride fut la première contrée de l'Amérique septentrionale où les Jésuites abordèrent. Ils vinrent s'y établir avec les Espagnols conquérants, en 1566, sous le généralat de François de Borgia, nouvellement élu. Mais ils ne purent jamais s'établir complétement en ce pays. Toujours les indigènes, par haine des Espagnols, disent les écrivains de la Compagnie, se montrèrent hostiles aux Missionnaires Jésuites qui ne possédèrent jamais une grande influence sur eux. Il en fut de même à peu près de toute la partie méridionale de l'Amérique du Nord, à l'exception du Mexique. Cette riche contrée était depuis longtemps soumise par le fer et par le feu. Les Missionnaires n'avaient donc rien à craindre des indigènes : mais sans doute les Espagnols croyaient avoir beaucoup à craindre des Missionnaires. Ils se montrèrent assez peu disposés à recevoir dans cette magnifique colonie les Jésuites qui y trouvèrent, d'ailleurs, les moines Dominicains solidement établis et probablement peu disposés à recevoir comme frères, ceux qui les avaient expulsés comme intrus, comme ennemis, des Indes Orientales.

Les seules Missions jésuitiques de l'Amérique du Nord qui méritent une mention spéciale, sont celles du Canada. Ce pays était une colonie de la France, et les indigènes étaient généralement amis des Français, qui, nous sommes fier de le constater, n'usèrent jamais, envers les peuplades soumises, des moyens atroces, trop souvent employés par les Espagnols, et qui ont été si énergiquement flétris par un Espagnol, le vénérable Las-Casas. Les Missionnaires Jésuites qui vinrent s'établir au Canada, étant généralement Français et se présentant toujours sous les auspices de la couronne de France, furent parfaitement accueillis par les indigènes. Dès les premières années du dix-huitième siècle les Missions jésuitiques étaient florissantes, et, chaque jour, s'abritant adroitement sous le drapeau blanc aux trois fleurs de lis, la bannière de Saint-Ignace pénétrait peu à peu et s'établissait parmi la grande famille aux mille tribus des *peaux-rouges*. Il paraît que les Jésuites avaient en grande partie accaparé le commerce qui avait lieu entre l'Europe et cette grande contrée de l'Amérique du Nord. Le contrat de Dieppe, que nous avons cité dans un de nos précédents chapitres, en fait foi. Souvent, les marchands français s'en plaignirent à leur cour; mais celle-ci s'occupait assez peu de ses colonies. Les navires français désapprirent peu à peu la route du Canada. Les Jésuites ont ainsi contribué pour leur part à la perte de cette colonie française.

Ceux de nos lecteurs qui ont lu les pages attachantes dans lesquelles le célèbre romancier américain Cooper présente le tableau des tribus indiennes qui vivaient autour des grands lacs, savent que le Canada était habité par de nombreuses peuplades parmi lesquelles on distinguait les Hurons et les Algonquins. Ces tribus de peaux-rouges, nom que les Indiens se donnent eux-mêmes, étaient les alliés fidèles de la France, autant par amitié pour les Français, que par haine contre les Iroquois, alliés des Anglais. Les Indiens du Canada se montrèrent dociles aux exhortations des Missionnaires Jésuites, et acceptèrent avec empressement le titre de chrétien qu'on leur offrait, et qui devait les attacher par un lien de plus aux bonnes faces-pâles, aux Français leurs amis. Ces malheureux qu'exploitaient les Jésuites, qu'abandonnèrent les Français pour lesquels ils avaient combattu pendant un siècle, se montrèrent inébranlables dans leur croyance religieuse et dans leur amour pour la France, deux sentiments qui s'identifiaient en eux, et n'en formaient qu'un seul. Les Jésuites, bien persuadés que si l'Angleterre devenait une fois maîtresse du Canada ils s'en verraient à jamais chassés, firent ce qu'ils purent pour conserver cette colonie à la France : et c'est ce qui leur a valu l'éloge que leur adresse un de nos plus grands écrivains. Chateaubriand, dans son *Génie du Christianisme*, a dit que « si la France conserva si longtemps le Canada contre les Iroquois et les Anglais, elle dut presque tous ses succès aux Jésuites. » Nous disons à notre tour : Si les Jésuites contribuèrent à presque tous les succès de la France au Canada, — ce qui nous semble fort exagéré ! — c'est qu'ils combattaient pour leurs propres intérêts. Voilà ce que l'illustre écrivain aurait pu ajouter, ce qu'il eût ajouté peut-être sans une préoccupation de sentiments, d'opinions, de parti-pris, qu'on devine. Les Révérends Pères savaient fort bien que la bannière de Saint-Ignace ne pouvait rester déployée sur le Canada qu'à la condition qu'elle flotterait près du drapeau blanc de la France. C'est là ce qui leur inspira ce grand et surprenant amour envers la France et ses rois, sentiment auquel ces derniers n'avaient nullement été accoutumés en Europe, ainsi que nous le démontrerons bientôt.

Du reste, la conduite que tinrent les Jésuites envers les Indiens du Canada fut la même que celle qu'ils tinrent envers tous leurs prosélytes de l'Amérique comme de l'Asie ; ils s'appliquèrent à leur faire connaître beaucoup moins les grandes idées du christianisme que les petitesses du dogme catholique, les futiles pratiques, les superstitions de la formule romaine. Mais avant toutes choses, ils s'appliquèrent à tirer le plus de profit possible de cette église canadienne. Au Canada, les Missionnaires Jésuites furent surtout marchands, en dépit des bulles des papes.

Et comme s'il était dans leur destinée de porter malheur même à ceux qu'ils veulent servir, le Canada, longtemps ensanglanté au milieu de luttes acharnées, échappa enfin à la France. Les Jésuites furent irrévocablement chassés du Canada, ainsi qu'ils s'y attendaient, aussitôt que le drapeau de la France ne flotta plus sur cette contrée. On sait que ce fut le ministère Choiseul, qui, en 1763, signa le traité d'abandon de nos colonies du Canada. Les Indiens alliés de la France furent presque tous exterminés. Leurs confédérations furent brisées; le nom de beaucoup de leurs tribus n'existe même plus. Quelques-unes de ces tribus, à l'instigation des Jésuites, essayèrent encore quelque temps de soutenir une lutte désormais impossible contre les Anglais et leurs sauvages alliés les Iroquois. Sans doute, les Jésuites espéraient obtenir ainsi des Anglais qu'il leur fût permis de rester au Canada, et d'y conserver leur influence. Mais cette tentative ne servit qu'à faire écraser complétement les malheureux débris de la grande famille huronne. Une tribu de cette nation indienne donna alors un de ces grands exemples d'héroïsme saisissant et farouche autant qu'admirable et rare, qu'on peut sans exagération comparer à tout ce que l'antiquité trop vantée nous offre en ce genre dans ses fastes classiques et retentissants, et qu'on nous permettra de raconter brièvement.

Les Français évacuaient le Canada. Les Missionnaires de la Compagnie de Jésus, après avoir essayé vainement d'obtenir des Anglais victorieux une sauvegarde qui leur permît de rester dans cette contrée, pensèrent alors qu'il était temps de songer à leur sûreté. Mais déjà il était trop tard. Les Révérends Pères s'étaient trop fiés à leur talent pour l'intrigue. Les Iroquois n'étaient plus qu'à quelque distance, et les Anglais, loin de permettre aux Jésuites de rester au Canada, n'avaient même pas songé à arrêter en leur faveur la rage sanguinaire de leurs farouches alliés.

Ceux des Missionnaires Jésuites qui se trouvent sur le point menacé ont alors recours à la fidélité et au dévouement des Hurons, dévouement et fidélité qui ne leur ont jamais fait défaut. Mais, craignant cependant que le danger terrible qui menace, altère et fasse mentir l'un et l'autre, ils essayent de persuader aux Hurons qu'il importe à leur tribu de protéger leur fuite.

« Si nous parvenons à nous échapper, disent-ils à leurs naïfs catéchumènes, nous irons trouver le chef des troupes françaises qui préside à l'évacuation, et nous obtiendrons, par lui, des Anglais, que ces derniers s'interposent entre vous et vos ennemis les Iroquois. Tenez donc ferme aussi longtemps que vous le pourrez, et comptez sur notre promesse. »

Les malheureux Hurons crurent à la promesse des Jésuites ; ils se postèrent dans une sorte de défilé par lequel les Iroquois devaient passer nécessairement. Les vieillards, les femmes et les enfants de la tribu reçurent ordre de suivre les Révérends Pères. Mais tous refusèrent et déclarèrent qu'ils voulaient vivre et mourir avec leurs guerriers. Malgré l'inégalité du nombre, les Hurons tinrent huit jours contre les attaques furieuses, incessantes, des Iroquois. Pendant le dernier combat, les braves et malheureux guerriers, réduits aux trois quarts de leur nombre primitif, regardaient encore derrière eux pour voir si leurs grands-pères, les *Robes-Noires*, comme ils appelaient les Missionnaires Jésuites, n'arrivaient pas enfin, ainsi qu'ils l'avaient promis, ramenant avec eux des troupes françaises. Ils ne virent rien, et continuèrent de combattre, mais la mort dans le cœur. Le huitième jour, de plus de huit cents guerriers, les Hurons étaient réduits à cent cinquante combattants valides. Et les Robes-Noires ne revenaient toujours pas. Le soir de ce dernier jour, les guerriers hurons apprirent par un de leurs espions que les Missionnaires pour le salut desquels ils se sacrifiaient avaient traversé le grand lac Michigan et s'étaient réfugiés dans la Louisiane, oubliant leurs promesses et les infortunés qui y avaient eu foi.

A cette nouvelle accablante, les guerriers hurons se réunirent, mornes et sombres, mais non découragés, et délibérèrent sur ce qu'il leur restait à faire. Lorsqu'ils eurent éteint le feu-du-conseil, ils appelèrent près d'eux les enfants, les femmes et les vieillards, et ils leur apprirent ce qui avait été résolu. Les vieillards, les femmes et les jeunes enfants devaient, la nuit même, se mettre en marche avec ce qui restait de provisions, et, suivant la piste des Robes-Noires, essayer de se réfugier aussi chez les Français, encore maîtres de la Louisiane.

« C'est bien, répondit après quelques moments de silence un des vieillards de la tribu. Le *Grand-Manitou* des chrétiens a inspiré cette pensée à mes jeunes guerriers. Que quelques-uns d'entre eux se placent donc à notre tête pour trouver la bonne piste et diriger notre marche ; tandis que les autres, restant à l'arrière-garde, feront croire à ces chiens d'Iroquois que les Hurons ne pensent pas encore à fuir. Aussitôt que nous aurons mis un espace de terrain suffisant entre nous et l'ennemi, mes jeunes guerriers, restés en arrière, reviendront nous retrouver en courant comme le daim qui cherche sa compagne. C'est bien! »

Les guerriers hurons gardèrent le silence. Quelques-uns d'entre eux s'occupèrent des préparatifs nécessités par la fuite, tandis que les autres surveillaient les ennemis. Lorsque tout fut prêt pour le départ, le chef des guerriers, répondant seulement alors, se tourna vers le vieillard qui avait parlé, et dit : « Sagamore, tu fus jadis un grand guerrier de ma tribu. Qui était plus brave que mon père parmi les peaux-rouges et les faces-pâles? Aujourd'hui, la main de mon père est faible, mais son cœur est encore fort; son corps est vieux, son esprit est toujours jeune!... Mon père guidera ceux qui vont fuir. C'est un Sagamore, il sait que ses jeunes guerriers doivent rester en face des chiens d'Iroquois qui ne verront pas le dos d'un Huron. Les jeunes guerriers resteront ici ; tandis que mon père guidera, vers nos amis les faces-pâles de la France, ceux qui peuvent fuir sans honte devant un Iroquois hurlant et vorace comme le loup. D'ailleurs, il ne faut pas que la tribu meure tout entière. Qui tirerait vengeance de notre mort? Les femmes des Hurons nourriront leurs petits enfants pour qu'ils deviennent des jeunes hommes; les vieillards en feront des guerriers, et leur apprendront à venger, sur dix chiens d'Iroquois, chaque guerrier huron qui sera mort ici..... Mon père sait qu'il faut qu'il en soit ainsi; mon père n'est-il pas un Sagamore? Il a compris ses jeunes guerriers; et il dit : C'est bien! »

Telle était, en effet, la détermination qu'avaient prise les guerriers hurons. Ils devaient combattre leurs irréconciliables ennemis les Iroquois, jusqu'à ce que le dernier d'entre eux fût tombé pour ne plus se relever. Pendant ce temps, les femmes, les enfants et les vieillards fuiraient vers la Louisiane, afin de soustraire la tribu à une extermination complète et de lui conserver de futurs vengeurs,

Cependant tout s'apprêtait pour le départ des fugitifs ; les femmes tenant leurs plus jeunes enfants dans leurs bras, ou sur leurs épaules, allaient se mettre en route sans avoir osé échanger même un regard avec leurs maris; les plus vieux et les plus robustes, parmi les enfants, se plaçaient en avant et en arrière de la colonne, ayant au milieu d'eux les vieillards qui devaient les diriger et dont ils devaient soutenir la marche chancelante. Tout à coup, du milieu d'un nuage noir, sous lequel le soleil s'était couché depuis une heure environ, un éclair sulfureux jaillit et illumina le défilé de teintes livides; un imposant éclat de tonnerre suivit et roula longtemps ses échos dans les profondeurs de la vallée. En cet instant, le vieillard, auquel le chef des guerriers hurons avait donné le titre de Sagamore, et qui, depuis un instant, restait immobile, silencieux et tenant ses regards fixés sur la voûte du ciel, tressaillit et poussa cette exclamation gutturale qui trahit chez les Indiens du nord de l'Amérique une grande émotion. Tous les regards se tournèrent vers lui.

« Hurons, dit le vieux chef, la voix du Manitou vient de se faire entendre; la voix du Manitou des peaux-rouges. Il est irrité contre ses enfants qui n'écoutent et ne prient maintenant que le Manitou des faces-pâles. Écoutez ce qu'il vient de dire à l'oreille d'un chef qui n'a jamais cessé de l'honorer en secret et tout bas, quoiqu'il priât tout haut le Dieu des Robes-Noires : « Les jeunes guerriers hurons frapperont, tant qu'ils pourront lever le bras, les Iroquois lâches et affamés qui vont en troupes comme des chiens et des loups; c'est bien. Mais les vieux guerriers, les chefs dont les cheveux sont blancs, fuiront-ils devant les hurlements de ces chiens et de ces loups? Non; ils apprendront aux faces-pâles que la neige qui couvre leurs têtes n'a pas glacé leurs cœurs. Ils resteront avec leurs jeunes guerriers qui ne veulent pas quitter les lieux où reposent les os de leurs ancêtres.»— Hurons, la voix du Manitou des peaux-rouges m'a crié ces paroles. Je dis que ce sont de bonnes paroles qu'il faut suivre. Je n'irai pas parmi les faces-pâles qui nous ont abandonnés, près des Robes-Noires qui nous ont menti. Que les femmes et les enfants fuient. Je veux rester avec mes jeunes guerriers; je suis un Sagamore des Hurons : si je ne puis plus leur apprendre à combattre et à vaincre, je puis du moins leur montrer comment il faut mourir. J'ai dit! »

A ces mots, le vieil Indien s'achemina à pas lents vers le village de la tribu qui était situé à quelque distance, à l'autre extrémité de l'étroit vallon. Bientôt, il disparut dans l'obscurité. Car la nuit était profonde; l'orage qui s'approchait peu à peu avec de sourds roulements avait jeté comme un grand linceul sur le défilé. De temps à autre seulement de sinistres lueurs venaient éclairer la scène. Chaque fois qu'un coup de tonnerre, toujours plus retentissant que celui qui l'avait précédé, éclatait sur le vallon, un vieil Indien se levait et disait :

« Le Manitou des peaux-rouges m'a parlé ! »

Alors, il s'acheminait à la suite du vieux chef. Les guerriers ne firent pas un mouvement, pas un geste, ne prononcèrent pas une parole tant que les vieillards de leur tribu n'eurent pas tous rejoint le vieux chef qui les avait précédés. Mais, lorsque le dernier eut disparu à son tour, chacun d'eux, époux ou père, s'en alla prendre par la main une des femmes ou un des enfants, qu'il conduisit vers un sentier creusé sur la muraille méridionale du défilé et par lequel la fuite était possible, en disant : — à la femme, — « Fais un guerrier de mon fils ! » — A l'enfant : — « Souviens-toi qu'il te faudra venger ton père ! »

Puis les intrépides guerriers retournèrent se poster en face de leurs ennemis les Iroquois. Le reste de la nuit, nul bruit ne se fit entendre dans le défilé ou aux alentours, si ce n'est quelques cris poussés par les loups, attirés par l'odeur des cadavres et par l'espoir d'un splendide festin. Le lendemain, au soleil levant, les Iroquois qui avaient reçu des renforts, des munitions et des vivres frais, firent une nouvelle et furieuse attaque pour s'ouvrir enfin passage. Les Hurons ne cédèrent pas encore, malgré leur épuisement, leur infériorité numérique et le manque de munitions. Ce ne fut qu'au soir qu'ils se dirent enfin que désormais toute résistance était impossible. Ils n'avaient plus ni poudre ni balles; leurs couteaux et tomahawks étaient ébréchés, hors d'usage, à force d'avoir frappé. Depuis vingt-quatre heures ils n'avaient pris aucune nourriture. Ils se comptèrent, ils n'étaient plus que soixante, dont pas un n'était sans blessure. Suivant les idées des Indiens de l'Amérique du Nord, la résistance n'est plus honorable aussitôt qu'elle n'offre plus de chances de succès : la froide et stoïque résignation doit alors lui succéder. Par cette raison, lorsque la nuit fut de nouveau venue, les guerriers Hurons se retirèrent en chancelant, un à un, et, traversant la vallée, regagnèrent leur village, où ils ne croyaient trouver que leurs vieillards, et où ils retrouvèrent leurs femmes et leurs enfants qui n'avaient pas voulu fuir sans leurs pères et leurs époux, et qui étaient revenus pour vivre et mourir avec eux.

Les guerriers hurons ne manifestèrent ni surprise ni mécontentement ; leur chef déposa ses armes, détacha sa ceinture, et ôta la plume d'aigle passée dans la mèche de cheveux que l'Indien de l'Amérique du Nord laisse seule pousser fort longue sur sa tête, comme pour défier la main de l'ennemi avide de la saisir. Tous ses guerriers l'imitèrent, du moins ceux à qui leurs blessures mortelles permettaient encore le mouvement. Aux premières lueurs de l'aube, lorsque les Iroquois, s'avançant lentement, et presque effrayés du silence qui régnait autour d'eux, arrivèrent au village huron, ils ne virent plus que sept guerriers auprès du chef ; les vieillards étaient assis dans une attitude sévère, à peu de distance des guerriers de leur tribu, et le Sagamore chantait d'une voix que l'âge rendait tremblante, les exploits des Hurons, les victoires que leurs tribus avaient remportées sur les Iroquois avant l'arrivée des faces-pâles, et la puissance dont elles jouissaient avant que les Robes-Noires leur eussent désappris à honorer le Manitou des peaux-rouges. Les femmes, serrant leurs plus jeunes enfants contre leur sein, remplissaient par une sorte de cri lugubre les repos du chant de mort.

Les Iroquois s'arrêtèrent un instant, frappés par le spectacle qu'ils avaient devant les yeux. Puis leur haine héréditaire demanda à s'assouvir, et l'œuvre de destruction commença. Ils mirent d'abord le feu au village huron : ensuite ils *scalpèrent* (1) tous leurs ennemis, suivant leur atroce coutume. Guerriers, vieillards, femmes et enfants

(1) Le sauvage Indien enlève la chevelure de son ennemi vaincu et s'en fait un trophée. Pour arracher la peau du crâne il se sert d'un couteau qu'on nomme *scalp*, et qui a fourni le mot *scalper*, pour lequel on comprend qu'il n'y avait aucun équivalent dans la langue des peuples civilisés.

La mort d'un Peuple.

subirent cette torture épouvantable ; après quoi, avec la lenteur du tigre qui savoure longtemps la chair de sa proie palpitante avant de la tuer tout à fait, ils égorgèrent un à un les malheureux Hurons, en commençant par les enfants et par les femmes ; les guerriers ne reçurent la mort que les derniers. Tant qu'il eut un souffle dans la poitrine, le Sagamore chanta son chant de mort. Quand il sentit la vie lui échapper enfin, il rassembla toutes ses forces, et, dans un dernier cri de haine, il unit, par une malédiction suprême, les Iroquois détestés et les Robes-Noires menteuses !..... Le cri de ces Thermopyles indiennes résonne encore dans les échos du Canada. Quoique l'amour de la France en ces contrées ait survécu à son abandon, le nom des Jésuites y est généralement détesté.....

Nous avons dit, dans l'épisode que nous venons d'écrire, que les Jésuites ou Robes-Noires des malheureux Hurons avaient pu pénétrer dans la Louisiane, grâce au dévouement de ces Indiens. La partie de l'Amérique Septentrionale connue sous le nom de Louisiane appartenait alors à la France. Il y avait bientôt un siècle que les Français étaient établis au Canada lorsqu'ils pensèrent à dépasser la ligne méridionale des Grands-Lacs, et à pénétrer au centre du vaste continent dont les côtes seules étaient connues et explorées même dans la seconde moitié du dix-septième siècle. Il paraît que l'existence de ces magnifiques contrées fut comme révélée aux Européens par les indigènes, des Illinois, qui apprirent aux pionniers français qu'au voisinage des Grands-Lacs était la source d'un fleuve immense dont les eaux coulaient vers le midi, à travers de vastes forêts et de grandes prairies pleines de gibier. Ce fleuve, c'était le Mississipi que les indigènes nommaient le *Namesi-si-pou*, c'est-à-dire, la Rivière-aux-Poissons. La géographie de l'Amérique était encore si peu exacte, que, cent quarante ans après Christophe Colomb, on plaçait l'embouchure du Mississipi dans le Mexique occidental ou dans la Californie, c'est-à-dire fort loin du point où ce noble fleuve se jette dans le golfe du Mexique. En 1673, des aventuriers français se risquent sur le Mississipi, qu'ils descendent jusqu'à l'embouchure de la rivière des Arkansas. Trois ans plus tard, un officier et administrateur français, La Salle, pénètre chez les Illinois, pousse chez les Chicasas, atteint le grand golfe méridional; et donne à la vaste contrée qu'il vient de parcourir, le nom de Louisiane en l'honneur de son maître Louis XIV. La relation que La Salle publie de son expédition excite l'enthousiasme en France. Malheureusement Louis XIV, arrêté par la guerre de la Succession, ne peut rien faire pour la nouvelle colonie dont le financier Crozat obtient une sorte de charte de concession temporaire, en 1712, par des lettres patentes qui lui donnent le commerce exclusif de la Louisiane. Au bout de quelques années, sous la régence, Crozat se démet de son privilége, que le duc d'Orléans transmet au fameux Jean Law. Bientôt entre les mains des agioteurs, cette belle colonie est perdue pour la France. Elle ne nous appartenait plus que de nom, lorsque, comme on sait, Napoléon en fit l'abandon aux États-Unis.

Les Jésuites essayèrent de s'établir dans la Louisiane. Ils commencèrent par en chasser les autres Missionnaires. Ils étaient alors tout-puissants en France. Un confesseur Jésuite, et une vieille maîtresse, dévouée à la Compagnie, s'étaient placés comme deux nuages assombrissants aux deux côtés de ce soleil défaillant qui s'était appelé le grand-roi, et qui n'était plus que Louis XIV! C'étaient pourtant des Récollets qui avaient les premiers porté la parole du Christ sur les bords du Mississipi. Le premier d'entre eux, le Père Hennepin, vaillant moine, et assez instruit, avait partagé les fatigues et les dangers de l'expédition de La Salle. Les Jésuites se présentèrent pour récolter la moisson. Mais bientôt ils se dégoûtèrent de cette Mission qui ne produisait à la Compagnie ni richesse, ni pouvoir, ni accroissement de célébrité. On remarquera qu'en général les Jésuites se sont beaucoup moins occupés de l'Amérique du Nord que de l'Amérique du Sud. Les Indiens de la partie septentrionale du Nouveau-Monde étaient pourtant, d'après tous les voyageurs, plus dignes des efforts des Missionnaires que ceux de l'Amérique du Sud; la plupart de ces tribus de peaux-rouges étaient bien supérieures, par le caractère, l'intelligence, le courage, aux peuplades du Brésil et du Paraguay. C'est probablement pour cela que les Révérends Pères ont infiniment moins essayé sur eux leur action que toutes ces qualités contrarient, bien loin qu'ils la secondent! Quand nous aurons dit que l'Amérique du Nord n'offrait que dans une de ses contrées, le Mexique, les richesses enfouies sous presque toute la surface de l'Amérique Méridionale, on sera complétement édifié sur l'abandon relatif dans lequel les Jésuites ont laissé la première de ces deux immenses moitiés d'un hémisphère.

Le Mexique fut loin de subir le mépris des bons Pères : on sait combien cette vaste contrée renferme de trésors métalliques. Aussi les noirs enfants de Loyola mirent-ils tout en usage pour accaparer les Missions sur la terre des fils du soleil. Et il paraît que leurs efforts réussirent, du moins pour un temps. Les Jésuites prirent bien garde, au Mexique, de ne pas donner des craintes aux rois d'Espagne, possesseurs de cette riche colonie. Ils les aidèrent, au contraire, à tenir sous un joug de fer les débris de la grande nation vaincue par Fernand Cortez. Ils eurent également soin de se faire constamment les amis des vice-rois et des gouverneurs particuliers du Mexique. On voit, en effet, ces divers délégués de la couronne d'Espagne faire échange presque toujours de bons procédés avec les enfants de Loyola. Voici quelques exemples, entre mille, de cette édifiante réciprocité, de cet accord touchant.

Une querelle assez vive s'était élevée, en 1633, entre l'archevêque de Sainte-Foi ou Santa-Fé de Bogora, don Bernardin de Almanza, et le président de cette Audience, don Sanche Giron ; le prélat, maltraité par l'administrateur, excommunia ce dernier. Mais les Jésuites interviennent et déclarent alors qu'ils ont le droit de lever cette excommunication ; et ils la lèvent en effet. Le gouverneur, à l'abri des foudres ecclésiastiques, put faire sentir à l'archevêque, ainsi désarmé, les coups de son autorité civile et militaire.

Vers la moitié du dix-septième siècle, don Juan de Palafox, évêque d'Angelopolis, eut à subir une rude persécution de la part des Révérends Pères, auxquels il ne voulait pas céder une partie de son autorité, et certains droits de dîme. Soutenus à leur tour par le vice-roi, les Jésuites firent une guerre à la fois odieuse et ridicule au prélat. Ils prêchèrent contre lui en chaire ; ils lancèrent contre lui des épigrammes, des satires sanglantes. On vit un d'eux, nommé le Père Saint-

Michel, marcher précédé de trompettes dans les rues de Mexico, annonçant que don Juan de Palafox était un misérable indigne d'être évêque, le tout à cors et à cris, comme on disait alors. Le jour de la fête de Saint-Ignace, la capitale du Mexique fut régalée d'une mascarade dégoûtante, composée d'écoliers des Jésuites qui chantaient d'obscènes couplets sur et contre le prélat. Un des masques était monté sur un cheval à la queue duquel il avait attaché une crosse épiscopale!... Don Juan de Palafox ayant excommunié les Jésuites, ceux-ci non-seulement ne s'humilièrent pas, mais encore excommunièrent à leur tour le prélat, déclarèrent son siége vacant, et ordonnèrent au peuple de lui refuser l'obéissance. Don Juan de Palafox n'ayant pu trouver ni justice ni protection auprès du vice-roi, fut obligé de se réfugier dans les montagnes. Les Jésuites maltraitèrent également, emprisonnèrent et bannirent les prélats qui avaient osé se ranger du côté de leur évêque. En 1649, l'évêque d'Angelopolis adressa au pape une lettre dans laquelle il détaille la persécution que lui ont fait subir les Jésuites. La Compagnie jugeant difficile de répondre à cette lettre, trouva plus simple de la faire passer pour fausse. Mais on a prouvé que cette lettre avait bien réellement été écrite par le signataire, et que les faits relatés devaient rester à la charge de la Congrégation. Ils supposèrent aussi une fausse rétractation de don Juan de Palafox. Le pape et le roi d'Espagne se déclarèrent, en fin de cause, pour le prélat.

Grâce à leur alliance avec les gouverneurs, les Jésuites tirèrent des sommes énormes du Mexique. Ils en avaient accaparé presque tout le commerce. Ils y faisaient la banque. Ils ne dédaignaient pas même de plus humbles négoces. Ils avaient établi un gigantesque roulage de Carthagène à Quito. Ils avaient aussi à peu près accaparé le transport des marchandises par eau. Mais ayant voulu monopoliser tout à fait cette industrie, leurs rivaux devenus furieux brûlèrent en une nuit presque tous les canots de la noire Compagnie, et détruisirent bon nombre de ses voitures. Peu après, le conseil de Castille défendit aux Jésuites d'avoir à se livrer désormais à cette industrie, et fit même fermer leurs magasins. Pour se procurer les bras nécessaires à cette exploitation, au moins singulière, de la part de Missionnaires et de prêtres, les Révérends Pères envoyaient leurs vaisseaux faire la traite sur les côtes d'Angola. Ils se couvraient des frais du voyage en vendant aux planteurs une partie de leurs cargaisons humaines, dont le reste leur fournissait des rouliers-canotiers, gens de peine, pour le service de leurs diverses industries.

Afin de donner une idée des sommes immenses que les Jésuites tirèrent du Mexique et de l'Amérique Méridionale, nous dirons que les bons Pères demandèrent au roi d'Espagne, Philippe III, et en obtinrent le droit de faire battre monnaie avec les lingots d'or et d'argent qu'ils avaient entre les mains. Ce privilége extraordinaire leur fut accordé jusqu'à concurrence d'un million ; bien entendu que les Révérends Pères l'étendirent tant soit peu. Ils fabriquèrent, dit-on, pour trois millions de maravédis. On ajoute même qu'ils trouvèrent encore le moyen de gagner sur la fabrication, en ne donnant pas au maravédis la grandeur du coin royal ordinaire. Il y avait même alors à ce sujet un proverbe populaire espagnol : lorsqu'un débiteur ne payait qu'à demi son créancier, on disait « qu'il le soldait en maravédis des Jésuites. »

Les Jésuites sortirent du Mexique en même temps que du reste de l'Amérique, c'est-à-dire après que leur Compagnie eut été chassée de l'Espagne et du Portugal, un peu avant qu'elle fût détruite par toute l'Europe. Les rois d'Espagne commençaient à craindre que les Jésuites de cette importante colonie n'y devinssent trop puissants. Il paraît, en effet, que les bons Pères avaient acquis alors, soit par concessions royales, soit par achats, soit par usurpation, une bonne part de terrains fertiles. Ils s'étaient fait donner, par exemple, un vaste marais près de Carthagène. Le roi d'Espagne croyait ne leur avoir donné qu'un terrain sans valeur : le marais n'en avait aucune, avaient eu soin d'affirmer les Jésuites. Le marais cependant rapportait plus de dix mille écus par an. La fraude ayant été découverte, le conseil de Castille révoqua la donation. Lorsqu'il chassa à son tour les Jésuites de ses états, le roi des Espagnes et des Indes était sans doute un peu guidé par l'idée de se venger de pareilles fourberies, et par l'espoir des profits, des riches confiscations qui lui reviendraient après la punition des fils de Loyola.

De même qu'en Asie, les Jésuites apprirent en Amérique à leurs néophytes à ne prier Dieu qu'en latin. Ils ne célébraient leurs messes qu'en latin : jamais dans la langue des indigènes. Évidemment on doit trouver dans cette coutume une preuve du peu d'importance qu'ils apportaient à la conversion réelle de leurs catéchumènes. L'apôtre des nations ne dit-il pas : « Si je prie en une langue inconnue, mon cœur prie ; mais mon intelligence et mon esprit sont sans fruit (1). » Paroles que saint Thomas d'Aquin appuie de sa vigoureuse et lucide discussion. Et ce qui tranche la question, c'est que les papes avaient permis aux Missionnaires qui se rendaient parmi les nations idolâtres de dire la messe et le bréviaire, toutes les prières, d'administrer même les sacrements, dans la langue des indigènes. Jean VIII avait bien permis aux prêtres des nations slaves de dire la messe en langue vulgaire. Les Jésuites n'usèrent jamais de la permission. Cependant, chose remarquable ! les trois cent quarante traités de physique, mathématiques, astronomie, etc., qu'ils se vantent d'avoir composés pour les Chinois, ils eurent bien le soin de les écrire en langue chinoise ! Pourquoi cette différence ? Est-ce que la parole du Christ et les prières de son église semblaient, aux Révérends, des choses moins utiles à connaître que la différence du diamètre à la circonférence, la divisibilité de la matière, ou les éclipses de soleil ? En vérité, on serait tenté de le croire.

Pourtant, ces mêmes Jésuites qui prêchaient, chantaient les offices, et faisaient prier leurs prosélytes d'Amérique et d'Asie le tout en latin, ne voulurent jamais permettre aux chrétiens de Saint-Thomas de faire les mêmes choses en langage chaldéen. Le grand historien de la Compagnie, Bartholi a dit formellement (2) : « Que ses Pères avaient trouvé peu utile de travailler à la conversion de ces chrétiens, parce que ceux-ci veulent ne se servir que de la langue chaldéenne dans le sacrifice de la messe. » Et Bartholi loue ses Pères d'avoir tenu bon, et traite à ce sujet les chrétiens de Miliapour d'enragés schismatiques.

---

(1) Saint Paul, *Première Épître aux Corinthiens*. Voyez aussi le *Commentaire* de saint Thomas, chap. XIV.

(2) Bartholi, *Histoire de la Compagnie de Jésus*, Ire partie : *de l'Asie*, page 472, de l'édition de 1667, à Lyon.

Voyez pourtant la grande différence qu'il y a à prier en latin ou en chaldéen, lorsqu'on ne comprend pas ce qu'on dit dans l'une ni dans l'autre langue !.....

Les premiers pontifes de l'Église romaine s'étaient montrés plus sages. Saint Grégoire à son grand Missionnaire qui partait pour l'Angleterre, disait, non pas de n'établir en cette église que ce qui existait dans l'église de Rome ; mais ce qui serait le plus agréable à Dieu, soit dans celle-ci, soit dans l'église gallicane, soit dans telle église que ce fût ! Et saint Augustin lui-même ne dit-il pas (1) : « Qu'en regard des choses qui ne sont ni contre la foi, ni contre les bonnes mœurs, quand nous les trouvons établies, il est *d'une règle très-salutaire*, non-seulement que nous ne les improuvions pas, *mais encore que nous les louions*, et que nous tâchions de les imiter. »

Mais sans doute les Jésuites se regardent comme de plus grands docteurs que le célèbre évêque d'Hippone ! Quant aux papes, saints ou non saints, dont nous avons cité le témoignage... Eh ! les Jésuites, à l'occasion, se moquent autant des papes que des saints et des docteurs ! Et c'est un peu pour donner cette conviction à tout le monde, que nous avons écrit ce qui précède.

Nous terminerons le présent chapitre par quelques anecdotes qui compléteront, à notre avis, l'édification qu'on éprouve en lisant l'histoire des Jésuites en Amérique.

Nous avons dit, précédemment, que les Jésuites du Brésil et du Paraguay eurent à soutenir des luttes contre les *paulistes*. On a nommé ainsi des métis issus d'un père portugais et d'une mère indienne. Le Père Charlevoix, dont les Jésuites proclament le savoir, les appelle simplement *mamelus*, et pour donner un échantillon de sa science vantée, il nous apprend qu'on les nommait ainsi parce qu'ils étaient des espèces de mamelouks américains. Nous ne voyons pas trop le rapport qui existe entre ces deux espèces d'hommes. Du reste, le Père Charlevoix a commis de plus grosses erreurs (nous parlons des erreurs involontaires), telle, par exemple, que cette étrange couleuvre du Pa-

---

(1) Épître CXIX, à Janvier.

raguay dont la tête est de la grosseur d'un veau, et dont le mâle attaque les femmes, et les viole (1)!... Les mamalucos fondèrent sur l'Océan atlantique austral, à deux cents lieues environ du Paraguay, la ville de San-Paulo, d'où on les nomma paulistes. Ces hommes vivaient à peu près comme les boucaniers et flibustiers des Antilles. Cupides, mais audacieux, cruels mais infatigables, c'est à eux qu'on doit la découverte du Paraguay et d'une grande partie du centre de l'Amérique Méridionale. Ils s'enfonçaient par troupes dans ces régions inconnues, à la recherche de mines d'or et de diamants. Ils se rabattirent ensuite sur le commerce des esclaves ; ils en fournissaient les planteurs brésiliens. Leur mode de se les procurer était fort simple : ils faisaient une incursion sur un village tupi ou guaycura, tuaient ce qui résistait, et emmenaient ce qui s'était rendu. L'établissement des Réductions jésuitiques fit beaucoup de tort à ce commerce, en offrant un refuge aux Indiens. Bien des fois les Jésuites eurent maille à partir avec les paulistes. Cependant, ils commerçaient aussi entre eux assez souvent. Lorsque les Jésuites voulaient peupler une nouvelle Réduction, ils s'adressaient aux paulistes, qui, moyennant une somme convenue, leur livraient, au jour dit, la commande de tant d'Indiens faite par les bons Pères.

Un jour, les paulistes, sur la demande d'un Bénit-Père, amenèrent dans une Réduction une troupe d'Indiens enchaînés. Le Jésuite leur fit compter le prix convenu, auquel il ajouta même une bonne gratification : car jamais il n'avait vu une si belle livraison d'Indiens. Les paulistes s'éloignèrent. Aussitôt le chef de la Réduction fait conduire au bain ses nouveaux sujets qui sont couverts de poussière et de boue. Mais, à l'étonnement indicible du Bénit-Père et de ses alguazils, à mesure qu'on lave les Indiens, leur peau, loin de paraître rouge, devient d'un blanc jaunâtre. « Mais ce sont des mamalucos ! » crie le Jésuite. Et les paulistes, car tels étaient, en effet, les prétendus Indiens, se mettent à rire impudemment au nez du Révérend Père. Ce dernier, fu-

(1) Voyez le livre I, page 28 de l'*Histoire du Paraguay*. Quant aux mamelouks indiens du R. P. Charlevoix, dont le véritable nom est *mamalucos*, il est probable qu'ils ont été ainsi nommés par mépris, du mot *mamaluco*, qui veut dire grossier, lourdaud.

rieux, en fit pendre une demi-douzaine ; les autres s'échappèrent, et plus tard, pour se venger des Jésuites, racontèrent l'histoire suivante, où les bons Pères jouent un bien plus vilain rôle que dans celle qui précède.

A l'occident des montagnes du Pérou, il y avait une nation d'Indiens nommés Chiriguanaes. Les paulistes apprirent aux Jésuites que leur pays était fort riche en mines d'or. Aussitôt six enfants de Loyola partent de Buénos-Ayres, et s'élancent vers le pays des Chiriguanaes. Au bout de quelque temps on voit revenir cinq d'entre eux. On leur demande l'état de la Mission, et ce qu'est devenu leur sixième compagnon. Les Révérends gémissent bien fort, et racontent, avec de longs et magnifiques détails, leurs travaux apostoliques d'abord couronnés de succès, puis perdus par la faute de leur compagnon absent, le malheureux Père Mendiola, lequel, disent-ils, a renié honteusement sa foi, et s'est même marié avec une Indienne.

On plaint les Missionnaires ; on maudit leur infidèle compagnon. Mais, tout à coup, celui-ci apparaît, et tout change bientôt. Le Père Mendiola, que ses compagnons croyaient bien mort, apprenant ce que ses confrères racontent de lui, trace à son tour l'historique de la Mission chez les Chiriguanaes. Les Jésuites, suivant le nouvel historien, profitant de la douceur des indigènes, se conduisirent envers eux avec une révoltante et tyrannique brutalité. Le Père Mendiola (si ce n'est pas vrai, nous le lui laissons sur la conscience!) racontait même que ses confrères s'étaient beaucoup plus occupés des Indiennes que des Indiens ; et cela si souvent, et avec si peu de mystère, que les maris Chiriguanaes, si débonnaires qu'ils fussent, finirent par se fâcher et chassèrent les Missionnaires. Le Père Mendiola abandonna alors la Compagnie de Jésus, ne voulant plus, disait-il, faire partie d'un Ordre où se trouvaient de si méchantes gens, et se fit prêtre.

Les Jésuites possédèrent aussi d'assez riches établissements aux Antilles ; et là, ils eurent avec les fameux frères-de-la-côte, les flibustiers, plus d'une querelle. Leurs Missionnaires pénétrèrent également d'assez bonne heure dans la Guyane, mais ce pays offrait alors trop peu de ressources pour qu'ils essayassent bien sérieusement de s'y établir.

Nous avons dit qu'à l'exception du Canada et du Mexique, les Jésuites semblèrent également dédaigner tout le reste de l'Amérique du Nord, laissant ainsi aux Missionnaires des diverses communions de l'église anglicane, de vaste contrées à évangéliser. Nous ne voulons établir ici aucune comparaison ; mais qu'on interroge l'Indien du Paraguay et celui de la Pensylvanie, par exemple : on entendra celui-ci prononcer une bénédiction sur Penn, le bon quaker : celui-là hurler une malédiction sur les Jésuites !

O Saint-Ignace de Loyola, priez pour vous !.....

QUATRIÈME PARTIE.

LES JÉSUITES EN AFRIQUE.

QUATRIÈME PARTIE.

Les Jésuites en Afrique.

Les enfants de saint Ignace n'ont jamais eu de grands établissements sur le continent africain. Dans ce chapitre unique de notre quatrième partie, nous nous bornerons donc à donner un rapide sommaire de l'histoire des Jésuites en Afrique.

C'est en Abyssinie que la Compagnie de Jésus essaya d'abord de prendre pied. Cette contrée, comme on le sait, est située sur la côte orientale de l'Afrique, vers les sources du Nil, et en face de la presqu'île arabique dont la sépare la mer Rouge. La Nubie, conquise en partie, de nos jours, par le célèbre pacha Méhémet-Ali, est placée entre l'Égypte et l'Abyssinie. A l'ouest et au sud de cette dernière contrée s'étendent de vastes déserts.

La population abyssinienne était composée, au seizième siècle, de juifs, de mahométans et d'idolâtres de tout genre : les Gallas, sorte de farouches bédouins de l'Abyssinie, professent, dit-on, l'antique sabéisme. Mais la religion de l'état, comme on pourrait le dire de nos jours, était une sorte de christianisme primitif, entaché, suivant les catholiques romains, de nombreuses hérésies. C'est en Abyssinie que régnait le fameux Prêtre-Jean des anciens voyageurs, ce roi-pontife qui prétendait descendre de Salomon. Le véritable titre des souverains de ce pays est négous, ou négus, ainsi que les anciennes relations écrivent ce nom. Contrairement aux idées qu'on avait en Europe sur le Prêtre-Jean, ou monarque abyssin, l'autorité ecclésiastique avait pour chef suprême un évêque-primat, appelé *Abouna* (c'est-à-dire *Notre-Père*), au-dessous duquel étaient des *komosat*, ou archiprêtres; des *debterat*, ou chanoines; enfin des *kasis* ou curés. L'Abouna recevait son investiture du patriarche cophte d'Alexandrie.

En 1438, l'empire d'Éthiopie, comme on appelait la région orientale et centrale de l'Afrique, se révéla pour ainsi dire à l'attention de l'Europe par une ambassade que son souverain de cette époque, nommé Zara-Yacoub, envoya au concile de Florence. Les papes pensèrent dès lors à ramener à l'unité catholique ces schismatiques éloignés; les Portugais abordèrent en Abyssinie dès 1490, et aidèrent ses habitants à repousser une invasion d'Ottomans. Les Jésuites, qui s'étaient glissés bientôt en Abyssinie, à la suite de l'armée portugaise, ne manquèrent pas de confisquer à leur profit l'aide qu'elle avait donnée au négous. Mais il paraît qu'ils se hâtèrent trop de jeter le masque. Le négous, devinant leurs ambitieuses espérances, et n'ayant plus besoin d'ailleurs de la protection des Portugais, se débarrassa des Révérends Pères, qui furent forcés de déguerpir. Mais les Jésuites avaient pu se convaincre quelle riche contrée est cette *Suisse africaine*, comme on a nommé l'Abyssinie. Sans parler de la prodigieuse fécondité du sol de ce pays qui donne deux et même trois moissons par an, les Révérends Pères avaient vu les mines d'or de Damot. On comprend qu'ils ne pouvaient pas renoncer ainsi tout d'un coup à cette riche proie qu'ils avaient seulement pu flairer à peine. Dans les commencements du dix-septième siècle l'Abyssinie les vit donc revenir.

Un des nouveaux Missionnaires, homme adroit et rusé, sut si bien s'emparer de l'esprit du négous alors régnant, Socinios, successeur de Za-Denghel, qu'il en obtint de riches établissements pour sa Compagnie. Bientôt même, le négous complétement dominé et ne gardant plus aucune mesure, sous l'influence fatale qui le poussait, abjura son ancienne croyance, et fit serment, entre les mains du Père Paez, d'obéissance au pape. Malgré l'attitude hostile du clergé de son empire, il osa même créer un patriarchat abyssinien, indépendant de celui d'Alexandrie, et d'en investir un Jésuite. Mais alors, de grands troubles éclatent par toute l'Abyssinie. Les prêtres et les *Rás* (gouverneurs) appellent aux armes ; Socinios, en face du danger qu'il a provoqué, se voit perdu, et se sacrifie pour conserver à son fils un trône que le pied fatal des Jésuites fait pencher vers l'abîme entr'ouvert. Il abdique en faveur de Facilidas. Aussitôt la tempête se calme, mais après que ses derniers souffles ont rejeté les enfants de Loyola loin de l'Abyssinie, que ceux-ci quittent, en frémissant de rage, pour n'y plus revenir.

Cependant leur court passage avait suffi pour ébranler cette contrée, et pour lui faire prendre en haine constante, depuis lors, Rome et ceux qu'elle regarde comme les représentants de Rome. Combien de fois répéterons-nous que l'épée remise en apparence aux mains du successeur de Saint-Pierre, par Ignace de Loyola, pour remplacer le vieux glaive ébréché de Saint-Pierre, a toujours porté malheur à la main pontificale qui s'appuya sur la poignée de cette arme traîtresse?...

Les écrivains de la Compagnie, cherchant à expliquer favorablement l'expulsion des Jésuites de l'Abyssinie, ont écrit que ce qui les perdit en cette contrée fut leur zèle incorruptible pour la foi, et l'opiniâtre ardeur avec laquelle ils voulurent y détruire le schisme régnant. Voici donc les Jésuites, d'ordinaire si faciles envers leurs prosélytes, et de si bonne composition à l'endroit des règles et des observances romaines, qui se posent en austères et intraitables convertisseurs. Mais voyons donc sur quoi repose cette prétention!

La grande pierre d'achoppement pour les Jésuites d'Abyssinie a été que les chrétiens de cette église observent les jeûnes toute la journée, et ne prennent aucune nourriture jusqu'au coucher du soleil. Les Jésuites virent là un gros péché et prétendirent, avec l'Église de Rome, qu'on ne doit, les jours de jeûne, se priver de nourriture que jusqu'à midi (1). Ils tinrent, à ce qu'il paraît, rigoureusement à ce que les Abyssins se conformassent à cette règle. De leur côté, les Abyssins s'opiniâtrèrent à jeûner jusqu'au soir. Les Jésuites poussèrent leurs prin-

---

(1) Voyez l'*Histoire de ce qui s'est passé au royaume d'Éthiopie pendant les années 1624, 25 et 26, etc.* Paris, 1629, chez Cramoisy. Voyez aussi *De l'État des Abyssins*, etc., par le Père N. Godigne. Lyon, 1615.

ces à les soumettre par la violence à un jeûne de moitié réduit. Un de ces princes, Zela-Christ, créature des Révérends Pères, obtenait des conversions parmi ses sujets à grands coups de bâton et même d'épée, quand ses arguments et moyens oratoires semblaient ne pas produire d'effets. On raconte qu'à la suite d'une victoire sur un de ses rivaux, Zela-Christ s'étant emparé de prêtres schismatiques qui ne voulaient rien entendre sur l'article du fameux jeûne, fit pendre tous ceux qui ne voulurent pas préférer la conversion à la potence.

Nous avons vu que les Jésuites, malgré la permission et l'invitation des papes, ne voulurent jamais employer le langage des indigènes, en Asie et en Amérique, pour la célébration des offices, l'administration des sacrements, etc. : nous en avons dit la raison. En Abyssinie, au contraire, les Jésuites tinrent fortement à dire la messe et les prières en langue du pays. C'est que les prêtres qui reconnaissaient la suprématie du patriarche d'Alexandrie célébraient leurs offices en syriaque, et que les Jésuites espéraient obtenir la vogue en se servant d'une langue que comprendraient leurs catéchumènes. Autres pays, autres moyens ! Malgré l'habileté des bons Pères, ils furent pourtant chassés encore de l'Abyssinie, ainsi que nous l'avons dit, et pour n'y plus revenir. Sous le règne de Louis XIV, une ambassade envoyée par ce monarque pour essayer une fois encore de ramener les Abyssins à l'unité catholique, et qui échoua complétement, trouva dans ce pays, en corevivace et profondément enracinée, la haine que les Jésuites avaient fait naître contre eux et contre leur église par leurs intrigues.

En même temps qu'ils essayaient de planter leur bannière en Éthiopie, les Jésuites avaient essayé de l'établir plus bas, sur les rives du Nil égyptien. Il y a, comme on sait, en Égypte, une sorte de chrétiens qu'on appelle Cophtes. Ces chrétiens ne reconnaissent pas le pape : en eux s'est conservée la haine que l'Église d'Orient a vouée jadis à son heureuse et triomphante rivale d'Occident. Les souverains pontifes essayèrent bien des fois de ramener les Cophtes sous leur sceptre religieux. Vers 1561, on crut à la possibilité de cette fusion. Un Cophte qui se trouvait alors à Rome, sans argent, s'avisa pour remplir sa bourse, et pour retourner dans son pays, de fabriquer de fausses lettres signées du patriarche d'Alexandrie, et dans lesquelles l'Église cophte, par l'organe de ses dignitaires, parlait de son désir de se rallier enfin à celle de Rome. Là-dessus, grande rumeur et joie profonde au Vatican. Le Cophte est comblé de caresses et de présents. A son départ, on le fait accompagner par des Jésuites qui reçoivent mission de Sa Sainteté pour conclure le grand œuvre de la réunion spirituelle de l'Orient et de l'Occident. Arrivés à Alexandrie, les Missionnaires se virent abandonnés par le Cophte, qui se dépêcha de disparaître, probablement en riant, avec un légitime orgueil, d'avoir pu tromper des gens aussi rusés que les bons Pères. Ceux-ci furent alors, sans leur introducteur, trouver le patriarche cophte, qui fut longtemps avant de comprendre ce dont il s'agissait. Ses coreligionnaires furent sur le point d'assommer les Révérends, qu'ils accusaient d'outrages envers leur Église et ses fidèles.

Au moyen des quelques couvents catholiques qui existaient en Égypte, les Jésuites essayèrent de ramener à eux les schismatiques ; mais ils ne réussirent pas. En 1677, ils renouvelèrent leurs efforts, et sans les voir couronnés d'un plus grand succès. Ils finirent par renoncer à une Mission si difficile et d'ailleurs peu fructueuse pour leur Compagnie; la terre des Pharaons fut à peu près exempte des secousses qui accompagnèrent d'ordinaire la présence des fils de Loyola : ceux-ci ne semblèrent jamais beaucoup se soucier d'aller conquérir, dans les déserts de la Thébaïde, l'auréole ascétique des Pacôme et des Siméon-Stylite.

A l'ouest et au sud de l'Afrique, les fils de saint Ignace essayèrent aussi de s'établir, et à plusieurs reprises. En 1560, ils avaient même déjà pris pied solidement au Congo, favorisés par un roi du pays, qui avait appris à redouter les Portugais, protecteurs des Missionnaires Jésuites; ils purent bâtir une église et un collège. Lorsque les Portugais étaient arrivés pour la première fois sur la rivière Zaire, ou Couango, ils avaient amené avec eux des moines Dominicains, qui prêchèrent la religion chrétienne à ces Africains chez lesquels régnait un grossier fétichisme (1). Les Jésuites s'occupèrent d'abord d'écarter cet obstacle.

(1) Le fétichisme, c'est-à-dire l'adoration des choses inanimées, règne en général chez

Afin de justifier l'expulsion des Dominicains, ils publièrent que ces moines se livraient, dans ce pays, à toutes les débauches, à tous les crimes.

Afin de se montrer conséquents, ils durent donc afficher une conduite toute opposée à celle qu'avaient tenue leurs prédécesseurs et rivaux, du moins d'après leurs accusations. Les nègres, tenus sans doute en respect par les canons des vaisseaux portugais, peut-être aussi attirés par les sublimes et simples vérités d'une religion qu'on devait, pour eux, débarrasser de la friperie pompeuse sous laquelle on la voile en Europe, se montrèrent dociles aux enseignements des nouveaux convertisseurs, qui bientôt eurent conquis une grande influence parmi les tribus de la grande race nègre. Mais il paraît que, dès l'abord, les Jésuites voulurent tenir trop serrée la bride qu'ils mettaient aux instincts de liberté vagabonde de ces peuples et à leurs appétits grossiers. C'est du moins ce qui résulte de l'histoire suivante racontée par des écrivains Jésuites aussi bien que par leurs ennemis.

En 1555, les établissements des Jésuites florissaient au Congo. Un roi nègre avait même consenti à se faire baptiser. Le Jésuite qui s'était chargé de la conversion de cette majesté noire déclara à son royal prosélyte qu'il ne pouvait lui conférer le titre de chrétien s'il ne renvoyait pas son harem de femmes; car la polygamie est en grand honneur parmi ces nègres. Leurs souverains ont plusieurs centaines de femmes qui leur servent à diverses fins. Ce sont elles qui forment la garde de leur royal maître et mari; elles sont aussi chargées de l'exécution de ses ordres. Nulle résistance ne se fait jour devant le commandement transmis par un de ces singuliers gardes-du-corps des despotes congolais.

Le Missionnaire Jésuite obtint ce qu'il exigeait; son prosélyte répudia ses femmes, et fut baptisé. Mais, voulant sans doute asseoir tout d'un coup son autorité sur son catéchumène à peau d'ébène, le Conver-

---

les nègres; par-dessus ce culte dégradant, plane, plus ou moins répandue, l'idée indistincte d'un esprit du mal qu'on prie seul. Quelques tribus de la famille kafre croient cependant, dit-on, à un Dieu qui introduisit, suivant eux, par un soupirail de la terre, Noh et Hing-Noh, premier couple générateur.

tisseur exigea qu'il se séparât même de sa dernière femme, la plus belle, a plus aimée, sous prétexte qu'elle était sa parente à un degré prohibé par l'Église romaine (1). Le souverain essaya de fléchir l'austère directeur par tous les moyens imaginables. Il lui offrit de nouvelles concessions de terres, des esclaves, de la poudre d'or ; le révérend Père accepta probablement le tout comme une offrande de la piété du nouveau chrétien, mais il n'en persista pas moins à exiger le renvoi de la négresse royale. Alors, le monarque africain, se redressant comme un serpent à demi écrasé, entra dans une furieuse colère. Il est probable que ses femmes répudiées et déchues du rang d'épouses à celui de simples gardes-du-corps ne contribuèrent pas peu à amener ce revirement.

Quoi qu'il en soit, leur maître, jurant de ne jamais plus se soumettre aux ordres des Robes-Noires, et blasphémant leur religion, qu'il déclarait renier à tout jamais, ordonna aux Jésuites de sortir sur-le-champ de son palais, de sa capitale, de tous ses états. Les révérends Pères, comme on le pense bien, attendirent que cet ordre fût renouvelé pour y obéir. Alors, ce petit coin du continent devint le théâtre d'un singulier spectacle. Qu'on se représente un grand village aux maisons basses, sans fenêtres et couvertes de roseaux ; c'est la capitale d'un royaume africain. Elle est située sur le bord et à l'embouchure d'une grande rivière, le Zaïre. Le long du cours d'eau vivifiant, la végétation est magnifique. Des champs bien cultivés promettent d'abondantes récoltes de mil, de maïs, d'ignames, de manioc, et de quelques légumes intertropicaux, qui viennent à l'ombre des bananiers, des goyaviers, tamariniers, citronniers. Des plantes grasses épanouissent leurs larges fleurs éclatantes au pied des grands arbres protecteurs, ou le long de leurs troncs énormes. Puis, à mesure que l'œil s'éloigne du fleuve nourricier, il voit la végétation s'amoindrir et s'abaisser : les lauriers, les oliviers, les jujubiers, s'aperçoivent encore en diminuant peu à peu de nombre et de vigueur : quelques buissons de gommiers ont remplacé les grands arbres ; çà et là, on aperçoit l'éventail d'un palmier doum ; des

(1) Voyez, à propos de cette particularité, le Jésuite Orlandin, *Histoire de la Compagnie de Jésus.*

lianes grises et tordues rampent comme des serpents; puis, plus rien que le sable du désert, du vaste et morne désert africain, dont le rideau enflammé se lève comme une effrayante et pourtant majestueuse barrière devant la nature vivante.

Au milieu du grand village, on aperçoit une cabane plus vaste que les autres; c'est le palais du monarque nègre. A côté, s'élève une autre demeure moins vaste, mais qui mériterait beaucoup mieux le nom de palais; c'est une vaste maison construite avec un soin et avec un goût qui rappellent l'Europe. De beaux et frais jardins l'entourent. C'est la Maison des révérends Pères Jésuites. Autour de cette demeure, dont les portes sont fermées, une grande foule se rassemble, composée entièrement d'indigènes. Tous les regards sont fixés curieusement sur la Maison, dont ils ne se détournent que pour fouiller l'espèce d'allée ombreuse qui conduit au palais du souverain. Tout à coup, un grand mouvement se fait dans la foule; une centaine de femmes, armées d'une sorte de javeline, et sur la figure de chacune desquelles s'épanouit une joie immense, que veut en vain comprimer un sentiment habituel mais débordé d'importance et de sévère dignité, passent en bon ordre, et vont frapper à la porte principale de la maison des Missionnaires, qui s'ouvre lentement. Un homme paraît. « La grande Robe-Noire! » dit-on dans la foule, qui redevient aussitôt silencieuse. C'est en effet le chef de la Mission. Il s'avance suivi de ses confrères tous en grand costume comme lui, et, derrière ceux-ci, on voit s'avancer de jeunes néophytes africains, dont quelques-uns agitent des encensoirs remplis de parfums. Le chef des Jésuites tient dans ses mains un saint-sacrement d'or tout constellé de pierreries. Il élève l'emblème sacré; aussitôt, ceux qui se pressent derrière lui entonnent un solennel chant d'église; la foule semble vivement impressionnée à la vue de cette procession, devant laquelle elle s'ouvre largement. Les gardes-du-corps féminins du roi de Congo semblent eux-mêmes fort indécis, presque effrayés, de ce spectacle imprévu, sur lequel les Missionnaires comptaient beaucoup. Il paraît que les nègres du Zaïre regardaient les croix et ostensoirs des chrétiens comme autant de redoutables *fétiches* capables de donner une mort foudroyante à celui qui eût

Une révolution au Congo.

osé porter sur elles une main audacieuse. Et probablement les Convertisseurs s'étaient bien gardés de détruire une erreur qui faisait leur sauvegarde et leur puissance. Les Jésuites purent donc arriver aux portes de la demeure royale sans que les femmes du roi, exécutrices de ses ordres, eussent osé les exécuter à l'égard des Robes-Noires redoutées. Et, peut être, le monarque lui-même allait subir les terreurs qui agissaient victorieusement sur ses gardes-du-corps comme sur tous ses sujets. Malheureusement, sur le seuil du palais, le chef des Missionnaires Jésuites se heurta contre un obstacle, trébucha, tomba, en laissant s'échapper le saint-sacrement de ses mains.

Aussitôt, un grand cri d'allégement et de triomphe s'élève de la foule, qui se dit que la *fétiche* des hommes noirs les abandonne. Sur-le-champ, les femmes du roi s'élancent et saisissent les révérends Pères. Malgré leurs prières, leurs menaces, malgré même les mots latins bien ou mal appliqués que murmurent ceux-ci, et qui ont toujours, jusque-là, paru faire beaucoup d'impression sur les nègres, qui les prenaient pour des conjurations redoutables, chaque Jésuite se voit saisi par deux des singuliers gardes-du-corps du monarque africain, qui le poussent, le pressent, l'entraînent, le portent même, au besoin, et finissent par jeter assez rudement la troupe entière des Jésuites dans une barque qui attend sur le Zaïre et qui la dirige immédiatement vers un navire européen qu'on aperçoit à l'ancre, à l'embouchure de la rivière.

Le roi de Congo chassa même de ses états tous les Européens qui s'y trouvaient; en haine des Jésuites, il doubla le nombre de ses femmes, et ne voulut plus désormais entendre parler du christianisme.

Les enfants de saint Ignace essayèrent de former des établissements sur divers autres points de l'Afrique. En 1560, ils arrivaient au Mozambique, sur la côte orientale de la vaste presqu'île africaine. Vers la même époque, ils essayaient de planter la bannière de leur Ordre à une extrémité du monde, chez les Hottentots du Cap de Bonne-Espérance; on les vit également en Guinée, sur le Sénégal, sur le Niger même! Nous croyons nous souvenir qu'il y eut un Jésuite pendu au Monomotapa. Mais, nous l'avons dit en commençant, tous ces établissements n'eurent ni grande importance ni longue durée ; il semble que les Jésuites n'aient pas jugé l'Afrique digne des grands efforts dont ils honorèrent l'Amérique et l'Asie.

L'histoire des Jésuites en Afrique n'offre donc pas de ces grandes secousses que les révérends Pères imprimèrent aux autres parties du monde, là où leurs Missions furent plus importantes. La trace de leurs pas fut bientôt effacée sur les sables africains. De temps à autre, des agents de la Compagnie arrivaient encore sur les côtes occidentales ; ce n'était plus pour prêcher le christianisme, l'émancipation universelle ; mais seulement pour emmener en Amérique une cargaison de noirs. Ces malheureux, nous l'avons dit, étaient répartis par les bons Pères dans leurs colonies du Mexique, ou dans leur empire du Paraguay, après toutefois qu'on en avait vendu un certain nombre pour couvrir les frais de l'expédition. Ainsi les Jésuites ont fait la traite des nègres. — Eh ! mon Dieu, ils ont bien fait celle des blancs !.....

RÉSUMÉ
DES MISSIONS JÉSUITIQUES
ET DE CE VOLUME.

Nous n'avons pu donner à nos lecteurs qu'un sommaire rapide, et souvent même incomplet, de l'histoire des mille colonies jésuitiques. C'est à dessein que nous nous servons du mot de « Colonies. » Les Missions des Jésuites ne furent en effet, partout, que des expéditions destinées à agrandir l'empire fondé par Ignace de Loyola. En Asie, en Amérique, en Afrique, les Missionnaires de la Compagnie ne furent au fond que des explorateurs ou des conquérants. Quand les uns avaient rempli le rôle de Gama ou de Colomb, les autres venaient jouer celui d'Albuquerque ou de Fernand Cortez. Ceux-ci semaient, ceux-là récoltaient; peu importait que le sang d'un peuple servît d'engrais! Quant à l'intérêt de la religion, les Révérends Pères ne s'en souciaient qu'autant que celle-ci leur servait à dominer au Mexique ou au Japon. Lorsqu'une nouvelle expédition avait été décrétée par le Général, le détachement de la noire milice partait de Rome, béni par le pape, et jurant de consacrer tous ses efforts aux seuls intérêts du Dieu dont ils brandissaient l'image dans leurs mains. Mais à mesure qu'ils approchaient du point où ils devaient tenir cette promesse, ils baissaient peu à peu la croix qu'ils levaient si haut à l'instant du départ; et souvent, à l'arrivée, ils cachaient prestement dans leurs poches l'emblème du Dieu qu'ils renièrent tant de fois tout en prétendant le servir; dont ils se proclamaient les apôtres, tandis qu'ils n'en étaient que les ennemis mortels; qu'ils persécutèrent comme Hérode, qu'ils vendirent et livrèrent comme Judas!....

Les Jésuites avaient une manière toute particulière, et assurément toute digne d'admiration, de reconnaître le plus ou le moins de progrès qu'ils avaient fait faire à la religion du Christ dans un pays exploité par leurs Missionnaires ; ce moyen c'était de constater le chiffre des sommes qu'ils y avaient perçues à leur profit. Comment un peuple qui remplissait jusqu'aux bords le coffre-fort de saint Ignace n'aurait-il pas été bien et dûment chrétien ? Quelle meilleure preuve à donner des grands travaux apostoliques des Missionnaires ? « Les Chinois payent bien, donc ils sont chrétiens ! » Les Jésuites sont de bien grands logiciens !

En Asie, ce sont le Japon d'abord, la Chine ensuite, qui furent les Colonies les plus productives de l'Empire jésuitique. L'Indoustan ne vient qu'en troisième ordre. Nous ne devons pas oublier non plus le grand Archipel des îles asiatiques, les Moluques et les Célèbes, où les Révérends Pères se faisaient payer, par des centaines de livres de fines épices, chaque grain d'encens brûlé en l'honneur de la Trinité. Les Jésuites avaient aussi de grands établissements dans l'Archipel des Philippines. C'était là qu'ils avaient leur Évêque du Japon. C'était de leur Collége de Manille qu'ils surveillaient toutes les issues de l'Asie méridionale, et que leurs sentinelles vigilantes signalaient les ouvriers apostoliques des autres Ordres, intrus importuns et détestés auxquels la plupart du temps elles criaient rudement « on ne passe pas ! » Les Jésuites pénétrèrent dans la Perse, mais sans beaucoup de succès. Ils parvinrent jusqu'en Mingrélie, jusqu'au pied de la grande barrière caucasienne. Mais les travaux de leurs ouvriers apostoliques en ces contrées sont peu connus, et probablement peu importants. Au milieu des batailles par lesquelles le célèbre Aureng-Zeb fonda son vaste empire, on les vit cheminer audacieusement, cherchant à étendre leur sphère d'action. Tavernier dit qu'ils possédaient une superbe Maison dans la ville d'Agra. Il est certain, par exemple, que ce ne furent pas leurs travaux apostoliques qui leur donnèrent cet établissement. Aureng-Zeb, quoique peu fanatique personnellement, voulut toujours paraître un zélé défenseur de la Loi Musulmane ; on sait que ce fut lui qui chassa de l'Hindoustan les plus stricts sectateurs de la croyance brahmanique.

Les Jésuites eussent donc été fort mal venus à faire, en ses états, métier ouvert de convertisseurs. Cependant, s'ils purent former de beaux établissements dans les états du Grand-Mogol, quels moyens employèrent-ils? Eh! mon Dieu, ils se firent auprès du Grand-Mogol, comme auprès du chef du Céleste-Empire, médecins, astronomes, musiciens, que savons-nous? Tous les moyens sont bons quand la fin les sanctifie; et on sait quelle fin se sont toujours proposée les enfants de Loyola!...

Nous avons dit qu'en Chine, ceci résulte évidemment rien que des bulles et défenses papales, les Jésuites permirent à leurs néophytes de conserver une partie de leurs anciennes superstitions. Dans l'Inde, lorsque cela leur parut nécessaire, ils ne se montrèrent pas moins accommodants. Ainsi, dans leur procès avec les Capucins de Pondichéry, il a été prouvé que les enfants de Loyola non-seulement souffraient certains actes de l'ancienne croyance brahmanique, mais même y présidaient. Ainsi un d'eux, avec la chape et l'étole, fut vu escorté de trompettes et de tambours conduisant en procession l'huile sacrée des Pagodes. Un autre bénissait les cendres de fiente de vache, avec lesquelles les Hindous se frottent par dévotion, pensant ainsi se purifier intérieurement. Dans une cérémonie des Hindous, les Brahmènes se faisaient baiser une partie du corps que nous n'osons nommer. Les Jésuites voulant conserver une coutume qui paraissait sacrée aux indigènes, mais n'osant pas être aussi *primitifs* que les Brahmènes, s'avisèrent d'un tempérament assez original encore. Avant que de dire la messe, leur prêtre officiant prenait place sur les marches de l'autel, se déchaussait et présentait son pied aux catéchumènes des Révérends, qui venaient tour à tour lui baiser le gros orteil, après avoir fait trois profondes génuflexions!.... Ce détail se trouve dans les *Mémoires au Saint-Siége*, et n'a pas été contredit.

Les Jésuites se sont toujours fait honneur et grand honneur de l'immense variété de talents de leurs Missionnaires. Mais, au renard qui se vantait d'avoir mille tours à son service, que répond le chat? « Compère, je n'ai qu'un tour; mais il me suffit! » En passant sur ce qu'il y a de trop trivial dans l'expression, ne pourrait-on pas dire aussi à la Compagnie de Jésus vantant les talents si nombreux, les intelligences si flexibles, les caractères si caméléoniens, les mille tours, en un mot, de ses rusés renards : « Ma sainte commère, une seule voie, une voie bien droite, bien lumineuse, toujours et sincèrement suivie, eût suffi à vos noirs enfants pour les amener au but vers lequel vous dites qu'ils ont marché sans cesse et qui est la gloire de Dieu, le bonheur des hommes! » Mais les Jésuites ont toujours aimé les chemins de traverse et les routes souterraines !

Ils ont donc été, dans les Missions, mathématiciens et grands mathématiciens, astronomes et grands astronomes, grands musiciens, grandissimes médecins !... Nous le voulons bien. Ont-ils été de véritables prêtres, de dignes ministres de la parole de Dieu ? Nous le nions. Ils ont découvert la véritable source du Nil mystérieux. Qu'importe ? Ils ont été historiens. Nous connaissons leurs ouvrages. Ils ont même été poëtes et chansonniers !... Ce dernier titre de gloire, par exemple, n'a pas été écrit sur le trophée que la Congrégation a élevé en l'honneur de ses Missionnaires. Nous tenons à ce que justice leur soit enfin rendue complétement. Oui ! les Révérends Pères ont composé des chansons. Et nous ne parlons pas des cantiques des Missions modernes. Nous disons de véritables chansons; des chansons comme les Zoïle de quelque petite ville savent en composer et en faire courir sur un Achille provincial, dont la gloire les offusque. Nous pouvons, nous devons, nous voulons que nos lecteurs connaissent et apprécient le nouveau talent des Révérends Pères. Nous traduirons aussi littéralement que possible une de ces chansons qui fut composée en espagnol par l'auteur ou les auteurs :

COUPLETS (TROVAS)
ADRESSÉS AUX ECCLÉSIASTIQUES ET RELIGIEUX DE L'ASSOMPTION ET A TOUS LES PARTISANS DE DON BERNARDIN DE CARDENAS.

Peuple sot et étourdi,
Tu te nourris donc de mensonges ?
. . . .
Nous sommes tes maîtres, tes docteurs !
Quand, d'un bout de l'univers à l'autre,
Chacun prendrait parti pour toi,
Tu es aveugle, perdu, abandonné,
Si tu n'as pas la Compagnie de Jésus !

> Tout le monde n'a-t-il pas besoin de nous,
> Moines, chanoines, présidents?
> Et tous, sans une exception,
> Tremblent sous notre pouvoir.
> Sachez donc que nous sommes certains
> De vaincre cette canaille ennemie!
> Tout le peuple ne doit-il pas nous suivre?
> Et n'est-ce pas le comble de l'imprudence
> De perdre l'amitié des géants
> Pour une fourmi d'évêque?.....

Que pense le lecteur de cette curieuse pièce et du talent des noirs Orphées? Remarque-t-il cet heureux choix d'expressions : « Cette canaille ennemie, *esta canalla enemiga?* c'est d'un Évêque que parle la chanson! Ce pauvre Évêque qui n'est qu'une méchante fourmi, *obispo hormiga*, tandis que les Jésuites sont des géants, *amigos gigantes!*... N'est-ce pas admirable de poésie et surtout de modestie? Et qu'on se figure entendre ces belles choses chantées sur un air de fandango, probablement, avec l'accompagnement obligé de mandoline et de castagnettes. Mais, c'est à mourir de plaisir! Mais, c'est à écraser du pied tous les Évêques, c'est-à-dire toutes les absurdes fourmis qui osent piquer le talon des sublimes géants que de pareils chefs-d'œuvre doivent grandir encore!... Heureusement que de nos jours les susdites fourmis, loin de mordre les géants, leur livrent généreusement leurs *fourmilières*, au risque de tout ce qui peut s'ensuivre (1)!

Puisque nous parlons de nouveau de la persécution que les Jésuites du Paraguay firent subir à Don Bernardin de Cardenas, ajoutons

---

(1) Dans une des notes qui accompagnent les premières pages de ce livre, nous avons exprimé notre opinion au sujet de la prétendue soumission et dispersion des Révérends Pères en France. En effet, à l'heure où nous écrivons cette dernière note (juillet 1845), tout le monde est à peu près convaincu que les Jésuites, loin de se soumettre, prennent, au contraire, une position plus favorable pour eux que celle qu'ils occupaient précédemment; ils se rassemblaient à côté de nos églises; désormais, c'est dans nos églises mêmes qu'ils se réuniront. Fatal aveuglement de notre clergé! Faudra-t-il donc encore que ce soient les terribles lueurs de la foudre qui leur montrent le précipice vers lequel on les pousse? L'éclair précurseur n'est-il pas un avertissement suffisant?.....

A cette heure aussi on sait que le triomphe de notre ambassadeur extraordinaire, M. Rossi, n'était qu'une comédie. En traitant de puissance à puissance avec le général encore ici que la cause du prélat fut vivement défendue, outre les avocats et témoins dont nous avons déjà cité les noms, par le Père Antoine Mantilla, Procureur et Commissaire-Visiteur de la province de Paraguay et Buénos-Ayres pour les Franciscains, qui, dans son *Mémorial*, après avoir représenté les excès des Jésuites contre l'Évêque, défendit à ses religieux de communiquer avec ces Pères. Un autre *Mémorial* du Père Jacinte Jarquera, Provincial des Dominicains du Chili, Tucuman, Paraguay et Rio de la Plata, maltraite fort également les Jésuites dans cette affaire, «où ils ont, — ce sont les termes dont on s'y sert! — foulé aux pieds la loi de Dieu, la vérité, la justice!...»

Dans les deux Amériques, à l'exception du Paraguay, les Jésuites n'eurent pas à soutenir, pour former leurs établissements, les terribles luttes qu'ils soutinrent en Chine et au Japon. C'est que, dans le Nouveau-Monde, ils arrivaient après la conquête européenne et s'abritant sous le drapeau des vainqueurs dont ils promettaient d'agrandir l'influence dominatrice; ce qu'ils faisaient, en effet, tant qu'ils avaient besoin de ces derniers. Mais, aussitôt qu'ils se sentaient à peu près maîtres du terrain, ils commençaient à manifester de visibles répugnances à subordonner, comme ils le disaient, les conquêtes célestes aux humaines conquêtes. Ils auraient pu dire tout simplement et bien plus véridiquement qu'ils ne voulaient plus travailler désormais que pour leur propre compte! C'est le rôle qu'ils jouèrent constamment dans les colonies espagnoles. Là, les ambitions, les avidités particulières des Conquistadores devaient gêner l'ambition, l'avidité du Jésuite; l'enfant de Loyola, pour écarter ses concurrents, ou pour les réduire du moins à la portion congrue, se posait fièrement en redresseur de torts, criait bien haut contre les vices des créoles et des Européens accourus à la grande curée, dénonçait à l'Europe les débauches et les cruautés des maîtres du

---

des Jésuites, on a grandi sa Compagnie, voilà tout. Nous savons personnellement que les supérieurs des Maisons jésuitiques dans les départements ayant demandé à leurs Provinciaux s'ils devaient se disperser, en ont obtenu cette réponse : qu'ils se tinssent tranquilles et attendissent. Nous pouvons signaler, entre autres, la grande Maison jésuitique de Laval, où les bons pères se tiennent en effet fort tranquilles et attendent la fin de la bourrasque, comptant sur le retour prochain du beau temps.

Mexique ou de Brésil, et se drapant en Las-Casas, se plaçait entre eux et les malheureux Indiens.

D'ordinaire pourtant, ainsi qu'on l'a vu, ils avaient soin de ménager les vice-rois et gouverneurs, à la nomination desquels, d'ailleurs, les Jésuites de l'Europe avaient soin de n'être pas étrangers.

Ils se faisaient donc souvent les défenseurs et les protecteurs des Indiens, qui se hâtaient de se faire chrétiens, au moins de nom, pour placer leurs têtes à l'abri de ce bouclier, sous lequel ils ne faisaient pourtant bien souvent que changer d'oppresseurs et d'exploitateurs. N'avons-nous pas dit que les Révérends Pères séparaient, à leur convenance, ces malheureux de leurs femmes et de leurs enfants; qu'ils les vendaient, comme ils en achetaient? N'avons-nous pas cité la bulle d'un pape qui leur défendait, à l'avenir, un pareil trafic? *A l'avenir*, qu'on remarque l'expression! Le souverain pontife était donc bien persuadé que les Jésuites avaient commis par le passé le crime qu'il leur défendait de commettre dorénavant!

Eh! mon Dieu, les Papes ont toujours su à quoi s'en tenir sur le compte des Jésuites, de Paul III qui créa l'Ordre, à Clément XIV qui le supprima; de Pie VII qui les a rétablis, au Saint-Père actuel qui en a peur (1)!.....

Pour expliquer les censures et les éloges que les successeurs de saint Pierre ont donnés tour à tour à la Compagnie de Jésus, un homme de l'autorité duquel nous nous appuierons plus d'une fois, un procureur-général au Parlement de Provence, qui est l'auteur d'un Compte-Rendu dans lequel il analyse habilement la constitution des Jésuites, Ripert de Monclar a dit:

« Le Pontife est souvent mécontent de la morale de la Compagnie,

---

(1) On dit que le souverain pontife actuel, vieillard vénérable, mais faible, a vu s'altérer sa santé au milieu des embarras que lui ont suscités les Révérends Pères. Aussi, malgré les sollicitations, puissantes d'ordinaire, de son barbier, le successeur de saint Pierre ne veut-il se prononcer ni pour ni contre la Compagnie de Jésus. « Je ne suis pas un Boniface, un Hildebrand, dit-il au général des Jésuites; je veux mourir en paix! » Tout bas, le pape ajoute, sans doute, en s'adressant à M. Rossi: « Je n'ai nulle envie de devenir un Clément XIV!... Je ne veux pas mourir empoisonné!... »

de son esprit d'orgueil et de domination. Mais la cour de Rome ne veut pas perdre une milice quelquefois utile. On craint ses intrigues ; on aime ses services ; on la loue après l'avoir censurée, pour ne pas l'avilir, et pour la faire rentrer dans le devoir en ménageant son faux honneur dont elle est idolâtre... C'est un faux calcul ! »

Un bien faux calcul ! disons-nous aussi. D'ailleurs, les Jésuites furent assez habiles pour confondre leur cause si étroitement, si intimement avec celle de Dieu, avec celle des rois, que le même Ripert de Monclar a pu ajouter avec raison : « Qu'il a été un temps où c'eût été un crime d'état, une espèce de révolte contre la religion, de dévoiler les mystères de cette Société (1) ! »

Aujourd'hui, heureusement, ce n'est plus un crime d'état de s'attaquer à la Compagnie de Jésus. Et nous espérons même qu'on finira par reconnaître que c'est encore moins une révolte contre le christianisme, dont nous croyons fermement, dont nous voulons prouver que les Jésuites sont les plus dangereux ennemis.

Si le clergé, surtout le bas clergé, ne voulait pas s'aveugler à plaisir, il se serait aperçu depuis longtemps du mépris que font de lui, de lui qui se compromet pour eux, les enfants de Loyola. Nous pouvons même donner là-dessus une preuve qui nous est personnelle :

Nous avons entendu un membre de la Compagnie de Jésus, auteur d'une lourde compilation sur l'histoire ecclésiastique, dont il n'est pourtant pas complétement l'auteur, du moins pour un volume, et qui fait quelque part un cours public auquel assiste d'ordinaire un imposant auditoire de trois personnes et demie, terme moyen, nous l'avons entendu dire en parlant du petit clergé parisien : « Ces imbéciles de curés !!..... »

Et c'était un mépris sérieux qu'exprimaient ces injurieuses paroles. Il s'agissait, entre le Jésuite en question et une autre personne, de savoir à qui l'on s'adresserait pour obtenir certains travaux historiques. Comme ces travaux étaient destinés à un recueil religieux à la tête duquel était le Jésuite, on voulait qu'ils fussent fournis par des prêtres. Nous

---

(1) *Compte-rendu des Jésuites*, p. 60.

pourrions dire quels noms furent alors prononcés ; mais le fils de saint Ignace ne voulait pas entendre parler de « ces imbéciles de curés! »

Ce qui est remarquable, c'est que notre homme préféra à des écrivains ecclésiastiques un écrivain bien connu pour ses opinions démocratiques. Parmi les hommes qui essayèrent, il y a quelques années, de lier le parti républicain au parti légitimiste, il y eut des Jésuites. A présent encore on voit des fils de Loyola essayer de se rapprocher des hommes les plus complétement radicaux ; et c'est merveille alors de les entendre parler réforme et réorganisation universelle du corps social!... Arrière donc, Escobar !

Tout masque s'adapte parfaitement au visage d'un Jésuite. Pour apprendre à jeter bas ceux dont ils se servent dans le présent, nous essayons de leur arracher ceux qu'ils portaient dans le passé.

On doit comprendre pourquoi, après avoir décrit la fondation de la fameuse Compagnie, et ses premiers développements jusqu'à la mort d'Ignace de Loyola, nous avons ensuite donné l'histoire des Missions jésuitiques, sans nous préoccuper, autrement qu'en passant, de ce que faisaient les Jésuites d'Europe. Nous avons dit que nous regardions les Missions comme les principales sources de la célébrité, de l'influence, de la richesse des fils de Saint-Iguace. C'est par les Missions que les Jésuites se signalèrent tout d'abord à l'attention. C'est dans les Missions qu'ils puisèrent les ressources avec lesquelles ils luttèrent si longtemps, et si vigoureusement, contre les peuples et contre les rois de l'Europe. Les Missions sont le plus beau, le premier des titres de la Compagnie de Jésus à son énorme célébrité. Aussi voulurent-ils s'en attribuer le privilège exclusif.

Pour cela, ils eurent d'abord recours à l'adresse et à la ruse. Nous les avons vus obtenant des papes et des rois des sortes de lettres-patentes attribuant aux Pères de la Compagnie de Jésus seuls le droit d'aller faire connaître la religion du Christ aux peuples de l'Asie. Ils essayèrent aussi de glacer le zèle des Missionnaires des autres Ordres, en leur exagérant les difficultés et les dangers des Missions asiatiques, entre autres.

Nous ne devons pas négliger, à ce propos, de consigner un fait qui nous a semblé curieux, et que les Jésuites ne peuvent aucunement nier, par l'excellente raison que ce sont eux-mêmes qui nous l'ont fait connaître.

Nous avons dit que, vers le milieu du dix-septième siècle, des Missionnaires français, ayant à leur tête un évêque d'Héliopolis, réclamèrent leur part de dangers et de gloire dans les Missions de l'Inde et de la Chine. A l'arrivée de ces rivaux sur les rivages asiatiques, les Jésuites établis en ces contrées engagèrent vivement l'évêque d'Héliopolis et ses compagnons à ne pas pousser plus loin, et à reprendre sur-le-champ le chemin de l'Europe et de leur patrie.

« Vous ne ferez là rien qui vaille, disaient les bons Pères à leurs rivaux. Votre qualité d'évêque, ajoutaient-ils en s'adressant particulièrement au chef de la Mission française, ne peut que nuire aux progrès du christianisme, en fractionnant l'autorité de ses ouvriers apostoliques, et en renouvelant les querelles passées. D'ailleurs, terminaient les Révérends Pères, comme par une raison suprême et sans réplique, loin que ce soit l'esprit de Dieu, ainsi que vous le pensez, qui vous ait poussés ici, où vous ne ferez pas grand'chose, si ce n'est du mal, c'est évidemment le diable lui-même qui vous veut éloigner de l'Europe et de la France, pour empêcher tout le bien que vous pouvez y faire. Retournez donc bien vite d'où vous venez ! » On regarderait peut-être ceci comme une plaisanterie imaginée à plaisir, si nous ne citions notre autorité, qui n'est rien moins qu'une *Relation* envoyée au roi d'Espagne par le vice-roi des Indes, et imprimée à Lisbonne en 1663. L'auteur de cette *Relation* est un Jésuite portugais, le Père Manuel Gondinho. C'est lui qui, au nom de ses confrères, tint à l'évêque d'Héliopolis l'étrange discours dont nous venons de donner l'analyse et qui se trouve au chapitre VII de son livre. Ce qui n'est pas moins extraordinaire assurément que tout le reste, c'est que le Jésuite ait eu l'impudence ou la naïveté, après avoir tenu de tels propos, de les écrire dans sa Relation, et de s'en vanter !...

On sait quelle conduite tinrent ensuite, envers les Missionnaires français, les enfants de Loyola. La ruse n'ayant pu faire déguerpir ces rivaux incommodes, les Jésuites eurent recours à la violence. Nous avons dit l'accusation terrible qui pèse sur eux à l'égard de l'infortuné cardinal de Tournon.

En Amérique, ils tinrent à peu près la même conduite. Mais ce furent surtout les évêques qui souffrirent, dans cette partie du monde, les persécutions des Révérends Pères.

En Afrique, ils n'eurent, pour ainsi dire, pas le temps d'ouvrir ces luttes scandaleuses que l'Abyssinie et l'Égypte leur virent seulement soutenir contre le clergé indigène de ces deux pays.

Partout, les noirs ouvriers de saint Ignace prouvèrent ainsi qu'ils ne voyaient dans la prédication de l'Évangile qu'une grande spéculation faite au profit de leur Ordre. Et, spéculateurs avides, jaloux, insensés, ils se montrèrent toujours prêts à ruiner leurs rivaux, au risque de ruiner en même temps, et de fond en comble, les intérêts du christianisme ; ce fut ce qui arriva en effet. Si l'on nous permet de nous servir d'une expression triviale, mais qui nous a semblé rendre énergiquement notre pensée à l'égard des Missionnaires de la Compagnie de Jésus, nous dirons enfin : plutôt que de partager les profits, ils anéantissaient le commerce, et, avant d'abattre leur enseigne, mettaient le feu à la boutique!.....

Déclarons nettement ici ce que nous avons déjà à moitié formulé précédemment. Nous ne sommes aucunement l'ennemi du christianisme ; loin de là ! Et voici justement pourquoi nous haïssons ceux qui compromettent sa cause, en feignant de s'en déclarer les champions ardents. Les véritables ennemis de la Restauration ce ne furent pas les libéraux, ce furent les ultra-royalistes! Si par malheur la religion du Christ avait, elle aussi, ses Journées de Juillet, c'est aux Jésuites, c'est à leurs imprudents ou coupables partisans qu'elle aurait à demander compte de sa chute. Ceci est notre intime et sincère conviction. Les enseignements du passé ne serviront-ils donc pas à l'avenir ? Nous espérons qu'il en sera autrement. Et, voici pourquoi notre main, que nous eussions désirée plus puissante, lève à son tour son fanal d'avertissement. Puisse sa tremblotante lumière être aperçue à temps !

Ici l'auteur de ce livre, — quelle que soit sa répugnance à parler de lui, si chétif, au milieu du grand débat qu'il agite, — demande qu'il lui soit permi de répondre en quelques mots à des reproches, à des accusations même, qui lui ont été adressés à propos de son œuvre. Pour discréditer cette œuvre, on a osé faire courir le bruit que son auteur s'était secrètement *vendu* aux Jésuites! D'où venait cette étrange accusation? Nous ne savons; si ce n'est peut-être des soupiraux de l'enfer, ou — ce qui est à peu près la même chose, — des cavernes jésuitiques. Les Révérends Pères nous auraient-ils fait l'honneur de vouloir nous acheter?... Mais en vérité ceci est si absurde, que nous ne nous donnerons pas même la peine d'y répondre. On nous a aussi reproché, non plus de trahir la cause que nous avons sincèrement embrassée, mais seulement de ne pas la faire profiter de tout ce qui pouvait être fourni à son avantage. En un mot, on nous a reproché de ne pas avoir donné jusqu'ici aux accusations formulées par nous contre saint Ignace et sa bande toute l'énergie dont elles sont susceptibles. A ceci nous voulons répondre et nous répondrons :

La création et les premiers pas du jésuitisme jusqu'à la mort de Loyola occupent, et cela doit être, les pages les moins souillées de l'histoire de la Compagnie de Jésus.

Quant aux Missions, outre que bien des actes des Jésuites peuvent se justifier, du moins à peu près, par l'objection d'un zèle ardent pour l'extension du christianisme, il est assez difficile de porter sur ces parties de leur histoire le flambeau d'une critique bien lucide; les Révérends Pères ayant fait tout ce qui était en leur pouvoir pour couvrir d'un voile épais leurs traces en Asie, en Amérique et en Afrique. Or, parmi les fautes, les crimes nombreux, autant qu'horribles, dont on a accusé les Missionnaires de la Compagnie dans ces trois parties du monde, nous n'avons accueilli et répété dans les pages de notre livre que ceux qui nous ont paru prouvés.

D'ailleurs n'est-ce donc rien que ce demi-million d'hommes égorgés en Asie grâce aux intrigues, à l'ambition des fils de Loyola;

Que ces persécutions dirigées par eux contre leurs rivaux, contre des évêques, et qui vont jusqu'à faire tomber les plus opiniâtres au fond d'un cachot, sous le fer des idolâtres, ou même par le poison donné par une main chrétienne?

N'est-ce donc rien que ces ventes et achats d'Indiens, que les papes eux-mêmes défendent à ceux qui se disent ses soldats ;

Que la traite des nègres faite par les Jésuites ou pour leur compte ;

Que l'abrutissante tyrannie imposée aux Indiens du Paraguay, au nom du Christ, le grand libérateur?

Oh! il nous semble qu'il y a là seulement beaucoup plus qu'il ne faut pour justifier la condamnation suprême et définitive que le monde entier s'apprête à prononcer contre les fils de Loyola !

Voilà ce que nous avions à répondre.

Mais nous arrivons à l'histoire des Jésuites en Europe. Là, la haine universelle instinctive sera justifiée amplement, trouvera ses motifs par milliers, sa large pâture d'attente !...

L'histoire des Jésuites en Europe !... Voyez-vous, rien qu'à ce mot, des spectres pâles et accusateurs se dresser devant vous? Parmi les spectres, ronde immense, on aperçoit des vieillards et des enfants, des hommes et des femmes. Beaucoup ont la simple coiffure du peuple ; plusieurs ont des mitres d'évêques ou des panaches de grands seigneurs. Quelques-uns portent sur leur crâne décharné un royal diadème. Qui se dresse lentement au milieu de la lugubre assemblée? N'est-ce pas la couronne d'un pape ?...

Et nous, prêts à lever le rideau sur ces tragiques représentations, nous nous arrêtons avec terreur, et sentant venir à notre front, avec une sueur d'angoisse, comme l'humide vapeur du sang, comme un souffle nauséabond exhalé par la pourriture des tombeaux !...

Mais c'est sérieusement que nous nous sommes dévoué à notre tâche, quels que soient ou puissent être les moyens par lesquels nous voulons l'accomplir. Enfants du peuple, mes frères, apprenez donc à raisonner la haine que vous portez d'instinct à vos noirs ennemis ! Rois, chefs des peuples, laisserez-vous replacer sur vos couronnes cette épée de Damoclès que vous brisâtes jadis, et qui, soudée et retrempée, dit-on, fait de nouveau scintiller ses éclairs sinistres au-dessus de nos têtes à tous !...

Pour bien comprendre l'histoire de la Compagnie de Jésus en Europe, la puissance extraordinaire dont elle y a joui, l'énergie de ses luttes presque incessantes, ses défaites sitôt réparées, ses triomphes si imprévus, il faut ne pas oublier ce que les Jésuites ont été en Asie, en Amérique, en Afrique. Il faut se rappeler :

Que, la noire Congrégation rêvée par Ignace de Loyola, en 1523, dans les grottes de Manresa, créée en 1534, dans la chapelle souterraine de Montmartre, établie solennellement à Rome par le pape Paul III, en 1540, envoyait des Missionnaires en Asie dès 1539, en Amérique dès 1550, en Afrique peu de temps après cette même époque ;

Que, s'ils ne s'établirent ni longtemps ni complétement en Afrique, ils profitèrent cependant du commerce que l'Europe et l'Amérique faisaient avec cette partie du monde, dont ils savaient encore tirer des esclaves pour leurs maisons du Mexique et leurs palais du Paraguay ;

Qu'en Asie, ils restèrent dans l'Inde, de 1542 jusqu'à la destruction de la Compagnie ; dans la Chine, de 1581 jusque vers la fin du dix-huitième siècle ; dans le Japon, de 1559 à 1638 ; sans parler des divers autres établissements qu'ils fondèrent dans la plupart des îles et sur nombre d'autres points du continent de l'Asie ;

Qu'en Amérique, on les vit arriver au Brésil en 1550, au Paraguay vers l'année 1553, au Mexique et au Pérou quelques années après, au Canada à peu près aussi à la même époque ; qu'ils s'établirent encore bien ou mal dans la Louisiane, la Floride et les Antilles ;

Qu'ils exploitèrent donc ces diverses contrées des deux plus riches parties du monde ; l'Inde pendant plus de deux cents ans, le Japon pendant près d'un siècle, la Chine un peu plus du double, leur royaume du Paraguay et la plus grande partie du Nouveau-Monde durant un espace à peu près aussi long ;

Qu'une fois abattus sur ces proies splendides, ils s'y cramponnèrent comme font des vautours, et les sucèrent sans relâche comme font les vampires ; qu'ils en tirèrent enfin, et cela par tous les moyens, d'immenses richesses, c'est-à-dire d'immenses moyens d'action sur l'Europe !

Outre les trésors qu'ils récoltaient dans leurs Missions, les Jésuites — notons bien encore ceci ! — savaient y gagner une considération, une importance, fort grandes dans la société chrétienne. En voyant la bannière du Christ flotter sur de nouvelles et lointaines églises, on admirait les mains qui l'avaient plantée, sans songer à s'enquérir de la boue et du sang qu'elle couvrait de son ombre. Puis, quelle importance ne donnait pas au chef de la Congrégation l'idée qu'un ordre émané de lui allait recevoir son exécution jusqu'aux extrémités du monde? Puis encore, comme nous l'avons dit en passant, les Missions jésuitiques étaient d'excellents lieux de déportation, de vastes et magnifiques sentines où la Compagnie pouvait rejeter sans bruit les souillures trop visibles, trop compromettantes, qu'elle ramassait parfois dans son chemin !...

Il ne faut pas oublier non plus l'organisation de la Compagnie de Jésus; le pouvoir terrible qu'elle remet aux mains de ses chefs; les lois étranges par lesquelles cette Compagnie se place au sein de la société, en dehors de toute société; les maximes infâmes élaborées au service de tous ses actes, et par lesquelles elle justifie tout ce qui lui sert, anathématise tout ce qui lui nuit; toutes choses qui aideront à comprendre l'histoire des Jésuites en Europe.

Qu'on se souvienne de tout ceci !

Et maintenant, après avoir dit où ils trouvèrent les armes dont ils ont su se servir si habilement, si odieusement, nous allons dire quels coups les fils de Loyola frappèrent, et sur qui tombèrent les plus terribles de ces coups.

Et maintenant, ronde des spectres livides, tourne plus lentement autour de nous ! Tombes desquelles le seul mot « Jésuites » fait élever un sinistre cliquetis d'os qui se choquent, ouvrez-vous à nos regards !...

— Afin que nous puissions formuler, claire et distincte pour l'œil et l'oreille des hommes, la suprême malédiction que, par les nuits obscures, vous faites lentement monter vers le tribunal de Dieu !

FIN DU PREMIER VOLUME.

TABLE DES MATIÈRES

CONTENUES DANS LE PREMIER VOLUME.

	Page.
INTRODUCTION. Le vœu de Montmartre......................................	3
PREMIÈRE PARTIE. Ignace de Loyola.......................................	13
CHAPITRE PREMIER. La veillée des armes...................................	15
CHAPITRE II. Les courtisanes romaines....................................	43
CHAPITRE III. Charte et Code Jésuitiques.................................	81
DEUXIÈME PARTIE. Les Jésuites en Asie....................................	129
PROLOGUE..	131
CHAPITRE PREMIER. Les Brachmanes...	137
CHAPITRE II. Les Jésuites marchands......................................	197
CHAPITRE III. Les Jésuites Mandarins.....................................	251
TROISIÈME PARTIE. Les Jésuites en Amérique...............................	303
AVANT-SCÈNE, 1553...	305
CHAPITRE PREMIER. Les Jésuites Rois......................................	315
CHAPITRE II. La Mort d'un peuple...	361
QUATRIÈME PARTIE. Les Jésuites en Afrique................................	385
RÉSUMÉ des Missions et du premier volume.................................	397

PLACEMENT DES DESSINS

POUR LE PREMIER VOLUME.

	En regard de la page.
1° Le vœu de Montmartre, en frontispice..................................	1
2° La veillée des armes	27
3° Les courtisanes romaines..	48
4° Bobadilla à la bataille de Muhlberg...................................	66
5° Les Flagellants de Coïmbre..	119
6° Légende de Saint-Thomas...	138
7° Les Brachmanes..	165
8° Les Jésuites marchands..	211
9° Supplices au Japon..	247
10° Les Jésuites mandarins...	271
11° Le faux empereur...	283
12° Les Jésuites au Paraguay...	309
13° Sac de la ville de l'Assomption......................................	341
14° La mort d'un peuple..	374
15° Une révolution au Congo..	395

Typographie Dondey-Dupré, rue Saint-Louis, 46, au Marais.

www.ingramcontent.com/pod-product-compliance
Lightning Source LLC
Chambersburg PA
CBHW070538230426

43665CB00014B/1728